dtv

Ein Lesebuch der modernen arabischen Literatur: Autorinnen und Autoren aus 14 Ländern erzählen von Glück und Leid, Alltag und Festtag, Macht und Ohnmacht ihrer Völker – und sie verstehen es seit den Zeiten Scheherezades, den Sultanen und ihren modernen Nachfolgern Wahrheiten zu servieren. Ihre Geschichten eröffnen Perspektiven, die hinter den Schleier gängiger Vorurteile blicken lassen. Die moderne arabische Literatur hat aus der Verbindung von arabischer und europäischer Tradition eine eigenständige Erzählkunst entwickelt, von deren Vielfalt die vorliegende Sammlung Zeugnis ablegt. Sie enthält Beiträge aus Ägypten, Algerien, Irak, Jemen, Jordanien, Kuwait, Libanon, Libyen, Marokko, Palästina, Saudi-Arabien, Sudan, Syrien und Tunesien.

Suleman Taufiq, geboren 1953 in Syrien, kam 1971 zum Studium der Philosophie und Komparatistik nach Deutschland. Er lebt heute als freier Schriftsteller und Publizist in Aachen. Mitherausgeber und Autor zahlreicher Veröffentlichungen. Neben Erzählungen und Essays veröffentlichte er Geschichten für Kinder und Gedichte. Er übersetzte viele arabische Werke ins Deutsche sowie zahlreiche deutsche Dichter ins Arabische. 1983 erhielt er den Literaturpreis der Stadt Aachen. Er ist als freier Autor für WDR, HR, Deutschlandradio Berlin, SWR und für die ›Neue Zürcher Zeitung‹ tätig.

Arabische Erzählungen

Herausgegeben von
Suleman Taufiq

Deutscher Taschenbuch Verlag

Von Suleman Taufiq herausgegeben
sind im Deutschen Taschenbuch Verlag erschienen:
Frauen in der arabischen Welt (13261)
Neue arabische Lyrik (13262)

Originalausgabe
Oktober 2004
Deutscher Taschenbuch Verlag GmbH & Co. KG,
München
www.dtv.de

(Siehe auch Quellenhinweise S. 350 ff.)
Ein Teil der vorliegenden Erzählungen erschien bereits 1991
unter demselben Titel ›Arabische Erzählungen‹ bei dtv
Umschlagkonzept: Balk & Brumshagen
Umschlaggestaltung: Stephanie Weischer unter Verwendung einer
Fotografie von © Kurt-Michael Westermann
Gesetzt aus der Garamond 10/12· (3B2)
Gesamtherstellung: Druckerei C. H. Beck, Nördlingen
Gedruckt auf säurefreiem, chlorfrei gebleichtem Papier
Printed in Germany · ISBN 3-423-13263-9

Inhalt

Jordanien

Kuwait

Libanon

Libyen

Marokko

Palästina

Saudi-Arabien

Sudan

Syrien

Tunesien

Yahya At-Tahir Abdallah

Die Erhabene

Großvater Hassan und sein hochrangiger Gast waren gerade mit dem Mittagessen fertig geworden. Es gab Lammfleisch mit Reis und Brotsuppe.

Der Gast war in Gedanken, und Großvater Hassan hörte nun auf, ihn willkommen zu heißen. Das ist eine Sitte, die jeder hier kennt, wenn ein Gast zum Essen kommt. Nach so einem deftigen Essen herrscht zuerst Stille, dann ist ein Kaffee gerade recht, vielleicht legt man sich sogar eine Weile hin, denn die Stille und das Schweigen tun gut.

Großvater Hassan rief den hinkenden Jad Al-Maulah, der in der Nähe der Asche saß, in der zwei Kannen aus rotem Kupfer standen. Der hinkende Jad spuckte seinen Tabak aus und schrie: »Du, Junge, Kahlkopf, bring mir das Tablett und zwei Tassen!«

Aus dem Pferdestall kam der kleinwüchsige Bastaui, zog seine lange *Galabiya* an, die hinter ihm über die Erde schleifte, und versteckte seine Glatze unter seiner trichterförmigen Kapuze. Er trug ein Tablett mit einer Kanne aus weißem Kupfer und zwei Tassen darauf. Jede Tasse war mit drei schwarzen Traubenbüscheln verziert. An jedem Büschel hingen drei Weinbeeren.

»Geh dich doch ausruhen«, sagte der Großvater zu seinem Gast, nachdem er seine zweite Tasse Kaffee ausgetrunken hatte.

»Ich habe noch nicht genug von dir«, antwortete der Gast mit Respekt und Höflichkeit, wie es sich für Gäste seines Ranges gehörte. »Lass uns noch eine Weile zusammensitzen.«

Großvater kannte seinen Gast gut, er verstand seine

Verlegenheit. Deshalb bat er noch einmal: »Nein, geh und ruh dich aus, geh schlafen, wir haben noch genug Zeit füreinander. Schon unsere Großväter waren sich nah und hatten Freundschaft geschlossen, so wollen wir doch hoffen, dass sie auch zwischen unseren Kindern bleibt, so Gott will.«

Der Gast nahm sein Taschentuch, steckte es in die Tasche seines weißen Obergewandes, das in den Falten stark glänzte. Nur mit Mühe kam er auf die Beine, es sah so aus, als hätte er keine Lust aufzustehen und ins Gästezimmer zu gehen.

Großvater Hassan rief nach dem Hinkenden, der sofort zur Stelle war. In dem Moment musste der Gast laut niesen.

Großvater Hassan sagte dem Hinkenden: »Zeig dem Gast seinen Raum und sorg für Ruhe. Schick jemanden zu Mahmadani, er soll kommen und uns Datteln pflücken.«

Der Gast lächelte und sagte: »Du vergisst aber auch gar nichts, du bist der Sohn von Adligen. Von dieser Palme, die man die Erhabene nennt, aßen schon unsere Großväter und unsere Väter, Gott hab sie alle selig, und von ihr, so Gott will, essen auch wir heute, du und ich. Möge unsere Freundschaft ewig währen.«

Großvater freute sich, lächelte seinem Gast zu und sagte: »Wir hoffen und wünschen von Gott, dass Glück und Wohlstand fortbestehen werden und unsere Freundschaft ebenso.«

Der Hinkende zeigte auf den gekrümmten Stock und fragte Bastaui: »Was ist das, Kahlkopf?«

Der Junge zuckte zusammen und murmelte: »Das ist dein Stock.«

»Und was ist dies?«

Dabei zeigte der Hinkende auf die Zuckerdose. Der Kahlkopf lächelte einfältig und murmelte: »Zucker.«

Der Hinkende sprach im Befehlston: »Hör zu, Kahlkopf, lauf so schnell wie der Wind und sag dem Mahmadani, er soll sofort kommen und auf die hohe Palme klettern. Ich werde auf den Boden spucken, und wenn die Spucke trocknet, bevor du und Mahmadani zurückgekommen seid, werde ich euch mit dem gekrümmten Stock die Mittagssterne sehen lassen. Geh, Kahlkopf, und hol ihn hierher!«

Wie ein Dschinn verschwand der Kahlköpfige. Der Hinkende lächelte und murmelte vor sich hin: »Ganz wie König Salomon.«

Dann steckte er seinen Stock in den Aschehaufen.

Der Kahlköpfige sagte unterwegs zu sich: »Die Sommersonne ist groß ... und der heiße Boden verbrennt den nackten Fuß ... der Himmel ist weit ... ich hole den Mahmadani ... ich bin der Bote des Hinkenden ... ich bin der Bote des Großvaters Hassan ... der Hinkende, ich und Mahmadani sind Diener bei Großvater Hassan. Der Zucker schmilzt im Mund und hat einen besonders süßen Geschmack. Die Schläge des Stocks auf dem Rücken sind aber schmerzhaft.«

Bastaui, der Kahlköpfige, öffnete Mahmadanis Tür, hinter der ein großer Stein lag. Als die Blinde das Geräusch hörte, brüllte sie: »Wer ist da? Wer öffnet die Tür?«

»Ich«, antwortete Bastaui.

Die Blinde brüllte: »Nur der Teufel sagt ICH!«

Bastaui war verwirrt: »Ich bin Bastaui. Ich bin Bastaui. Ich suche Mahmadani. Er soll auf die Al-Alija, auf die hohe Palme klettern!«

Die blinde Frau brüllte: »Mahmadani ist aber nicht hier!«

Mahmadani, der auf einer Matte auf dem Boden schlief und von ihrem Gebrüll aufgewacht war, fragte die Blinde: »Mit wem redest du, Frau?«

Die Blinde brüllte: »Er sagt, er sei Bastaui!«

»Bastaui sagst du, Frau?« schrie Mahmadani. »Bastaui, der Diener von Großvater Hassan, Bastaui der Kahlköpfige?«

Die Blinde wollte sich retten und sagte: »Er sagte nur Bastaui. Ob er der Kahlköpfige ist, sagte er nicht.«

Mahmadani stand auf, schob den Stein von der Tür fort und eilte hinaus. Er rief nach Bastaui, der schon fast um die Straßenecke verschwunden war.

»Bastaui, Bastaui!« rief er. »Ich habe geschlafen! Mein Sohn, hörst du mich, ich habe geschlafen. Warte auf mich!«

Mahmadani sagte zu Bastaui, während er ihm auf die Schulter klopfte: »Sie hat dich nicht erkannt. Du weißt doch, sie ist blind.«

Dann ging er zurück in den Raum und nahm das lange, starke Seil, mit dem er sich auf der Palme absicherte.

»Mahmadani, klettere nicht auf die hohe Palme«, sagte die Blinde zu ihm. »Heute ist der Tag der alten Winde, die schon unsere Großväter kannten. Dieses Mal sind sie wie ein Pferd, sie werden sich nicht beruhigen. Sie haben Hufe wie Feuer. Sie zertrampeln zwei Häuser, verbrennen zwei andere und töten einen Mann und ...«

Mahmadani fiel ihr ins Wort: »Frau, du weißt, niemand außer mir kann die Erhabene besteigen. Du weißt aber auch, dass der Adlige Hassan keinen Boten zu mir schicken würde, wenn er nicht hohen Besuch hätte.«

Die Blinde brüllte: »Ich sage dir, die hohe Palme wird dich heute nicht kennen. Dieses Mal wird sie dich nicht kennen, Mahmadani!«

Während Mahmadani unter der Palme stand und zu ihr hochschaute, als sei sie die Tochter eines Geistes, hockte der Kahlköpfige neben ihm, lutschte an seinem Zuckerstück und lächelte Mahmadani einfältig an.

Dies war das erste Mal, dass Mahmadani die Erhabene so hoch und glatt vorkam. Er spürte, wie ihm der Schweiß auf die Stirn trat. Eine ihm unbekannte Angst stieg in ihm auf.

»Ich fürchte keine Höhe ... meine Frau hat mir Angst vor der Höhe gemacht. Diese Frau wird mir keine Angst einjagen. Die Wahrsagerin hat die Angst erfunden, damit das Herz zittern lernt. Ich sehe den Wind, er ist sanfter als die Hand eines Verliebten, der die Palmzweige herzlich und mit Liebe streichelt. Die Blinde hat immer ihre Voraussagen gemacht, aber die Wahrsager lügen alle!«

Mahmadani wickelte das Seil um seinen Körper und um den Stamm der Palme, band es fest und sagte zu sich: »Die Blinde, die mich kennt und ich sie, wird mir nicht ...«

»Das ist der Wind. Der Sturm, der seine Fesseln gelöst hat. Er kommt aus seinem Gefängnis! Oh Stamm, mein Stamm, sei wie ein Mensch!« schrie die alte Palme. Sie rief dem Wind nach, dann schwankte sie, kippte, sammelte ihre Zweige und schützte ihre wohlschmeckenden Datteln: »Ich werde nicht kämpfen wie ein Stier. Aber ich werde auch nicht aufgeben wie eine dumme Kuh. Die Schlauheit meines Wuchses besiegt jeden starken Angreifer.«

Sie schrie: »Meine Wurzeln, he, meine Wurzeln! Seid wie Pfeile im Boden! Seid wie Pflöcke im Boden! Befestigt euch gegen den Wind, wehrt euch gegen den Wind, meine Wurzeln!«

Idris Ali

Das gemeinsame Bett

Etwas in diesem vornehmen Haus lässt mich ersticken. Ein seltsames Gefühl in der Brust. Das Herz. Das Problem ist das Herz. Nein, doch nicht. Vielleicht der Kopf? Das ist wirklich seltsam. Doktor Kamel hatte mir gesagt: »Sie leiden an einem Komplex.«

»Und was kann man da machen? Können Sie mich heilen?«

Ach, er erzählt so viel Unsinn. Ich nehme seine Untersuchungen und seine Erklärungen zu meinem Gesundheitszustand nicht mehr ernst. Das letzte Mal sagte er mir, ich solle mein Leben ändern. Ich solle mir eine neue Wohnung suchen und irgendwohin reisen, weit weg von hier. Ein bisschen Sehnsucht würde die tote Liebe wieder zum Leben erwecken.

»Ich bin tot, Herr Doktor.«

Er redet zu viel: »Das ist das Ergebnis unserer Zeit. Wir alle leiden unter Langeweile. Die ganze moderne Zeit steht unter dem Zwang dieses Gefühls.«

»Vielleicht, Herr Doktor, vielleicht. Aber ich frage Sie zu meinem Zustand. Was soll ich jetzt tun?«

Er kann mir nicht helfen. Sein Gespräch, seine Untersuchungen und seine ermüdenden Sitzungen. Zum Schluss sterben sie.

Alles dringt in meinen Körper und setzt sich dort fest. Gibt es nicht irgendetwas Wirksames dagegen? Pillen zum Beispiel, Spritzen, Medikamente oder irgendeine praktische Sache, statt dieser Wörter und dieser Theorie. Er empfahl mir, ein gutes Buch über Psychologie zu lesen.

»Vielleicht hilft es Ihnen, Ihren Komplex zu verstehen«, sagte er mir.

»Komplex!« Er verwandelte mein Leiden nur in ein modernes Wort.

Ich hielt das Buch in der Hand, und Samia in ihrem durchsichtigen Kleid sah aus wie ein Gemälde, das ein verwirrter Maler gemalt hatte. Sie öffnete ihre blauen Augen und schloss sie wieder. Sie freute sich nicht mehr über meine Anwesenheit. Auch sie spürte das schwere Gefühl.

Draußen heulte der Wind. Er tobte wie verrückt. Etwas in mir beruhigte sich, als ich das Heulen des Windes hörte. Vielleicht, weil auch ich schreien und mich befreien wollte. Der Wind wurde stärker und der Knoten, der meine Handgelenke fesselte, löste sich. Die Fensterflügel schlugen gegen die Wand. Sie waren morsch und verwittert. Der Wind spielte mit ihnen, sie konnten dem Druck nicht widerstehen und würden bald abbrechen.

Samia drehte sich zu mir um und schrie: »Pass auf, das Fenster bricht ab!«

»Lass es doch!«

Endlich fiel es herunter. Es war unser Fenster zur Straße. Seit der Zeit meines Großvaters wurde es geöffnet und wieder geschlossen. Es hatte seine Pflicht und Schuldigkeit erfüllt. Es hatte einfach ausgedient.

Samia setzte sich auf und sagte aufgeregt: »So?«

»Es ist besser so.«

Warum fühlte ich mich besser, nachdem unser Fenster heruntergefallen war? Ich verstand den Grund, sie aber nicht. Denn ich wollte, dass der Wind noch stärker wurde und mich aus der Bahn warf.

»Mann!«

»Was ist los?«

»Wer macht denn so etwas?«

»...«

»Warum mische ich mich überhaupt ein? Es ist dein Fenster, und du kommst für die Kosten auf.«

»Du gehörst auch zu meinen Kosten, das Haus, das Essen, die Getränke, die Sorgen.«

Sie legte sich wieder hin, als sie spürte, dass der Streit nicht weiterführte. Ihr Bauch schien wie Klumpen aus Sand.

Wie schön sie früher war! Dieser Bauch trug Früchte aus den Leiden jener Tage, aus schönen Tagen. Ein bitteres Gefühl, dann folgte ein Moment der Freude.

Liebe? Wie sinnlos schien dieser Begriff, um die Beziehung zwischen einem Mann und einer Frau auszudrücken! Poetisches Flüstern, lange träumerische Blicke. Traum. Etwas Verlorenes.

Früher war sie elegant. Dieser Bauch. Was bedeutet er? Ein Kind? Ein Kind für mich? Ein Sohn? Eine Tochter? Es musste eine Lösung geben. Sie lehnte es ab. Neue Fesseln. Dieses spöttische Papier. Genügte das nicht? »Ich habe dich mit meiner Tochter verheiratet.« Ein weißes Tuch über die Hände. Eine Sklavenurkunde. Ein Kauf- und Verkaufvertrag. Menschlicher Instinkt. Ein Mensch. Eine Urkunde. Besitz ist für die Vernunft eine Qual.

Etwas in ihm war nervös, es floh vor der Freiheit, dann suchte es sie wieder. Die vier Wände. Ein langer Film.

Ein Zeugnis, eine Arbeitsstelle. Liebe. Beständigkeit, Heirat, Samia, Direktor, Bett, Akten, Uhr, Unterschrift, Zeitung, schwarzer Kaffee, Sandwich, Unterschrift, Wiederholungen, Gehalt, Laufen, Straßenverkehr, Schaffner, Klage, Versicherung, Geldwechsel, Rest, die nächste Station, dummer Fahrer, Unfall, Zeuge, Polizei, Pause für eine Stunde, Antrag stellen, Entschuldigung, Verbot ...

Besuch am Arbeitsplatz ist untersagt. Den Dienstwagen für private Zwecke zu benutzen ist untersagt. Ein einziger langer Streifen, der nie zum Ende kommt.

»Hamdi?«
»Was ist denn?«
»Ich brauche ein weites Kleid zum Ausgehen.«
»Ja, gut.«
Kleid, Kredit, Geld.
»Mein Vater ist heute angekommen.«
»Gut.«
»Meine Mutter ist krank.«
»Geh zu ihr.«
»Kommst du mit?«
»Nein.«

Wie oft hatte ich sie gern begleitet! Sie war sehr schön. Heute wollte ich das nicht mehr. Ich hatte überhaupt keine Lust mehr, etwas mit ihr zu unternehmen. Der Traum war zerbrochen. Die Hoffnung war zerbrochen. Sie war immer noch schön. Ihre braunen Haare. Ihr feiner Mund. Ihr Lachen, es war gestorben. Sie lachte nicht mehr. Sie verlangte nur noch. Ihre zarten Worte hatten sich in Forderungen verwandelt.

Kleider, Friseur, Besuche, ausgehen, sich zeigen. Einen Monat nach unserer Hochzeit sagte sie mir in einem fröhlichen Moment: »Ich hoffe, du wirst befördert und bekommst den vierten Platz.«

Freude, Phantasie, der fünfte Platz, der vierte, Auto, Chauffeur, Kinder, Schule, Universität, ein schlechter Sohn, ein erfolgreicher Sohn. Viele Dinge.

»Woran denkst du?«
»An nichts.«

Trotzdem, es waren ihre Gedanken, ihre Träume, ihre Visionen. Die Peitsche, die meinen Rücken brennen ließ. Erfolg. Geld. Palast. Auto, Diener, Hass, Erbe. Börse, Aktien, Inflation, Regierung. Führung. Aufruf. Massen von Menschen. Enttäuschung. Betrug, großer Tresor. Öffentliche Gelder. Diebstahl. Gefängnis. Urteil. Anwaltschaft. Die Frau. Der Ehrgeiz. Ihr Vater. Ihre Stellung. Du bist faul. Ich bin verrückt. Samia, Vergnügen, Rang. Kopfkissen. Decke. Kuss. Den Durst löschen. Ein Bett. Schoß. Tauben. Kind, Samia. Die Träume. Die Hölle.

»Was ist los mit dir?«
»Nichts.«
»Sprichst du mit dir selbst?«
»Nein.«
»Zieh dich um!«
»Ja, gut.«
»Möchtest du etwas essen?«
»Ich habe keinen Appetit.«
»Wann bist du gekommen?«
»Ich weiß es nicht.«
»Wo warst du?«
»Auf der Straße.«
»Hast du getrunken?«
»Ich habe dich getrunken.«
»Morgen gehe ich zum Arzt.«
»Na gut.«
»Das Kind hat mich in den Bauch getreten.«
»Oh!«
»Er ist ein unruhiger Junge.«
»Oh!«
»Hör doch mal zu! Rede richtig mit mir!«
»Wie?«
»Sag etwas, damit ich weiß, dass du mir zuhörst.«
»Was soll ich denn sagen?«
»Sag etwas. Ich weiß nicht, das ist doch nicht wahr!«

Ich wünschte, ich hätte ihr eine Ohrfeige geben können, ihren zarten, glatten Kopf zertrümmert. Vielleicht käme ich dadurch zu mir. Palaver. Ich konnte ihren Unsinn nicht mehr ertragen. Ich war nun seit sieben Monaten mit ihr zusammen. Sie erschien mir im Moment wie eine Leiche zwischen vier Wänden. Eine verfaulte Leiche, von Würmern zerfressen.

Dies war ein Hinrichtungsraum. Sie nannten ihn Schlafzimmer. Ich musste ein zweites Bett besorgen. Dieses gemeinsame Bett. Auch wenn ich an den Rand rutsche, folgte sie mir. Sie quälte mich. Die gemeinsame Decke und der gemeinsame Atem. Ihre Arme waren wie Tintenfischarme, die Finger, der Speichel, die Zunge, der Mund. Ekel, satt. Langeweile, aber sie war meine Partnerin. Mein Schicksal, meine Qual. Mein Ende. Ich. Sie. Ein Mensch. Sie alles und nichts. Ihr. Wir. Die regulierte Welt, die Familie. Das Gleichgewicht. Die Gesellschaft.

»Komm und iss etwas.«

»Ich komme.«

Ich war müde geworden. Mitternacht. Die Menschen schliefen. Zahlreiche Häuser. Millionen Häuser, in denen Menschen lebten. Ihre Köpfe hatten das Gleichgewicht verloren. Sie schwankten, suchten Erlösung.

»Geh schlafen.«

»Nein.«

Sie saß auf dem Schminkstuhl und nahm meinen Kopf in ihre Hände. In dieser Nacht konnte ich ihren Speichel nicht schlucken. Ihr Stöhnen. Der Leib. Das Nachthemd. Der Fluch. Adam, Eva.

»Hamdi? Es ist halb acht.«

»Ja, gut.«

»Gehst du heute nicht arbeiten?«

Ihre Augen waren geschwollen. Die blaue Farbe hatte rote Fäden.

»Du kommst zu spät! Steh auf und zieh dich an!«

Die Arbeit. Der Direktor. Die Uhr. Die Miete. Gehaltsabzug. Die Aufmerksamkeit. Der Schwindel. Die Mühle. Der Kanal. Die Ordnung. Das Essen.

»Steh auf!«

»Ich steh ja schon auf!«

Ich zog mich an und ging gemächlich, ohne mich zu verabschieden.

Wozu der Abschied, wenn ich doch wiederkam?

Ibrahim Aslan

Jûssuf Al-Naggâr

1.

Gestern hat es kräftig geregnet; selbst die Türschwellen in den engen Gassen waren nass. Heute Morgen hörte der Regen auf, es fiel kein einziger Tropfen. Obwohl die Sonne sich nicht zeigte, war es wärmer als am Tag zuvor. Seit kurzem wurde es früher dunkel.

2.

Jûssuf Al-Naggâr saß in dem Zimmer, das auf den kleinen Vorplatz ging. Er schob die Sofadecke beiseite und zog den *Gilbab,* der seinem Vater gehört hatte, über die Beine. Die Fensterläden waren geschlossen, die Gardine mit dem verblassten Blumenmuster hing reglos hinunter. Durch die Glasscheibe, die oben in der Tür eingelassen war, drang schwaches Licht herein.

Er streckte die Hand nach dem Teeglas aus, setzte die Füße auf den Boden und stand auf.

3.

Als Farûk mit der Angel heimkehrte, sah ihn seine Mutter neugierig an. Sie solle ihn nicht wecken, sagte er, während er hineinging, er stehe allein auf. Er sei müde und möchte ausschlafen.

Die Mutter nahm das Netz und schüttete die Fische in

eine Schüssel. Sie holte ein Blech hervor, streute eine Handvoll Paniermehl darauf. In einen Napf mit Wasser tat sie Salz, Pfeffer, Knoblauch und Kümmel. Dann ging sie ins Zimmer und fragte Farûk, ob er Streichhölzer habe. Sie steckten in seiner Hosentasche, und da er nicht wollte, dass sie darin herumwühlte, stand er auf und holte die Schachtel. Auf dem Weg zur Tür sagte sie, dass der alte Mugâhid gestorben sei. Farûk richtete sich auf. »Wie das?«

Sie blieb auf der Türschwelle stehen. Die Leute erzählten sich, fuhr sie fort, dass die Polizei ihn tot im Laden aufgefunden hätte. »Erst dachten sie, er schläft, aber dann haben sie gemerkt, dass er tot ist. Stell dir das mal vor!« Beim Hinausgehen fügte sie hinzu: »Die Polizei hat deinen Onkel Imrân mitgenommen, weil er neben dem Toten saß.«

Farûk zog sich die Sandalen an, lief über den Vorplatz und blieb unter einem etwas geneigten Holzbalkon stehen. Mugâhids Laden schien geschlossen zu sein, kein Mensch war zu sehen. Er überlegte kurz, dann ging er zu Gâbirs Krämerladen. Er wollte mit ihm reden.

4.

Die Wände des Zimmers waren mit Büchern bedeckt. Sie standen eng aneinander gepresst auf Brettern, die an Seilen aufgehängt waren. Auf beiden Seiten des Fensters hing jeweils ein Bild. Links war, mit Reißzwecken befestigt, die Mona Lisa zu sehen, und rechts, über dem Kopfende des Sofas, auf dem Jûssuf Al-Naggâr saß, hing in einem breiten Rahmen, dessen Gold eher nach altem, abgeblättertem Messing aussah, eine Tuschezeichnung auf gelblich weißem Grund: Ein Mann saß auf einem altersschwachen Pferd. Er trug eine Rüstung, und in der Hand hielt er etwas, das wie ein Stock oder langer Speer aussah. Hinter dem Mann ritt offenbar sein Knecht, denn er saß viel tiefer als dieser, auf einem kleinen Esel, der mit zwei Satteltaschen beladen war. Der Knecht reckte das runde Gesicht nach oben und schaute hinauf zu dem schweigsamen Reiter. Der Grund bestand aus fein schraffierten Linien, die in eine Unterschrift – Picasso – und das Datum mündeten. Zwischen den Beinen des Pferds und des Esels waren mehrere kleine Windmühlen gezeichnet, sie sahen wie Kinderspielzeug aus. Die Sonne mit kurzen und langen Strahlen schwebte als unförmiger Kreis über den Männern.

Außer den Büchern und den zwei Bildern gab es in dem Zimmer noch ein altes Jagdgewehr, mehrere leere Weinflaschen, Gläser, Kugelschreiber und einen Stahlhelm, in dem sich alles Mögliche angesammelt hatte: Arzneimittel, Streichholzheftchen, Klammern. Das Mobiliar bestand aus einem Schreibtisch, einem großen Spiegel mit verziertem Rahmen und einem halbhohen Schrank; darauf stand ein altes Grammophon, Marke *Big App,* und darunter waren zwei Paar Schuhe. An der Zimmertür hingen an einem Messinghaken verschiedene Kleidungsstücke.

5.

Auf dem Schreibtisch häuften sich Bücher und Zeitschriften. Jûssuf Al-Naggâr suchte nach seiner Uhr, und als er sie schließlich gefunden hatte, ging er mit dem Teeglas ins Wohnzimmer. Der große Sessel war leer; einer seiner kleineren Brüder schlief auf dem einen Sofa, während die Mutter auf dem anderen saß, das neben dem breiten Fenster stand. Es war geschlossen, aber die Fensterläden standen offen. Am Waschbecken, das sich im Flur zwischen Küche und Toilette befand, hantierte die Schwester mit Geschirr. Er gehe ins Café, sagte er zu seiner Mutter. Als er die wenigen Stufen hinunterstieg, die auf den Vorplatz führten, rief sie ihm nach: »Auf Wiedersehen!«

Er ging hinüber zu Gâbirs Krämerladen. Farûk war da

und begrüßte ihn mit einem freundlichen »Hallo, Professor!«.

»Hallo, Farûk.«

Gâbir gab ihm die gewünschten Zigaretten, und er wollte schon hinausgehen, da sagte Farûk: »Der alte Mugâhid ist gestorben.«

Jûssuf Al-Naggâr blieb stehen und schaute Farûk betroffen an, ohne zu sagen, dass er die Nachricht schon früh am Morgen von seiner Mutter gehört hatte.

»Ja, bei Gott, so ist es. Wir haben ihn gerade beerdigt, auf dem Friedhof Sidi Omar. Bin ganz schön fertig, so 'ne Hetze. Nach Hause, umziehen, wieder los. Den ganzen Tag rauf und runter, alles wegen der Beerdigung. Hab' mir jetzt erst mal zwei Flaschen Bier geben lassen, für den Heimweg, da kann ich wenigstens schlafen. Woll'n Se auch 'n Glas?«

Jûssuf Al-Naggâr lehnte dankend ab und bot ihm eine Zigarette an. Farûk nahm sie, zündete sie an, und Jûssuf Al-Naggâr ging lächelnd wieder nach Hause.

Jûssuf Al-Naggâr kannte den dunklen Laden des alten Mugâhid. Bis auf eine zerschlissene Matratze und den Gaskocher war er leer. Die Flamme ging nie aus, auch nicht während der Nacht. Das *Ful* köchelte in dem großen Kupferkessel die ganze Nacht leise vor sich hin, und wenn am Morgen, vor Schulbeginn, die Kinder kamen, verkaufte er ihnen ihre Portion über das untere Türchen hinweg.

Onkel Imrân fiel ihm ein. Er war ein guter Freund des alten Mugâhid gewesen, die beiden hielten öfter einmal ein Schwätzchen im Laden. Der alte Mugâhid war der Einzige, der an Onkel Imrâns Aussehen herummäkeln durfte, weil der nämlich immer nur im Pyjama herumlief. Mugâhid war der älteste Mann, den Jûssuf kannte; er hatte so viele Jahre auf dem Buckel, dass er ganz krumm ging. Onkel Imrân war auch nicht mehr der Jüngste, er hatte schon weiße Haare. Er war etwas korpulent und wohl auch nicht ganz gesund. Im Sommer bekam seine Haut, die zart wie bei einem Kind war, einen Stich ins Rötliche. Im Augenblick sah er normal aus, es war ja auch Winter.

Er hatte Lust, ins Café zu gehen. Als er sich anzog, nahm er sich vor, besser auf sich aufzupassen. Gestern hatte ihm Sâlim Farag Hanafi amüsiert erzählt, dass seine Schwester ihn dabei ertappt habe, wie er beim Gehen laut redete, obwohl weit und breit kein Mensch zu sehen war. Vor dem Café saß Emir Awadallah. Er ging zu ihm, schüttelte ihm die Hand. Drinnen entdeckte er Onkel Imrân, also beschloss er, zu ihm zu gehen. Er wollte sehen, wie er mit dem Tod des alten Mugâhid fertig wurde, vielleicht brauchte er Trost.

Aber der Emir bot ihm einen Stuhl an und lud ihn auf ein Glas Tee ein.

Zu dieser frühen Abendstunde war das Café fast leer. Links neben der offenen Tür saß Kâssim Effendi und las Abdallah, dem Wirt, aus der *Ahrâm* vor. Abdallah hatte die Hände in die Taschen seiner Schürze gesteckt, beugte sich zu ihm hinunter und versuchte mit zusammengekniffenen Augen, er sah nicht sehr gut, die Meldung in der Zeitung mitzulesen. Am Nachbartisch hatten Meister Ramadan und Scheich Husni Platz genommen. Meister Ramadan sah aus, als würde er gleich einschlafen, wahrscheinlich war Scheich Husni der Grund dafür. Er stampfte mit ermüdender Einförmigkeit den Takt zu der Musik, die im Radio gespielt wurde. Über dem alten *Gilbab* trug er eine Jacke, die er aufgeknöpft hatte. Sein zotteliges Haar zeigte hier und da ein paar weiße Strähnen.

Hinter dem Tisch von Meister Ramadan und Scheich Husni befand sich ein Pult, auf dem ein Stück Kristallglas und zwei Schalen standen; die eine war leer, in der anderen lag ein Haufen Messingmarken, mit denen die Menge der ausgegebenen Getränke abgerechnet wurde. Hinter dem Pult saß normalerweise der Wirt auf einer umgestülpten leeren Limonadenkiste. Über seinem Platz hing ein Brett, auf dem der große Holzkasten, das Radio, stand. Der Raum war durch ein halbhohes Mäuerchen aus Marmor geteilt. Genau in der Mitte prangten zwei sich gegenüberstehende Halbmonde, und in dem Kreis, den sie quasi bildeten, war der Name von Emir Awadallah eingraviert. Auf einem Regal an der Seite waren fein säuberlich die Tabak- und Wasserpfeifen aufgereiht; die einen hatten glänzende Messinghälse, die anderen gläserne Bäuche. Der Schlauch war mit Samt überzogen und das Mundstück aus Elfenbein gefertigt. Der lahme Abdalnabi, der den Ausschank besorgte, bückte sich über das große Kohlenbecken und fächelte mit einem Federwedel der Glut Luft zu. Auf der rechten Seite saßen vier Männer, die um Geld Domino spielten. Der kleine Sulaimân schaute neugierig zu. Der Schuhputzer Gamâl kam herein. Er schob seinen Kasten unter einen Stuhl, setzte sich zu den Spielern und verfolgte stumm das Geschehen. Hinten an der Wand hing ein großer, blind gewordener Spiegel; links davon waren leere Limonadenkisten gestapelt, rechts thronte der Kühlschrank. Gleich daneben hockte einsam und allein Onkel Imrân in seinem gestreiften Pyjama und mit einem Baumwollkäppchen auf dem Kopf. Er starrte düster vor sich hin, und da er die Lippen zusammenpresste, sah man nicht, dass ihm alle Zähne fehlten.

Scheich Husni hob den Kopf und klatschte in die Hände, aber der Wirt Abdallah nahm ihn nicht zur Kenntnis. Er hörte noch immer Kâssim Effendi zu. Scheich Husni wartete geduldig, und als Abdallah sich endlich in Bewegung setzte und an seinem Tisch vorbeikam, streckte er die Hand aus und zog Abdallah an einem Zipfel der Schürze zu sich heran. Leise flüsterte er ihm zu, dass er vorsichtig sein solle, jeden Moment könne Scheich Gunaid hereinkommen.

»Schon gut, mach dir keine Sorgen«, erwiderte Abdallah

und schmunzelte amüsiert. Scheich Husni war blind, aber das hinderte ihn nicht daran, den Wirt genau im richtigen Moment zu erwischen. Abdallah riss sich zusammen und fügte mit betont ernster Stimme hinzu, dass er seine Rolle zwar nicht vergessen, aber zur Zeit andere Sorgen habe. »Es ist aus, vorbei, mein Freund«, und außerdem habe er den Eindruck, dass Scheich Gunaid, im Gegensatz zu seinen Vorgängern, ein respektabler Mann sei. Im Übrigen sei er ziemlich erstaunt, denn es könne ihm, Scheich Husni, doch nicht verborgen geblieben sein, dass das Café dem Untergang geweiht sei. Immerhin sei er, Scheich Husni, dafür verantwortlich. Jedenfalls stehe er in der nächsten Zeit nicht mehr zur Verfügung, falls mit dem Erscheinen von Scheich Gunaid oder sonst jemandem zu rechnen sei.

»Wenn's bloß das wäre!« fuhr Abdallah fort. »Aber es kommt ja noch viel schlimmer. Gerade hat mir Kâssim Effendi aus der *Ahrâm* vorgelesen, dass ein Europäer beim Staatsanwalt gegen fast alle hier Klage eingereicht hat: gegen den Besitzer des Cafés, des Kinos, der Buchhandlung, gegen den Fischhändler Hussain, den Milchhändler Hagg Hanafi und die Moschee. Weil ihm nämlich alles gehört, der ganze Kit-Kat-Platz.«

Mit einem Ruck versuchte Abdallah seine Schürze freizubekommen, aber Scheich Husni, der aufmerksam zuhörte, hielt ihn fest. Warum er sich so aufrege, fragte der Scheich, er solle mal seinen Verstand gebrauchen, dann werde er merken, dass er, Scheich Husni, damit nichts zu tun habe. Er wolle von dem Thema nichts mehr hören, und das Glas Tee, das er gern bestellt hätte, könne er auch vergessen. Er werde nämlich jetzt mit Meister Ramadan eine Orange essen.

Edwar Al-Charrat

Pension in Camp Shiraz

Abdel Alim Khater war ein junger Mann vom Lande. Vielleicht stammte er aus bescheidenen finanziellen Verhältnissen. Aber er war elegant angezogen. Seine Mode war zwanzig Jahre alt. Zweifarbige Schuhe, diagonal gestreifte Krawatte, Seidenhemd, das mich an einen *Gilbab* erinnerte. Er schrieb gereimte Gedichte im Stil von Mahmud Taha, Ibrahim Naji und anderen aus der Clique um Abu Houlo.

Sein Gesicht war ebenmäßig. Eines seiner Augen hatte eine leichte Entzündung. Sein Schnurrbart war gepflegt. Wegen eines Beinbruchs in der Kindheit hinkte er.

Kann man mit dieser Beschreibung ein Bild von ihm entwerfen? Und was machen wir damit? Ist die Erinnerung noch lebendig, oder ist sie schon alt und abgenutzt?

Die Glaszauberkiste dreht sich weiter, und das Bild von Schater Hassan kommt zum Vorschein. Dann folgt Azizas Bild in grellen Farben.

Ich stieg in *Galabiya* und Pantoffeln die Treppe hinunter. Die Tür von Madame Hussniya war noch nicht geöffnet. Der Mann mit der Glaszauberkiste hatte unsere Köpfe mit einem von der Sonne ausgebleichten alten roten Tuch bedeckt. Es hatte einen unangenehmen Geruch, aber es roch auch nach Weihrauch. Wir waren plötzlich in einer verzauberten Welt, während er mit melodischer Stimme rief: »Seht mal, wie schön es ist! Al-Safira Aziza besiegte den römischen König, sie nahm seine Tochter als Geisel. Wie aufregend! Die List der Frauen ist größer als die List der Männer. Seht, wie schön es ist! He, Junge! Wenn du das noch mal sehen willst, musst du mir noch einen Millim geben.«

»Viele Schmerzen tauchen in meiner Erinnerung auf. Die Seele ist verletzt durch unsere Freunde, die wir immer noch lieben. Die Schmerzen der Seele sind zu spüren. Blut wurde umsonst vergossen, das Blut der Geschichte.«

»Seht, wie schön es ist!«

»Durch ihre List wurde die Heimat zerstört. Ein Knochen, mit dem die Hunde spielen. Die Mameluken kamen und verkauften uns billig, billig wie Schlamm.«

»Seht, wie schön es ist!«

»Die Zauberkiste dreht sich. Willst du drehen?«

»Was machen wir mit dem Bild des Schater Abdel Alim Khater, der sich in das griechische Mädchen in der Pension Camp Shiraz verliebte? Was machen wir mit ihm? Er schrieb für sie flammende gereimte Liebesgedichte, während sich ein Sandsturm näherte und der Pensionsgarten nach arabischem Jasmin duftete.«

All das spielte sich in den ersten Jahren des Krieges ab, und wenn ich mich recht erinnere, waren wir damals in der Oberstufe des Gymnasiums.

Die Sommerferien verbrachte ich in Al-Taraneh bei meinem Onkel Nathan. Ich arbeitete mit ihm. Er pflasterte den Sandweg, der Almu'ahadah hieß. Er begann direkt hinter dem Grillhaus. Ich lernte Khadra, Linda, Rahma und Hamida kennen. Abdel Alim Khater erinnerte mich an Assad Effendi und an Salwans Neffen, der Bankangestellter in Al-Taraneh war.

In der Rezeption der Pension, die voller Stühle war, las ihr Abdel Alim nach dem Abendessen seine Gedichte vor. Diese waren sehr kunstvoll und das Licht schlich sich durch die braunen Seidenvorhänge.

Sie verstand ihn natürlich nicht. Aber seine Stimme, die rhythmisch las, und seine glänzenden Augen, die sie anschauten – all das fesselte sie und betäubte sie nahezu.

Einmal erzählte er mir, wie er manchmal plötzlich aufhörte, seine Gedichte zu lesen, die auch ihn selbst bezauberten, aus Angst davor, dass sie völlig ihre Sinne verlor.

Sie lachte ohne Grund, dann atmete sie tief und fand zurück zur Realität.

Morgens auf dem Weg zur Schule erzählte er mir seine romantischen Geschichten mit ihr und wie er ihr seine Gedichte vorgelesen hatte. Er sagte mir, sie habe ihm heute zugelächelt, und fragte: »Heißt das, dass sie mich liebt?«

Warum nannte ich sie Alanamurata und woher hatte ich diesen Namen?

Sie war keine zärtlich Liebende. Vielleicht spielte sie nur mit diesem Bauernsohn. Vielleicht liebte sie ihn und wollte mit ihm spielen, um ihn als Gast zu gewinnen, schließlich war ihre Mutter die Pensionswirtin.

Ein einziges Mal ging sie mit ihm von drei Uhr bis sechs Uhr ins Kino, nachdem er sie tagelang darum gebeten hatte. Sie sagte ihm: »Dieses Mal gehe ich mit dir, aber nur unter der Bedingung, dass du mich nie wieder darum bittest.«

Er seufzte und antwortete: »Ja, gut.«

Er sah bestimmt nichts von dem Film. Die meiste Zeit saß er ganz aufgeregt neben ihr und wusste nicht, wohin mit seinen Händen. Zufällig fiel ihre Hand auf ihn. War es wirklich unbewusst und unschuldig? Oder machte sie das absichtlich? Es erregte ihn so, dass er beinahe einen Orgasmus bekam. Der Duft ihrer blonden, feinen Haare machte ihn benommen und irritierte ihn.

Er erzählte mir, dass er jeden Morgen durch sein kleines Fenster, das sich zur Nebengasse öffnete, eine tiefe Stimme hörte. Sie rief »Kobsi malya skilo« in der sauberen, von Bäumen beschatteten Gasse.

Er sagte: »Die Stimme war traurig. Ich verstand nicht, was sie rief.«

»Vielleicht kauft oder verkauft sie irgendetwas«, antwortete ich.

»Jedes Mal, wenn ich die Stimme hörte und zum Fenster ging, war ihr Besitzer schon weg. Eines Tages aber stand ich ganz früh auf. Wegen der vielen Gedanken konnte ich sowieso nicht gut schlafen. So begab ich mich zum Fenster und wartete auf die Stimme. Diesmal sah ich den Fremden. Er trug einen runden, weichen Hut, eine alte Jacke und eine ziemlich schlechte Hose. Auf seinen Schultern trug er einen Beutel. Ich konnte nicht sehen, was darin war. Als es hell wurde, ging ich zu Madame Marika, der Mutter der Señorita, und fragte sie nach dem fremden Mann. Sie lachte und sagte: ›Mein Lieber, dieser Mann ist Hundefriseur. Wenn du einen Hund hast und sein Fell lang ist, kommt er und schneidet ihm die Haare. Er ruft ›Kobsi malya skilo‹, das heißt ›Ich rasiere die Hunde‹.

Ich musste lachen, als ich erfuhr, dass der Mann die ganze Zeit gerufen hatte: ›Ich rasiere die Hunde!‹.«

Auf einen glänzenden Holzstock gestützt, der eine Stahlspitze hatte, mit der er auf den Boden des Schulhofes klopfte, erzählte er mir das alles. Wir vermieden es, auf die schönen Blumenbeete zu treten, die die Gärtner liebevoll pflegten.

Er erzählte mir auch, dass er trotz seines Hinkens in einer Tanzschule in Ibrahimiya europäischen Tanz lernen wollte. Er fühlte sich immer fremd und steif, wenn in der Pension französische und griechische Rumba- oder Walzermusik aus dem Grammophon kam und die Libanesen, Syrer und Italiener mit den Mädchen und Frauen tanzten. Die Señorita wechselte ihren Tanzpartner jede Minute. Das machte ihn eifersüchtig. Und wenn sie oder eine ihrer Freundinnen ihn zum Tanzen aufforderte, stolperte er, und sie lachte und wiegte sich zur Musik. Er lernte die leichten Schritte schnell. Einen nach hinten, einen nach vorn und nach rechts und so weiter und so fort. Aber er trat ihr auf die Füße. Mit ihrer zarten Stimme, die ihn verrückt machte, klagte sie über ihre Schmerzen. Ich hatte das Gefühl, ihre Stimme klang nach Hurerei, Sauferei und flammender Begierde.

Was konnte die Señorita schon arbeiten, außer ihrer Mutter in der Pension zu helfen? War sie an der Kasse in

Bodro oder Sarodis und verkaufte Süßigkeiten, Kuchen und Torte? Vielleicht bekam sie einen ganzen Piaster Trinkgeld. Vielleicht war sie Verkäuferin in Hano Schikoril in der englischen Abteilung oder in der Männermodeabteilung? Er fuhr jeden Tag mit ihr in der Straßenbahn. Jeden Morgen wartete er auf sie und fuhr dann mit ihr. Wie schön war es, mit ihr in der Straßenbahn zu fahren, neben ihr zu stehen und sie im Gewühl der Mitfahrenden zu berühren. Nebeneinander stehend oder sitzend sprachen sie über den Lärm der Straßenbahn hinweg miteinander. Sie war keine Angestellte bei der Elektrizitätsfirma Lipon oder bei der Versicherungsfirma Union. Hatte sie bei einer griechischen Gesellschaft gearbeitet?

Und was war dann mit ihr geschehen?

Hatte sie den Sohn des Süßigkeitenverkäufers geheiratet, der im Haus von Camp Shiraz über ihr und über dem Getöse der Straßenbahn wohnte?

Hatte sie ihre Großeltern in Berie besucht oder in Kreta oder in Limasol?

Hatte sie dort geheiratet oder hatte sie eine Arbeit gefunden?

Wie hatte sie das geschafft? Sie war aus Alexandria und wollte nicht aus Camp Shiraz fortgehen, vom Sand, vom griechischen Club und dem Meer?

Was war mit Abdel Alim Khater geschehen? Was hatte die Zeit aus ihm gemacht? Warum kann ich mich nicht mehr an das Ende seiner Geschichte erinnern?

Warum drehte sich die Kugel in der Zauberkiste nicht mehr? Nur Al-Safira Aziza blieb in meiner Erinnerung haften. Vielleicht hatte diese Liebe, die platonisch und langweilig blieb, den ländlichen Don Juan zur Verzweiflung gebracht? Er kannte bestimmt die Frauen von Kom Bakir, wo er seine schmerzliche romantische Begierde und sein Feuer löschen konnte. Verließ er Camp Shiraz und die Pension und zog in ein großes Zimmer in Abdel Milads Wohnung in der Nebengasse, die von der Fouadstraße abzweigte, hinter dem Mohammed-Ali-Club, dem heutigen Palast der Kultur?

Das war aber erst in der Studienzeit. Verwechsle ich vielleicht Abdel Alim Khater mit einem anderen Dichter, der die Ali-Al-Bagdadi-Oper schrieb, die bis jetzt noch nie aufgeführt worden ist?

Abdel Alim Khater sagte mir eines Tages: »Christina hat gestern Nacht mit mir im Pensionssaal gesessen. Es war der letzte Fastentag vor Ostern. Dabei hat sie sich an ihre Kindheit in Griechenland erinnert. Sie sagte, dass sie am Ostersamstag, nachdem die Gläubigen ›Christus Anesti, Alidhus Anesti‹ miteinander ausgetauscht hatten, nach der Messe in der Sankt Georgskirche den Berg hinunterstiegen, den Berg umrundeten und jeder eine Kerze in der Hand trug. Das sah so schön aus, die tanzenden Kerzenflammen!

In dieser Nacht wurde geopfert, Blut floss und die Lichter glänzten und schwankten über Ibrahimiya und Camp Shiraz. Es war Frühlingsende und kurz bevor der Zweite Weltkrieg ausbrach. Die Kirchenglocken läuteten überall im unruhigen Alexandria.

Ist Jesus Orpheus, der von den Gespenstern des Hades auferstand, oder ist er ein Opfer des Dionysos?

Die Tanzsäle waren in dieser Nacht überfüllt. Die Musik und die lärmenden Tänzerinnen und Tänzer ließen die Säle beben. Aus den Häusern hörte man die Freude der Menschen. Man spürte ihren Genuss, sie aßen und tranken, der Wein floss in Mengen und Fleisch wurde verzehrt.

Das ist mein Blut, nehmt es und trinkt. Das ist mein Leib, Brot für euch alle, nehmt es und verzehrt es.«

Er sagte: »Ich wusste nicht, dass es das letzte Mal war, dass sie bei mir saß. Es war, als ob sie spürte, dass sie sich von mir verabschieden musste.«

Seine Stimme zitterte. Dabei klopfte er mit seinem Stock auf den Schulhofboden.

Gamal Al-Ghitani

Die Straßenbahn

... In einer Fernsehsendung hat die Sprecherin im zweiten Programm in ihrer lustigen Art den Zuschauern einen Mann vorgestellt, der von sich behauptete, er sei der Gründer einer Gesellschaft der Straßenbahnfreunde. Das geschah in einer Abendsendung, in der Leute ohne jegliche Vorabsprache vorgestellt werden. Der Mann hatte die sechzig überschritten. Er sagte, er habe, bis er in Rente ging, als Angestellter im Versorgungsministerium gearbeitet, ohne auch nur eine einzige Straftat während seiner ganzen Dienstzeit begangen zu haben. Er wohne in der Umgebung von Kairo, wo er ein separates einstöckiges Haus besitze. Das Haus sei von einem Garten umgeben, in dem er alles angepflanzt habe, was er brauche. Obwohl er weit außerhalb der Stadt wohne und sich nicht genötigt fühle, die Verkehrsmittel zu benutzen, habe er seit geraumer Zeit, die er nicht genau bestimmen könne, nicht aufgehört, über die Straßenbahn nachzudenken. Wenn er in die Stadt gehe, nähere er sich des öfteren den Straßenbahnwagen, betrachte sie und sei betroffen darüber, wie vernachlässigt sie seien. Da die Straßenbahn aber das älteste unter den Verkehrsmitteln in Kairo und Alexandria sei und da sie vor allen anderen Verkehrsmitteln als erste Einzug ins Land gehalten hatte, dürften wir sie nicht so lassen, wie sie geworden sei. Die Sprecherin fragte ihn, was er nun zu tun gedenke, um die Straßenbahn zu rehabilitieren. Er sagte, er habe in der Tat eine Gesellschaft der Straßenbahnfreunde gegründet, deren Ziele darin bestünden, die Menschen dazu zu bewegen, die Straßenbahnen mehr als bisher zu benutzen, sie zu pflegen und das Niveau ihrer Fahrer, Schaffner und Techniker anzuheben. Anschließend richtete er einen Appell an alle Bürger, dieser Gesellschaft beizutreten. Die Sprecherin beendete die Sendung mit der ausdrücklichen Unterstützung seines Appells. Die Zuschauer müßten eigentlich an jenem Abend die Köpfe geschüttelt haben aus Empörung über das schlechte Niveau, auf das die Fernsehsendungen abgesunken waren. Im Gedächtnis blieben vielleicht nur vage die Gesichtszüge des Mannes und die Tatsache zurück, daß er zweimal Schluckauf bekam. Vielleicht versuchten sie auch, sich an einige seiner Worte zu erinnern, als am nächsten Morgen die Zeitung ›Al-Ahram‹ in ihrem Leitartikel auf das Gespräch mit dem alten Mann einging. Darin stand, daß das, was regional oder international geschehe, uns nicht davon ablenken solle, uns den wesentlichen Dingen unseres Lebens zuzuwenden. Betrachte man nämlich die Lage der Straßenbahn, so sähe man, daß sie einen schmerzlichen, ja beleidigenden Stand erreicht habe. Jeder interessierte Blick könne dies bestätigen. Die Farbe aller Wagen sei seit Jahren nicht erneuert worden. Die ledernen Sitze seien zerrissen durch Messerstiche von Jungs, in deren Seelen niemand die Liebe zur Straßenbahn gepflanzt habe, denn die Pädagogen hätten keine Unterrichtsmethoden entwickelt, die die Jugend mit der Geschichte der Straßenbahn vertraut machten und ihr deren Nützlichkeit und Bedeutung näherbrächten. Die Wagen zeigten viele Risse und sähen katastrophal aus, insbesondere die älteren unter ihnen. Was aber die elektrischen Verbindungsstangen angehe, so seien sie in einem erbärmlichen Zustand. Es gäbe keine einzige Stange, die länger als fünf Minuten die Verbindung zum elektrischen Strom herstellen könne. Der Schaffner müsse ständig aussteigen, um sie so lange hin und her zu schwenken, bis das Rädchen wieder die Stromkabel fasse und den Stromkreis schließe. Manchmal komme ein Passant herbei und übernehme selbst diese Arbeit. Die Straßenbahn sei außerdem das einzige Verkehrsmittel, das man anhalten könne, auch wenn der Fahrer sich weigerte, dies selbst zu tun. Man brauche nur die Stange niederzudrücken und sie von der Stromleitung zu trennen. Wir könnten auch beobachten, daß der Straßenbahnfahrer der einzige Fahrer im ganzen Land sei, der seine Schicht im Stehen verbringen müsse. Manche technologisch entwickelten Länder hätten einen kleinen Sitz für den Straßenbahnfahrer installiert, andere wiederum gingen noch viel weiter, indem sie kleine Nischen bauten, die den Fahrer vom Gedränge der Fahrenden trennen. In unserem Land aber würden in der überwiegenden Mehrheit noch immer die uralten Wagen benutzt. Erschöpfung sei ein gemeinsames Merkmal aller Straßenbahnfahrer. Ihre Rücken seien gebeugt, ihre Beine krumm und ihre Füße geschwollen. Dies alles verleihe jedem von ihnen besondere äußere Charakteristika, so daß man, wenn man sie zum ersten Male sehe, sofort wisse, daß der Betreffende ein Straßenbahnfahrer sei. Niemand könne sich vorstellen, wie tief diese öffentliche Einrichtung gesunken sei. Daher müsse man die Aufforderung, die Straßenbahn weiterzuentwickeln, annehmen und unterstützen. Mit dieser Bemerkung endete der Leitartikel, ohne jedoch die Leser aufzufordern, irgendeinen bestimmten Schritt zu unternehmen. Auffällig war, daß dieser Leitartikel direkt nach den Mittagsnachrichten auch im Rundfunk gesendet wurde. Außerdem ließ die politische Organisation der Regierung von höchster Stelle eine Empfehlung verbreiten, den Leitartikel in Versammlungen zu diskutieren, die während dieses Tages in allen Produktionseinheiten, Verwaltungseinrichtungen und den dazugehörenden Orten stattfanden. Damit aber das Fernsehen seinen Anspruch auf die Vorreiterstellung bei dieser Sache behauptete, wurde ein zehnminütiges Extraprogramm eingerichtet, das jeden Tag nach den Halb-Zehn-Nachrichten gesendet wurde. Darin wurden Zuschauerbriefe, Interviews mit älteren Menschen, die den Einzug der Straßenbahn in Ägypten noch miterlebt hatten, und Gespräche mit Journalisten, die ferne Länder besuchten und sich mit den verschiedensten Systemen zur

Pflege der Straßenbahn vertraut gemacht hatten, gezeigt. In der ersten Sendung verlas man auch den Brief des Bürgers Ali An-Nafuri, in dem er zur Gründung eines nationalen Komitees zur Förderung der Straßenbahn aufrief. Am nächsten Tag verlas die Sprecherin die Namen vieler Menschen, die diesen Aufruf unterstützten. Sie verlas auch eine Erklärung, in der das Innenministerium keine Bedenken gegen die Gründung eines nationalen Komitees zur Förderung der Straßenbahn äußerte, solange die Aktivitäten dieses Komitees die Fundamente der Gesellschaft und deren Grundwerte und Sicherheit nicht antasteten. Nur eine Bedingung müßte nach dieser Erklärung erfüllt werden, nämlich die Registrierung der Mitgliedschaft bei der Polizei. Man kann also sagen, daß dieses Thema an jenem Abend überall diskutiert wurde, sowohl in den Familien als auch in den Kaffeehäusern. Bekannte und Verwandte riefen Bekannte und Verwandte an, sie besprachen allgemeine und persönliche Dinge, aber das Gespräch über die Straßenbahn, die über Nacht die Aufmerksamkeit auf sich gelenkt hatte, blieb meist vorherrschend. Und als die Millionen Bewohner des Landes ihre Augen schlossen, um zu schlafen, beherrschte die Straßenbahn bei den meisten von ihnen jene bohrenden Vorstellungen, die einem vor dem Schlaf im Sinn herumgehen. Am nächsten Morgen haben viele Menschen die Straßenbahnen aufmerksam betrachtet. An den Straßenbahnhaltestellen herrschte ungewöhnliches Gedränge. Das heißt nicht, daß die Anzahl der Fahrgäste außergewöhnlich angestiegen wäre. Auffällig war jedoch, daß eine ungewöhnlich große Anzahl von Bürgern die Straßenbahnen, die auf den Straßen ihrer Stadt seit vielen, vielen Jahren fuhren, so betrachteten, als entdeckten sie sie zum ersten Mal. Die Wagen sahen sehr alt aus, sie schwankten auf den Schienen nach rechts und links, als würden sie jeden Moment entgleisen. Die Farbe war an vielen Stellen blaß geworden. Was die neuen Straßenbahnen betraf, die erst seit zwei Jahren auf den Straßen zu sehen waren, so waren sie verändert und vernachlässigt. Wie es schien, verachteten die Techniker die modernen Apparate, deshalb hatten sie sie durch ältere Modelle ersetzt; vielleicht aber konnte man sie auch nicht durch ähnliche ersetzen, da die Devisen, die für den Import von Ersatzteilen vorgesehen waren, nicht ausreichten. Viele vordere Scheinwerfer waren zerbrochen, genauso wie die Plastiksitze.

In der Zeitung ›Al-Akhbar‹ wurde eine Reportage darüber veröffentlicht, wie man in der Straßenbahn sitzt. In dieser Reportage hieß es, daß der Fahrgast in der Straßenbahn dem anderen Fahrgast gegenübersitze, und in den Fahrgast nebenan müsse er fast hineinkriechen, was in Autobussen nicht der Fall sei. Einige Soziologen hätten aber die positiven Seiten und Vorzüge hervorgehoben, die darin bestünden, die menschlichen Gefühle zu vertiefen und den gesellschaftlichen Geist zu fördern in einer Zeit, in der die Maschine alles Menschliche und Schöne zu deformieren drohte. Ein Philosophieprofessor von der Ain-Schams-Universität sagte, daß das Sitzen in der Straßenbahn die Entfremdung zwischen den Menschen eliminieren könne. Die Psychologen wiederum machten auf psychologische Einflüsse aufmerksam, die aus der Annäherung zwischen den Menschen und aus dem Rhythmus des langsamen Fahrens entstünden, und sie wiesen auf den positiven Einfluß dieser Faktoren auf die Zurückdrängung von Unruhe und Depression hin. Ein Herzspezialist sprach auch über den Zusammenhang zwischen dem Rhythmus des langsamen Fahrens, der die Sicherheit vermittele, nicht plötzlich stehenzubleiben, und einem gesunden Herzen. Er betonte, daß das Umsteigen von anderen Verkehrsmitteln auf die Straßenbahn die beste Medizin für Herzkranke sei. Er veröffentlichte dazu zwei wissenschaftliche Fotos, das erste zeigte das kranke Herz eines Menschen, der alle Verkehrsmittel außer der Straßenbahn benutzt hatte, und das zweite das Herz eines Mannes, der nur die Straßenbahn benutzte.

In der Zeitung ›Al-Gumhuriyya‹ wurde eine Erklärung des Direktors einer großen Werbeagentur veröffentlicht, die vor kurzem ihre Arbeit mit ägyptisch-westlichem Kapital aufgenommen hatte. Darin hieß es, daß die Straßenbahn zu den besten Werbeträgern zähle, da sie an beiden Seiten breite Flächen besitze. Darauf könne man große Transparente in verschiedenen Größen anbringen. Das ermögliche die Hervorhebung und Verdeutlichung der Werbeaussagen. Das Material, woraus die Straßenbahn bestehe, sei geeignet, jede Farbe anzunehmen und ihre Beständigkeit zu garantieren. Es gebe noch einen sehr wichtigen Punkt, den man erwähnen müsse, nämlich das langsame Fahren der Straßenbahn. Dies ermögliche jedem, ob er nun auf seinen Beinen laufe, auf einer Veranda sitze, sich aus einem Fenster hinauslehne oder eine Wasserpfeife vor einem Kaffeehaus rauche, die Werbung zu lesen. In derselben Zeitung hatte eine Journalistin einen Verkäufer für Kinderspielzeug interviewt. Er sagte, daß die meisten und schönsten Spielzeugmodelle, die an Kinder verschiedensten Alters verkauft würden, Straßenbahnmodelle seien. Und er fügte hinzu, daß Männer im mittleren Alter sich gern an jene kleinen Modelle der alten, offenen Wagen erinnerten, mit denen sie in ihrer Kindheit gespielt hätten, und daß in den letzten Jahren andere Wagen entwickelt worden seien, von denen er kleine Modelle in seinem Laden verkaufe. Anschließend sagte er, mit Modellstraßenbahnen zu spielen mehre die Kenntnisse des Kindes, verstärke seine Vorstellungskraft und erweitere seinen Horizont, insbesonders was die Technik betreffe.

Der Präsident der Sittenpolizei im Lande erklärte, daß in der Straßenbahn viel weniger Diebstähle vorkämen als anderswo, und zwar deswegen, weil die Stehplätze geräumiger seien und die Schwankungen sich in Maßen hielten, so daß die Möglichkeiten für Zusammenstöße der Fahrgäste, die ein Dieb ausnutzen könnte, nicht so oft gegeben seien.

Auch zu Berührungen, die junge Mädchen zum Erröten brächten, käme es in der Straßenbahn viel weniger als anderswo, meinte er und sagte weiter, daß die Straßenbahn die Werte und Ideale der Gesellschaft berücksichtigt habe, als Extraabteile für Frauen eingerichtet wurden, die ein Mann nicht betreten und vor die er sich nicht stellen dürfe. Außerdem fänden alte Frauen darin Platz: Sie setzten sich dort auf den Boden und stellten alles, was sie zu tragen hätten, neben sich ab.

Zu Beginn einer großen Sitzung sagte der zuständige Stellvertreter des Wirtschaftsministers, daß der Betrieb einer Straßenbahn viel weniger finanzielle Mittel beanspruche, als sie für andere Verkehrsmittel aufgebracht werden müßten. Deshalb führe eine Förderung der Straßenbahn zu Einsparungen im Staatshaushalt, so daß mehr Geld übrig bliebe für andere große Aufgaben, die sich aus der wirtschaftlichen Situation unseres Landes ergäben. Am gleichen Tag sprach ein Professor für moderne ägyptische Geschichte vor seinen Studenten über die nationale Rolle der Straßenbahn, die sich keineswegs darauf beschränke, lediglich beim Staatshaushalt zu sparen, denn dies sei eine kurzsichtige Politik. Sie isoliere die Wirtschaft von allen anderen wissenschaftlichen Aspekten des Problems. Aus diesem Grunde werde er ein Buch schreiben, in dem er die nationale Rolle der Straßenbahn seit Anbeginn zu erörtern beabsichtige. Dann sprach er über den Kampf der Arbeiter und Angestellten der Straßenbahn, die schon am Anfang des Jahrhunderts gegen die ausländischen Besitzer der Straßenbahngesellschaften gekämpft hätten. Ausführlich referierte er über den großen Arbeiterstreik im Jahre 1908 und über die ägyptischen Familien, die sich in die Werkstätten und Straßenbahnen setzten, um an diesem Streik aktiv teilzunehmen. Später hätten sich diese Streiks des öfteren wiederholt. Das habe einerseits dazu beigetragen, daß sich die Arbeiter ihrer Rechte bewußt geworden seien und daß sich andererseits das nationale Gefühl herauskristallisierte, was wiederum einen wichtigen Einfluß auf den Ausbruch der Revolution von 1919 gehabt habe. Die Rolle der Straßenbahn beschränke sich aber nicht nur darauf, denn ihre Wagen hätten eine Rolle beim Widerstand gegen die Engländer gespielt, als nämlich die Demonstranten sie umkippten und als Barrikaden benutzten. Anschließend zeigte er den Studenten seltene Fotos, die ihnen unbestreitbar die nationale Rolle der Straßenbahn bewiesen.

Am folgenden Tag fand eine erweiterte Versammlung im Zentralen Sitz der Jugendorganisationen statt. Der Generalbeauftragte gab einen Beschluß bekannt, der die ganze Jugend, ob Studenten, Arbeiter oder Angestellte, verpflichtete, sich an einer breiten Aktion zur Erneuerung des Farbanstrichs und zur Säuberung der Schienen aller Straßenbahnen zu beteiligen. Er versprach außerdem, den ältesten Mitarbeitern dieser Einrichtung Pokale zu verleihen.

Diese große Aufmerksamkeit, die man der Straßenbahn schenkte, haben die Bürger in den verschiedensten Schlangen vor den Paß- und Meldestellen, den Konsumgenossenschaften, den Schaltern für Platzkarten, den ausländischen und einheimischen Banken und den Staatsämtern ausgiebig kommentiert. Viele wichtige Diskussionen fanden auch statt in den Freeshops des Landes, den vornehmen, nach westlichen Mustern eingerichteten Cafés, die den Gästen warme Getränke und Eis und Süßigkeiten und kleine appetitliche Häppchen anbieten, aber auch in den volkstümlichen Kaffeehäusern und den Berufs- und Arbeitergewerkschaften. Es gab welche, die das alles als Ablenkungsmanöver von den wirklichen Problemen der Bevölkerung betrachteten, andere widersprachen jedoch dieser Meinung. Sie sagten, die ganze Sache geschähe ganz spontan, denn verschiedene Schichten beteiligten sich daran, was in diesem Maße nie hätte der Fall sein können, wenn irgendeine Institution, oder wer auch immer, das alles vorsätzlich geplant und durchgeführt hätte. Trotzdem konnten bestimmte Kräfte, die stets gegen alles opponieren, weil sie eben nur Opposition spielen wollen, ihr Mißfallen über die verstärkte Aufmerksamkeit, die man auf einmal der Straßenbahn schenkte, nicht verbergen. Diese Kräfte versuchten, bestimmte Gerüchte und Witze zu verbreiten, die sich um die Straßenbahn drehten. Die Kriminalpolizei drohte, gegen all jene hart vorzugehen, die mit ihrer Opposition über das hinausgehen wollten, was mit Wort und Protest zu tun habe. Was damit gemeint war, konnte nicht ermittelt werden. Die Haltung der verschiedenen Sicherheitskräfte zur Frage der Straßenbahn konnte ebenfalls nicht ermittelt werden, sie blieb verborgen, obwohl die Menschen daran gewöhnt sind, daß diese Kräfte zu allen Dingen, ob klein oder groß, eine Haltung beziehen. Diese Haltung erfühlen die Menschen irgendwie. Es gibt eine Geschichte, die vielleicht diesbezüglich einige Hintergründe erklären könnte. Während einer Ermittlung, die die Kriminalpolizei gegen junge Männer wegen der Bildung einer geheimen Vereinigung durchführte, ohrfeigte ein Ermittlungsoffizier einen der Jungs und sagte zu ihm: »Warum geht ihr in den Untergrund, wenn ihr euch doch an vielen öffentlichen Aktivitäten beteiligen könntet? Warum äußert ihr nicht zum Beispiel eure Meinung über die Straßenbahn?«

Man könnte also sagen, daß nach wenigen Tagen ein Gefühl der Solidarität mit der Straßenbahn bei allen Schichten der Gesellschaft entstanden war, ja selbst bei den Autofahrern, die so oft mit ihren Autos auf den Straßenbahntrassen fahren, wenn das Gedränge zu groß wird. Das Solidaritätsgefühl erreichte seinen Gipfel in der Al-Azhar-Hauptstraße, wo seit zehn Jahren keine Straßenbahn mehr fährt. Ein Manufakturkaufmann hatte dort ein riesiges Zelt aufgestellt, das tausend Menschen faßte. Er bestellte drei berühmte Koranrezitatoren, um aus dem Koran lesen zu lassen. Nachdem die Scheichs ihre Rezitation beendet hatten, hielt der Kaufmann eine Ansprache, die man über die mit behördlicher Erlaubnis installierten Lautsprecher noch am Ende der Straße hören konnte. In dieser Ansprache verkündete er, daß er heute nacht jenes Tages gedenke, an dem die Straßenbahn aus der Al-Azhar-Straße verbannt wurde. Dies gehöre, fuhr er fort, zu den negativsten Geschehnissen der letzten Jahre in dieser Straße. Nach Beendigung der Ansprache formulierte man ein Telegramm, das im Namen aller Anwesenden an alle zuständigen Stellen gesendet werden sollte. Darin wurde gefordert, die Straßenbahn solle wieder durch die Al-Azhar-Straße fahren. Es wurde außerdem beschlossen, alljährlich diesen Tag als Gedenktag zu begehen, auch wenn die Straßenbahn wieder in der Al-Azhar-Straße fahren würde.

Die Zeitung ›Al-Akhbar‹ schlug einen siebzigjährigen Mann zur Verleihung des Titels »Erster Fahrgast der Straßenbahn« vor. Der Mann gab der Zeitung ein ausführliches Exklusivinterview, in dem er von seinen Erinnerungen an die Straßenbahn erzählte, die sich bis in seine früheste Kindheit erstreckten, in der er kein anderes Verkehrsmittel als nur die Straßenbahn benutzt hätte. Er erklärte, daß viele alte Straßenbahnfahrer und Schaffner ihn gut kennten, denn wie oft habe er sich in alter, schöner, gemütlicher Zeit mit ihnen unterhalten und Zigaretten ausgetauscht. Zum Schluß sagte er, er halte die Fahrten, die er mit der Straßenbahn unternommen habe, für einen wichtigen Grund dafür, daß er so alt geworden sei.

Er erzählte auch davon, wie die erste Straßenbahnlinie eröffnet wurde. Als die Straßenbahn an einem Kaffeehaus vorbeifuhr, sagte er, seien alle Gäste erschrocken von ihren Plätzen hochgesprungen, weil sie dachten, der Wagen sei irgendein Raubtier, das sie nicht kannten. Auch noch einige Zeit danach hätten die Gäste, immer wenn die Straßenbahn am Kaffeehaus vorbeigefahren sei, ihre Stühle mitgenommen und sich in den hinteren Räumen versteckt.

Am nächsten Tag wurde der »Erste Fahrgast der Straßenbahn« in die Mädchenoberschule von Schobra eingeladen, um einen Vortrag zu halten. Anschließend beantwortete er die Fragen der Schülerinnen. Ein Leser schlug vor, den verdienten Mann in einer nationalen Feier zu würdigen, zu der nur die Inhaber der höchsten Staatsämter eingeladen werden sollten, um ihm dort einen neuen Pokal zu verleihen, dem man den Namen »Pokal der Straßenbahn« geben könnte. Der Staat hatte aber schon selbst die Initiative ergriffen. Der Sprecher der Regierung gab bekannt, daß ein neuer Orden gestiftet werden solle. Er solle »Straßenbahnorden« genannt werden und werde in drei Klassen verliehen:

Straßenbahnorden erster Klasse.
Straßenbahnorden zweiter Klasse.
Straßenbahnorden dritter Klasse.

Der Orden sollte die Form einer alten Straßenbahn haben, wie sie zum ersten Mal in der Stadt benutzt worden sei. Von dieser Straßenbahn, die aus Gold gearbeitet werde, sollten Strahlen aus purem Silber ausgehen. Die vorderen Scheinwerfer aber sollten Diamanten sein. Die erste Klasse unterscheide sich aber von der zweiten und der dritten Klasse in nichts anderem als in der Art des verarbeiteten Materials.

Während der nächsten Tage stieg das Interesse an der Straßenbahn ins Unermeßliche. Es fanden mehrere Kolloquien zur historischen Rolle der Straßenbahn statt. Alte Politiker nahmen intensive Verbindungen miteinander auf, um ein Oberstes Nationalkomitee der Straßenbahn zu gründen, was schon von jenem unbekannten Fahrgast vorgeschlagen worden war, der nach seinem berühmten Fernsehinterview nicht mehr gesichtet wurde. Einige junge Männer sprachen sich dagegen aus, daß die alten Politiker die Sache an sich gerissen hätten; sie verteilten ein Flugblatt, in dem sie auf die Notwendigkeit aufmerksam machten, der Stimme der Zukunft Gehör zu verschaffen.

Es fanden außerdem viele organisierte und spontane Diskussionen statt. Die spontanen ereigneten sich in den Verkehrsmitteln, vor allem in Zügen, da eine Zugfahrt oft langweilig ist. Die Bürger sahen genau, wie manche Gesichter sich verzerrten, als man über die Straßenbahn zu sprechen begann, wie manche Fäuste sich ballten und in der Luft herumfuchtelten, wie manche Finger drohend ausgestreckt wurden, wie manche Zähne in die Lippen bissen und wie manche Verwunderungsschreie die Gespräche durchkreuzten.

Viele Artikel wurden geschrieben, in denen die Autoren fragten, was man eigentlich mit dem Begriff »Straßenbahn« meine? Gehörten die modernen Metrozüge etwa nicht dazu? Oder diese, modernen Straßenbahnen ähnlichen Fahrzeuge, die man aus östlichen Ländern importiert habe, hatten sie nicht auch etwas mit der Kategorie »Straßenbahn« zu tun? Und der Trolleybus: Welcher Art könne man ihn zurechnen?

Zahlreiche Meinungen wurden darüber geäußert, im Rundfunk und Fernsehen, an Runden Tischen und in geschlossenen Räumen, in öffentlichen Versammlungen und in Zelten, die man extra anfertigte und aufstellte. Die Zuhörer notierten Tausende Bemerkungen mit den verschiedensten Stiften. Die sich dazu äußerten, leerten unzählige Wassergläser, während sie ihre Meinung äußerten. Die verbrauchten Mikrophone wurden Hunderte Male probiert, indem man mit den Fingern darauf klopfte oder darauf pustete. Sätze wie »Meine sehr verehrten Damen und Herren« oder »Guten Abend, liebe Zuhörer« wurden Tausende Male wiederholt. Nicht auszumachen sind die Mengen, die man an Papier, Heften und Büroklammern verbrauchte.

Die Sache spitzte sich zu, als der Bildungsminister für Hoch- und Mittelschulen eine Erklärung abgab, in der er die Straßenbahn als ein Hauptfach in die Lehrpläne aufnahm, dessen erfolgreicher Abschluß als Bedingung für die Versetzung von Schülern und Studenten gelten sollte. Den Inhalt dieser Fachrichtung offenbarte er in einer von allen Massenmedien verbreiteten Botschaft an alle seine Töchter und Söhne, in der er dazu aufforderte, die Arten der Straßenbahn, die bekanntesten Fabriken, die sie produzierten, ihre Bestandteile und die Stromnetze, die sie in Betrieb hielten, zu studieren. Während der Verkehrsprüfung im Mittleren Bezirk wurde im Fach »Ausdruck« folgende Aufgabe gestellt: »Schreib fünfzehn Zeilen über die Straßenbahn, in denen die Zahl der Räder an einem Wagen und der Abstand zwischen einem Rad und dem anderen erwähnt werden.«

Führende Institutionen des Landes haben ihre Absicht bekundet, mehrere Delegationen, bestehend aus Vertretern parlamentarischer und gesellschaftlicher Gremien, in die belgische Stadt Charleroi zu entsenden, da sich in dieser Stadt die größten Fabriken zur Herstellung von Straßenbahnwagen befänden. Zugleich stapelten sich die Telegramme von Bewohnern der verschiedensten Städte des Landes, in denen die Bitte geäußert wurde, die Straßenbahn nun auch endlich bei ihnen einzuführen.

Das Finanzministerium beschloß, eine extra Andenkenmünze herauszugeben, auf der das Bild einer Straßenbahn zu sehen ist. Die Chefredakteure der drei führenden Zeitungen gaben eine gemeinsame Erklärung ab, in der sie sich dagegen aussprachen; sie forderten die Herausgabe einer ständigen Straßenbahnmünze. Der Leiter der Währungsabteilung im Ministerium versprach, über diesen Gedanken und seinen Einfluß auf die Währungspolitik ernsthaft nachzudenken. Die Schallplattengesellschaft ließ eine Werbung veröffentlichen, in der sie alle Verfälscher davor warnte, Straßenbahnschallplatten und -kassetten, die im Lande populär wurden, nachzumachen. Diese Tonträger gaben Geräusche der unterschiedlichsten Art wieder, Straßenbahnklingeln, Räderrollen auf den Schienen, das Gekreisch der Bremsen, wenn sie die Räder stoppten, und das Quietschen an Kreuzungen. Die Werbung gab außerdem bekannt, daß die Gesellschaft vorhabe, Schallplatten in Umlauf zu bringen, die das Fließen des Stroms in den elektrischen Leitungen der Straßenbahn aufzufangen suchten, was bis jetzt niemandem gelungen sei. Ein Politiker stellte den Antrag, eine Zeitung unter dem vielversprechenden Titel ›Die Straßenbahn‹ herausgeben zu dürfen. Die Gesellschaft zur Pflege der arabischen Sprache hat auf einem Kollegium bekanntgegeben, daß sie beabsichtige, das Wort »Straßenbahn« in das von ihr autorisierte Wörterbuch der arabischen Hochsprache aufzunehmen. Einige Firmen produzierten kleine Medaillen, die Straßenbahnen in verschiedenen Formen zeigten und auf der Brust oder am Gürtel getragen werden konnten. Diese Medaillen wurden schon an die Mitglieder ausländischer Delegationen verteilt, die von überallher in das Land strömten; man sah sie bereits an ihren Hälsen hängen. Ein Ägyptologe offenbarte, daß er ein Wandbild in einem alten pharaonischen Tempel gefunden habe, worauf etwas, was als Straßenbahn gedeutet werden könne, dargestellt sei. Er fragte, ob die Pharaonen die Straßenbahn nicht doch gekannt hätten. Er werde eine Zusammenkunft einberufen, auf der er diese Frage zu beantworten gedenke. Auch die Opposition blieb von alldem nicht unberührt. Vor kurzem fiel einer im Untergrund wirkenden Gruppe der Sicherheitskräfte ein unerlaubtes Flugblatt in die Hände, in dem zur Wachsamkeit und Vorsicht aufgerufen wurde. Das Flugblatt wurde sogar in einigen Straßenbahnen verteilt. Der Leiter des Komitees zur Unterdrückung der Opposition berief eine Konferenz ein, auf der er das Flugblatt verlas und einige ausländische Staaten beschuldigte, sich an diesen Machenschaften zu beteiligen. Er gab zu, daß es einen Widerstand gegen die nationalen Ziele gebe. Diese jedoch deckten sich mit der Straßenbahn und würden von den Massen in einer

Art und Weise unterstützt, die Freund und Feind in Erstaunen versetzte. Er sagte abschließend, daß jene Ziele eine große Zustimmung in unserem Volke fänden, was viele Väter, die in letzter Zeit Kinder bekamen, veranlaßt habe, ihrem Kind einen einzigen Namen zu geben, nämlich »Straßenbahn« …

Nagib Machfus

Die Welt Allahs

Das Leben im Büro begann, wenn Onkel Ibrahim, der Bote, eintrat. Er öffnete die Fenster, eines nach dem anderen, und ging daran, den Fußboden des großen Raumes zerstreut und unaufmerksam zu kehren. Dabei drehte er regelmäßig und langsam den Kopf hin und her und bewegte die Lippen, als ob er etwas kaute, während die weißen Haare in seinem Kinn- und Backenbart zitterten. Auf dem Kopf hatte er kein einziges Haar mehr. Darauf machte er sich an die Schreibtische, wischte auf ihnen Staub und brachte die Aktenordner und Schreibmaterialien in Ordnung. Abschließend musterte er prüfend den Raum, dabei ließ er den Blick über die Schreibtische wandern, als sähe er dort deren Besitzer auf ihrem Platz. Sein Gesichtsausdruck schwankte zwischen Zufriedenheit und Ärger, schließlich lächelte er. Dann ging er hinaus und murmelte vor sich hin: »Jetzt wollen wir das Frühstück holen!«

Herr Achmed, der Archivsekretär, war der erste, der erschien. Seine Schultern neigten sich unter der Last von fünfzig Lebensjahren nach vorn, und sein Gesicht war von ständigem Groll gezeichnet, als sei es ein Register des Abscheus vor den Zeitläuften. Ihm folgte Herr Mustafa, der Maschinenschreiber, der häufig lachte, aber es war ein nervöses Lachen, hinter dem er seine täglichen Sorgen zu verbergen suchte. Dann kamen Samir, der Undurchdringliche, wie er im Büro genannt wurde, und Al-Gundi, dessen strahlender Gesichtsausdruck erkennen ließ, daß er dem Glück der Kindheit noch nicht entwachsen war. Weiter stolzierte Herr Lutfi herein, ein eleganter Mann; er trug einen Siegelring, eine Uhr und eine Krawattennadel aus Gold. Ihm schloß sich Hammam an, zart, schmächtig und in sich gekehrt. Zum Schluß der Auftritt seiner Exzellenz des Bürodirektors, Ustas Kamil, er war umgeben von einer Gloriole der Würde, in der Hand hielt er einen Rosenkranz. Nun war das Büro erfüllt von Stimmenlärm und Papierrascheln, aber noch hatte niemand angefangen zu arbeiten. Noch nicht einmal der Direktor, denn der wurde ganz von einem Telefongespräch in Anspruch genommen. Die Seiten der aufgeschlagenen Zeitung raschelten wie Fahnen im Luftzug.

Lutfi sagte, den Blick auf die Nachrichtenspalte geheftet: »Dieses Jahr wird die Welt untergehen!«

Dazwischen hörte man die laute Stimme des Direktors, der frohlockend am Telefon fragte: »Und der Mond verschwindet?«

Samir stellte die Frage: »Warum plagen wir uns mit Ehe und Kindern ab? Hier ist die Rede von einem jungen Mann, der seinen Vater unter den Augen seiner Mutter getötet hat!«

Achmed empörte sich mit heiserer Stimme: »Was hat es für einen Sinn, Rezepte auszuschreiben, wenn das Medikament nirgends erhältlich ist?«

Al-Gundi blickte von seinem Platz aus in eine Arztpraxis im gegenüberliegenden Gebäude und beobachtete eine blonde deutsche Krankenschwester, die sich am Fenster zeigte.

Lutfi fuhr fort, seine vorher geäußerten Worte bekräftigend: »Glaubt mir, das Ende der Welt ist näher, als ihr denkt ...«

Der Direktor legte die Hand auf die Sprechmuschel und verlangte gebieterisch von Hammam: »Holen Sie die Akte 1–3/130 vom Jahr ...!« Dann wandte er sich wieder seinem angeregten Gespräch zu.

Hammam hob nicht einmal den Kopf von der Zeitung, sondern stieß zwischen den Zähnen hervor: »Der Tod soll deine Mutter holen!«

Da endlich kam Onkel Ibrahim mit einem vollen Tablett. Er verteilte Sandwiches mit Bohnen, Bohnenpastete, Käse und Süßigkeiten aus Sesam. Nun mahlten die Münder, Schmatzen war von allen Seiten vernehmbar, aber die Blicke hoben sich nicht von den Spalten der Zeitungen. Onkel Ibrahim stand am Eingang zum Büro und beobachtete die Essenden mit einem seltsamen Blick aus seinen glanzlosen Augen, bis ihm Achmed mit vollem Munde zurief: »Hol die Gehälter, Onkel Ibrahim!«

Daraufhin ging der Mann weg. Eine Stunde später betrat der Krawatten- und Parfümhändler den Raum, der das Büro regelmäßig am Ersten jedes Monats aufsuchte. Er ging an den Schreibtischen entlang und bot seine Ware an. Die Beamten traten heran, prüften sie, und einige nahmen sich, was sie brauchten. Der Mann verließ den Raum, um wieder zurückzukommen, wenn man die Gehälter in Empfang genommen hätte. Nach einer weiteren Stunde erschien der Butterhändler, um sich die ihm noch zustehenden Raten abzuholen, aber Mustafa sagte lächelnd mit bedeutungsvoller Miene: »Warte, bis Onkel Ibrahim zurück ist!«

Der Mann blieb an der Tür stehen. Seine Lippen bewegten sich unaufhörlich, und er murmelte etwas vor sich hin. Die Tasten der Schreibmaschinen hämmerten eifrig, während Samir zum Direktor ging, um ihm wichtige Papiere vorzulegen. Zum erstenmal fiel jetzt Sonnenschein durch das Fenster, das auf den Platz hinausging. Al-Gundi warf immer noch verstohlene Blicke in das Fenster der Praxis. Der Direktor rief in irgendeiner Angelegenheit nach Onkel Ibrahim, aber Mustafa erinnerte ihn daran, daß er noch nicht von der Kasse zurückgekehrt sei. Da hob Achmed den Kopf von den Akten und meinte: »Der Mann hat sich verspätet! Warum nur?«

Der Butterhändler ging, um in den anderen Büros vorbeizuschauen und dann zurückzukehren. Achmed lief aus dem Raum, blickte suchend rechts und links den Gang entlang, kam wieder und sagte: »Keine Spur von ihm! Was hat ihn nur aufgehalten? Der alte Schwätzer!«

Schließlich, nach einer dritten Stunde, verlor Achmed die Geduld. Er stand auf und verkündete, daß er zur Kasse gehen werde, um nach dem Mann zu suchen. Dann kam er berstend vor Zorn zurück und schimpfte: »Er hat die Mappe vor einer geschlagenen Stunde geholt. Aber wo ist der Dummkopf hingegangen?«

Lutfi fragte: »Hat er denn sein eigenes Gehalt bekommen?«

Achmed antwortete aufgebracht: »Ja, das hat man mir am Schalter für die Auszahlung der Botengelder gesagt.«

»Vielleicht sieht er sich auf dem *Suk* um?«

»Bevor er uns unsere Gehälter übergeben hat?«

»Das ist nicht unmöglich. Er kommt doch jeden Tag auf eine neue Idee!«

Ärger zeichnete sich auf den Gesichtern ab. Der Direktor, schon seit längerer Zeit höherer Beamter, blickte finster. Für kurze Zeit herrschte Schweigen. Mustafa unterbrach es mit seinem üblichen Gelächter: »Stellt euch vor, man hat ihn unterwegs ausgeraubt!«

Ein mattes Lachen war die Antwort, das eher einem mühsam verhehlten Seufzen glich. Dann meinte Lutfi: »Oder er ist einem Unfall zum Opfer gefallen?!«

Als er den Ärger in den Gesichtern der anderen bemerkte, fügte er beschwichtigend hinzu: »Wer heute Onkel Ibrahim überfährt, überfährt ein ganzes Büro!«

Achmed entgegnete scharf: »Bis auf den, der eine Privatschatulle hinter sich weiß!«

Alle nahmen seine Worte mit Genugtuung auf. Nur der Direktor klopfte mit einem Kugelschreiber der Marke »Parker«, der ihm bei einer glücklichen Gelegenheit geschenkt worden war, auf seinen Schreibtisch und forderte dazu auf, Disziplin zu wahren. In Wirklichkeit aber versuchte er, seine wachsende Unruhe zu verbergen.

Al-Gundi fragte trotzdem: »Was geschieht mit dem Geld in solch einem Fall?«

»Zum Beispiel bei einem Diebstahl?«

Niemand lachte, so fragte Al-Gundi weiter: »Bei einem Unfall?«

»Vielleicht wird es im Gedränge gestohlen, vielleicht wird es auch im Polizeibüro aufbewahrt, bis die Angelegenheit geklärt ist, und man sagt sich: ›Krepiere ruhig, du Esel, bevor du was zu fressen bekommst!‹«

Aber es zeigte sich, daß allen das Lachen vergangen war. Die Gesichter schienen fahl, und die Zeit verging langsamer als Tage des Krankseins. Jemand fragte: »Unter welchem Unstern sind wir nur heute früh erwacht?« Achmed ging und suchte nach Onkel Ibrahim im gesamten Inspektionsbereich, dann kehrte er zurück mit einem Gesichtsausdruck, der von seinem Mißerfolg sprach. Der Direktor dachte über diese schwierige Situation nach, die niemand je für möglich gehalten hätte. Er weigerte sich, sie für wahr zu halten. Der Dummkopf würde plötzlich an der Tür erscheinen. Flüche würden auf ihn niederprasseln, und er würde alle Entschuldigungen der Welt für sich in Anspruch nehmen. Wenn das aber nicht geschähe, was sollte man dann tun? Lutfi hatte eine reiche Frau, und Samir war als durchtrieben bekannt; aber da gab es arme Schlucker wie Achmed, denen dieser Vorfall den Garaus machen würde.

Der Butterhändler kehrte zurück, doch bevor er noch den Mund öffnen konnte, schrie ihn der Direktor an: »So warte doch! Noch ist schließlich nicht der Jüngste Tag! Wir sind hier in einem Regierungsbüro und nicht auf einem *Suk*!«

Der Mann zog sich bestürzt zurück. Beamte der Inspektion kamen ins Büro und fragten, wie es ginge. Jemand von ihnen fing an, Späße zu machen, aber sie fanden eine so düstere Atmosphäre vor, daß ihnen die Scherzworte in der Kehle steckenblieben. Die Unruhe nahm zu, niemand arbeitete mehr.

Achmed seufzte: »Mein Herz sagt mir, daß die Angelegenheit ernst ist. Wir sind verloren, Leute!«

Dann sprang er auf und ließ sich vernehmen: »Ich werde

den Pförtner des Ministeriums nach ihm fragen!« und verschwand eilig.

Kurz danach kam er ganz erbost wieder: »Der Pförtner versichert, daß er gesehen hat, wie er gegen neun Uhr morgens aus dem Ministerium gegangen ist!« Mit erstickter Stimme fügte er hinzu: »Das ist ja abscheulicher als eine Katastrophe! Es ist doch nicht möglich, daß er sein Leben für hundertfünfzig Pfund oder zweihundert verkauft! Ein Unfall? Wer weiß? In diesem Monat werden wir das Ende nicht absehen können! O Herr des Himmels!«

Lutfi fühlte, daß sich die Blicke einiger ihm von Zeit zu Zeit zuwandten, so sagte er schließlich beklommen: »Es ist abscheulicher als eine Katastrophe! Vielleicht fragt ihr, was mich das kümmert? Die Wahrheit ist, daß meine reiche Frau nicht einen *Millim* von ihrem Vermögen hergibt!«

Insgeheim fluchte man, aber niemand ging auf seine Worte ein.

Achmed seufzte: »Glaubt ihr an Gott? Bei dem Gott, dessengleichen es nicht gibt, vom zweiten Tag des Monats an werde ich kommen und gehen ohne einen einzigen *Millim* in der Tasche, weder für Tee noch für Kaffee, Zigaretten oder irgendein Verkehrsmittel. Ich habe Kinder auf der Oberschule und Kinder auf der Universität und einen großen Berg Schulden wegen der Medikamente. Was soll ich nur tun, o Gott?!«

Als es ein Uhr vorüber war, stand der Bürodirektor mit bekümmertem Gesicht von seinem Schreibtisch auf, kam hinter ihm hervor und sagte: »Der Generalinspektor muß benachrichtigt werden!«

Der Generalinspektor hörte sich die Geschichte mit deutlichem Unwillen an, dann fragte er: »Ist es nicht möglich, daß er trotz aller Verdächtigungen zurückkommt?«

»Tatsache ist, daß ich daran nicht mehr glaube. Es geht auf zwei Uhr nachmittags.«

Der Generalinspektor erwiderte mit kritischem Ton:

»Sie wissen doch, daß Sie sich falsch und nicht den Instruktionen gemäß verhalten haben?«

Der Direktor verkroch sich eine Weile in ein verzweifeltes Schweigen, dann murmelte er: »Alle Büros machen es so ...«

»Und wennschon! Ein fehlerhaftes Verhalten rechtfertigt das andere nicht! Schreiben Sie mir einen Bericht, damit ich ihn dem stellvertretenden Minister übergeben kann!«

Der Direktor rührte sich nicht von der Stelle, sondern fügte hinzu: »Alle brauchend dringend ihre Gehälter. So etwas ist bisher noch nie dagewesen!«

»Und was soll ich dabei tun?«

»Wir haben die Gehälter nicht bekommen und auf der Liste nicht unterschrieben.«

»Man kann den Vorfall nicht leugnen und sich nicht um die Verantwortung drücken!«

Das Schweigen verdichtete sich, der Direktor bekam das Aussehen eines verlorenen Mannes. Der Inspektor fühlte sich bedrückt bei seinem Anblick und schaute von ihm weg auf die Papiere auf seinem Schreibtisch. Schließlich erhob sich der Direktor und ging mit schweren Schritten zur Tür. Bevor er hinausgehen konnte, erreichte ihn die ausdruckslose Stimme des Inspektors: »Benachrichtigen Sie die Polizei!«

Das gesamte Büro begab sich auf die Polizeiwache. Sie bahnten sich zwischen Frauen, die mit gekreuzten Beinen auf dem Boden saßen, ihren Weg zum Zimmer des Offiziers. Ein Häuflein blutbefleckter Schlägertypen, geführt von einem Soldaten, ging vor ihnen her. Hinter einer verschlossenen Tür erschollen ein schmerzerfüllter Schrei und Hilferufe.

Herr Kamil, der Direktor, erzählte dem Offizier die Geschichte von Anfang bis Ende. Er berichtete von Onkel Ibrahim, daß er Bote sei, fünfundfünfzig Jahre alt, und als Zehnjähriger im Ministerium als Arbeiter in der Druckerei angefangen habe. Dann sei er Bote geworden, weil er seinen Vorgesetzten gegenüber aufsässig geworden sei. Sein Grundgehalt betrage sechs Pfund im Monat. Die Beamten des Büros sagten von ihm, daß er gutmütig, manchmal allerdings auch etwas eigenartig sei, gelegentlich so, als sei er zerstreut, so daß er einen anspräche oder sich in Dinge mische, die ihn nichts angingen, oder auch aus freien Stücken allgemeine Bemerkungen über die Politik mache ohne rechten Anlaß. Von seiner Wohnung wurde gesagt, sie befände sich im Haus Nr. 11 im Darb Al-Hilla. Es sei noch nie vorgekommen, daß er gestohlen oder etwas Ehrenrühriges getan hätte.

Der Offizier fertigte sie nach der Niederschrift des Protokolls damit ab, daß die Polizeiwache sich zunächst vergewissern würde, ob er nicht einem Verkehrsunfall zum Opfer gefallen sei, und daß danach die Untersuchung ihren Lauf nehmen würde.

Die Beamten mußten schließlich gehen. Sie verließen die Wache wie benommen vor Schreck. Es entstand ein Stimmengewirr, als sie untereinander Fragen und Klagen darüber austauschten, wie sie der wichtigen Verantwortung nachkommen könnten, die zu Hause auf sie warte. Es beseelte sie der eine Wunsch, zusammenzubleiben, bis sie eine Lösung für ihre schwierige Lage gefunden hätten. Aber zuletzt blieb ihnen nichts anderes übrig, als sich zu trennen. So ging jeder seiner Wege.

Der Direktor kehrte nach Hause zurück in der Hoffnung auf ein Spiel Poker. Mustafa, der Maschinenschreiber, ging zu einer Pfandleihe im Bab Al-Schirija, wo er sich des öfteren, wenn ihm keine andere Wahl blieb, zu einem schamlosen Zinssatz etwas auslieh. Was Lutfi anging, so kam seine Frau zwar für die Kosten des Haushalts auf, aber er mußte zu einer List greifen, um das Geld für seine monatlichen Ausgaben von ihr zu erhalten. Al-Gundi – er war Junggeselle und lebte im Hause seines Vaters – beschloß, seinem Vater zu unterbreiten: »Behandle mich bitte diesen Monat so, als wäre ich noch Student!« Hammam blieb nichts anderes übrig, als seine Frau, die Teilhaberin einer nachbarschaftlichen Spargenossenschaft war, zu überreden, ihm für seine Ausgaben den Anteil vom Haushaltsgeld zu geben, der eigentlich für ihre Garderobe bestimmt war, auch wenn ihm das Gezänk und Tränen eintrug. Für Samir schien die Angelegenheit relativ einfach zu sein, denn kaum war er mit sich allein, frohlockte er: »Hätte ich nicht Bestechungsgelder angenommen, so befände ich mich jetzt in einer ausweglosen Lage!« Es blieb Achmed, der Archivschreiber, von dem seine Kollegen vermuteten, daß die Sonne ihm nie mehr lachen würde. Er irrte die Straße entlang, ohne im geringsten auf die Fahrzeuge und die Menschen um sich herum achtzugeben. Er betrat stöhnend mit blau angelaufenem Gesicht seine Wohnung, warf sich auf den erstbesten Stuhl und schloß die Augen. Seine Frau trat zu ihm, eingehüllt in Küchendünste, und fragte beklommen: »Was hast du?«

Er antwortete ohne Umschweife: »Wir haben diesen Monat kein Gehalt!«

Sie sagte erstaunt: »Gott bewahre! Onkel Ibrahim hat doch heute früh dein Geld gebracht.«

Der Mann sprang auf, wie jemand, der kurz vor dem Ertrinken gewesen war und plötzlich doch wieder Atem schöpfen kann. Seine Frau brachte ihm ein Bündel Geldscheine, von dem er feststellte, daß es sein vollständiges Gehalt war. Er wurde vor Freude fast wahnsinnig, streckte die Hände aus und rief aus tiefstem Herzen: »Allah sei dir gnädig und behandle dich freundlich, Onkel Ibrahim!«

Die Polizei begab sich zur Wohnung von Onkel Ibrahim im Darb Al-Hilla. Die »Wohnung« bestand aus einem Zimmer zu ebener Erde im Hof eines alten Hauses, dessen Umfassungsmauer fast völlig eingestürzt war. In dem Zimmer befand sich nichts als eine zerschlissene Matratze, eine Matte, ein Ofen, ein niedriges Kupfergefäß, ein Tablett aus Teakholz und eine einäugige Alte, die erklärte, sie sei seine

Frau. Als sie nach ihrem Mann gefragt wurde, sagte sie, er sei im Ministerium. Dann versicherte sie, sie wüßte nichts über sein Verschwinden. Er besaß außer einem *Gilbab* kein Kleidungsstück, sie suchten danach und stießen auf ein kleines Stück Haschisch.

Die Polizisten nahmen die Frau mit auf die Wache. Die Frau wiederholte, sie wüßte nichts über seine Flucht oder den Diebstahl, dessen er bezichtigt würde. Sie weinte und schimpfte eine ganze Weile. Von ihrem gemeinsamen Leben erzählte sie, daß er am Anfang ein guter Ehemann gewesen sei und daß sie Kinder zusammen hatten. Einer sei Arbeiter in der Kanalzone, doch sei die Verbindung zu ihm schon seit Jahren abgerissen. Ein anderer sei als Zehnjähriger bei einem Straßenbahnunfall ums Leben gekommen. Eine Tochter habe einen Bauarbeiter geheiratet, der mit ihr in das entfernteste Oberägypten gegangen sei. So sei sie aus ihrem gemeinsamen Leben ebenso verschwunden wie ihr Bruder am Kanal. Sie gab zu, daß Onkel Ibrahim sich während der letzten Monate sehr stark verändert habe, nachdem er doch eigentlich ins »vernünftige Alter« gekommen wäre. Ihr sei zu Ohren gekommen, daß er einer Losverkäuferin im Café Fuad nachliefe. Aus diesem Grunde sei es zwischen ihnen zu mehr als einer Streiterei vor den Augen der ganzen Hilla-Gasse gekommen.

Die Untersuchungsbeamten machten eine Razzia im Café Fuad und kamen mit einer seltsamen Schar von Kippensammlern, Kindern und Halbwüchsigen auf die Wache zurück. Ebenso brachten sie ein paar Schuhputzer mit. Sie alle erkannten Onkel Ibrahim nach der ihnen vorgelesenen Beschreibung. Sie sagten aus, daß er in den vergangenen Monaten auf dem letzten Stuhl im Gang, der vom öffentlichen Durchgang abzweigte, gesessen, Kaffee geschlürft und die »Engländerin« unverwandt angeschaut habe. Es zeigte sich, daß sie mit der »Engländerin« eine siebzehnjährige Losverkäuferin mit goldblonden Locken und blauen Augen meinten, die ursprünglich ebenfalls Kippensammlerin gewesen sei. Fast alle gaben zu, daß sie auch privat Beziehungen zu ihr gehabt hätten und daß das auch bei einigen Kunden des Cafés – angenehmen und bescheidenen Leuten – der Fall gewesen sei. Onkel Ibrahim habe sich sehr für sie interessiert. Er habe sie einmal im Vorübergehen gesehen. Als er begriffen hätte, daß sie zu den Sehenswürdigkeiten des Café Fuad gehörte, hätte er seinen Platz am Ende des Ganges eingenommen, um sie jeden Abend anzublicken. Er habe sie gerufen, scheinbar, um ein Los zu kaufen, in Wirklichkeit aber, um sie so lange wie möglich neben sich zu haben, Das Mädchen habe um seine Leidenschaft für sie vom ersten Moment an gewußt und ihnen sein Geheimnis offenbart. Da hätten sie begonnen, Tag für Tag hinter ihm herzuspionieren und hätten sich dabei über ihn lustig gemacht. Er aber habe in seiner leidenschaftlichen Liebe gar nicht auf sie geachtet. Eines Tages hätte sie ihnen gesagt, daß der Mann sie heiraten wolle und ihr ein glückliches Leben frei von Sorgen und Vagabundierei versprochen habe. Da hätten sie lange gelacht. Sie hätten das für einen Scherz gehalten, einerseits, weil der Gedanke an Heirat ihnen gar nicht in den Sinn gekommen wäre, und andererseits, weil der Mann so ganz und gar nicht dem Bild eines Bräutigams entsprach, wie sie es sich vorstellten. Einer von ihnen hätte spöttisch gemeint: »Er sieht aus wie einer von uns!« Sie aber hätte stolz entgegnet: »Nein, er ist ein reicher Mann.« Da hätten sie wieder gelacht. Aber das Mädchen sei nicht mehr ins Café gekommen und sei ihnen allen aus dem Blickfeld verschwunden.

Allgemein beruhigte sich die Polizei nun damit, daß sie den Anfang einer Spur gefunden hatte. Aber sie wußte noch nicht, daß die Spur in Abukir endete.

Ja, Onkel Ibrahim war in Abukir. Er saß ruhig am Strand und ließ den Blick zwischen dem Meer und Jasmina wandern, deren blonde Locken der Wind zauste. Er hatte sich den Bart abrasiert und seine Glatze unter einer milchweißen Baumwollmütze verborgen, sein Teint war frisch. Jasmina trug ein hübsches Kleid, das ihre Jugendlichkeit betonte. Sie saßen dort wie ein glückliches Paar, ruhig und zufrieden, auch wenn die Aprilluft noch kühl war. Der Strand war fast leer, noch gab es keine Sommergäste. Die Besitzer der umliegenden Häuser waren Griechen und hielten sich fern vom Strand auf. Es schien, als ob die Liebe um sie herumtänzelte, so wie sie dort saßen. Onkel Ibrahims Augen waren voller Sehnsucht und Staunen, die Augen eines unschuldigen Kindes, die die Welt zum erstenmal erblicken. Nie vorher hatte er das Meer gesehen, zeit seines Lebens war er auch nicht einmal vor die Tore von Kairo gekommen. Deswegen überwältigten ihn das tosende Meer, der weitgestreckte Strand und der Himmel, an dem weiße Wolken hingen. Er lauschte dem stoßweisen Tosen, und ein glückliches Lächeln umspielte seine Lippen. Ihm kam es vor, als sei er allen Sorgenfesseln entronnen, schwebe in einem Traum dahin und genösse die rührenden Liebesweisen, die in seinem berauschten Inneren widerklangen. Das Mädchen lag ruhig vor ihm, ein träges Schweigen hüllte sie ein, dann wurden ihre Lider schwer vor Langeweile.

Lutfi, der Beamte im Büro, war es gewesen, der ihn unabsichtlich auf Abukir aufmerksam gemacht hatte. Er verbrachte jeden Sommer in diesem Seebad und erzählte den Kollegen vor der Reise und nach der Rückkehr, wie schön und ruhig und fischreich es dort wäre.

So hatte sich Onkel Ibrahims Phantasie mit dieser Sommerfrische befaßt, und schließlich wußte er, wie er dorthin gelangen würde. Er war dort angekommen, ausgestattet mit der Kleidung, den Kosmetika, Geschenken und Genußmitteln, die man für Flitterwochen braucht. Er verbrachte die Tage abwechselnd in dem möblierten Zimmer, das er gemietet hatte, und am Strand. Er tat nichts anderes, als lieben, die Gegend besichtigen, rauchen, essen und trinken und erzählen. Er gab so viel Geld in einer Woche aus wie früher nicht im ganzen Jahr. Seine Geliebte hatte ständig neue Wünsche, und er war schnell bereit, sie ihr zu erfüllen. Manchmal war sie seltsam, sie verlangte Wein und Rauschgift von ihm. Sie war so freimütig, daß sie ihn auch kränkte. So fragte sie einmal: »Woher hast du das Geld?«

Er antwortete lachend: »Ich bin ein angesehener Mann.«

Sie entgegnete zweifelnd, während der Wein ihr die Wangen rot färbte: »Ich verstehe.«

»Allah möge dir verzeihen.«

Einmal lachte sie einfältig und sagte: »Du hast nur noch vier Zähne im Mund, einen oben und drei unten.«

Er lächelte nachsichtig.

Manchmal befiel ihn Verdruß, aber er war entschlossen, glücklich zu sein, denn er wußte wie niemand außer ihm, daß sein Glück bald zu Ende sein würde. Er wollte nichts weiter, als das Glück, dessen er teilhaftig geworden war, noch für eine Weile erhalten. Er wünschte sich, nicht festgenommen zu werden, bevor sein Glück auf natürliche Weise zerbrochen wäre, wenn er nämlich den letzten *Millim* ausgegeben hatte, den er besaß. Deswegen bestand er darauf, glücklich zu sein trotz der Verdrießlichkeit, die seine Geliebte an den Tag legte. Sie wollte sich Alexandria ansehen, aber er weigerte sich hartnäckig. So wiederholte sie mit einer Boshaftigkeit, die sie sich bei ihrer Vagabundiererei in den Straßen angeeignet hatte: »Ich sagte dir schon, ich habe verstanden!«

Seine Antwort bestand darin, ihr ein hübsches Schmuckstück zu kaufen. Er schenkte ihr Obst, Wein und verbotene Zigaretten. Er küßte sie auf die rosigen Wangen, lächelte sie zärtlich an und sagte: »Sieh auf das Meer und den Himmel, sei glücklich mit dem, was du hast, und rede von angenehmen Dingen!«

Er wollte, daß sie so glücklich sei wie er. Früher war er immer nur gesenkten Hauptes durchs Leben gegangen. Er hatte von der Welt nur Staub und Lehm gesehen oder, besser gesagt, nur Kummer und Sorgen. Hier aber erblickte er, was er vorher nicht wahrgenommen hatte. Er sah die Morgendämmerung in all ihrem Zauber anbrechen und sah, wie die Sonne in Farbwundern des Abendrots unterging. Er sah nachts das Funkeln der Sterne und das Leuchten des Mondes, er sah die unendlichen Horizonte. Er sah das alles mit der schöpferischen Kraft der Liebe, und es kam ihm seltsam vor, daß das Leben ihm nach alledem jemals noch Unglück bringen könnte.

Anfang Juni erschien die erste Familie am Strand, die frühzeitig angereist war, um hier die Sommerferien zu verbringen. Onkel Ibrahims Herz krampfte sich zusammen, und er fühlte, daß das Unglück näherrückte, so sicher, wie der Tod eines Tages kommen würde. Das Glück würde binnen kurzem und für immer zu Ende sein. Doch das bestärkte ihn nur darin, auf dem Glück, das ihm noch vergönnt war, zu beharren, und er zündete sich eine Zigarette nach der anderen an.

Eines Tages, als er gerade beim Gemüsehändler war, sah er am anderen Ende der Straße Lutfi, den Beamten aus dem Büro, in Begleitung eines Wohnungsmaklers. Sein Herz tat vor Furcht einen Sprung, er verschwand eilig in einer Seitenstraße und stahl sich in sein Zimmer. Lutfi war gekommen, um wie jeden Sommer eine Wohnung für die Monate Juli und August zu mieten. Nur noch wenige Wochen, und er würde den Strand der Länge und Breite nach absuchen, dann wäre da kein Platz mehr für ihn. Enttäuschung klopfte drohend an seine Tür, für ihn gab es keinen Ausweg mehr. Der Traum würde entschwinden wie diese schnell dahinziehende Wolke am Himmel. Seine Geliebte würde ihn verlassen wie der Atem seiner Lunge. Seine Geliebte, die er gern hatte trotz ihrer Unruhe, ihrer Heftigkeit und ihrer spitzen Zunge. Ja, er liebte sie. Er war ihr dankbar für das Glück, das sie ihm gegeben, und die Jugendfrische, die sie ihm eingehaucht hatte. Allah sollte ihr verzeihen und sie glücklich machen!

Er fand sich allein in seinem Zimmer, da zählte er das Geld, das ihm noch verblieben war, und barg es an seiner Brust. Plötzlich hörte er eine Bewegung an der Tür, wandte sich um und sah sie hereinkommen. Er fragte sich, ob sie ihn beobachtet hatte. Aus ihren Blicken sprach Verschlagenheit. Ihm schwand die Müdigkeit aus den Augen, als er sich neben sie auf das Bett warf.

Er verbrachte die Nacht unruhig und nachdenklich. Eine mitleidige Stimme in seinem Inneren sagte: »Schenk ihr das Geld und gib sie frei!« Er antwortete darauf: »Mir bleiben nur noch wenige Tage!« Die Stimme wiederholte: »Schenk ihr das Geld und gib sie frei!« Das hübsche, verwahrloste Kind! Wer war ihr Vater, wer ihre Mutter? Sie hatte ihm einmal ganz naiv erzählt: »Ich habe niemanden auf der Welt!« Ihm ging es ebenso!

Da spürte er, daß ihn etwas in der Dunkelheit leicht berührte wie eine Schlange. Er gewahrte ihre sich vortastende Hand. Sie versuchte, ihn zu bestehlen! Hatte sie sich, die Listige, deswegen solche Mühe gegeben, ihn bis zur Erschöpfung zu treiben, damit er in tiefen Schlaf versänke? Die Unglückselige! Er packte ihre Hand. Sie schluchzte in der Dunkelheit auf, dann herrschte Schweigen.

Traurig fragte er: »Warum tust du das?« Dann tadelnd: »Habe ich dir je einen Wunsch abgeschlagen?«

Sie warf sich über seine Hand und biß wie wild hinein, so daß er aufstöhnte und sie mit Gewalt von sich stieß. Es war das erstemal, daß er sie hart anfaßte. Er sprang zum Lichtschalter und knipste ihn an. Das erste, was er erblickte, war sein blutbeflecktes Handgelenk.

Er sagte: »Da bist du nun so jung und so schlecht!«

Sie warf ihm einen verächtlichen Blick zu, dann kehrte sie ihm den Rücken.

Er fragte: »Warum versuchst du zu stehlen, was dir ohnehin gehört?«

Ihr Stirnrunzeln verriet Wut und Überdruß, aber sie erwiderte nichts, so fuhr er fort: »Ich will nicht mehr, als ich bereits bekommen habe.« Er lachte bitter: »Allah wird dich an meiner Statt strafen!«

Am nächsten Morgen gab er ihr das meiste von dem

Geld, das ihm noch verblieben war, packte ihre Sachen und brachte sie zum Bahnhof.

Von nun an erschien ihm Abukir öde. Allmählich traten Veränderungen ein, die Sommergäste reisten an. Er fuhr nach Alexandria, um dort ziellos und ohne sich um etwas zu kümmern umherzuirren. Eines Tages fand er sich vor der Abu-Al-Abbas-Moschee und betrat sie. Er betete zwei *Rakas* aus Ehrerbietung vor der Moschee. Dann setzte er sich und neigte das Gesicht gegen die Wand. Trauer und Verzweiflung quälten ihn, und er flüsterte zu seinem Gott: »Es kann doch nicht sein, daß dir gefällt, was mir geschehen ist und was allerorten geschieht ... So jung und hübsch und böse, gefällt dir das etwa? Und meine Kinder, wo sind sie? Gefällt dir das? Die Welt verfolgt mich, nur weil ich dich liebe. Gefällt dir das etwa? Wenn ich unter Millionen von Menschen bin, spüre ich eine tödliche Einsamkeit. Gefällt dir das?« Er brach in Tränen aus.

Als er sich von der Moschee entfernen wollte, überraschte ihn eine Stimme, die rief: »Onkel Ibrahim!«

Er erschrak, drehte sich unwillkürlich um und sah einen großen Mann triumphierend und voller Genugtuung auf sich zukommen. Aus seinem Äußeren schloß er, daß es ein Polizeibeamter sein mußte. So blieb er stehen, Verzweiflung überwältigte ihn.

Der Mann packte ihn an der Schulter und sagte: »Du hast es uns sehr schwer gemacht, dich zu finden. Allah zahle es dir mit ebensolcher Mühsal heim!«

Als er merkte – er führte ihn vor sich her –, wie ergeben sich Onkel Ibrahim in sein Schicksal fügte und daß seine Augen gerötet waren, fragte er: »Kannst du mir sagen, was dich in diesem Alter getrieben hat, das zu tun?«

Onkel Ibrahim lächelte, dann zeigte er mit dem Finger nach oben und murmelte: »Allah ...«

Es klang wie ein Seufzen.

Muhammad Al-Mustagab

Der Bergzahn

Das Erste, was sich auf dem weiten Rund zeigte, waren die Raben, die Offiziere, die Eidechsen, die Ingenieure, die Schüler, die Falken und die Frösche. Es folgten die Wolken, die Seehunde, der Fußball, die Festlandhunde und das Fotografieren per Selbstauslöser. Dann war es so weit, dass die Welt sich kopfheister in die Suche nach dem Bergzahn stürzte.

Von Gendarmerieposten und Artilleriestellungen, von Fliegerhorsten und Kriminalpolizeibüros wurden Funkmeldungen abgesetzt: Sucht nach dem Bergzahn! Von Radarstationen und Führungsbunkern, von Geheimdienst-, Verkehrspolizei- und Militärstaatsanwaltschaftsdirektionen erfolgten Anweisungen: Sucht nach dem Bergzahn! Freitagsprediger und Aufseher über die allmorgendlichen Schulappelle, Inspekteure der Fischerboote und die sonntäglichen christlichen Mahnprediger ließen es verlauten: Sucht nach dem Bergzahn! Es war, als wäre der Jüngste Tag im Anmarsch und niemand könnte ihn aufhalten, als allein der Bergzahn.

Dieser saß, mit dem Rücken gegen die Wand gelehnt, in Abdallah Schahhûts Pinte.

Tief versunken in das Wasserpfeifennuckeln und mit tränenden Augen, verursacht durch den beißenden Rauch, der ihm in die Nüstern drang, ahnte er nicht, dass die Welt seinetwegen kopfheisterte. Nicht einmal der Schulze war, als die Meldungen, Anweisungen und Verlautbarungen hereinprasselten, im Bilde darüber, dass besagter Bergzahn sich in seinem Dorf aufhielt, während sein – des Dorfschulzen – Vater, wenn er noch am Leben gewesen wäre,

Besagten erkannt hätte. Aber der zeitgemäße Dorfschulze war nicht besser als alle anderen Kreaturen, und so waren seine Machtbefugnisse geschrumpft auf das Einsammeln der Almosen für die Winterhilfe, die Ausrichtung der Festmahle für den staatlichen Repräsentationspascha und das Voranschreiten bei Leichenzügen. Alle anderen Befugnisse hatte ihm, wie anderen Dorfschulzen auch, der Offizier des Polizeipostens entwendet, weshalb sich das einst straffe Band der Beziehung zwischen dem Dorfschulzen und den Leuten gelockert hatte. Wie könnte es auch anders sein, wo doch der Dorfschulze selbst, unmittelbar nach dem Ableben seines Vaters, flugs aus der Stadt herangeschafft wurde, damit diese Stellung der Familie nicht entglitt. Danach erging es ihm wie anderen aus seiner Generation, die sich dem Fernsehen, der unkritischen Zeitungslektüre und der artigen Befolgung all dessen hingaben, was die herrschende Partei von ihnen verlangte.

Darum war es für niemanden einfach, den Bergzahn aufzuspüren. Sogar die Regierung mit ihren weit verzweigten Informationsbeschaffungsdiensten, den zivilen wie den militärischen, war außerstande, ihre Hand auf ihn zu legen. Selbst ihre mächtigen Apparate, die sich zwischen dem Ozonloch und den unterirdischen Waffenlagergewölben von Hadsch Machmûd erstrecken, sie alle sind in ihrer Aktivität förmlich erstarrt und waren außerstande, den Bergzahn ausfindig zu machen, ihn, der hinten in Schahhûts Pinte saß und seine Nase von ärmlichen, durchdringenden Wasserpfeifenrauchzügen durchpflügen ließ.

So ging das, bis eines Tages ein pensionierter Hennahändler davon hörte, der mit Bergzahns Mutter ein amouröses Scharmützel hatte, dessen Einzelheiten hier nichts zur Sache tun. Dieser flüsterte einem Knaben zu, bei dem Bergzahn handle es sich in Tat und Wahrheit um Muhammad Achmad Muhammad Achmad, ein Name, den drei Viertel der Dorfbewohner trugen, dessen Mutter jedoch den Namen Nasîra Bint Saîd trage, einen Namen, den allein Nasîra Bint Saîd, Bergzahns Mutter, trug.

Im Nu hatten die mit Sendeantennen bestückten Panzerwagen das Dorf umzingelt und durchkämmten Straßen, Gassen, Cafés, Viehanbindeplätze, Backstuben, Schulen und steinerne Sitzbänke, um den Gesuchten einzufangen.

Die gepanzerte Karawane schleppte den Bergzahn weg, der ihnen, erschöpft wie er war, fast aus den Händen glitt. Hatte er doch schon vor langen Jahren Berg und Wüste verlassen und sich im Dorf berg- und wüstenlos festgesetzt. Seit seinem Knabenalter mit Fels, Sand, Luft und Wüstenwind vertraut, war er imstande, durch Erd- und Luftschnüffeln, durch Fels- und Steininspizierung jeder Spur zu folgen, auch der winzigsten, sogar den Gazellenhufabdrücken oder feinen Ameisentrampelpfaden im Sand oder den Markierungen aus Raben-, Milan- und Spatzenhäufchen oder den Krallenkratzereien von Wölfen, Hunden und Falken oder den hauchmikroskopisch winzigen Hinweisen, zurückgelassen von den Kleidern Flüchtiger in der Wüste. Der Bergzahn war imstande, all dies aufzuspüren und nicht mehr loszulassen und daraus eine eindeutige, weit reichende Karte herzustellen, die aber nur er lesen konnte.

Doch verleiht die Wüste ihren Söhnen Kenntnisse und spezielle Sensibilitäten; sie besitzt nicht die Wärme, das Fernsehen und die Torheiten des Dorfes, die Muhammad Achmad Muhammad Achmad, bekannt als der Bergzahn, dorthin gezogen hatten, wo er fand, was ihm die Wüste versagte, jene Wüste, die ihn jetzt rief, mit diesem gepanzerten Militärbataillon, bestückt mit Antennen und drahtlosen, lasergesteuerten und magnetfeldgeleiteten Kommunikationsmitteln.

Der Bergzahn stand vor dem Kommandanten mitten auf dem immensen Kasernenareal. Um ihn zu beruhigen, sprach der Kommandant offen zu ihm. Einer hervorragend ausgebildeten und ebenso ausgerüsteten Bande sei es gelungen, so wörtlich der Kommandant, mit einer beachtlichen Ladung Drogen die Wüste und die Berge zu bezwingen. Aufgrund ihrer Erfahrung und ihrer Kenntnisse sei diese Bande erfolgreich jeglichem Abhör- oder Beobachtungsversuch in die grimmige, unzugängliche, gebirgige Wüste ausgewichen. Ein veteraner Kenner nun habe den Militärs empfohlen, sich an den Bergzahn zu wenden. Jawohl, den Bergzahn, ihn, der hier hager und dürr und bis auf die zerrissenen Schuhe eigentlich barfuß vor ihm stehe. Da begannen die Gesichtszüge des Bergzahns zu frohlocken, wie die eines Fisches, der in sein altes Element zurückkehrt.

Ja, es kostete den Bergzahn einige Zeit, seine verlorene physische Form zurückzugewinnen. Er aß, er trank, er zog den Soldatenrock an, er rauchte Zigaretten und begann sich um sich selbst zu drehen, um seine Sinne zu schärfen und seine inneren Geräte zu spitzen, um sich in den Stand zu versetzen, zur Seele des Gesteins, des Sandes und der Wüstenbrise vorzudringen.

Darüber verging eine Woche, ein Tag oder ein Monat. Doch am Ende war aus dem Bergzahn der erhoffte selbige geworden. Er führte Konvois voll ausgerüsteter Militärfahrzeuge und ebenso ausgebildeter Soldaten. Einige lachten über ihn oder ihn aus. Andere verspotteten ihn oder machten sich über ihn lustig. Wieder andere waren glücklich über ihn oder freuten sich für ihn. Und so führte der Bergzahn seinen Feldzug zwischen den Bergen, deren Gipfel nur für Flugzeuge sichtbar, die aber, die Flugzeuge, nicht imstande sind, je in ihre, der Berge, unterirdisch-labyrinthischen Gewölbe vorzudringen. Der Bergzahn stieg hinauf und stieg hinunter, schnupperte am Sand und schnupperte an Steinchen, er schnappte die Brise mit der Nase auf und tastete die Staubkörnchen mit den Fingerspitzen ab – all das eine Woche, einen Monat oder Jahre lang –, bis er die Hand des Militärtrupps auf die Eingänge jener Gewölbe zu legen vermochte, in deren Innerem sich die Bande versteckt hielt.

Die Schlacht war heftig. Auf der einen Seite die Armee mit ihren Panzerwagen, ihren Flugzeugen, Kanonen, Kugeln, Raketen und Gerätschaften, auf der anderen die Bande mit all ihren Kanonen, ihrem Herumgehüpfe und ihrem Verschwinden in den Poren des Berges. Schließlich, nach einschüchternder Zerstörung und erbarmungsloser Blockade, gelang es dem Militärtrupp, sich der gesamten Drogenladung zu bemächtigen, die diese abscheuliche Bande in ihrem Besitz hatte, außerdem vieler Kamele und Waffen.

Der Augenblick des Sieges war überwältigend. Die Flugzeuge tauschten Grüße und Glückwünsche mit den Bodentruppen aus, die Offiziere drückten ihre Soldaten an die Brust, und es nahmen Reißaus die Falken, die Füchse und die Mäuse, sogar die Wüstenspringmäuse, hinweg von der lodernden Walstatt.

Kaum hatte der siegreiche Trupp, beladen mit den wertvollen Trophäen, auf dem Rückweg ins Tal den Saum der Wüste erreicht, da umscharten Fotografen und Reporter den Truppführer und zielten auf ihn mit ihren Fragen, ihrer Neugier und ihren Fotoapparaten.

Nur der Magere, Hagere, nur Muhammad Achmad Muhammad Achmad war im siegreichen Trupp nicht dabei. Ihn hatten die Militärs im Herzen der Berge vergessen, wo er, der Bergzahn, sich in den Schatten eines Felsens gesetzt hatte und ganz für sich allein in den Himmel starrte.

Dieser war noch immer klar, als wäre nichts geschehen.

Er war heiter und siegesjubelnd, Raben schwebten daran, Offiziere, Eidechsen, Ingenieure, Reporter, Schüler, Falken und Mitglieder der Volksvertretungen – nicht aber der Bergzahn.

Sabri Mussa

Der Darhîb – fast eine Schlussszene

1.

Nur ein Vogel könnte die Szenerie überblicken. Sehr hoch müsste er fliegen und bei seinem stolzen Kreisen Acht geben, dass er mit dem gefiederten Kopf nicht an einen Felsgipfel oder Vorsprung stieße. Aus seiner Sicht würde der Darhîb wie eine Mondsichel von gewaltigem Ausmaß erscheinen. Irgendwann einmal musste sie von ihrem Platz am Himmel herabgestürzt sein, nun liegt sie geborsten und versteinert auf der Erde. Mit mächtigen Sichelarmen umfängt sie fast das ganze vegetationslose *Wadi.* Statt Bäumen gibt es da nur Felsvorsprünge und Höhlungen, die von Winden und Erosionskräften über Jahrtausende geschaffen wurden.

Wenn dieser hoch oben kreisende Vogel sehr aufmerksam und scharf hinsähe, würde er vielleicht auch Nicola entdecken, Nicola den Greis, der den Namen eines Heiligen trägt. Er steht dort nackt unter der höllischen Augustsonne, inmitten einer schroffen Kulisse aus Basalt, Granit und anderen kalkigen Gesteinen, die sich bald zu Abgründen, bald zu Hügeln formieren. Er verharrt, wie er es beschlossen hat, auf den trügerischen, glitschigen Gipfeln, schwankt unsicher auf spitzen Kieselsteinen aus Asbest, scharfkantigen Marmorsplittern und zerbrochenen Muscheln, die seit Jahrmilliarden hier liegen. Der heimatlose Nicola ist nackt und einsam an das Kreuz dieser sengenden Leere geschlagen. Hin und wieder streift ihn der rauhe Wüstenwind, aber er kann auch nicht eine Handvoll davon zurückbehalten.

Das macht Nicola nun Tag für Tag.

Der Vogel, angenommen ein orientalischer Falke mit braunen Federn, gelben Krallen und gelbem Schnabel, könnte ihn jeden Tag zur selben Zeit an seinem imaginären, doch unentrinnbaren Kreuz vorfinden. Nur müsste er erst einmal bis hierher fliegen und über dem Darhîb kreisen, ein weiter Flug von Bir Schalatain und dem Abrakberg über die federweiß leuchtenden Gipfel der Berge von Surkat Al-Naâm hinweg, hinunter zum Leichenschmaus im Wadi Gemâl, wo die Kamelstuten manchmal unter der Gewalt einer allzu heftigen Paarung verenden.

Aber nicht einmal Falken können aufsteigen, solange die Sonne im Zenit steht. So bleibt Nicola immer allein, wenn er das Strafritual an sich vollzieht. Nur der Himmel sieht ihm zu, betroffen und erschrocken über die furchtbaren Dinge, die Nicola getan hat und die er sich immer wieder ins Gedächtnis ruft.

Die Sonne ist auf ihrer gemächlichen Reise eben ein wenig vom senkrechten Stand gen Westen abgebogen. Die leere, vom Duft der Berge erfüllte Wüste breitet sich stolz unter ihr aus. Die roten Felsen strahlen Gluthitze aus, auch auf den schwarzen könnte man Brot backen. Da muss der arme Nicola einsehen, dass er die Strafe so nicht länger aushalten kann. Nackt stolpert er von den glitschigen Gipfeln hinunter zu seiner Zufluchtsstätte im Bauch des Darhîb. Dort will er das Ritual auf andere Art fortsetzen.

Im Innern des Darhîb ist überhaupt alles ganz anders.

Hier ist auf Schritt und Tritt zu spüren, dass Menschen am Werk gewesen sind. Am Innenbogen des Darhîb, da wo sein Gipfel zum Fuß hin abfällt, ungefähr in der Mitte, ist der Boden glatt und eben. Erst kommt ein Halbkreis, dort stehen die Holzhäuser und Aborte. Dann erscheint die glatte Kreisebene wie eingedrückt und bildet einen freien Platz vor den drei Behausungen. Holzreste und kaputtes Werkzeug liegen verstreut herum. Auch schwarze Öllachen. Leere Fässer. Vom Vorplatz geht ein schmaler Pfad ab, steigt zunächst bergan und senkt sich dann allmählich in die Felsen hinein, tiefer und tiefer, bis er zu einem ausgehauenen Tunnel wird, der zum Himmel hin offen steht. Nun tritt man an den Schlund des Darhîb, die Pforte, die zu seinen Schätzen und Edelsteinen führt.

Doch die Schätze und Edelsteine liegen verlassen, seit die Leute ihre Habseligkeiten gepackt haben und vom Darhîb fortgezogen sind. Niemand klettert jetzt mehr ins Innere hinab als der einsame Nicola. Hier unten gibt es lange Wege und Gänge, Kammern zu beiden Seiten, Plätze. Tausend Meter tief unter dem verwunschenen Eingang, über Dutzende Kilometer ziehen sich die Tunnel hin. Sie sind mit Eisenschienen verlegt, über die einst Förderwagen voller Abraum oder Rohstoff gerollt waren. Das alles hatte Nicola mit Sachverstand projektiert und geplant.

Im Laufe der Jahre hat Nicola viele tausend Male hier unten, im Bauch des Darhîb, gestanden.

In den heißen Stollen und den kalten, den weißen, tiefgrün abgedunkelten Höhlen, in frostiger Kühle, wo ihn die Spitzen der wächsernen Talkstrukturen wie gezückte Säbel umgaben, stand der gute Nicola damals und plante für seine Männer die Gangstrecken durch den Leib des mächtigen Darhîb. Selbst das Herz des Berges hatte er sie mit ihren groben Händen berühren lassen. Und trotzdem sind sie fortgegangen und haben alles zurückgelassen, was ihnen zu schwer zum Tragen war. In ihrer Vermessenheit bildeten sie sich sogar ein, auch Nicola mitnehmen zu können.

Nicola spuckt den Wüstensand aus, den ihm der Wind in den Mund geweht hat. Er versucht, den trockenen Gaumen mit der trockenen Zunge anzufeuchten. In gebrochenem Akzent brummelt er einen arabischen Fluch, als er sich auf dem verlassenen, wüsten Platz vor den Häusern umsieht. Was war hier für ein Leben und Treiben gewesen! Was hatten sie hier gearbeitet und gegessen, Karten gespielt und grölend oder lamentierend getrunken!

Alle hatten doch ihr Bestes, ihr Letztes aus sich herausgeholt und hatten es dem Staub und den Felsen des Berges geopfert. Wie konnten sie nur so dumm sein, einfach fortzuziehen und ihr wahres Wesen aufzugeben! Aber das lag wohl in der Natur der Dinge. Viele waren es, die kamen, viele, die wieder gingen. Immer haben sie ihr wahres Wesen verraten. Nicola war stets mit dem Darhîb allein zurückgeblieben.

»Geflohen sind sie. Alle sind sie abgehauen, desertiert!« Wütend stößt es Nicola hervor. Dann wird seine Stimme wieder ruhiger, der Ton milder, als ob er sie wegen ihrer Flucht und ihrer Feigheit bemitleidete, als ob er sicher wüsste, dass er sowieso mehr Leid ertragen könne als sie. Letzten Endes waren sie ja frei und ungebunden. Es gab keine Schuld, die sie an diesem Ort festhielt, kein Verbrechen, das sie band. Schließlich hatte keiner von denen die eigene Tochter in einer Abraumhalle, auf einem Kissen aus Stein, beschlafen, hatte ein Kind mit ihr gezeugt und es ihr später gestohlen, während sie schlief, um es den Wölfen und Hyänen zum Fraß vorzuwerfen.

Keiner von denen hatte seine Tochter in dunkle Stollen geführt, durch heiße und kalte Korridore getrieben, sie vor sich hergestoßen wie zu einer Hinrichtung, dorthin, wo die belebten Gänge in jene stillgelegten Stollen mündeten, die seit Hunderten von Jahren keines Menschen Fuß mehr betreten hatte. Keiner, der sie für immer dort gelassen hätte, nachdem sie durch einen tückischen Einsturz in einer Höhle eingeschlossen wurde.

Ilia hatte aufgeschrien, als sie sah, dass der Felsbrocken den Eingang verschloss und sie in der Höhle gefangen setzte. Mit ihren gepflegten, lackierten Fingernägeln begann sie an dem Felsgestein in ihrem finsteren Kerker herumzukratzen, während ihr Schrei draußen weiter durch die Stollen lief und darin widerhallte. Sogar dann noch, als ihr der aufgewirbelte Staub die Kehle zuschnürte, als sie von den Steinen abließ und sich mit den schönen Fingern in den Mund fuhr, bis ihre Bewegungen schließlich erstarben, sogar da hallte dieser Schrei wider und wider, und Nicola vernahm ihn, während er entsetzt durch die Stollen davonstürzte. Der Schrei schien ihn zu verfolgen, ihn ergreifen und zu Ilia zurückbringen zu wollen. Qual, Verzweiflung und Fassungslosigkeit schwangen in diesem Schmerzensschrei mit. Er schien ihn anzuklagen, ihn aufzufordern, daß er bei Ilia bliebe, schien ihn in eine Zauberwelt zu locken, die sie beide in diesen tauben Felsmassen erschaffen müssten, um gemeinsam darin zu leben, Seite an Seite, wie es von jeher war: Mann und Tochter, Mann und Mutter, Mann und innig geliebte Frau.

Wie hätten denn all diese Deserteure zu solchen Blutsbanden kommen sollen, die ihnen jede Flucht verboten?

Traurig senkt Nicola den Kopf. Mit seiner großen, staubigen Hand wischt er sich den Schweiß ab, der über seinen nackten, staubbedeckten Körper strömt. Nun klebt ihm der Staub in allen Poren.

Die Sonne übergießt den Platz vor den Holzhäusern mit Feuerschein. Staub und Sand leuchten auf wie glühende Asche, in der die Felsen am Hof verbrennen. Langsam schleppt sich Nicola zu seiner Behausung. Begleiten wir ihn, so sehen wir, dass sie nur aus einem einzigen Raum besteht. In der Ecke ist eins von diesen eisernen Betten aufgestellt, wie man sie gewöhnlich in Spitälern oder bei Bergleuten und Armeeoffizieren findet. Eine Menge unterschiedlicher Gesteinsproben und Werkzeug liegt in dem Zimmer herum, an den Holzwänden hängen Wüstenkarten. Alles deutet auf das harte, abgeschiedene Leben eines Bergbauingenieurs hin.

Nicola hat an diesem Tag noch keinen Bissen zu sich genommen. Es fällt ihm wieder ein, als er die Konservendosen mit Fisch auf dem Eisentisch liegen sieht. Angewidert presst er die Lippen zusammen und runzelt die Stirn. Er greift nach der Weinflasche, muss aber feststellen, dass sie leer ist. Gestern hat er sie schon einmal hergenommen und bemerkt, dass sie leer war. Etwas später wird er sie wieder betrachten, und sie wird immer noch leer sein. Wie soll denn auch Wein hineingekommen sein?

Der alte Nicola ist barfuß. Sein Körper, dem Ursprung nach europäisch, hat eine tiefe, natürliche Bräune angenommen, er ist weder dürr noch dick. Das dichte Haar ist weiß wie Baumwolle. Jetzt streckt er die Hand nach der Flasche mit dem roten Spiritus aus und kippt einen Schluck hinunter – wie Feuer brennt das. Er presst beide Arme gegen Brust und Bauch, um sich unter diesem Schmerz, den er nur zu gut kennt, nicht krümmen zu müssen. Gleich wird der Schmerz vergehen, eine selige Betäubung wird seinen wirren Verstand vollends einschläfern.

Nicola tritt an ein Schachbrett, das auf einem kleinen Holztisch steht. Er hebt den Tisch hoch und trägt ihn hinaus auf den Vorplatz. Auf dem Brett befinden sich ein paar Schachfiguren in den uralten Farben Rot und Schwarz. Sie stehen unverändert in den Positionen einer Partie, die Nicola vor zwei Tagen eröffnet hat. Er betrachtet sie, nackt darübergebeugt.

Der rote König wird vom schwarzen Wesir, der im Schutz seines Pferdes steht, offen angegriffen. Der schwarze König ist indirekt, allerdings tödlich, von beiden roten Türmen bedroht. Schwarz ist im Vorteil, Rot im Nachteil. Nicola fasst nach dem roten König und rettet ihn in die Deckung durch sein Pferd. Nun geht er um das Brett herum und nimmt den Angriff auf den roten König mit Hilfe des schwarzen Turms, gedeckt vom Wesir, wieder auf. Er hält inne und denkt nach. Dann zieht er den roten König hinter seinen zweiten Elefanten zurück. So greift Nicola an, geht um das Brett herum, um den Angriff auf der anderen Seite zu führen, und weicht ihm erneut aus. Das macht er nicht zu seinem Vergnügen oder um die Zeit herumzubringen. Nicola ist Spieler und zugleich Gegenspieler, ist Rot und Schwarz in einem.

Zwischen zwei Schachzügen geht Nicola in sein Holzhaus und trinkt noch einen Schluck Spiritus. Sich windend, kommt er wieder auf den Vorplatz heraus, um Angriff und Abwehr fortzusetzen, wie er es während seines Strafrituals beschlossen hat. Allerdings ist das Ergebnis ohnehin bekannt: Am Ende wird die Partie nur einen Verlierer haben. Nicolas Größe besteht eben darin, dass er um dieses Ergebnis von vornherein weiß und das Spiel trotzdem weiterspielt.

Wie seltsam ist doch so ein Schachspiel. Die Figuren bewegen sich als die geschnitzten Abbilder sprechender und stummer Wesen in festen Abstufungen und Rangordnungen darüber hin. Der Schah ist der König. Pferd und Elefant sind seine Reittiere. Der Reiter ist sein Wesir, und der Roch, beziehungsweise Turm, bietet ihm Schutz und Zuflucht. Die Bauern aber sind seine Untertanen. Alle kommen sie aus ein und demselben Beutel, der Schah, der Reiter, der Bauer. Jeden von ihnen ereilt sein Schicksal gemäß seiner Bestimmung und Fähigkeit. Und Nicolas Bestimmung ist es zu scheitern. So ergibt er sich am imaginären Kreuz seiner Strafe, als wäre er jener alte Grieche, der seinen Felsbrocken zum unerreichbaren Gipfel hinaufschiebt. Jedesmal, wenn er fast schon oben angelangt ist, entgleitet ihm der Stein, und er steigt hinunter, um ihn wieder heraufzuholen. Das geht so weiter, bis die Sonne im Westen verschwunden ist, bis schwärzliches Dunkel über das Gelb, das Rot und Grün der Wüste hinwegkriecht und alles zudeckt. Die sengende Hitze geht in einen heißen Wind über und schlägt dann in beißende Kälte um. In der endlosen Weite verwandeln sich die Berge in Fabelwesen. Nicola kann kaum noch etwas erkennen. Er holt eine Decke und hüllt sich darin ein. Er kauert sich nieder und lehnt den Rücken an die Felsen des Darhîb, die allmählich eiskalt werden. Am östlichen Himmel geht in seinem schwachen Karfunkelrot der Mars auf und blickt auf die Arabische Halbinsel herunter. Fern im Westen beginnt über der Libyschen Wüste der Jupiter zu flimmern. Da entschwebt Nicolas Geist in dieses weite Himmelreich.

2.

Wenn sie von ihrer Heimat redeten, wurde Nicola traurig, denn er hatte keine Heimat. Niedergeschlagen zog er sich zurück und beteiligte sich nicht mehr am Gespräch. Zu welchem Vaterland sollte er auch gehören?

Seine Familie war aus einer russischen Kleinstadt ausgewandert, als er ein Kind von zehn Jahren war. Der Vater ließ sich später als Zahnarzt in Istanbul nieder. Das war das Letzte, was er von ihm hörte, während er, immer zusammen mit seinen beiden Brüdern, in der Welt herumvagabundierte. Irgendwo ließ er dann auch sie zurück.

Nicola fischte sich sein Wissen aus dem weiten Meer des Nomadenlebens, aber er zahlte einen hohen Preis dafür. In den folgenden zwanzig Jahren holten ihn die Briefe seiner Brüder nicht mehr ein. Sie konnten ihm bei diesen rastlosen Aufbrüchen nicht folgen.

Eine Zeit lang hielt er sich in einer italienischen Stadt auf. In einem Stadtteil lernte er eine Frau kennen und in einem anderen einen Bergbauingenieur.

Die Frau war eine ausgewanderte Kaukasierin, Anfang dreißig und hinreißend schön. Auf den ersten Blick raubte sie einem die Sinne und versetzte sie in rauschhaften, erwartungsvollen Aufruhr. Er war damals geradezu verrückt nach Frauen, eine Leidenschaft, die ihn völlig beherrschte. Allerdings war sie zugleich von solcher Zartheit, dass sie fast schon wieder keusch erschien. Damit stand Nicola in deutlichem Widerspruch zu allem, was ihn an diesem jodgeschwängerten Erdenwinkel umgab, den die Geographen als das Mittelmeerbecken bezeichnen, denn es war ein Ort, an dem die Frau vor allem als Leckerbissen für lüsterne Fische angesehen wurde. Vielleicht ist das inzwischen ihr historisches Schicksal geworden. Heutzutage gelten Frauen ja allerorten als Futter für gierige Bestien.

»Ich werde dich verdoppeln, Nicola«, sagte die Kaukasierin. »Ich nagle dich fest. Dir wird es schon vergehen, immer von Ort zu Ort zu ziehen.«

Möglicherweise war es seine scheinbare Zurückhaltung, die sie anzog, die ihre Verführungskünste provozierte und sie anstachelte, ihn zu erobern. Er wiederum hatte sich mit jeder neuen Frau eine ganz besondere Liebe erträumt, eine Harmonie, die so vollkommen wäre, dass sie gemeinsam in einen weiten Himmel auffliegen könnten, der sich über allen Orten zugleich wölbte. Immer und ewig würden sie darüber hinschweben, sich niemals dem warmen Mief, der Ruhe und Bequemlichkeit eines einzelnen Ortes ausliefern.

Aber zwei Flügel fliegen allemal freier und leichter als vier. Bevor seine Liebe richtig erblüht war, schlug sie stets in tiefe, wehmütige Freundschaft um. Keine Frau konnte das verstehen. Bei ihm wurde Kameradschaft, bei ihr Liebe daraus. Doch Nicola war dadurch fast völlig frei und unabhängig von allen Orten.

Vielleicht ist es gerade sein Anderssein gewesen, das die erste Ilia, seine Frau und ausgewanderte Kaukasierin, an ihm fesselte. Er hatte sie an der italienischen Küste kennen gelernt, wo sie den Liebhabern Fallen mit ihrer Schönheit stellte, die so betörend war, dass sie die Sinne auf den ersten Blick in kitzelnden Aufruhr versetzte. Sie führte mit ihrem Vater ein Lokal am Meer. Der Vater, ein grober, rücksichtsloser Kerl, schlug sie vor den Augen der Gäste. Als Nicola kam und nach Arbeit fragte, war sie es, die ihn einstellte. Er war noch keine sechs, sieben Stunden im Restaurant beschäftigt, hatte sein neues Bett hinten im Abstellraum für die Gerätschaften noch gar nicht ausprobiert, da brach Ilia schon in seine stille Kammer ein und gab sich ihm zum erstenmal hin. Aber auf diese Weise konnte sie ihn nicht erobern. Mit dem Körper war er bei ihr, während seine Seele weit fortflog und nach allerlei neuen Orten Ausschau hielt, wo sie noch nicht gewesen war. Unterdessen schwatzte sie über das Lokal und ihr

Traumprojekt, ein Kasino. Hoch oben auf dem Felsen sollte es stehen, mit Blick auf den Strand. Bei gedämpftem Licht würden die Verliebten unter künstlichen Bäumen ruhen und sich heiße, ewige Liebe schwören.

Alles, was sie erstrebte und erhoffte, war Geborgenheit. Und er, ein junger Mann, noch ohne feste Prinzipien und reife Grundsätze, fügte sich und heiratete sie. Dann brachte sie die kleine Ilia zur Welt.

»Ich verdopple dich, Nicola«, hatte sie versprochen. »Du bekommst von mir einen Stammhalter, der wird dich am Boden halten und dir die Flügel stutzen.« Aber sie schenkte einem Mädchen das Leben. Um sie für den Verlust seiner Liebe, die sich bereits in Freundschaft verwandelt hatte, zu entschädigen, fand er nichts anderes, als sie nun selber zu verdoppeln. So nannte er das Mädchen Ilia.

In seinem Leben gab es jetzt zwei Frauen, und beide hießen Ilia. Er war ihnen in fester Freundschaft verbunden, zur Liebe reichten seine Gefühle nicht mehr. Die eine war seine Ehefrau, die andere seine Tochter.

Die große Ilia begann Pläne zu schmieden, wie sie sich des Vaters, der ihren Projekten im Wege stand, am besten entledigen könnte. Nicola sollte ihr dabei helfen. Ein Schlag auf seinen Hinterkopf würde doch niemandem schaden, setzte sie ihm auseinander. Der alte Mann dürfte endlich von aller Mühe und Plage, die er unter der Sonne hatte erdulden müssen, ausruhen. Bestimmt würde er ins ewige Himmelreich kommen. Ihre Gebete und ein Loblied auf seine Güte und Großzügigkeit würden ihn dorthin begleiten. Immerhin hinterließ er ihnen ein hübsches Kapital, mit dem sie die Zukunft der kleinen Ilia sichern könnten.

Nicola traf sich aber gerade zu dieser Zeit häufiger mit seinem Freund, einem abenteuerlustigen Bergbauingenieur, der ihm etwas vorschwärmte von einem großartigen Land mit langer Geschichte. Es werde der Länge nach, bis zur Meeresküste hin, vom Nil geteilt, und der wiederum komme aus gewaltigen Wüstengebieten, und dort gebe es

Berge, die alle möglichen Schätze an Metallen und Mineralien in sich bargen. Dieses Land werde auch nicht von seinen Bewohnern regiert. Jeder, der nur wolle, könne ohne weiteres dahin gehen, schürfen und fündig werden. Man brauche sich bloß eine Schürflizenz zu beschaffen, und damit sei man Eigentümer eines dieser mächtigen Berge, die bisher niemandem gehörten.

Nicola wurde übermütig. Er begann selbst zu träumen und sah sich schon als Besitzer eines Berges, der auf der ganzen weiten Welt nicht seinesgleichen hatte.

Der Hinterkopf des Alten, des Vaters seiner Frau, war nur einen kleinen Schritt von dem Schlag entfernt, der ihn ins Himmelreich befördert hätte. Da drückte sich Nicola. Er flüchtete zu seinem verwegenen Freund und schiffte sich mit ihm zusammen in südliche Richtung ein. Seine beiden Freundinnen, von denen jede Ilia hieß, ließ er zurück.

Das alles war nun schon fünfzig Jahre her, oder waren es vierzig?

Erst jetzt, nach dieser langen Zeit, während er von seinem einsamen Hochsitz auf dem Darhîb hinunterschaut, begreift er: Ohne es beabsichtigt oder gewollt zu haben, hatte er der kleinen Ilia, seiner geliebten Freundin und Tochter, eine ganz andere Zukunft vorgezeichnet, als ihre Mutter, die große Ilia, sie erträumte.

Eigentlich bereitete er schon damals ihr elendes Ende vor – lebendig und tot zugleich in einer verlassenen Höhle, tief unten in den Eingeweiden des Berges verschüttet zu sein. Dieser Berg in der Wüste ist es ja gewesen, zu dem er sich mit seinem Freund, dem Ingenieur Mario, aufgemacht hatte, von dem er träumte, dass er ihn einmal besitzen würde.

Und jetzt …

Jetzt besitzt der arme Nicola tatsächlich seinen Berg. Doch was für einen schrecklichen Preis hat er dafür gezahlt!

Früher hüteten die Berge ihre Geheimnisse, und die Wüste gab sich rätselhaft und dunkel. Ihre Bewohner gehörten zu den Stämmen der Bega, des ältesten Volks Afrikas, das einst aus Asien eingewandert war. Nicola war demnach von alters her mit ihnen verwandt und verschwägert. Die Erzähler hielten es für wahrscheinlich, dass die meisten von ihnen sogar Nachkommen jener Kûsch Ben Hâm waren, die nach der Sintflut ziellos umhergeirrt waren.

Sie waren Heiden, bis der Islam zu ihnen vordrang. Sie nahmen ihn an, blieben aber bei ihrer beduinischen Lebensweise und ihrer Sprache, schon der sprichwörtlichen Sturheit wegen, für die sie berühmt waren. Das Leben in der Wüste war hart, fast das ganze Jahr über standen die Wadis dürr und unfruchtbar, die Brunnen vertrocknet. Trotzdem hielten sie diesen Gebirgsfelsen standhaft die Treue. Sie vermehrten sich und gliederten sich in Sippen und Stämme, wie die Bischarîn, Abâbda, Bugûs und Banu Âmir. Sie verteilten sich über die Brunnen und Quellen, die seit der Pharaonenzeit unverändert geblieben waren. Als Waffen trugen sie lange Säbel, Schilde und Lanzen, auch Dolche. Ihre Säbel glichen den Schwertern vormals gefangen genommener Kreuzzügler. Wenn sie sich auf den Erdboden zum Schlafen niederlegten, betteten sie den Kopf auf eine hölzerne Stütze, die der goldenen Kopfstütze des Tutanchamun nachgebildet zu sein schien. Sie durchstreiften die Berge, immer ihren Kamelen, Schafen und Ziegen folgend, und stellten ihre Zelte in den Weidegebieten der ganzen Küstenebene auf, von Bir Schalatain in Ägypten bis an die Grenzen des Königreichs Sudan. Sie hockten vor ihren Zelten, buken ihr Brot auf den Steinen und schlürften den heißen schwarzen Kaffee, während ihre Kamele die kostbaren, spärlichen Pflanzen der Wüste abweideten.

Zu den Markttagen entsandten sie Karawanen nach Süden, in den Sudan, oder in westliche Richtung nach

Kena, um dort Kamele und Hammel zu verkaufen und Hülsenfrüchte und Tabak zu erstehen. Zelt reihte sich an Zelt. Die Männer saßen im Halbkreis und berieten, welche Tiere verkauft werden sollten, was an Lebensmitteln und Schmuck einzuhandeln war. Dann machte sich die Abordnung fertig. Sie nahmen die Kamele am Halfter und führten die Karawane über die viel benutzten Routen, die ihre Vorfahren auf regelmäßigen Zügen durch die Berge angelegt hatten. Kena am Nil erreichten sie in fünf Tagen und den Elba, dessen Höhenzüge im Sudan schon zu sehen waren, in neun oder zehn Tagen.

Wenn der Zeitpunkt näher rückte, an dem sie wieder zurückerwartet wurden, begaben sich die Bischarîn, Abâbda und alle anderen Beduinen, die in der Wüste geblieben waren, hinaus an die Markierung der Wüstenstraße. Dort warteten sie auf die Karawane und verbrachten ihre Zeit mit der Beobachtung des Horizonts. Vielleicht könnten sie die Karawane schon entdecken, wenn sie in der Ferne auftauchte. Die lange Entbehrung hatte sie zermürbt, sehnsüchtig und voller Neugier harrten sie der Dinge, die aus einer anderen Welt zu ihnen gelangen würden. Traf die Karawane dann endlich ein, hüpften ihnen die tapferen, geduldigen Herzen vor lauter Glück und allgemeiner Jubel brach aus. Die Wüste verwandelte sich geradezu in eine kultivierte Gegend, wenn so eine Karawane mit Zigaretten, Duftwässern, Hülsenfrüchten und Süßigkeiten ankam.

An einem dieser längst vergangenen Tage saßen wieder Beduinen im Kreis an der Markierung, hingehockt mit gekreuzten Beinen, auf beiden Knien wie zum Gebet, oder auf einem angewinkelten Bein. Aufmerksam suchten sie den Horizont ab. Sie erwarteten eine Karawane zurück, die mit mehreren Chawâgas, Beys und Ingenieuren in die Wüste gezogen war. Ein Trupp Kamelreiter der Grenzwache, bewaffnet mit Gewehren und Peitschen, hatte die Karawane eskortiert. Man hatte sie damals umzingelt und einige von ihren Leuten als wegkundige Führer mitgenommen. Dann begannen die Fremden herumzumessen und zu graben. Sie erkundigten sich, wie die Berge hießen, und trugen alles in ihre Papiere ein. Das dauerte ein ganzes Jahr.

Schließlich waren sie aus der Wüste abgezogen und blieben wiederum für ein Jahr verschwunden. Danach tauchte eine zweite, mit Werkzeugen beladene Karawane auf, und nun durchwühlten sie die Berge, als ob sie einen Schatz suchten.

Ein wichtiger und sehr geheimnisvoller Schatz musste das sein, denn die Beduinen wussten nichts davon, obwohl sie doch die ganze Zeit daneben gelebt hatten. So fragten sie sich neugierig, was es wohl damit auf sich haben könnte. Ihre Neugier hatte aber weiter keine Folgen. Weil sie von Natur aus alle Fremden mieden, gingen sie auch diesen lieber aus dem Weg. Als die Fremdlinge versuchten, sie zur Mitarbeit beim Graben zu bewegen, lehnten sie ab, nicht zuletzt aus Stolz. Einige von ihnen wurden allerdings von der Neugier überwältigt. Sie ließen sich als Wegführer anstellen und brachten die Fremden mit ihren Zelten und Ausrüstungen über die weiten, jederzeit gefahrvollen Wüstenstraßen zu den Bergen, die sie ihnen mit Namen nannten. Die meisten dieser Fremden waren Chawâgas. Sie stammten weder von ihren Vorfahren auf den Höhen im Süden noch von ihren Nachkommen im äußersten Norden ab. Sie waren Ausländer mit roten Gesichtern, eben Chawâgas, die über das große Salzmeer gekommen waren.

Durch diese Handvoll neugieriger Beduinen, die mit den Chawâgas in Berührung kamen, wurde aber das Geheimnis gelüftet und allgemein bekannt. Jetzt erfuhren alle, was das für Rohstoffe in den Felsen waren, nach denen die Fremden suchten.

Zu den Führern, die ihr reiches Wissen über die heimatlichen Berge verkauften, gehörte Îssa. Er war es auch, der Nicolas Kamel leitete. Dabei war er schweigsam, als trüge er tief drinnen eine schwere Bürde, die über seine Kräfte ging. Der neue Chawâga schaukelte unterdessen glücklich wie ein Kind auf seinem Kamel hin und her, als er die Wüste zum erstenmal erblickte.

Zweimal rastete Îssa an diesem längst vergangenen Morgen, nachdem sie von Scheich Alis Haus in Marsa Alam aufgebrochen und in die Wüste, Richtung Sukariberg, losgezogen waren. Unter irgendeinem Vorwand hielt er an, um einen verstohlenen Blick auf den Fremden zu werfen, und er beobachtete, mit welch kindlicher Reinheit und Begeisterung Nicola das Panorama der jungfräulichen Wüste bestaunte.

Vielleicht geschah es bei einer dieser beiden Pausen, die Îssa einlegte, um Nicola heimlich auszuforschen, dass er ihn lieb gewann.

Diese Sache hatte ihn schon interessiert, als er gerade vierzehn Jahre alt geworden war und von der Sippe zur Bestätigung seiner Mannesreife einen Dolch erhielt. Seit dieser Zeit prüfte Îssa die Fremden und verfolgte mit Leidenschaft, was immer sie taten.

In jenen alten Zeiten erdröhnten die Berge im Widerhall der Hammerschläge und Detonationen. Die Höhlen füllten sich mit Arbeitern, die mit Unterstützung der Behörden aus dem Nilwadi beschafft worden waren. Sie mussten das Felsgestein in den Grotten unter der Aufsicht dieser Chawâgas brechen, die in den Bergen eine ganz andere Form von Zusammenleben einführten. All das erstaunte und verwirrte Îssa.

Die Chawâgas und Ingenieure saßen in ihren komfortablen Zelten und entwarfen die Zugänge zu Höhlen und Stollen auf Papier. Köche setzten ihnen Speisen vom Grill und konserviertes Obst vor. Die Arbeiter in den Grotten und Höhlen bekamen dagegen nur so viel zu essen, dass sie unter ihren schweren Lasten nicht zusammenbrachen. Was sie aber in diese Grotten und Höhlen getrieben hatte, war ein relativ guter Lohn, zehn Piaster pro Mann und Tag. Sie alle waren Tagelöhner vom Land, wo eine Arbeitskraft für ein oder zwei Piaster verkauft wurde.

Îssa hatte sie schon einmal gesehen, als er mit seinem Onkel Scheich Ali eine Mine aufsuchte. Der Besitzer, ein Chawâga, hatte den Onkel wegen eines Auftrags zu sich bestellt.

Sie waren damals nachts an dem Bergwerk eingetroffen. Der Chawâga schlief bereits, also gingen sie zu den Unterkünften der Arbeiter, um den Morgen abzuwarten. Eine Karbonlampe beleuchtete den Platz, und Îssa sah die Behausungen der Arbeiter im Halbkreis vor sich stehen. Es waren Baracken aus kaputten Fässern, dürren Ästen, alten Brettern und ein paar Steinen. Zusammengeflickte, wacklige Buden. Er konnte sich kaum vorstellen, dass Menschen darin lebten. Er selbst war in einem Zelt aus Palmwedeln zur Welt gekommen, dessen Bahnen zum Himmel und zu den Wadis hin offen standen und klares, helles Licht hereinfluten ließen.

Wie sollte er sich aber erst wundern, als er mit ansah, was für eine schwere Arbeit die Bewohner dieser Baracken in den Stollen seiner heimatlichen angestammten Berge verrichten mussten!

Diese mächtigen, riesigen Felsen standen seit Menschengedenken an ihrem Platz in der Wüste. Zeit und Wetter hatten sie umgebildet und verändert. Dutzende Mineralsorten waren in ihrem Leib gewachsen. Îssa hatte sie mit eigenen Augen gesehen, mit eigenen Händen berührt und dabei festgestellt, dass jedes Mineral seine ganz bestimmte Farbe und Struktur besaß.

Sobald die Sonden Rohstoff anzeigten, begannen sich die Arbeiter aus dem Wadi in den Berg zu graben, um an die betreffende Stelle vorzudringen. Wenn sie anfingen, wussten sie nicht, wann Schluss sein würde. Der Leib des Berges war ihnen preisgegeben, und die Rohstoffadern lockten und zogen sie immer weiter fort. Wie diensteifrige Fördermaschinen gruben sie die Fußstrecken aus und verlegten dann die Eisenschienen für die Förderwagen, damit der Rohstoff aus den Höhlen abtransportiert werden konnte. Draußen wurde er auf Kamele verladen und aus der Wüste weggebracht.

Îssa lernte jede dieser heldenhaften Arbeiten, die die Männer vom Nilwadi in den Höhlen und Grotten vollbrachten, kennen und unterscheiden. Wenn so einer vierhundert oder fünfhundert Meter tief im Bauch des Berges den Hammer hob, wusste er Bescheid. Es war möglich, ja sehr wahrscheinlich, dass sich die Felsen über ihm lockerten und einstürzten und ihm damit den Weg zurück ins Leben abschnitten.

Vielleicht hatte all das zusammen, ohne dass es ihm selbst bewusst wurde, eine Sorgensaat in Îssa gelegt. Jedesmal, wenn er an einem Bergwerk vorbeikam, wenn er einen Chawâga sah oder eine Kamelkarawane, die mit Rohstoffen auf dem Weg zum Meer an ihm vorbeizog, keimten diese Samen weiter, bis sie zu Schößlingen einer unterdrückten Wut, eines instinktiven Zorns aufgingen.

Verwirrt und ärgerlich begann er sich zu fragen, wieso eigentlich diese Männer hier schufteten, wieso sie die Schätze aus seinen ureigensten Bergen, aus seinem Lebenskreis, seiner Welt, herausholen durften. Mit welchem Recht? Wer war der wahre Eigentümer?

Baha Taher

Pater Bischai

Zu Fuß ist das Kloster ungefähr eine halbe Stunde vom letzten Haus unseres Dorfs entfernt. Reitet man auf einem Esel, braucht man natürlich viel weniger Zeit. Trotzdem ist es vom Dorf aus nirgendwo zu sehen, nicht einmal vom Dach unseres Hauses, das ganz hinten als letztes im Dorf steht. Wir nennen es einfach immer nur das »Ostkloster«, weil man, geht man in östlicher Richtung aus dem Dorf hinaus und den holperigen Weg durch die Wüste entlang, zum »Gebirge« kommt, jedenfalls nennen so die Dörfler die braunen Felshügel, und dort, mitten zwischen den drei Hügeln, steht das Kloster, umgeben von einer hohen Mauer, deren Farbe sich von den Felsen nicht unterscheidet.

Da sich unser Haus noch am ehesten in der Nähe des Klosters befand, betrachteten uns die Mönche sozusagen als ihre Nachbarn. Waren die Datteln reif, brachten sie uns welche. Nur die Palmen in den Gärten des Klosters trugen solch süße Früchte, und der Kern war ungewöhnlich klein. Als ich noch ein kleiner Junge war, also vor mehr als dreißig Jahren, durfte ich meinen Vater am Palmsonntag und am siebenten Januar, dem koptischen Weihnachtsfest, ins Kloster begleiten, um den Mönchen zu gratulieren. Und feierten wir das Fastenbrechen, suchte Mutter aus der Menge der Gebäckschachteln die »Klosterschachtel« heraus und schickte mich damit zu den Mönchen. Wenn jemand während des Jahres neue Schuhe bekam, hob sie die weißen, länglichen Kartons sorgfältig auf, und wenn sich der Ramadan seinem Ende näherte, holte sie sie hervor, staubte sie ab und hielt sie für das Gebäck bereit. Brach der festtägliche Morgen an, schichtete sie das mit

Zucker bestreute und mit zartem Blätterteig überzogene Gebäck in die Schachtel, nicht ohne zuvor in die Mitte jedes Kekses eine Gewürznelke gesteckt zu haben. Schließlich legte sie einen Bogen durchsichtigen Papiers darüber, deckte die Schachtel zu und begann zu zählen: »Eine Schachtel für Tante Safîja, eine für deinen Großvater Abu Rahâb, eine für deinen Onkel Abdalrahîm, eine für die ..., eine für den ... wen könnte ich noch vergessen haben?«

Mich interessierte nicht sonderlich, wen Mutter vergessen haben könnte. Wer auch immer von den entfernten Verwandten ihr jetzt, zu dieser frühen Stunde, noch einfallen mochte, dem würde eine meiner Schwestern einen großen Teller bringen müssen. Die wirklich wichtigen Geschenke, die weißen Schachteln, die man mühelos mit einer Hand tragen konnte, die waren einzig und allein meine Aufgabe, da ich ja ein Mann war. Damit blieben mir die Gefahren erspart, denen meine Schwestern ausgesetzt waren. Wenn ihnen nämlich so ein Teller unterwegs hinunterfiel, das Gebäck zerbrach und im Sand landete und die Unglückliche weinend zurückkehrte, empfing Mutter sie mit Ohrfeigen und Fußtritten, nannte sie eine dumme Trine und beklagte ihr Unglück, mit Töchtern geschlagen zu sein.

Für gewöhnlich trug ich alle Geschenkschachteln gleich nach dem Feiertagsgebet aus, nur die Schachtel fürs Kloster hob ich mir für den späten Vormittag auf – ich wollte mir Zeit gönnen können. An diesem Tag durfte ich auf unserem weißen Esel reiten, der ein schönes, weiches Fell hatte. Normalerweise stand der Esel nur Vater zur Verfügung. Kam ich vor dem Kloster an, öffnete Pater Bischai im Nu das niedrige Tor, das in der riesigen Mauer kaum auffiel, und begrüßte mich voller Freude. »Ein herzliches Willkommen dem trefflichen Schüler! Sei willkommen, Sohn des edlen Hagg! Gegrüßt seien solch liebe Nachbarn!«

Der Esel wurde nicht minder herzlich willkommen geheißen, eher noch freundlicher. Pater Bischai tätschelte ihm liebevoll den Hals, raunte ihm Liebkosungen ins Ohr und war nahe dran, ihn zu küssen. Als ich zum erstenmal allein zum Kloster kam, schaute ich reichlich verdutzt drein. Ich fragte den Pater, warum er den Esel so verwöhne. »Das fragst du mich, du, der doch in die Schule geht?« erwiderte er nicht ohne Vorwurf in der Stimme. »Ist nicht unser Erlöser auf solch einem Esel unter dem Jubel des Volks in Jerusalem eingezogen?«

Von dem ganzen Satz begriff ich damals nur ein Wort, nämlich »eingezogen«. Aber noch bevor ich etwas fragen konnte, gab er mir schon das zweite Rätsel auf. Er lächelte etwas verlegen, bedeckte mit der einen Hand seinen Mund, die andere lag auf dem Hals des Esels, und sagte: »Als ich nach Jerusalem pilgerte, mein Junge, wäre ich, statt den Zug nach Palästina zu nehmen, schrecklich gern auf einem Esel geritten, und zwar auf dem gleichen Weg, den unser Erlöser und die Heilige Familie genommen haben.« Plötzlich mußte ihm etwas eingefallen sein, denn er ließ den Esel los, runzelte die Stirn, strich sich über den Bart und murmelte, als rede er mit sich selbst: »Gott sei Dank bin ich nach Jerusalem gepilgert, bevor diese Verfluchten sich Palästina einverleibt haben. Hätte ich die Pilgerfahrt bis heute hinausgezögert, wäre ich weder mit dem Zug noch mit einem Esel hingekommen. Auf jeden Fall hätte ich den Weg über Transjordanien nehmen müssen.« Er schaute auf, hob das Gesicht und eine Hand gen Himmel und sprach freudig: »Möge Gott der Herr Gamal Abdel Nasser den Sieg gewähren, auf daß er sie aus Jerusalem vertreibe, wie er die Engländer aus Ägypten vertrieben hat.« Er drehte sich zu mir um und sagte: »Du mußt nämlich wissen, mein Junge, daß Transjordanien sehr weit weg ist. Da muß man ein Flugzeug besteigen, und davor hat Onkel Bischai Angst.« Bei diesen Worten entspannte sich sein Gesicht, und auf einmal begann er laut loszulachen; eine ganze Salve ergoß sich über mich, wie das so seine Art war.

Ich war damals ungefähr zwölf Jahre alt. Und da ich die Grundschule schon beendet hatte und zur Mittelschule ging, war klar, daß ich alles verstanden haben mußte. Deshalb hielt ich den Mund und stellte keine Fragen. Stattdessen erinnerte ich mich daran, wie die Leute aus dem Dorf Pater Bischai nannten, ja sogar die Mönche, wenn sie über ihn wütend waren – einen »Schwachkopf«. Trotzdem war er im Dorf von allen Mönchen der bekannteste, auch wenn wir nicht genau wußten, welchen Platz er im Kloster einnahm. Er trug zwar wie die anderen Mönche ein langes schwarzes Gewand, aber trotzdem unterschied er sich von ihnen. Auf den Kopf setzte er sich nämlich ein ganz normales Käppchen und keine Kapuze mit umgeklapptem Rand. Außerdem verbrachte er nicht wie die anderen die meiste Zeit mit Beten in seinem kleinen Zimmer, das bei den Mönchen »Zelle« hieß. War er also ein Mönch auf Probe oder einfach nur ein Kirchendiener oder vielleicht der Landwirt des Klosters? Das wußte niemand, obwohl er bei uns und auch in den benachbarten Dörfern ein vertrautes Gesicht war. Er kannte alle Bewohner, und sie kannten ihn auch alle. Er war es, der einmal in der Woche am frühen Morgen nach Luxor aufbrach, und zwar meistens zu Fuß. Kehrte er abends zurück, trug er auf dem Rücken und unter den Armen Säcke mit Zucker, Reis, Tee, Kerosinkanister, Glühstrümpfe für die Gaslampen und all die anderen Sachen, die im Kloster gebraucht wurden.

Es passierte des öfteren, daß ihn unterwegs die Bauern anhielten und ihn wegen ihrer Pflanzen um Rat fragten, oder er blieb einfach stehen, wenn er ihnen seine Meinung sagen wollte. Lief er durch ein bewässertes Feld und sah, daß ein Bauer Linsen gesät hatte, obwohl der Boden zu naß war, hielt er inne und fragte vorwurfsvoll: »Warum hast du, mein Sohn, den Linsensamen so früh gestreut? Du mußt aufpassen, wenn aus dem Samen was werden soll, darfst du den Boden nicht so oft wässern. Mal ja, mal nicht. Weißt du nicht, daß Linsen Wasser nicht mögen?«

Obwohl man ihn einen »Schwachkopf« nannte, war er für seine nützlichen Ratschläge bekannt – noch nie hatte er jemanden enttäuscht. Etliche waren überzeugt, daß er nur deshalb solch ein Geschick besaß, weil er mit den Geistern in Verbindung stand, was man übrigens von allen behauptete, die anders sprachen oder sich anders benahmen. In solchen Fällen pflegten die Leute erschrocken zu murmeln: »Wieder so einer, Gott beschütze uns.« Einige dieser Spinner hatten sogar Angst, daß er ihre Pflanzen verhext hatte, weil alle seine Voraussagen in Erfüllung gingen.

Vater machte sich über solche Leute immer lustig und meinte, daß es ihnen wesentlich mehr an Verstand mangele als Pater Bischai. Er kenne sich einfach nur aus, sagte Vater, wisse, wie man mit dem sandigen, mageren Boden des Klosters umgehen müsse. Deshalb war Vater immer darauf bedacht, sich bei Pater Bischai Rat zu holen, bevor er etwas säte oder pflanzte. In dem Jahr, als in unserer Gegend der Baumwollrausch einsetzte und alle Bauern die kärglichen Gewinne aus der Linsenernte mit denen der Baumwollernte verglichen, sagte Pater Bischai lachend zu Vater: »Baumwolle? Hier, wo selbst die Malven den Geist aufgeben? Pflanz lieber Mais an, Hagg.«

Vater nahm den Rat nicht auf die leichte Schulter, und um ganz sicherzugehen, erkundigte er sich noch bei Harbi, der zu unserer engeren Verwandtschaft gehörte und einer der besten Landwirte war. »Hör nicht auf die Leute«, erklärte Harbi. »Baumwolle auf diesem Boden? Da wird eine Menge Papier auf die Reise gehen.«

Diese Redewendung gebrauchte man immer, wenn jemand in Schwierigkeiten geraten oder verrückt geworden war. Wer seine offiziellen Dokumente in die Hauptstadt schicken mußte, den hatte ein großes Unglück getroffen.

In der Tat erwies sich der Anbau von Baumwolle als Reinfall. Die kurzen Zweige vertrockneten, und die Kapseln waren kleiner als Kichererbsen. Wer auf die verlokkenden Aussichten, die die Baumwollernte versprach, gesetzt hatte, der hätte sich nun am liebsten selbst geohrfeigt. Vater hingegen dankte und pries unseren Herrgott, daß er sich mit wenigem zufriedengegeben hatte und zur rechten Zeit einem weisen Rat gefolgt war.

Aber ich habe noch nicht erzählt, warum ich so froh war, am Festtag ganz allein zum Kloster reiten zu dürfen. Wie gesagt, ich besuchte ja schon die Mittelschule, und da galt ich als ein Mann, auf den man sich verlassen konnte. Zuallererst freute ich mich, allein zu sein. Denn wenn ich Vater begleitete, galt das unumstößliche Gesetz, daß ich den Mund zu halten hatte, während er mit den Mönchen sprach. Mehr noch, er überwachte aus den Augenwinkeln jede meiner Bewegungen. Beispielsweise mußte ich das Glas mit dem honigsüßen Sirup, der uns im Kloster immer angeboten wurde, bis zur Neige austrinken, obwohl ich ihn nicht mochte. Und natürlich durfte ich beim Trinken kein Geräusch verursachen, aber auch meinen Vater nicht darauf aufmerksam machen, daß nicht nur er, sondern auch die Mönche vor jedem Schluck einen Ton von sich gaben, der sich wie Pfeifen anhörte. Hatte ich das Glas ausgetrunken, mußte ich aufstehen, das Glas aufs Tablett stellen und laut »Danke!« sagen. Danach hatte ich wieder zu verstummen. Ich durfte mich erst von meinem Platz rühren, wenn mich Vater an die Hand nahm und mit mir aufbrach.

Aber am Festtag konnte ich, nachdem ich die Schachtel abgeliefert hatte, tun und lassen, was ich wollte. Erst nahm ich noch die guten Wünsche der Mönche entgegen, die ich Vater überbringen sollte, verbunden mit dem herzlichsten Dank für all seine Mühe, die doch gar nicht notwendig gewesen wäre, aber »unser Herrgott wird's ihm lohnen und es ihm gutgehen lassen ...« und so weiter und so weiter, und dann durfte ich endlich ganz nach Belieben im Kloster herumspazieren. Ich fand, daß es in gewissem Maß Ähnlichkeit mit unserem Dorf hatte – mit seinen gewundenen Pfaden und den aus Lehm gebauten Zellen, die sich von unseren Häusern nur dadurch unterschieden, daß die

Dächer Kuppeln waren. Ich durfte auch mit Pater Bischai auf die Felder gehen, die sich von den Zellen bis zum Gebirge erstreckten. Zwischen den Feldern und den Zellen zog sich die hohe Mauer entlang, die alle Klostergebäude umschloß, und wollte man hinaus auf die Felder, mußte man durch eine kleine Pforte gehen. Die Felder selbst waren ebenfalls von einer Mauer umgeben, aber die war viel niedriger und auch nicht so massiv wie die Hauptmauer. Auf der Seite zum Dorf hin gab es, sozusagen in der Mitte, ein großes Tor mit zwei schweren Holzflügeln. Es wurde geöffnet, wenn das Vieh und die Erntewagen aufs Klostergelände gebracht wurden.

Inmitten der Felder stand eine Schilfrohrhütte, die, von kleinen Palmen umgeben, immer im Schatten lag. Hier verbrachte Pater Bischai die meiste Zeit, und hier war es, wo ich es genoß, den starken Tee zu trinken, von dem er mir ein Glas nach dem anderen reichte, und dabei seinen endlosen Geschichten zuzuhören, die sich alle um diese Gegend drehten, weil er schon als kleiner Junge, vor vierzig Jahren, ins Kloster gekommen war. Wenn er erzählte, war er ständig in Bewegung; er hielt es nicht aus, stillzusitzen. Mal ging er zu den Mönchen, die ihm bei der Feldarbeit halfen, und gab ihnen Anweisungen, mal zupfte er Unkraut aus, oder er stutzte einen Ast, oder er ebnete mit der Hacke ein Stück Boden. Was auch immer er tat, er hörte nie auf, zu erzählen und zu lachen. Er wurde auch nicht böse, wenn ich manchmal über seine seltsamen Geschichten lachte. Statt dessen legte er seine Hand auf die Brust und sagte schmunzelnd: »Du wirst schon noch sehen, daß Onkel Bischai recht hat.«

Pater Bischai war so stolz auf die Geschichte unseres Dorfs, als hätte er selbst seit jeher daran mitgewirkt. Natürlich war er bei den ersten Anfängen nicht dabeigewesen, aber er hatte, nachdem er als Junge ins Kloster gekommen war, den seligen Bachûm, der über hundert Jahre alt geworden war, oft getroffen und sich von ihm alles mögliche erzählen lassen. Deshalb wußte er, daß die Gegend hier Brachland gewesen war, das zwischen den Ländereien der Emire im Norden und Luxor im Süden lag. Die Vorfahren, die unser Dorf errichtet hatten, waren Bauern, die dem Zwang und der Ungerechtigkeit der Emire entkommen wollten. Sie waren es auch, die den Boden in der Nachbarschaft des Klosters urbar machten. Jeder besaß so viel Land, wie er bearbeiten konnte, deshalb hat es bei uns im eigentlichen Sinn nie reiche Grundbesitzer gegeben.

Der einzige Reiche unter den Vorfahren war Asrân Bey, der sich außer dem Land, das ihm schon gehörte, noch weiteren Boden hinzukaufen konnte. Seine Familie war und blieb die reichste im Dorf, und die Funktion des Gemeindevorstehers vererbte sich jeweils auf ihr angesehenstes Mitglied.

Das galt auch noch, als diese Familie nach zwei oder drei Generationen so wurde, wie es die meisten waren, nämlich arm, oder anders gesagt, sie hatten gerade mal genug zum Leben, so wie wir. Meine Familie stammt sogar von einem Zweig der Asrân-Familie ab, aber das traf auch auf die anderen Familien zu, denn irgendwie waren alle miteinander versippt. Allerdings verhinderte das nicht, daß es zwischen manchen Familien zu Streit kam, zwar seltener als in den benachbarten Dörfern, aber nicht minder heftig.

Bisweilen versuchte ich Pater Bischai zu korrigieren, wenn er die Geschichte des Dorfs darstellte. Aber das gelang weder mir noch jemand anderem. Er klammerte sich verbissen an das, was er vom seligen Bachûm gehört hatte, wobei ihm, wann immer er diesen Namen erwähnte, die Tränen übers Gesicht liefen. Häufig beendete er seine Geschichten mit dem Satz: »Die Menschen dieses Dorfs lieben die Freiheit, mein Junge, sie lehnen jede Unterdrückung ab, es sei denn ...« Er hielt dann verlegen inne, offenbar genierte er sich, mir zu gestehen, was dieses »es sei denn« zu bedeuten habe.

Auf diese Weise verbrachte ich mit ihm auf den Feldern eine schöne Zeit. Kehrten wir zum Kloster zurück, gingen wir, wie auf dem Hinweg, durch die kleine Pforte. Aber bevor ich heimkehrte, machten wir noch einen kleinen Abstecher in die rechteckige Halle, die sich von allen anderen Gebäuden des Klosters durch ihr hohes Dach und die runden Fenster unterschied. Sie befanden sich ganz oben, direkt unter dem Dach, sie ähnelten den Öffnungen eines Taubenturms. In dieser Halle, in der es selbst bei größter Hitze angenehm kühl war, befanden sich die alten Kostbarkeiten des Klosters: Gemälde, auf denen Menschen oder Pflanzen dargestellt waren, gemalt auf Holz, Leinwand oder auch Steine, und an der Wand standen kleine Statuen.

Was mich als Kind am stärksten beeindruckte und wovon ich meinen Blick nicht losreißen konnte, das waren die bärtigen Gesichter, die immer traurig aussahen. Ein goldener Glorienschein umstrahlte die Köpfe. Und dann faszinierten mich noch die Engel mit den weißen Flügeln, über denen, etwas weiter weg, weiße Kreise schwebten, die mich an eine Halskette erinnerten.

Ich hatte schon von den Mönchen die Geschichte dieser Halle gehört, aber Pater Bischai erzählte sie mir voller Begeisterung immer wieder. Vor vielen, vielen Jahren hatte ein Ausländer das Kloster besucht, und als er die Gemälde und Skulpturen in einem Kellerverlies entdeckte, beschloß er, dem Kloster das Geld für den Bau dieser Halle zu schenken. Er soll sogar einen Architekten aus Kairo hergeschickt haben, was höchst seltsam war, denn bislang hatten die Dorfbewohner mit Hilfe einiger handwerklich begabter Bauern sowohl ihre Häuser als auch die Klosterzellen selbst gebaut. Daß es Architekten gab, haben wir erst gehört, als der Flugplatz gebaut wurde. Aber Pater Bischai bestand darauf, daß diese Halle von einem Architekten gebaut worden sei. Niemand anders hätte es zustande gebracht, daß es übers ganze Jahr immer kühl blieb und die Gemälde von der Hitze nicht angegriffen wurden. Mit

Nachdruck erklärte er: »Glaub mir, mein Junge, es war wirklich ein Architekt aus Kairo, so hat es mir der selige Bachûm erzählt.«

Was den Namen des ausländischen Wohltäters betraf, der den Bau finanziert hatte, hieß er für Pater Bischai nur »Kabb Al-Nur mit den platten Haaren«. Der »Lichtausgießer mit den platten Haaren«? Die Mönche waren es leid, Pater Bischai den richtigen Namen beizubringen, und ich wiederum war es leid, diesen Namen enträtseln zu wollen.

Einmal wurde in meinem Beisein ein Mönch richtig wütend. Er lachte höhnisch und blaffte Pater Bischai an: »Wer soll denn dieser ›Lichtausgießer‹ sein? Und was genau, du Schlaukopf, hat er denn nun ausgegossen? Ich habe dir schon hundertmal gesagt, daß der Mann Cabalor hieß und sein Spitzname ›Platthaar‹ war.«

Ein anderer Mönch mischte sich ein. Mehr geflüstert als gesprochen, aber dennoch sehr entschieden erklärte er: »Der Mann hieß ›Clomber das Platthaar‹.«

Schließlich fragte ich Pater Girgis, was es mit dem Namen auf sich habe. Er war ein gebildeter Mann, hatte eine Zeitlang die amerikanische Schule in Assiut besucht, und da Vater zur gleichen Zeit dort im Religionsinstitut lernte, hatten sich die beiden angefreundet. Pater Girgis lächelte und sagte: »Mein lieber Junge, ich kenne weder einen ›Lichtausgießer‹ noch ›Wasserausgießer‹, noch einen Cabalor, noch einen Clomber. Das einzige, was ich kenne, ist ein Foto aus einer alten Zeitung, auf dem dieser Mann neben dem seligen Bachûm steht. Deshalb weiß ich, daß sein Haar in der Mittel gescheitelt war und zu beiden Seiten des Gesichts glatt herunterhing.« Als ich ihn fragte, wo denn das Bild jetzt sei, zeigte er mit einem Finger auf den Himmel und meinte: »Das weiß nur der Herrgott.«

Später, als ich schon zur Oberschule ging, war ich überzeugt, die Lösung des Problems gefunden zu haben. Ich fragte meinen Vater, ob er jemals davon gehört hätte, daß Lord Cromer unser Dorf und das Kloster besucht hatte.

»Was für ein Clomer?« fuhr er mich an. »Hat irgend jemand behauptet, daß ich hier der Oberwächter bin und zähle, wer alles kommt und geht? Mach deine Hausaufgaben, das ist nützlicher, als in anderer Leute Leben herumzustochern.«

Ich habe nie erfahren, was es mit der Geschichte auf sich hatte. Es konnte mir auch niemand einen Hinweis auf den Erbauer dieser eigenartigen Halle geben, die mitten in der Wüste stand und trotzdem keine Hitze kannte. Sie war aus Lehm gebaut wie die Zellen und anderen Gebäude, die einzige Ausnahme waren die Kirche und die Mauer. Die Außenwände der Halle trugen einen weißen Kalkanstrich, bloß war das meiste davon abgefallen, weshalb sich die wenigen verbliebenen Farbstellen auf dem Lehm wie Bilder ausnahmen.

Ich kann mich noch gut an den Tag erinnern, an dem ich die Halle zum erstenmal in Begleitung von Pater Bischai betrat. Er war vor dem Bild der Jungfrau stehengeblieben. Sie betrachtet das Jesuskind in ihren Armen. Plötzlich fing Pater Bischai zu singen an: »O Mutter des Lichts ...« Das Echo hallte durch den dunklen Raum. Mit bebender, klagender Stimme fuhr er fort: »Lehre uns, den Allmächtigen zu loben und zu preisen ... Mit demütigem Herzen beten wir zu unserem erhabenen, allwissenden Herrn.«

Verwirrt betrachtete ich sein bärtiges Gesicht mit den großen Augen, in denen Tränen glänzten. Jetzt ähnelte er den traurigen Gesichtern auf den brüchigen Steinen und Hölzern noch viel mehr. Ich beschloß, ihn allein zu lassen und nach draußen zu gehen. Aber auf einmal brach er seinen Gesang genauso abrupt ab, wie er ihn begonnen hatte, und obwohl seine Augen noch immer feucht schimmerten, lächelte er. Er kniff die Augen zusammen, hielt den Kopf wie immer ein wenig schief und fragte: »Meinst du nicht auch, daß er wirklich Kabb Al-Nur geheißen hat? Der selige Bachûm hat gesagt, daß diese irdische Welt finster ist und das Licht da oben. Aber wer hier ein gutes

Werk tut …« Er zögerte, offenbar hatte er vergessen, was er sagen wollte. Er rieb sich die Stirn und lachte laut los. »Entschuldige mich für einen Moment.«

Er holte aus einem Winkel einen kleinen Besen und fing an zu fegen. Eine Wolke von Staub wirbelte auf. Ich blieb an der Tür stehen, wartete ab. Als er zu sprechen begann, klang seine Stimme zwar laut, aber der schmerzliche Unterton war nicht zu überhören. »Sieh mal, selbst dir, einem kleinen Schuljungen, der nicht einmal unsere Religion hat, selbst dir gefallen die Bilder, und du schaust sie dir gern an. Aber diese ausländischen Touristen, die vom Ende der Welt kommen, strömen in Scharen nach Luxor, drängeln und schubsen, bringen sich in der Hitze und Sonne fast um, und alles nur, um diese widerwärtigen heidnischen Statuen in den Tempelruinen zu sehen. Kein einziger macht sich die Mühe, herzukommen und sich die keusche Jungfrau anzusehen. Und dann behaupten sie auch noch, Christen zu sein.«

Er hatte aufgehört zu fegen, stand aufrecht da und stützte seinen Rücken mit den Händen ab. Ein tiefer Seufzer, und dann schimpfte er in schönstem oberägyptischen Dialekt: »Der Teufel soll se holen.«

So gemein dieser Satz auch klingen mag, in unserer Gegend meinte man das nicht wirklich böse. Die Leute sagten das andauernd, natürlich wenn sie wütend waren, aber auch wenn sie sich freuten oder einen Spaß machten und manchmal einfach nur so, ohne Grund. Es war nicht anders, als wenn man »Guten Morgen« oder »Guten Abend« sagte. Pater Bischai war der letzte, der irgendeinem Menschen den Tod wünschte. Ich habe ihn sogar einmal weinen gesehen, als er einem verletzten Kaninchen mit Mull und Baumwolle ein Bein verband. Solches Verbandszeug kannten wir damals nur aus dem Krankenhaus. Wir behandelten Wunden, wenn überhaupt, indem wir Kaffee draufdrückten, aber meistens überließen wir es der Sonne, sie zu heilen.

Mahmoud Al-Wardani

Der Duft der Apfelsinen

Ich verlangsamte meinen Schritt, als ich die Mauer erreicht hatte. Alles vor mir war leer, weitläufig und dunkel. Es war sehr kalt, und der Wind trug Staub mit sich, der den Hals reizte und ein Gefühl des Erstickens auslöste. Ich trug das Kind auf dem Arm und drückte sein Gesicht an meine Brust. Meine linke Hand stützte seinen Kopf. Als ich meinen Kopf hob, wurde mir schwindelig. Ich war nicht sicher, ob sich hinter dieser Mauer die Schule befand, in der ich so lange Zeit verbracht hatte.

Wenn sie es tatsächlich war, würde ich vieles wieder erkennen: Ich könnte ruhig gehen und den nächsten Schritt wagen.

Doch, da war das große eiserne Tor. Der Eingang war umgeben von Bäumen und Blumentöpfen. Dann ragten die drei Etagen in der Dunkelheit empor. Ich blieb eine Weile stehen und horchte in die absolute Stille. Der weite, hohe Himmel erschien mir leer. Ich hatte das Gefühl, dass es nicht klug wäre, mein Dasein dieser Leere auszusetzen.

Wenn mir jemand gefolgt wäre, dann wäre dieser Ort, dem ich mich aussetzte, ein günstiger Platz, um sich mir zu nähern.

In einiger Entfernung erblickte ich ein Licht, das mein Ziel wurde. Ich entschied mich: meine Versuche, die Schule zu erkennen, würden ergebnislos bleiben, wenn ich nicht weiterging. Ich begann mich an das Klassenzimmer zu erinnern, wo ich neben dem Fenster gesessen hatte. Ich konnte die Mädchen sehen, die in kurzen Hosen und dünnen T-Shirts nach draußen gingen, um Sport zu treiben. Sie standen in zwei Reihen vor der Lehrerin, die eine

Trillerpfeife um den Hals trug. Ich schaute genau hin, um sie zu erkennen. Sie hatte ihre Haare zu einem Pferdeschwanz zusammengebunden.

Ich ging weiter und bog zu einer kleinen hölzernen Brücke ab, die über einen schmalen Kanal führte. Er war voller Algen und stank. Ich ging nach rechts weiter, bis ich einen Platz erreichte, der von Gebäuden umgeben war. In der Ferne neben der Moschee entdeckte ich einen Mann, der sein Pferd bestieg. Er stand auf einem kleinen Podest. Er trug einen Turban, und sein wallendes Gewand fiel in schweren Falten über seine Hose, an deren Seite ein großes Schwert hing. Er schaute nach vorn über den großen Platz. Ich überquerte den Platz und ging in die erste Straße, auf die ich stieß. Es freute mich, dass das Erste, was meine Augen erblickten, bunte Bögen an der Vorderseite eines Gebäudes waren. Ich hielt das Kind in einem Arm, den anderen Arm konnte ich frei bewegen. Ich hatte das Bedürfnis zu singen. Aber die Straße war voller Autos. Es waren nur wenige Menschen auf den beiden Bürgersteigen vor den geschlossenen Läden verstreut.

Das Kind bewegte sich, und ich fürchtete, dass es wach werden könnte. Ich beeilte mich und trug es mit beiden Armen. Ich hatte wieder dieses Gefühl, dass ich einen Fehler begangen hatte und seine Folgen noch gar nicht abschätzen konnte. Ich war hinuntergegangen, ohne auf sie zu warten. War es nicht so gewesen? Außerdem konnte ich nicht dorthin zurückkehren. Und wenn das Kind nun hungrig erwachte und anfing zu weinen, dann wüsste ich keinen Ausweg mehr. Alle Rechtfertigungen, die ich ihr gegenüber vorbrächte, würden nicht helfen, auch wenn ich sie wiederholte und über die Gründe spräche, warum ich das Haus mit dem Kind verlassen hatte. Die Angelegenheit würde in einem heftigen Streit enden und mit Kummer, der uns so lange beherrschen würde, bis wir neue Gründe gefunden hätten, um ihn zu wiederholen.

Ich näherte mich den bunten Bögen und bemerkte, dass

sie zu einem Kino gehörten. An seiner Vorderseite waren so viele Lichter, dass es blendete. Das Gesicht des Mannes mit den blauen Haaren glänzte. Das Haar war fein und dicht und hing ihm übers Gesicht. Der Mann hatte seinen großen, roten Mund geöffnet, der fast die geöffneten Lippen der Frau berührte. Das rote Gesicht der Frau schlief in seinen Händen, und er verschlang sie mit seinen gierigen Blicken. Hinter ihnen waren das Meer, Bäume, die Sonne und viele nackte Frauen zu sehen. Unten am Bildrand sah ich zwei Männer. Sie trugen khakifarbene Anzüge und zielten mit ihren Gewehren auf die anderen.

Ich ging auf die andere Seite und ließ das Kino hinter mir. Dann blieb ich unter der Straßenlaterne stehen und betrachtete das Gesicht des Kindes. Ich fühlte, dass es zwischen meinen Händen nass geworden war. Ich lächelte und drückte sein Gesicht an mich. Es lag im Tiefschlaf. Seine Züge waren schön, und seine rosige Hautfarbe wunderbar. Seine Ohren hatten ein Loch, durch die ein dünner Faden gezogen worden war. Jetzt erst fiel mir auf, dass es ein Mädchen war. Ich bemerkte auch, dass ich in dieser Schule gewesen war. Dass ich die Schule erkannt hatte, bewahrte mich vor Gefahren, und so blieb ich nicht stehen. Wie hatte ich mich an diese Schule erinnern können, obwohl alle Schulen gleich aussahen? Sie bestanden aus einem Hof und einer Fahne, umgeben von Gebäuden. Auch andere Gebäude ohne Hof und Fahnen waren irgendwo verborgen. Aber die Schule, die ich suchte, befand sich an einem Fluss und davor lagen Felder, feucht vom Regen. Es gab noch eine andere Schule, die auch an einem Fluss lag. Ja, das war die Schule, in der du als Lehrer tätig warst, nachdem du aus der Armee entlassen und bevor du nach der Brotdemonstration verhaftet worden warst.

Warum bin ich in dieser Straße stehen geblieben, ohne den plötzlichen Lärm zu bemerken, der durch die Autos verursacht wurde, die ungeduldig an der Ampel warteten? Ich ging weiter und betrachtete die gläsernen Hochhäuser um mich herum. Ich dachte, es wäre wichtig, meine Angelegenheiten zu regeln und das, was ich auf der Straße sah, zu beobachten. Ich überquerte die Straße und bog an der nächsten Ecke ab.

Sofort fiel mir der Mann auf, der auf der anderen Seite des Bürgersteigs entlangging. Ich sah, dass er mich aus dem Augenwinkel heraus beobachtete. Ich lief schneller, und auch er beeilte sich auf der anderen Seite. Ich überquerte eine Straße nach der anderen. Als ich plötzlich an einer beleuchteten Treppe stand, war er verschwunden. Ich sprang schnell die Treppe hinunter, überquerte Korridore und beleuchtete Gänge auf Zehenspitzen, bis ich auf einen großen, sauberen, überdachten Hof gelangte. Die Beleuchtung tauchte die Umgebung in grelles Tageslicht. Der Boden, die Wände und die niedrigen Glasgebäude waren sehr sauber und glänzten. Ich ging eine Weile und sah Frauen und Männer, die den Platz füllten. Manche bewegten sich auf ein Glashaus zu, um ein Ticket zu bekommen. Mit dem Ticket in der Hand strahlten sie und tauschten schweigend Blicke aus. Ich sagte mir: Endlich habe ich sie erkannt! Das ist die Metro, von der so viel gesprochen wird und für die die Nation ein prächtiges Fest veranstaltet hat, an dessen Eröffnung alle Staaten der Welt teilgenommen haben. Trotz meiner Überzeugung, dass ich die Metro vorher nie besucht hatte, war ich sicher, dass dies die Metro war, die überall in den Zeitungen und auf den Fernsehbildschirmen erschien.

Was vorhin geschehen war, zwang mich, vorsichtig zu sein. Da ich nun einmal unten war, sollte ich jetzt versuchen, mit der Metro zu fahren. Das würde mir bestimmt einen Abstand von den Leuten sichern, die mich verfolgten.

Der Bahnsteig war sauber. Es gab dort Glaskästen an einer Marmorwand. Im ersten Kasten befand sich die Statue eines riesigen schwarzen Katers, der auf den Hinterbeinen saß und böse schaute. Ich drückte das Mädchen an mich und ging zu dem zweiten Kasten. Darin stand ein kleiner Pharao mit einer Krone, neben ihm eine kleine

Frau mit schmaler Taille und zwei hervortretenden Brüsten. Auch sie trug eine Krone und stand direkt neben dem Pharao. Unter ihnen standen zahlreiche kleine Soldaten, die Pfeil und Bogen trugen. Sie waren sehr klein und sahen aus wie Spielzeug.

Aus der Ferne erreichte mich der Lärm der Metro. Ich drängte mich mit den anderen Menschen vorwärts und versuchte, den günstigen Augenblick nicht zu verpassen. Ich sprang in den Wagen, als er gerade anhielt. In der Metro herrschte Gedränge, aber es war ruhig. Die anderen, die eingestiegen waren, waren auch still. Der Zug fuhr los, und ich war von Körpern umgeben. Ich versuchte, einen Platz zu finden, um das Mädchen vor Ellbogen, Fäusten, Armen und Körpern zu schützen, die mich von allen Seiten anstießen. Ich reckte den Hals und suchte nach einer Stelle, wo ich mich mit meiner freien Hand festhalten konnte. Plötzlich zogen mich ihre großen Augen an, und ich sah, dass sie auf dem Platz mir gegenüber saß und mir zuwinkte.

Ich lächelte sie an. Meine Müdigkeit war verflogen. Ich bewegte mich auf sie zu. Das Kind öffnete die Augen und schaute um sich. Dann begann es zu weinen. Sie saß auf dem Sitz neben dem geschlossenen Fenster. Ihr gegenüber zwei Sitze, und um sie herum Menschen. Sie hatte eine blaue Hose und eine weiße Bluse an, darüber trug sie eine blaue Jacke. Ihre Stirn war breit. Ihre Haare hatte sie zu einem dicken Pferdeschwanz zusammengebunden, der ihr über die Brust fiel. Ich freute mich, weil ihr Gesicht rosig aussah und ungetrübt war, außer von dem starken Khol über ihren großen Augen. Ich sagte zu mir: Ich habe dich trotz der Schuluniform, die du anhast, erkannt. Du warst schön und strahltest, als du deine Hände erhobst und mir das Kind abnahmst. Du hast es an deine Brust gedrückt und seine Windeln geprüft und hast mich vorwurfsvoll angeschaut.

Sie nahm ihre Schultasche von der Schulter, öffnete sie und holte ein sauberes Tuch heraus. Es hatte kleine rote

Quadrate und große weiße Quadrate. Sie nahm auch saubere weiße Windeln heraus, legte das Mädchen auf ihren Schoß und mit geübten warmen Händen wechselte sie schnell die Windeln. Sie beugte sich über das Mädchen, damit die Menschen seine Nacktheit nicht sahen. Als sie fertig war, schaute sie mich an. Ich hätte sie gern geküsst.

Das Mädchen war wach und lag ruhig in ihren Armen und lächelte sie an. Mit seinen kleinen Händen griff es nach ihrem Pferdeschwanz. Die Metro fuhr weiter, und ich fand einen Platz. Meine Hände waren frei. Ich stützte mich manchmal auf den rechten Fuß, dann auf den linken und schaute durchs Fenster in die Dunkelheit.

Als ich in ihren Augen, die schnell umherwanderten, etwas entdeckte, drehte ich meinen Kopf in die Richtung, in die ihre Augen schauten. Ich erkannte das dunkelbraune Gesicht mit dem dicken Schnurrbart. Seine Kiefer waren verkrampft.

Ich näherte mich ihr, und als sie mir ein Zeichen gab, beugte ich mich zu ihr hinunter und hörte sie flüstern: »Wir steigen in Mary Dschirdschis aus. Du darfst dich nicht bewegen, bevor die Metro ihre Türen geöffnet hat!«

Ich verstand, was sie meinte. Ich beobachtete den Mann, der versuchte, zu uns zu gelangen. Die Menschen drängten sich um ihn und versperrten ihm den Weg.

Ich wartete, bis die Metro anhielt. Dann stürzte sie zur Tür, und ich hinter ihr her. Wir stiegen aus, und die Tür schloss sich hinter uns. Wir liefen eilig die Treppe hinunter. Sie trug das Mädchen, und die Schultasche hing über ihrer Schulter. Sie ging vor mir her. Wir bogen zum hinteren Teil der Station ab und blieben atemlos dort stehen. Als ich festgestellt hatte, dass niemand hinter uns her war, legte ich meinen Arm um ihre Schulter und drückte sie an mich. Dann setzten wir unseren Weg fort. Vor uns ragte die Kirche mit ihren großen geschlossenen Türen empor. Ihre riesige Kuppel war von versteckten Strahlern beleuchtet.

Mein Blick schweifte umher. Ich fühlte ihren Körper

warm an meiner Brust. Ihr Haar hatte den Duft köstlicher Orangen. Ich hatte das Gefühl, von dem süßen starken Duft ganz schwindelig zu werden. Eine breite Marmortreppe führte zum Haupttor der Kirche. Rechts stand die Mauer, die mehrere Kirchen umgab, die in der Dunkelheit unsichtbar waren. Die Mauer endete an den Ruinen der alten zertrümmerten Babylon-Festung. Der runde Turm, der durch den versteckten Strahler sichtbar wurde, die Mauer, der Brunnen und die Steinwände, alles erschien mir wie gerade erwacht. Ihre Schatten kreuzten sich und erreichten die Straße. Ich horchte eine Weile, weil ich ein lautes Rauschen von Bäumen hörte, die ich nicht sehen konnte.

Wir gingen weiter, und ich hörte unsere Schritte auf dem Boden klappern. Sie hallten in dem leeren Raum. Sie trug das Mädchen so auf ihrem Arm, dass es bequem für sie und für das Kind war. Sie hatte ihr Gleichgewicht gefunden und beherrschte sich selbst. Links neben uns hing eine Marmorplatte an einem Tor am Ende der Mauer, auf der geschrieben stand: Friedhof der melkitischen Katholiken. Ich sagte mir: Bestimmt war das Rauschen der Bäume von hinter der Mauer.

Wir näherten uns der Babylon-Festung. Ich hatte plötzlich das sichere Gefühl, dass ich die ganze Umgebung kannte. Ich begann mich zu erinnern, dass es hinter den Friedhöfen mehrere Kirchen gab: die Kirche mit den hoch aufragenden Palmen, deren Datteln Maria zum Frühstück gegessen hatte. Dann die Abu-Sarga-Kirche, wo die Heilige Familie sich in der Krypta ausruhte, nachdem sie Ägypten erreicht hatte. Danach kam die St.-Barbara-Kirche. Der Ort hinter der Mauer war von der nächtlichen Dunkelheit umgeben. Aber ich war schon einmal tagsüber hier gewesen. Ich ging durch eine enge Straße. Auf beiden Seiten waren die Tore der Kirchen und Klöster. Ich entdeckte plötzlich, dass ich diesen Platz kannte. Auf jeden Fall war ich sicher, dass ich in der Nähe von Halwan oder von Al-Maady war. In dieser Situation musste ich mich anstrengen, um den Ort genauer festlegen zu können.

Es war unvorsichtig von uns, zu dritt hier an diesem leeren Ort zu stehen. Man musste auch nicht besonders klug sein, um zu wissen, dass unsere Verfolger an der nächsten Metrostation ausgestiegen waren und bald vor uns stehen würden.

Ich umarmte sie, und wir gingen zurück zu der Mauer. Wir erreichten wieder die hoch aufragende Kirche: Ich sah, wie das Mädchen den Arm und den Kopf bewegte. Sie öffnete ihre großen Augen, die im Lichtschimmer glänzten. Ich hätte gern ihre dunklen Lippen berührt, als sie ihren Mund öffnete und das Licht durch ihre oberen Zahnlücken schien: »Das Mädchen hat Hunger.«

Sie drehte sich um, stieg zwei Stufen hoch und setzte sich, und schon lag das Mädchen in ihrem Schoß. Sie knöpfte ihre weiße Bluse auf und gab mir ein Zeichen. Als ich mich ihr näherte, hörte ich entfernte Schritte. Wir schauten uns an und liefen schnell an der Mauer entlang. Ich rannte hinter ihr her, und wir bogen in eine andere Straße ein. Dort gab es an der Kirchenmauer viele Bäume. Wir rannten, und die Stimmen hinter uns wurden immer leiser. Vor uns öffnete sich eine andere Straße, wir betraten sie. Wir bogen in eine schmale Gasse ein, die uns zu einer anderen Gasse führte. Die Stimmen hinter uns verschwanden nicht. Eine plötzliche Beklemmung überfiel mich. Ich hasste es, meine Zeit so zu verbringen. Eine Straße übergab mich der anderen, und eine Gasse der nächsten, ohne dass wir in einem Haus Ruhe fanden.

Als allmählich meine Kräfte schwanden, hörte ich sie sagen: »Nimm das Mädchen, und ich werde auf die andere Seite laufen.«

Ich konnte nicht antworten. Ich fing nur das Mädchen in meinen Armen auf und rannte so schnell ich konnte davon.

Tahir Wattar

Reiseetappen

Hadschi Cayenne schlüpfte durch die Hecke aus Feigenkakteen, die den Friedhof umgab, und gelangte auf seinen vertrauten Weg, der sich zwischen den Gräbern hindurchschlängelte. Wie immer stellte er sich die Frage:

›Wer werde ich wohl heute sein? Etwa der berühmte Poet Al-Mutanabbi, oder Hamdan, der Führer der Kannaten? Dessen Gefährte Zikrawai Ad-Dandani? Vielleicht gar ein Abbasidenkalif, einer seiner Lustknaben und Feldherren?‹

Bevor er in sein Versteck hinunterstieg, hielt er wie gewohnt inne und ließ die Blicke schweifen: der Himmel war wolkenlos und versprach, es den ganzen Tag zu bleiben. Ein leichter Nordwind linderte die drückende Schwüle der Herbstluft.

Vor ihm öffnete sich der rechteckige Graben; auf dem Grund zwischen zwei großen Felsbrocken wuchs ein verkrüppelter Feigenbaum. In düsterer Ordnung reihten sich die Gräber. Ein einsamer Ort, dieser Friedhof. Ein altersschwacher, räudiger Esel, der seit Wochen an demselben Fleck vor der Hecke graste, lag hingestreckt am Boden und war das einzige Opfer, das die elenden Fliegen fanden.

Hadschi Cayenne ließ seinen Korb an einem Strick in die Tiefe und kletterte an den Ästen des alten Feigenbaums hinunter. Er mußte vorsichtig zu Werke gehen, denn ein langer Tag lag vor ihm.

Er griff nach dem Korb und ging, nachdem er den Strick aufgerollt und um den Henkel gewickelt hatte, einige Schritte auf die beiden Felsen zu, bückte sich und kroch zwischen sie. Den Korb zog er nach und packte den Inhalt auf einem gelben Taschentuch aus: eine Schachtel mit türkischem *Halwa,* ein Honigglas und die lange Haschischpfeife; danach eine zweite Schachtel mit einem Stück gepreßtem Haschisch, verborgen unter einer Schicht Halwa. Er öffnete beide Schachteln und das Glas, nahm die Pfeife in beide Hände und betrachtete sie zärtlich, als sähe er sie zum ersten Mal.

»Sie ist die Spur, der Weg, die Brücke. Durch sie werde ich zu meinem eigentlichen Selbst gelangen«, murmelte er, küßte die Pfeife, stopfte sie und zündete sie an. Wie ein Säugling begann er, gierig zu saugen.

Und allmählich veränderte sich die Entfernung vom Boden der Senke bis zum oberen Rand. Nach dem ersten Zug wich der Rand um einige Meter zurück, nach dem dritten der Grund, und nach dem fünften löste sich der Feigenbaum mit den gewaltigen Felsbrocken auf, schließlich Hadschi Cayenne selbst samt Korb. Danach entfernten sich alle Räume voneinander, und in seinem Kopf und seinem Herzen öffnete sich eine bodenlose Tiefe. In dem Strudel, in den er hineingezogen wurde, fühlte er sich allmächtig, Raum und Zeit beherrschend.

›Wer also werde ich heute sein? Al-Mutanabbi? Hamdan Karmat? Zikrawai Ad-Dandani? Al-Mutasim? Al-Muntasir? Al-Mutazz Billahi? Musa ibn Bagha? Was soll's! Mir paßt doch jedes Hemd! Eine Mühle, gewaltig wie der Umfang der Erde, die beim Mahlen den Schmerz herauspreßt.‹

Die erste Etappe der Reise begann.

›Diese armen Toten! Niemand erinnert sich an sie, als wären sie Fremde gewesen – hier, wo sie lebten, arbeiteten, sich vergnügten und hofften. Dahingesunken wie die Fliegen, einer nach dem anderen. Ihre kalten Körper hergebracht, mit Klagegeschrei beerdigt, in der Erde verscharrt, den Würmern überlassen, vergessen. Die Armen! Die Beklagenswerten!‹

Er vergoß ein paar Tränen, legte ein Stück Halwa auf die Zunge und fing an zu lutschen.

Nebel umgab ihn; ein Mädchen von mystischer Schönheit trat aus dem Dunst hervor, in rosafarbenes Tuch gehüllt, lächelnd und bewegungslos. Das Kleid löste sich auf, ihr Körper schien aus Marmor gemeißelt. Das im Mund zerfließende Halwa versetzte ihn in eine düstere Ekstase. Das nackte Mädchen in der Blüte von siebzehn Jahren zog ihn unwiderstehlich an.

»So komme ich, und so gehe ich wieder.«

»Woher kommst du? Und wohin gehst du?«

Frage ohne Antwort.

Plötzlich wurde sie von einem Lachen geschüttelt, das auch ihn packte. Unbeherrschbares, nicht enden wollendes Gelächter machte ihn hilflos. Er wollte das Mädchen herbeirufen, aber das Lachen hinderte ihn am Sprechen. Er versuchte, ihr ein Zeichen zu geben, aber die Erschütterung durch das Lachen verwirrte die Botschaft.

Unvermittelt hörte das Lachen auf. Er schloß die Augen, und sein Bewußtsein änderte sich wiederum. Er lag auf einem seidenen Bett, das Mädchen neben sich. Sie preßte ihren Mund auf den seinen, und ein seltsames Verlangen durchdrang ihm Kopf, Herz und Adern. Sie ließen ihren Gefühlen zueinander freien Lauf.

Seine Augen waren geöffnet, und er leckte den Honig vom Finger. Das Mädchen lag bewegungslos an seiner Seite.

›So kommt sie, und so geht sie, die Arme. Ankommen und fortgehen. Woher kommt sie, und wohin geht sie? Unwichtig. Ich bin allein. Die Mühle, welche die Herzen zermahlt, umfaßt Himmel und Erde. Ach, könnte ich sie nur bewegen, bei mir zu bleiben!‹

Er bemühte sich, die Hand zu heben, vergeblich. Er wollte sprechen und konnte es nicht. Er versuchte zu blinzeln, aber seine Augen waren erstarrt.

›Die Arme! Wie sie gekommen ist, so geht sie wieder. Eine Kerze, die man anzündet, auslöscht und wegwirft. Man verläßt sie. So ist es nun einmal.‹

Das Haar des Mädchens löste sich auf. Würmer krochen aus allen Öffnungen ihres Körpers. Ein paar Tränen quollen aus ihren Augen; ein stummes Weinen schüttelte sie. Der Marmorkörper war jetzt über und über mit weißen, grauen und roten Würmern bedeckt, die ihn auffraßen.

»So wie sie, so wie jene dort werden auch wir. Mehr zu erhoffen, ist sinnlos.«

Die Würmer waren verschwunden; neben ihm lag nur noch ein Skelett.

Die zweite Etappe der Reise begann.

Das Skelett gebar andere Skelette: eins, zehn, hundert, tausend Skelette. Das ganze Universum wurde zum Skelett, das sich aus unzähligen Skeletten zusammensetzte.

»Werde zum Skelett! Du bist an der Reihe. Erhebe dich, strecke dich, ziehe deine Kleider aus und zerfalle! Deine Haare werden verschwinden, dein Schädel wird von Würmern wimmeln, die dir Ohren, Augen, Nase und Wangen abfressen und die letzte Spur von Fleisch tilgen.«

»Nein, nein. Werde nicht wie wir! Wir wollen, daß du der bleibst, der du bist«, erhoben sich Stimmen aus der Myriade von Skeletten.

Er wagte nicht zu antworten und konnte es nicht. Allein die Würmer kennen die Antwort.

In einer einzigen Bewegung fügte sich das große Skelett in den Reigen der anderen. Mit anschwellendem Getöse begannen die Skelette, sich zu bewegen, zu tanzen.

Es gibt kein Entrinnen! Auf! Tanz mit ihnen! Nimm teil an der teuflischen Gigue im Rhythmus der tobenden Musik des Nichts. Die Skelette stoßen im Tanze zusammen; mach mit! Stoße um dich, brauche Gewalt und mißachte den Schmerz: die Würmer haben dich des Gefühls beraubt. Teile rücksichtslos Schläge aus, dann halte, wie die anderen, deine Wange hin. Die Welt bewegt sich ohne Antrieb, ohne Gesetz, ohne Ziel, ohne Begehren. Laß dich ungeniert gehen. Mehr Lärm! Heult, was das Zeug hält! Die Skelette heben ab, steigen in die Luft. Von überall, aus der

Tiefe der Zeit kommen Skelette, der Himmel ist mit ihnen übersät. Sie wirbeln durcheinander wie Bienenschwärme und Wolken von Heuschrecken. Der Raum ist überfüllt, fliegen ist unmöglich, sogar jegliche Bewegung. Warte, unbeweglich wie sie, auf das Ereignis, das sich ankündigt. Sieh, wie sie sich vereinigen: es beginnt mit den Beinknochen. Dein rechtes Bein entflieht dir und wird ein Teil des monumentalen Beins; das linke folgt ihm; dann sind die Oberschenkel an der Reihe, das Becken, die Wirbelsäule und der Schädel.

Das neu entstandene gewaltige Skelett hat die Dimension des Universums. Das angekündigte Skelett! Genieße es, an ihm teilzuhaben, ein mikroskopisch kleiner Teil des gigantischen Skeletts zu sein, das die Leere erfüllt. Du bist es selbst ganz und gar, solange an dir sein Zeichen haftet. Du bist es, und es ist du. Du bist die *Dschubba*, und die Dschubba bist du selbst. Wenn du sie trägst, bist du eins mit ihr.

Der Zyklus wiederholte sich unablässig in unzähligen Formen.

Mit gewaltiger Bemühung versucht das Skelett, sich zu bewegen, vergeblich. Es fehlt der Raum, und der Impuls erlischt. Aber die Erschütterung erreicht jedes der Atome und gelangt sogar zu dir. Auch du willst dich bewegen inmitten der Atome, im Herzen des Universums, wo alles dem einen und einzigen Gesetz gehorcht.

Unmöglich, absolut unmöglich!

Der Schädel hebt sich. Das Universum verwandelt sich in ein Mahlwerk, das das gigantische Skelett umschließt, das daliegt und nicht mehr den Drang verspürt, sich aufzurichten; ohne Bewußtsein wie du. Es gibt kein Gesetz, keine Vernunft, nichts außer dem Knirschen der Mühlsteine, das den Takt für alles Geschehen angibt. Die Materie ist atomisiert, und die Atome füllen den Raum. Die Kiefer der Mühle drehen sich in entgegengesetztem Sinn. Das Knirschen verstummt, zum Glück für die Atome und auch für dich. Der Tanz der Atome beginnt von neuem. Die einzelnen Skelette finden zu ihrer ursprünglichen Form zurück. Hier ist dein rechtes Bein, dein linkes Bein, der Oberschenkel, das Becken, der Brustkorb und die Wirbelsäule, dein Nacken und dein Schädel.

Du wirst wieder Skelett unter Skeletten in einem ungeheuren Grab mitten auf einem einsamen Friedhof. Dein Fleisch kehrt zu dir zurück, Faser für Faser. Und die anderen Skelette verschwinden, eins nach dem anderen.

Die dritte Etappe der Reise begann.

Hadschi Cayenne stopfte die Pfeife neu und zündete sie an. Dann tauchte er ein Haschischkügelchen in Honig und steckte es in den Mund.

Ein Geräusch, weit entfernt zuerst, kam langsam näher.

›Er ist's! Der Todesengel Azrail! Er besucht seine Gemeinde, die Toten, erfüllt von dunkler Wut. Die Erde zittert unter den Schlägen seines Stabes. Er war schon bei den Gräbern. Jetzt kommt er zu mir. Sein Schatten fällt auf alles; der Feigenbaum löst sich auf, die beiden Felsen verschwinden; kein Schutz mehr vor dem Stab Azrails.‹

Unruhe und Furcht erfaßten Hadschi Cayenne. Er schloß die Augen und kauerte sich zusammen in Erwartung des bevorstehenden Schlages, den Kopf gesenkt, die Arme um die Knie geschlungen.

»Wer ist da?«

Die mächtige Stimme Azrails erfüllte das Universum.

Er wollte zu dem Todesengel sagen: »Ich bin Hadschi Cayenne. Wenn ich mit dem All verschmelze, bin ich nichts. Ich bin, was die Dschubba bedeckt.« Aber die Furcht verschlug ihm die Sprache.

»Bist du ein neu Verstorbener?«

»Nein. Nicht neu. Tot seit einer Ewigkeit, tot schon, bevor die Welt erschaffen wurde, tot, bevor der Tod in die Welt kam.«

Das wollte er sagen, als ihn schon der gewaltige Stab traf. Azrail nahm ihm den Kopf von den Schultern und begann, ihn tausendmal zu schlagen. Dann setzte er ihn zurück und ergriff die Glieder, die er eines nach dem anderen schlug.

Als die Glieder nach dem Hagel von Schlägen wieder an ihrem Platz waren, fühlte sich Hadschi Cayenne vernichtet.

›Du bist nur eine Erdkrume, ein Staubkorn, ein Stück Schmutz, ein Stein. Nur der Schmerz bringt dir zu Bewußtsein, daß du existierst. Du mußt frei werden, frei durch die Würmer, frei durch Azrail. Dann bist du überzeugt von der Existenz des Universums, seinem Glanz und seiner Ordnung. Du kannst ein Atom dieses Universums sein; auch du ein Teil dieser Harmonie.‹

Er nahm einige Stücke Halwa und leckte den Honig von seinem Finger.

Oh, wie herrlich!

Die Welt ist magisch geworden und ermöglicht Zweifel und Gewißheit, Sein und Nichtsein zugleich. Bäume gebeugt unter der Last der Früchte; geschmeidige *Huris;* Epheben von unerschöpflicher Kraft; Scheunen voller Haschisch; Seen von Honig; keine Mühe und Arbeit; reisen und fliegen ohne Anstrengung und Ermüdung; essen und trinken nach Herzenslust; jeder, auch der geringste Wunsch geht in Erfüllung. Zu sein und gleichzeitig nicht zu sein. Nicht sein und doch zu sein. Alles verschmilzt mit dem allmächtigen Wesen, dem höchsten Willen.

»Auch du bist der höchste Wille!«

›Welche Stimme habe ich da gehört?‹ fragte er sich.

»Die Stimme des höchsten Willens«, war die Antwort.

Mit einem Nicken stimmte er zu.

›Sei es, sei es!

›Wer werde ich sein?‹

Kaum hatte er die Frage in Gedanken gestreift, als ein Spiegel vor ihm erschien. Stumpfsinnig betrachtete er sich.

Es war die vierte Etappe der Reise.

›Abu Tayyib Al-Mutanabbi? Hamdan Karmat? Zikrawai Ad-Dandani? Al-Mutasim? Al-Muntasir? Al-Mutazz Billahi?‹

›Nein, sei du selbst, du selbst!‹

Es gab nur noch die Mühle mit den gegenläufig mahlenden Kiefern, die die Herzen zermahlen und den Schmerz hervorquellen lassen.

›Aber wer bin ich? Bin ich überhaupt irgend etwas? Werde ich jemals zu einem Sein zurückfinden?‹

›Du bist der höchste Wille ... der höchste ... höchste ...‹

Die Hände in den Hüften, den Kopf im Nacken stand die *Annabia* im Salon und musterte die Zimmertüren im ersten und zweiten Stockwerk. Sie hielt nach den Mädchen Ausschau und fragte sich, ob sie gerüstet seien für den kommenden Tag.

Als sie sah, daß ein Teil der Zimmer geschlossen war – offensichtlich weil die Bewohnerinnen noch schliefen –, rief sie in tadelndem Ton: »Hat sich denn Hadschi Cayenne nicht sehen lassen? Es ist zehn Uhr und niemand rührt sich. Was ist denn nur los?«

»Heute ist Samstag. Hast du das vergessen?«

Die Stimme kam aus dem ersten Stock; und die Annabia gab unverzüglich zurück: »Natürlich ist es Samstag! Glaubst du, ich schlafe?«

»Ich bin noch müde; kein Wunder um diese Zeit«, gähnte eines der Mädchen, das nun in der offenen Zimmertür stand und sich streckte.

»Hadschi Cayenne läßt sich doch Samstag und Sonntag nie hier sehen.«

»Ganz wie ein hoher Beamter!«

»Er haßt das Militär und die übrigen Wochenendkunden.«

»Erzählt keine Märchen über den Mann, ihr Nutten!«

»Oh, Verzeihung, Madame Hadscha!«

Der Ton war boshaft, aber die Annabia ließ sich dadurch nicht aus der Ruhe bringen. Sie provozierte gelegentlich ganz gern solch kleine Machtkämpfe, begleitet von dem nötigen Geschrei, um ihr schläfriges Hauswesen aufzuwecken.

»Halt den Mund, Mädchen, sonst wird deine freche Zunge abgeschnitten! Und glaub ja nicht, daß dir dieser Macker zu Hilfe kommt, wenn ich dein Gesicht zerschlage!«

»Und wer soll dieser ›Macker‹ sein?«

»Katim natürlich. Er ist doch dein neuer Macker, wie ich gehört habe.«

»Sprich seinen Namen ruhig laut aus! Er wird mit jedem fertig. Wer es nicht glaubt, soll es nur probieren!«

»Ich bin so allein und suche einen Freund ...«, sang eine lustige Stimme vom ersten Stockwerk die Strophe eines bekannten Schlagers. Die Hausbewohnerinnen brachen in Lachen aus; sogar die Annabia konnte sich nicht zurückhalten und zeigte ihre Goldzähne.

Sie war froh, daß alles wieder seinen gewohnten Gang ging. Bald würden die ersten Kunden kommen, Soldaten, Gymnasiasten und andere Freier aus der Stadt oder vom Land; und um drei Uhr konnte dann der ›gesellschaftliche‹ Teil des Tages beginnen. Die Sängerin und die beiden Flötenspieler würden den Salon mit erregenden Melodien erfüllen; in kurzen Abständen würde eine Tänzerin auftreten, ein paar Runden drehen, um dann einen Kunden in ihr Zimmer mitzunehmen; Ströme von Bier würden fließen und die Kästen im Nu leer sein. Sie würde die Mädchen vielfach an den Mann bringen und außerdem den Eintritt kassieren. Es versprach ein gewinnbringender Abend zu werden.

›Katim hat sich in den drei Wochen, seit er hier ist, schon recht bequem eingerichtet. Aber wer weiß?‹ sinnierte die

Annabia. ›Hayat Nufus versichert, daß er ihr aus der Hand frißt. Er kenne meine Hausordnung und werde an den Wochenenden keine dummen Geschichten machen. Ich wäre schon froh, wenn er sich wenigstens an zwei Wochenenden im Monat nicht blicken ließe! Nun ja, so läuft das Geschäft nun mal: Wer Fische fängt, darf nicht wasserscheu sein.‹

Beruhigt ging sie zur Bar. Währenddessen sangen und schwatzten die Mädchen weiter: »Hadschi Cayenne ist immer ein ganz anderer Mensch, wenn er am Montagmorgen zurückkommt.«

»Wo verbringt er eigentlich seine Wochenenden?«

»Vielleicht bei Frau und Kindern.«

»Er hat Familie?«

»Wer weiß?«

»Von ihm ist eigentlich nichts weiter bekannt, als daß er die ›Pilgerreise‹ in die Strafkolonie Cayenne gemacht hat.«

»Wegen der Annabia! Ha, ha, ha!«

»Da gibt es nichts zu lachen. Damals waren die Männer noch Männer, und die Liebe galt noch etwas!«

»Verlaß dich nicht zu sehr auf diesen Katim. Noch hat jeder Macker hier zuletzt das Fell gegerbt bekommen. Außer Hadschi Cayenne natürlich; dem versagt niemand den schuldigen Respekt.«

»Ich bin ganz allein und suche einen Freund. Unsere Freunde sind gegangen, mein Herz, mein armes Herz. Man hat uns getrennt ...«

»Glaubst du, daß Hadschi Cayenne immer noch in die Annabia verliebt ist?«

»Hm, ›der Hühnerdieb hat immer Federn in den Haaren‹.«

»Hadschi Cayenne hat eine Geliebte, mit der er die Nacht von Samstag auf Sonntag verbringt; das weiß doch jeder.«

»Dann bist du sicher die einzige, die etwas von seinem Privatleben weiß.«

»Auch wenn Hadschi Cayenne jede Freitagnacht mit mir verbringt, heißt das noch lange nicht, daß er mich liebt oder ich ihn!«

»Hm! Ich bin ganz allein und suche einen Freund. Unsere Freunde sind gegangen, mein Herz, mein armes Herz. Sorge ergreift uns ...«

»He, Mädchen, genug von Männern! Wechselt mal das Thema!« rief die Annabia herauf.

»Du bist verstoßen, aber er läßt dich nicht aus den Augen ...«, kam eine spöttische Stimme aus dem zweiten Stock.

»Stimmt, Hadschi Cayenne schläft mit mir. Aber hier ist er nur wegen der Chefin.«

»Und du, liebst du ihn?«

»Wen? Hadschi Cayenne?«

»Natürlich!«

Das Mädchen hob zweifelnd die Schultern, weil sie sich das schon selbst gefragt hatte. Wortlos ging sie daran, ihr Zimmer aufzuräumen.

»Ist der Nachschub bereit?« fragte die Annabia.

»Keine Sorge! Dreißig Kästen Bier und zehn Flaschen Anisette, wie gewöhnlich.«

Zufrieden betrachtete sie den Barmann: ein graumelierter Fünfziger, kräftig gebaut, muskulös und trinkfest. Er konnte mit einem Blick jeden Kunden einschätzen, der ihn zum Trinken einlud, und lehnte immer ab. Und wenn es nötig wurde, trat er in Aktion, kam mit geballten Fäusten hinter dem Tresen hervor und warf den Zechpreller, der groß angab, oder den Säufer, dem der Alkohol zu Kopf gestiegen war, hinaus. Er packte den Betreffenden an Kragen und Hinterteil und beförderte ihn vor die Tür wie eine krepierte Ratte. ›Hammud Judoka! Nach zwanzig Jahren Knast ist er bei mir gelandet wie ein Geschenk des Himmels. Allah sei Dank für ihn und Hadschi Cayenne!‹

Sie schenkte ihm ein flüchtiges Lächeln und ging in ihr

Boudoir neben dem Eingang. Vor dem Spiegel stellte sie unzufrieden fest, daß ihr Make-up nicht ganz in Ordnung war.

›Auch mit über vierzig bin ich noch begehrenswert: große verführerische Augen, betörendes Lächeln. Ohne die paar Fältchen und den Pickel auf der Nase könnte man mich für zwanzig halten! Wie viele Männer mögen es gewesen sein, die von meinem zarten Hals und meiner vollen Brust hingerissen waren? Ein Hauch Rouge auf den Wangen, ein Stäubchen Puder auf dem Hals und eine Winzigkeit Khol auf den Lidern tun ein übriges. Liebhaber für die Nacht und zahlende Kunden! Allah sei Dank, die Samstagnächte sind immer voller Überraschungen!‹

Sie machte sich sorgfältig zurecht und ging zurück in den Salon.

Nach einem Rundblick übergab sie die Gebührenmarken dem Portier ...

Diesmal waren alle Zimmer offen, und die Mädchen reichten sich Imbisse; einige fingen schon an, Bier zu trinken. Der Plattenspieler an der Bar spielte einen Schlager aus Oran: »O du Ärmste, beladen mit der Schmach der Verstoßung, kehre nach Hause zurück ...«

Hammud Judoka, der gerade gefrühstückt hatte, wischte sich den Mund.

An der Tür läutete es. Die Annabia runzelte die Stirn; in ihre Erwartung mischte sich ein wenig Besorgnis.

»Gütiger und barmherziger Gott, hilf uns!« ertönte es aus der zweiten Etage.

»Hab dich nicht so! Morgen beginnt ein neuer Tag!« antwortete eine Stimme aus der ersten Etage.

Als der Portier zögerte, die Tür zu öffnen, schalt ihn die Chefin: »Elf Uhr, laß sie herein, Bey Tunis!«

Der Kunde war ein Bauer in den Dreißigern: brandneuer gelber Turban, der blaue Anzug ein wenig eng, der Hemdkragen zu weit, Krawatte in schreienden Farben, weiße Schuhe. In dem braunen Gesicht eine kurze Nase, engstehende Augen. Auf das scharf rasierte Kinn hing ein langer Schnurrbart.

›Der Kerl hat seinen Vater um etliche Zentner Weizen erleichtert, um die Klamotten zu kaufen und auf den Putz zu hauen mit dem Kies‹, sagte sich die Chefin und empfing ihn mit einem gezwungenen Lächeln. ›Oder was ist sonst mit ihm los? Stinkreich oder völlig abgebrannt?‹

Sie ließ ihren Blick über die Mädchen gleiten und fragte sich, welche er nehmen würde.

»Ich bin so allein und suche einen Freund ...« ertönte wieder der traurige Schlager.

Die Annabia kam allmählich in Wochenendstimmung. ›Die Kleine trinkt zuviel; aber sie hat Feuer und ist eifrig bei der Arbeit.‹ Mit einem Mädchen begann sie ein Gespräch, beobachtete den Bauern jedoch weiterhin von der Seite.

Der setzte sich an einen Tisch und rief: »Ein Bier! Aber schnell!«

Hammud Judoka warf ihm einen finsteren Blick zu und führte die Bestellung betont langsam aus, um den anderen merken zu lassen: ›Du und dein Geld und die Art, wie du lebst, sind für mich, Hammud Judoka, ein Nichts! Und wenn du Faxen machst, schmeiße ich dich raus wie totes Ungeziefer.‹ Er dachte dabei an die zwanzig Jahre Zwangsarbeit, an die Ketten und die sengende Sonne im Sommer, das Bäumefällen in der dampfenden Nässe der Regenzeit. Er war überzeugt, daß dieses Verhalten ihm die Würde verlieh, auf die er Wert legte.

»Unsere Freunde sind gegangen, wir sind verlassen. Wir sterben vor Sorge, mein Herz, mein armes Herz ...«

Die Annabia wartete darauf, daß der Mann einem der Mädchen im Salon oder in den beiden Stockwerken endlich ein Zeichen gab. Sie wurde allmählich ungeduldig, hüstelte auf die ihren Mädchen wohlbekannte Weise und beschloß, ihn anzusprechen. ›Wer weiß, vielleicht er und ich?‹

»Willkommen bei uns ... War die Ernte gut?«

Der Bauer hob die Augen und starrte sie abwägend an. ›Nicht zu groß, nicht zu klein. Wenn es die anderen nicht gäbe, wäre sie die schönste Frau der Welt; in Büstenhalter und Höschen, samtene weiße und rosa Haut, die Kurven immer noch fest.‹

Einen Moment dachte sie daran, sich zu ihm zu setzen, besann sich aber sofort auf ihre Würde. Die Mädchen beobachteten sie, vor allem Aldschia mit ihrer spitzen Zunge, die dauernd vor sich hin trällerte. ›Gestern hat sie gegrinst, als ich einen Kunden gleich in mein Zimmer geschleppt habe. Nein, lassen wir ihn in Ruhe. Er antwortet nicht einmal; wahrscheinlich ist er schüchtern. Mit Frauen tun sich die Landleute schwer, es sei denn, es ist dunkel oder sie sind besoffen.‹

Hayat Nufus kam vom ersten Stock herunter und ging stolz durch den Salon. Sie erregte sofort die Aufmerksamkeit des Bauern, der sie mit offenem Mund anglotzte.

»Einen Kaffee, Hammud, mein Brüderchen! Ich hab schon wieder Migräne.«

Sie sah sich nach einem Platz um. Die Annabia stand auf, um ihr das Feld zu überlassen, aber Hayat Nufus wählte einen Tisch etwas abseits von dem Spießer, der sie nicht aus den Augen ließ. Die Chefin ärgerte sich über die Teilnahmslosigkeit des Mädchens und fragte: »Willst du eine Schmerztablette?«

»Nein«, antwortete sie träge. »Einen Kaffee, sehr stark und ohne Zucker, Hammud Judoka; ich bin doch deine Schwester!«

Hammud Judoka war wie ausgewechselt. Eifrig zündete er den Gaskocher an und setzte das Mokkakännchen mit dem langen Stiel darauf. ›Hayat Nufus gehört mir, mir allein. Mit ihr werde ich alles nachholen, was ich versäumt habe. Diesem Hund Katim nehme ich sie einfach weg, schleppe ihn in eine Ecke, und dann: Mann gegen Mann! Für Hayat Nufus tue ich alles, für ihre zärtlichen Augen, ihre blauschwarzen Haare, ihre verführerischen Lippen und ihr anmutiges Wesen! Wenn sie einwilligt, mich zu heiraten, bringe ich sie noch in derselben Nacht fort von hier.‹

»Wo bleibst du, Hammud, mein Liebster?«

»Hier bin ich schon, mein Goldstück. Noch einen Augenblick und ich bin bei dir.«

Sie tat, als sähe sie nicht, daß der Bauer ihr zublinzelte. ›Bei Allah, aus welchem Stall kommt denn dieses Rindvieh? Er soll gefälligst eine andere wählen!‹ Sie raffte ihren roten Morgenmantel über den Knien zusammen. ›Wird das Kalb nicht bald aufhören, mich mit den Augen zu fressen? Die Chefin guckt schon komisch.‹

Der Bauer lud sie mit einer Handbewegung ein, sich zu ihm zu setzen. Sie übersah ihn einfach.

»Hammud, mein Bruder, ich bin krank. Mein Kopf, mein Kopf!«

»Unsere Freunde sind gegangen. Sie haben uns so leiden lassen …«

»Sekunde, hier ist dein Kaffee! Der wird dich wieder auf die Beine bringen.«

Bevor Hammud Judoka den Kaffee bringen konnte, stürzte der Bauer an den Tisch des Mädchens und streckte ihr die Hand entgegen; doch sie bat ihn lediglich um eine Zigarette.

»Bring zwei Bier! Zwei!«

Hammud stellte die Tasse ab und sah Hayat Nufus zärtlich an. Dann musterte er finster den Bauern.

»Der Herr hat zwei Bier bestellt, Hammud Judoka!« knurrte die Chefin.

Ohne sich zu beeilen ging Hammud zur Bar zurück.

Wieder klingelte es. Diesmal traten zwei schüchtern wirkende Jünglinge ein, die mit verlegenem Lächeln Gebührenmarken bei der Chefin kauften. Der Bauer, der sein Bier mit einem Zug hinuntergegossen hatte, nahm dankbar das von Hayat Nufus an. Er zahlte und bestellte noch einmal.

»Kein Bier für mich, Hammud, mein Bruder. Irgendwas anderes.«

›Endlich ist die Wochenendstimmung da! Das Geschäft ist gut angelaufen. Allah bewahre uns vor Katim!‹ freute sich die Annabia, machte es sich in ihrem Sessel bequem und genoß die Zigarette.

Aldschia fing wieder an: »Ich bin so allein und suche einen Freund ...«

Hammud stürzte ein Glas Rotwein hinunter und murmelte zwischen den Zähnen: »Wenn er heute aufkreuzt, nehme ich ihn mir vor ... Er oder ich!«

Hayat Nufus schlürfte ihren Kaffee und fragte den Bauern: »Worauf wartest du?«

»Ich möchte, daß du mich heiratest!« überraschte sie der Bauer. »Ich habe viel Geld. Mein Vater hat mir eine Menge hinterlassen. Ich will dich heiraten.«

Das Mädchen lachte laut heraus.

Wieder die Klingel, wieder die Stimme: »Unsere Freunde sind gegangen, wir sind verlassen. Mein Herz, mein armes Herz ...«

Sargon Boulus

Ein unbewohnter Raum

Plötzlich stand Jusuf still, bewegte seine Hände nicht mehr und horchte: Er lauschte auf das Geräusch der Frauenschuhe, die den Betonflur entlangschritten: »Tick, tack, tick, tack.«

Er zog den Gummihandschuh, mit dem er vorher gespielt hatte, von seiner Hand, drückte die fünf gelben Finger zwischen die Schere und schnitt sie mit einer einzigen Bewegung einen nach dem anderen langsam ab. Er hatte diesen einzelnen Handschuh in einer leeren Tonne gefunden.

Er bückte sich, sammelte die abgeschnittenen Finger auf und legte sie auf den Metalltisch neben den Handschuhtorso. Das Geräusch der Schritte verschwand allmählich, und das Zimmer versank in jener tiefen Stille, die das Krankenhaus am Tag umgab. Nur ein paar Fliegen summten eingesperrt zwischen dem Fensterglas und dem Fliegendraht herum. Die Sonne hing träge am Himmel und breitete eine heiße Dunstglocke über den Garten. Er schaute aus dem Fenster und sah, wie Rosette mit dem alten englischen Arzt sprach, der ein Heft mit dem Namen der Kranken in der Hand hielt. Dann entfernte er sich vom Fenster.

Heute Morgen hatte der Kleinbus, mit dem sie immer zur Arbeit ins Krankenhaus fuhren, sanft vor dem Haus von Rosette angehalten. Der Fahrer musste nur einmal klingeln und schon erschien Rosette. Sie war noch warm vom Bett und voll der Begierde eines sonnigen Morgens. Sie ging auf das Fahrzeug zu und ihr Blick begegnete dem Blick von Jusuf; der saß hinter dem Fenster und beobachtete sie genau.

Seit gestern bereitete es ihm große Schwierigkeiten, den

Blicken dieser Frau standzuhalten. Den ganzen Vormittag hatte er darauf gewartet, ihren beunruhigenden Augen zu begegnen. Die erste Arbeitsrunde in den Räumen des Krankenhauses hatte er bereits beendet und war in dieses Zimmer geeilt, um allein zu sein. Er ging nicht in den Aufenthaltsraum, wo die Raumpfleger manchmal Pause machten, sondern blieb mehr als zehn Minuten in dem Zimmer und schaute sich um.

In der Dämmerung erkannte er einen zerbrochenen Stuhl und eine Säge, die über einer weißen, mit Staub bedeckten Spüle hing. Die grüne Zimmerdecke hatte vom Regen einen großen Riss in der Mitte. In diesem Raum hatte er den Handschuh gefunden und vergeblich nach dem zweiten gesucht. Nun lag der Handschuh mit den abgeschnittenen Fingern da wie ein gelber Skorpion, der das Gleichgewicht verloren hatte, auf den Rücken gefallen war und nun mühsam versuchte, sich wieder auf seine fünf Beine zu stellen. Beim Befühlen des Gummis überkam Jusuf ein Gefühl der Müdigkeit, und als er die Hand in den engen Handschuh steckte, wurde ihm übel. Seine Finger mit den schwarzen Haaren – er bemerkte zum ersten Mal, dass sie in gleichmäßigen Gruppen über die letzten Fingerglieder verteilt waren – schienen durch das dünne Gummi. Er wurde gewahr, dass sein Daumen nur aus zwei Fingergliedern bestand, und spürte, dass er hinausgehen musste. Er versuchte das Fenster zu öffnen, doch es gelang ihm nicht. Dieser Versuch war umso merkwürdiger, als er wusste, dass man das Fenster vernagelt hatte.

Er ging langsam in den Garten, durch den schmale Betonwege führten, machte einen Bogen um das Zimmer und stieß direkt auf Rosette. Ihre schwarzen Augen sprangen aus ihrer weißen Gestalt, dem Gesicht, dem Hals und dem weißen Arbeitskittel. Er fragte neugierig: »Was machst du hier?«

Sie sagte: »Hör zu, setzen wir uns irgendwo hin. Ich möchte ein bisschen mit dir reden.«

»Wo?«

»Im Aufenthaltsraum. Er ist gerade leer.«

Er war einverstanden und folgte ihr.

Als sie vor einem Jahr ihre Arbeit im Krankenhaus aufgenommen hatte, war es ihr Gang, der ihn auf sie aufmerksam machte. Ihre Beine waren hell und füllig; eine leichte Krümmung verlieh ihnen einen seltsamen sexuellen Reiz. Zwei feste Schenkel bewegten sich geheimnisvoll und schwankend unter der schmalen Taille, und die rhythmische Bewegung ihres Gesäßes entblößte die Knie unter dem Kleid. Das alles raubte Jusuf die Beherrschung. Nach zwei schlaflosen Nächten, in denen er Pläne schmiedete und voreilig eine gelungene Liebesgeschichte erhoffte, hatte er versucht, mit ihr zu reden. Es war schlimm, als sie schließlich neben ihm saß und er bei dem Versuch scheiterte, sie zu umarmen. Sie stieß ihn erst verwundert, dann voll Widerwillen von sich und ging weg. Seit jenem Tag gab sie ihm keine Gelegenheit mehr, sich ihm zu nähern.

Jeden Morgen hielt also der Kleinbus vor dem Haus, in dem Rosette wohnte, und Jusuf erlebte jenen Moment der Verwirrung und Aufregung. Er drückte seine Schulter so heftig gegen die Scheibe, dass er jeden Moment erwartete, sie bersten zu hören. Dann kam Rosette gewöhnlich aus dem Haus und Jusuf verschlang sie mit Blicken. Der Wagen fuhr los, ein Sarg auf Rädern, in dem Jusuf Morgen für Morgen vor Aufregung schwitzte. Danach entspannte er sich. So ähnlich war es ihm ergangen, als er zum ersten und einzigen Mal in seinem Leben mit einer Frau, einer ängstlichen Hure, geschlafen hatte.

Nach Monaten begriff er schließlich, dass er etwas unternehmen musste, damit überhaupt etwas geschah. Und er tat merkwürdige Dinge. In jenem heißen Sommer, wo einem alles am Leibe klebte, hatte er manchmal eine ganze Stunde lang hinter dem Fenster des verlassenen Zimmers, das niemand betrat, gewartet. Jetzt kam Rosette vorbei; er wartete noch ein wenig und folgte ihr dann wie benommen. Sie ging zur Toilette, und er ging zur Tür, und das Rauschen in seinem Kopf ermüdete ihn plötzlich, so dass seine Beine weich wurden; er sackte in die Knie und schaute durchs Schlüsselloch. Das wiederholte er von nun an mehrmals.

Als er einmal den Kopf von dem Loch hob, erstarrte er: Aus sicherer Entfernung beobachtete ihn ruhig ein alter, kranker Mann. Erschrocken verschwand Jusuf hinter dem Gebäude und ging schnell in das verlassene Zimmer, stellte sich ans Fenster und blickte keuchend dem Mann nach, der seinen Spaziergang fortsetzte. An den folgenden Tagen beobachtete er den alten Mann von weitem. Er sah ihn in seinem Bett liegen, wie er den sich langsam drehenden Ventilator betrachtete, der die Luft des Zimmers durchschnitt, die voller Medikamenten-, Urin- und Seifengerüche war. Einmal kam ihm die Idee, ihn zu vergiften, aber er verwarf den Gedanken wieder, der einem Krankenpfleger und damit einem Diener nicht zustand. Er überlegte, dass der alte Mann von den Medikamenten halb verrückt sein müsse oder überhaupt geistig umnachtet. Vielleicht war er gar nicht ganz bei Sinnen gewesen, als er ihn gesehen hatte, oder vielleicht hatte er ihn auch gar nicht gesehen.

Alles war ungünstig verlaufen. Wut und Zweifel befielen Jusuf an jenem Herbsttag, als der junge Mann erschien. Jusuf sah, wie er mit Rosette sprach. Beim zweiten Mal kam er während der Besuchszeit, ging mit Rosette in ein Hinterzimmer und kam auch dann noch nicht heraus, als die Besucher schon lange gegangen waren. Jusuf fühlte sich minderwertig. Er wurde blass und spürte, wie seine Finger leicht zu zittern begannen, als er eine Zigarette rauchen wollte. Dann begab er sich an seine Arbeit und konnte daher nicht feststellen, wann der junge Mann ging. Der aber kam von nun an immer wieder.

In den ersten Wintermonaten erfuhren viele der Pfleger und Schwestern von dieser Beziehung. Einmal versuchte Jusuf eine Raumpflegerin, die allein mit ihm im Zimmer war, zu küssen. Es war eine frisch verwitwete Frau, die einen Sohn hatte, den sie meistens mit zur Arbeit nahm. Jusuf erzählte ihr, dass er sie heiraten wolle, und versuchte dabei, sie zu umarmen. Die Witwe bekam es mit der Angst; zwar ließ sie ihn an ihre Brüste, hielt die Augen aber auf die Tür gerichtet. Sie erschrak vor seiner Blässe, seinen zitternden, krampfhaften Bewegungen, und er gab seine verzweifelten Versuche auf. Sie zog ihr Kleid zurecht und sagte ängstlich: »Was ist los?«

Er antwortete nicht.

Er schaute nur ihre Hände an, die ihr Kleid über dem Busen zuknöpften. In den nächsten Tagen lief er allein herum. Er begnügte sich mit der kleinen Abwechslung, die er jeden Tag durch Rosette erhielt: sein drängendes Warten, der Druck gegen die Autoscheibe und das Verschlingen dieses hellen Körpers mit den Augen, der dann in den Morgen verschwand und mit ihm der Duft eines warmen Bettes. Danach die Stille, die Gleichgültigkeit, die gefühllose Verrichtung einer schmutzigen Arbeit, das Gefühl der Zeitlosigkeit und das Fallen in einen verwirrenden Abgrund aus tierischen Gedanken sowie unrealistischen Träumen von geilen Frauen, die sich ihm hingaben, dann von Rosette, die nackt in einem Zimmer kniete, in dem nur sie beide sich befanden.

Sie fragte freundlich: »Warum hast du das gemacht?«

Er sagte, ohne sie anzuschauen: »Was meinst du?«

Sie antwortete mit weicher Stimme: »Du weißt, was ich meine!«

Er sagt: »Ich verstehe nicht.«

Sie wurde zum ersten Mal deutlich: »Hör zu! Ich bitte dich, nicht zu lügen. Du warst es, der den Polizisten benachrichtigt hat. Stimmt's?«

Jusuf fragte: »Welchen Polizisten?«

Er stellte sich dumm, innerlich ein wenig froh über die Unklarheit des Geschehens, über ihr Betteln und über ihre Versuche, aus seinen zögernden Worten die Wahrheit herauszufinden. So musste er also weitermachen. Er schüttelte den Kopf. Sie schwieg, und plötzlich quollen Tränen aus einem Auge und flossen über ihre Wange. Gequält meinte er: »Glaub mir!«

Sie weinte bitterlich und sagte: »Du lügst, und ich weiß nicht, was, was ...« Sie schluchzte und fuhr fort: »... was du von mir willst, nur das möchte ich wissen.«

Sie wischte sich das Gesicht mit einem eleganten Tuch ab, das ihn faszinierte.

»Schämst du dich nicht? Niemand tut so etwas, höchstens ein ganz niederträchtiger Mensch. Was habe ich dir denn getan? Nur weil ich dich einmal abgewiesen habe? Aber ich bin ...« Sie biss sich auf die Lippen, und beinahe wäre sie erstickt, als sie die Hand auf ihr linkes Auge legte. »Ich bin arm und ...«

Da sagte Jusuf: »Ich bin auch arm!«

»Und ich weiß genau, dass weder du noch sonst jemand mich heiraten wird, solange das hier existiert«, und sie drückte auf ihr künstliches Auge.

»Ich bitte dich, weine nicht. Vielleicht kommt jemand«, sagte Jusuf.

Er ließ sie sich eine Minute ausweinen. Ihr schöner Hals wölbte sich über ihrer Brust, und warme Helligkeit entströmte ihrem Haar. Er spürte das dringende Bedürfnis, sich an ihre Schulter zu lehnen. Dann erhob er sich plötzlich und gestand: »Hör zu, ich war es.«

Als sie ihn nicht beachtete, sagte er unüberlegt: »Ich hasse ihn. Deshalb konnte ich es nicht mehr ertragen.«

Ohne den Kopf zu heben, fragte sie mit fester Stimme: »Aber was hat er dir denn getan? Was habe ich dir denn getan?«

Jusuf fuhr fort: »Auf jeden Fall bin ich kein Zuhälter.«

Er wartete. Sie erstarrte, den Kopf nach unten gebeugt. Sie versuchte ihre Wangen zu trocknen. Er fühlte sich schuldig. Es hätte alles anders verlaufen müssen. Er sagte: »Warum ist er nicht wie alle anderen Besucher weggegangen? Wenn du ihn irgendwo sonst getroffen hättest, wäre es nicht meine Sache gewesen. Mach, was du willst, aber ich kann in seiner Anwesenheit nicht arbeiten.«

Sie hob missbilligend den Kopf und er sagte wütend: »Ja, ich kann einfach nicht! Deshalb habe ich den Polizisten benachrichtigt und ihm gesagt, dass ein Besucher übrig geblieben ist. Er ist gekommen und hat ihn hinausgeworfen. Und von nun an wartet er, bis der Besuch weggeht, denn er kennt ihn jetzt, und wenn er nicht geht ...«

Sie schaute ihn aus geweiteten Augen an; eine Träne fiel auf ihre Nase. Die warmen Tränen, der weit geöffnete Mund und der vom Kleid eng zusammengedrückte Busen erregten unbegreiflicherweise sein sexuelles Verlangen. Nachdem sie ihr Gesicht abgewischt hatte, schluchzte sie: »Du Dreckskerl! Du warst es also!«

Sie war blind vor Hass und schien fast an ihren Worten zu ersticken. Dann brach sie in Tränen aus. Er spürte wieder die Helligkeit ihres Halses. Nachdenklich geworden, versuchte er sie zu beruhigen. Sie umarmten sich und er lehnte sich an ihre Schulter und begann vorsichtig ihren Hals zu küssen. Das war es, was er sich immer erträumt hatte. Plötzlich stand sie auf, gab ihm eine schallende Ohrfeige und verschwand schnellen Schrittes. Er blieb allein im Zimmer zurück und horchte intensiv auf den Schall, der in seinem Ohr nachhallte.

Als er das Haus betrat, bereitete sein Vater gerade das Abendessen zu. Danach wischte er gründlich den Küchenboden. Jusuf zog sich um, setzte sich und beobachtete den Vater. Die Küche war warm. Hier verbrachten die beiden die meiste Zeit, aßen, unterhielten sich und hörten Radio.

Jusuf fragte: »Was hast du heute gekocht?«

Der Vater antwortete außer Atem: »Bohnen. Es gibt aber auch Obst und Joghurt.«

»Koch doch mal etwas anderes als Bohnen!« meinte Jusuf mit ärgerlicher Ironie.

Der Vater hörte auf zu wischen und fragte: »Was denn?«

Jusuf überlegte und sagte »Nichts.«

Er schaltete das Radio ein. Der Vater beendete die Arbeit, setzte sich und rauchte genussvoll eine Zigarette. Er fragte interessiert nach den Liedern, die im Radio zu hören waren. Dann hörten sie gemeinsam die Nachrichten. Danach betrachteten sie die Decke und manchmal auch die alten Möbel. Der Vater erkundigte sich: »Wer ist denn das, der da singt?«

»Das ist Abdel Wahab«, antwortete Jusuf ernst.

Der Vater sagte verwundert: »Aber das ist doch Radio Bagdad?«

»Ja, klar«, entgegnete Jusuf verzweifelt.

»Aber soviel ich weiß, lebt der gar nicht in Bagdad«, wandte der Vater ein. »Wie geht denn das?«

Jusuf schaute ihn prüfend an und machte eine merkwürdige Entdeckung. Sein Vater dachte, dass jeder Sänger, in welchem Radiosender auch immer, dort anwesend sei und »live« singe. Dass die Lieder auf Schallplatten und Tonbändern konserviert waren, konnte er sich nicht vorstellen.

Jusuf lachte und sah, wie auch sein Vater gelassen und vergnügt lachte. Da gingen ihm die Nerven durch und er begann ein dröhnendes, bellendes Gelächter. Beunruhigt fragte der Vater halb lachend, halb verärgert: »Was ist los mit dir?«

Als Jusuf in seinem kalten Bett lag, nahm ihn die Erscheinung von Rosette völlig gefangen. Er blickte in ihre Augen und hatte teil an ihrer Trauer, ihren Gedanken, ihrem schönen Hass auf ihn und an ihrem Ekel vor seiner Anwesenheit. Dann sah er, wie sie sich auszog. Er näherte sich ihr unbemerkt, um sie von hinten zu umarmen. Sie hob die Hand zu dem Auge und legte es auf den Tisch. Plötzlich drehte sie sich zu ihm um und lachte hemmungslos. Eine Augenhöhle war leer, nackt wie ein beleuchteter, unbewohnter Raum.

Musa Kridi

Der Brief

Entweder liefen wir zwischen den Hügeln umher, oder wir hielten uns bereit, das Geschützfeuer zu erwidern. Wir waren nie voneinander getrennt, außer beim Schlafen. Wir bewachten die Straßen oder gaben unseren Gefährten Rückendeckung beim Vormarsch auf andere, gefährlichere Stellungen. Wir wechselten unsere Stellungen nach Plan, oder weil wir aus einer Falle entkommen wollten, die uns die Angreifer im Morgengrauen gestellt hatten.

Das Krachen von Schüssen hatte uns geweckt. Wir krochen zu einem nahe gelegenen Bunker, der groß genug für uns war; dort suchten wir Zuflucht, solange die Schießerei dauerte. Die Gegend, wo wir uns aufhielten, wurde beobachtet. Ich warnte ihn, er solle bloß nicht auf den Abzug drücken, denn noch immer explodierten rund um uns her Granaten, der Tod kroch immer näher. So durften wir das Feuer nicht erwidern. Aber sobald die Schießerei kurze Zeit später aufhörte, stürzte mein Freund nach draußen, verschanzte sich hinter dem Wall von Sandsäcken.

Ich zog ihn, so schnell ich konnte, zurück und fuhr ihn an: »Was soll das? Geh sofort zurück an deinen Platz, wir sind noch immer unter Beschuss, da schützt uns auch der Hügel nicht!«

»Ich will sterben!«, antwortete Schihab.

Ich sagte: »Nein!«

Meine Vermutung sollte sich gleich darauf bewahrheiten: Wenige Sekunden später schlug eine Bombe nahe beim Eingang des Bunkers ein. Wir wurden vom Luftdruck geschüttelt und neben uns zerbarst der Felsen. Wir warfen uns zu Boden, mit dem Gesicht nach unten. Wir waren davongekommen. Ich sagte: »Gott sei Dank!«

Schihab sagte: »Bedank dich bei Gott, wenn du ihm mit unversehrtem Herzen begegnest ...« Seine Augen waren weit geöffnet und seine Hände hielten das Gewehr fest umklammert.

Grau dämmerte der Morgen über den Tälern, dem Wasser in den Gräben und den Dächern der fernen Häuser. Das Licht im Innern der Höhle war fahl. Schihab trällerte eine mir unbekannte Melodie, und seine Finger klopften im Takt dazu auf den Gewehrkolben. Ein paar Schüsse waren zu hören, aber die waren weit weg. Ich weiß nicht genau, wie es kam, dass wir schließlich in die Senke gelangten, wo uns auf allen Seiten nur Leere umgab. Es war Nachmittag, der Wind hatte zugenommen, die Sonne neigte sich langsam den nahen Abhängen zu und entfernte sich immer weiter. Völlig überrascht stellten wir fest, dass wir uns weit von den Stellungen und der Ausrüstung unserer Gefährten entfernt hatten. Mich durchfuhr ein jäher Schreck, aber Schihab lächelte mir zu, wies auf das Licht und meinte, wir sollten losgehen, wir würden die anderen schon finden. Wir umarmten uns und machten uns auf den Weg.

Zuerst durchquerten wir Dickicht und Grasflächen, dann knirschten Dornen unter unseren Füßen. Wir liefen über Hügel und kletterten über Drahtverhaue. Wir rochen den Duft vom geborstenen Laub wilder Bäume, kreuzten einen sandigen Weg und schließlich einen Bewässerungskanal. Ich prustete und versank. Die Sonne hatte sich inzwischen so tief geneigt, dass wir sie nicht mehr sehen konnten. Sie ging hinter den Hügeln unter und zeichnete Flecken violetten Lichts auf die Hänge. Mein Freund sagte unablässig, ich solle in das Auge der Sonne blicken, dort werde ich die Wahrheit finden. Ich wusste nicht, was er damit meinte, sagte aber nichts dazu und starrte, wie er wollte, in das Auge der Sonne. Ich ließ ihr eigenartiges

Licht in mich eindringen, suchte Schutz in ihrer Wärme, und ein verborgener Glaube wärmte mein Herz. Ich hätte gern geweint. Auf unserem Marsch sprachen wir nicht viel. Wir hatten auch keine Angst. Die Angst, so behauptete Schihab, sei die Lampe des Herzens, in deren Licht das Herz sehe, was an Gutem und Bösem in ihm sei. Hier, in dieser Weite, dehnte sich die Stille so weit wie der Sand und die niedrigen Büsche.

Wir beschlossen, eine kleine Pause zu machen. In dem Moment, als wir uns hinhocken wollten, prasselten plötzlich rechts von uns Schüsse. Wir warfen uns nach links auf den Boden und robbten in Richtung einer lehmigen Senke, die ganz nah zu sein schien. Aber die Schüsse, präzise in unsere Richtung gefeuert, folgten uns schnell, und ebenso schnell suchten wir Schutz bei einer felsigen Anhöhe. Wir klammerten uns am Gestein fest und pressten uns dagegen. Wieder ergoss sich Gewehrfeuer über uns wie ein heftiger Regen, und wir wurden getrennt. Es hörte nicht auf zu prasseln. Diesmal, dachte ich, kann keiner den Fängen des Todes entfliehen. Inmitten des Getöses schrie ich: »Schihab!« Aber es kam keine Antwort. Dann sank mein Körper ins Wasser, denn es blieb mir nichts anderes übrig, als in dem Kanal Schutz zu suchen, wo man nichts von mir sehen, wo man keine Spur ausmachen konnte. Es war eine schlimme Nacht, und für einen Krieger waren diese Stunden der Nutzlosigkeit schwer zu ertragen.

Dann wurde der Wind trocken und erste Fäden von Licht schimmerten auf. Ich raffte mich auf, nahm einen neuen Anlauf und schleppte mich, ohne etwas zu sehen, vorwärts, allein gestützt auf das bisschen Mut, das mir geblieben war. Plötzlich sah ich vor mir auf der Sandzunge, die sich quer durch die Niederung erstreckte, eine Spur dunkelrot leuchtenden Bluts, so als sei sie gerade erst in weißen, geglätteten polierten Marmor geprägt worden ...

»Hast du gehört?«

Der alte Mann sagte: »Das war's, was meinem Sohn widerfahren ist – ich hatte dir eines Abends davon erzählt.«

Er faltete den Brief zusammen und fügte kopfschüttelnd hinzu: »Ich habe nichts anderes bekommen als diese Worte, die er seinem Freund aus den Libanonbergen geschickt hat.«

»Wann?«

»Vor vielen Jahren ...!«

Der Alte holte Luft. Sein Bart war von Tränen benetzt. Er lehnte sich an die Absperrung. Dann wandte er sich mit fast geschlossenen Augen zu mir: »Aber du weißt nicht, was mir danach passiert ist!«

Ich fragte ihn schnell: »Sag, was ist dir danach passiert?«

Er schwieg, dann stöhnte er auf und sagte: »Vielleicht erzähle ich es dir.«

Ich weiß nicht, warum mich in diesem Augenblick der Drang überkam, ihm den Brief wegzunehmen. Ich fragte ihn: »Erlaubst du mir, dass ich den Brief nehme?«

Er wandte den Blick von mir ab, sein Gesicht verfinsterte sich und er sagte: »Mir ist nichts von meinem Sohn geblieben außer diesen Worten und du willst sie mir wegnehmen?«

Ich schämte mich und versuchte meine Scham und meine Verwirrung zu verbergen, indem ich zu ihm sagte: »Verzeih mir, Alter, das war nicht meine Absicht. Ich wollte ihn nur gern allein lesen.«

Der Alte schwieg wieder einen Moment, dann sagte er: »Es tut mir leid, aber ich muss dich noch einmal bitten, dass du niemandem verrätst, was du von mir gehört hast. Versprichst du mir das?«

Ich sagte: »Ja, ich verspreche es dir.«

Und ich ging hinaus.

Fuad At-Tekerli

Der Backofen

Entwürfe zu einer ungeschriebenen Selbstverteidigung.

Es stimmt, daß ich zuerst nicht die Wahrheit gesagt habe. Ich habe sie einen Monat und einige Tage lang verschwiegen. Jedoch war ich während der ganzen Zeit inhaftiert, und die Ehre ist kostbar, und der Mensch weiß nicht, wann er die Wahrheit sagen muß.

Meine Herren Richter, ich bin unschuldig in dieser Sache, denn ich habe Farha, die Frau meines Bruders Abd Al-Hamza, getötet, weil sie Ehebruch begangen hat. Ich habe sie überrascht mitten in ihrem Verbrechen, und da hat mich mein Ehrgefühl gepackt, das Ehrgefühl eines Arabers, ich habe den Verstand verloren, wie Sie wissen, denn die Ehre ist kostbar, und es ist Sitte bei uns, daß sie mit Blut reingewaschen wird. Deswegen habe ich mein Jagdgewehr geladen, das hier vor Ihnen liegt, und habe auf sie geschossen, als sie dabei war, das Verbrechen zu begehen. Der Liebhaber aber, gestatten Sie mir, meine Herren Richter, daß ich zuerst von ihm spreche.

Ich habe ihn nicht mit ihr zusammen gesehen, wie Sie vermuten könnten. Sie kam an jenem Morgen aus dem Zimmer ihrer Familie, um uns Frühstück zu machen. Dabei trug sie eine rote *Dischdascha* mit weißen Streifen. Ich sah sie am Backofen, wie sie das Feuer schürte, um uns das Fladenbrot zu backen. Sie sagte mir, daß sie einen Fehltritt, daß sie Ehebruch begangen habe und sich umbringen wolle. Dann ging sie daran, das Feuer im Backofen anzuzünden und die Patronen vorzubereiten, um sie hineinzuwerfen und sich so umzubringen. Da kochte mir das Blut in den Adern, ich richtete das Gewehr auf sie, schoß und streckte sie zu Boden. Die Ehre ist kostbar, meine Herren Richter, und wir sind echte Araber, wir können es nicht zulassen, daß auf die Art Schande über uns kommt. Wir sind es gewöhnt, eine Ehebrecherin zu töten. Es ist Sitte bei uns, daß wir eine, die einen Fehltritt begangen hat, nicht mehr mit uns leben lassen. Sie ist Schmutz, den man beseitigen muß. Farha selbst hat mir gesagt, daß sie ihren Mann in ihrem Ehebett betrogen hat. Sie hat die Gelegenheit genutzt, daß der Direktor ihren Mann hat festnehmen lassen, hat sich mit ihrem Liebhaber verabredet, und der ist gekommen, nachdem es dunkel war. Ich habe nur die Ehre der Familie verteidigt. Ihr Mann ist mein Bruder, und sie ist meine Kusine, die Tochter meines Onkels. Sie hat ihre Jugend und ihre Schönheit ausgenutzt, denn sie ist erst neunzehn und hübsch, mit goldbraunen Augen, um ihren Liebhaber anzulocken, so daß er zu dieser zweifelhaften Verabredung kam. Nun ist alles zu Ende. Was aber meine Schwester mütterlicherseits angeht, Halima, die hat gar nichts gesehen. Das schwöre ich Ihnen beim Buch Allahs, des Erhabenen, beim Koran, ja, es stimmt, Halima war bei mir. Aber sie hat nichts getan, denn sie war nicht dort. Sie war doch auf der anderen Seite des Hauses. Um dem Hohen Gericht die Lage unserer Familie zu erklären und wie wir zusammenleben, will ich erst einmal sagen, daß wir arme Leute sind, wir wohnen alle in einem Haus. Das besteht aus mehreren Zimmern, alle aus Lehm gebaut.

An der Ostseite ist das Zimmer meines Bruders Abd Al-Hamza, daneben das Zimmer unserer Mutter, dann das Zimmer meiner Familie. Ich bin seit zehn Jahren verheiratet und habe vier kleine Kinder. Ich hab in der Armee gedient bis zum Unteroffizier, ich bin nicht vorbestraft. Der Backofen steht mitten im Hof, dicht beim Zimmer meiner Schwester Halima. Meine Schwester hat ein kleines Zimmer aus Lehm, so wie unseres, in dem wohnt sie. Ich hatte vergessen, das dem Gericht klarzumachen.

In der Nacht, als es geschah, weckte mich meine Schwester gegen Morgen, in Wirklichkeit war ich aber schon wach. Ich glaube, meine Tante Nuriyya, die bei meiner Schwägerin war, die jetzt tot ist, war es, die uns rief und fragte, woher die Schüsse kommen. Ich ging hinaus und fand meine Schwägerin Farha neben dem Backofen liegen, in dem die Patronen zerplatzten. Das ist kurz gefaßt das, was ich dem Untersuchungsrichter gesagt habe, aber es entspricht nicht den Tatsachen, wie Sie wissen, meine Herren Richter. Ich hatte mich vergessen und habe Ihnen das mehrfach erzählt und bitte jetzt um Verzeihung. Das Unglück ist so plötzlich über uns hereingebrochen, daß wir dachten, wir regeln das schon irgendwie, aber die Wahrheit läßt sich nicht verbergen. Unglücklicherweise kann sie sich nicht verstecken. Ich schlief in jener Nacht im Haus, als mich um vier oder fünf Uhr morgens meine Schwester Halima weckte. Sie flüsterte mir zu, daß sie gesehen habe, wie jemand wegging und sich eilig über den Hof davonmachte. Ich stand auf und ging über den Hof zu meiner schlafenden Familie. Dann ging ich in das Zimmer meiner Schwägerin, Farha, die jetzt tot ist, und fand sie allein. Schließlich stellte sich heraus, daß meine Schwester Halima, sie ist eigentlich noch ein kleines Mädchen, siebzehn, und regt sich leicht auf, wie sie vor Ihnen bezeugt hat, Farha, die jetzt tot ist, mit einer fremden Person zusammenliegen sah, mit der sie Ehebruch beging. Halima kam dann zu mir und weckte mich, ich zog mich an, ging hinaus, um zu sehen, was los war, da sah ich Farha den Backofen vorbereiten. So ist es tatsächlich gewesen. Der Himmel war schon hell und der Backofen angeheizt, er spuckte rote Flammen. Farha sagte mir, ohne sich umzudrehen, etwas von Ehebruch, Ehre und Selbstmord. Mir wurde ganz wirr von ihren Geschichten, dann aber packte mich plötzlich die Wut. Ich nahm das Gewehr aus Halimas Hand, richtete es auf Farha und drückte ab. Ich schoß nur einmal auf sie mit diesem Jagdgewehr, das neben der Leiche gefunden wurde. Ich hatte es nur einmal mit Schrot geladen. Deswegen haben sie festgestellt, daß der Schuß durch ihren Kopf hindurchgegangen ist. Ich habe nur die befleckte Ehre der Familie verteidigt. Ich verlange ja nicht von Ihnen, meine Herren Richter, daß Sie mein Handeln für richtig befinden und daß Sie gnädig berücksichtigen, daß ich eine große Familie habe und ein armer Mann bin. Ich hab mir mein Leben selbst aufgebaut, habe Lesen und Schreiben gelernt und bin Unteroffizier. Ich habe eine Ehebrecherin umgebracht, weil sie Ehebruch begangen hat, aus keinem anderen Grund. Sie wissen, daß sie mir das selbst gestanden hat. Sie stand vor dem Backofen in ihrem roten Kleid und verriet mir, daß sie einen Fehltritt begangen und unser aller Ehre beschmutzt hatte. Was aber die Aussage der Zeugin Nuriyya angeht, daß sie die ganze Nacht mit Farha im selben Zimmer war, die ist wertlos. Nuriyya ist geistig ein bißchen durcheinander, und außerdem hat mir die Getötete selbst gestanden, daß sie das Verbrechen, den Ehebruch, begangen hat. Außerdem hat meine Schwester Halima sie in einer schändlichen Situation gesehen, was weder vor der Ehre noch durch das Gesetz zu vertreten ist. Eine junge Frau, die die Festnahme ihres Mannes ausnutzt, um sich in derselben Nacht mit ihrem Liebhaber zu verabreden, damit er nach Sonnenuntergang in ihr Ehebett kommt und sie dann gemeinsam ihr abscheuliches Verbrechen begehen. In derselben Nacht, meine Herren Richter, während wir uns alle Sorgen machten wegen der Festnahme meines Bruders Abd Al-Hamza, hat sie – ich weiß nicht wie – ihr Stelldichein mit dem Verbrecher in die Wege geleitet. Ich bin ein ungebildeter Mensch, ein Barbar, wie man sagt, aber ich weiß doch schließlich, wer ich bin und was ich zu tun habe. Obwohl ich immer noch ein junger Mann bin, nicht älter als dreißig. Ich habe der Getöteten deutlich zu verstehen gegeben, daß wir eine ehrbare arabische Familie sind, die die alten Sitten achtet und nicht zuläßt, daß ihre Ehre befleckt wird, und daß

Ehebruch in unserem Haus nicht begangen werden darf. Ich habe mit verschiedenen Mitteln versucht, sie von ihren Vorstellungen und Einbildungen abzubringen und ihr klarzumachen, daß sie niemanden irgendwelcher niedrigen Dinge beschuldigen darf, aber sie war so dickköpfig wie jemand, der plötzlich verrückt geworden ist. Da habe ich sie in ihr Zimmer zurückgehen lassen, in der Hoffnung, daß sie wieder zu sich kommt, und bin gegangen, um Halima zu sagen, was geschehen ist, und um mich zu waschen. Ich war noch nicht fertig mit Waschen, da fiel der Schuß. Ich ging in den Hof hinaus, der hell erleuchtet war, denn aus dem Backofen schlugen Flammen. Tante Nuriyya kam auf mich zu und fragte nach der getöteten Farha und nach den Schüssen. Ich habe ihr irgend etwas geantwortet, dann habe ich sie zur Seite gestoßen und bin in das Zimmer meines Bruders Abd Al-Hamza gelaufen, wo ich die beiden zusammen vorfand. Sie war schon tot. Vielleicht hat sie sich auch umgebracht, vielleicht hat sie den Revolver genommen. Ich bin mit Halima in ihr Zimmer zurückgegangen. Aber jetzt bin ich schon wieder von der Wahrheit abgewichen. Das ist so eine Sitte bei uns, die Sie nicht gewöhnt sind, meine Herren Richter, und vielleicht können Sie nicht ertragen, daß wir uns nicht immer auf eine Sache konzentrieren können. Wir Araber, die wir arm sind, denken auf verschiedene Weise, mit anderen Worten, wir sind zerstreute Leute. Wir fangen mit einem Gedanken an oder einem Standpunkt, dann halten wir uns aber nicht damit auf, ihn zu Ende zu denken, sondern springen auf einen anderen über, der schöner ist oder angenehmer. Dann wechseln wir ein drittes Mal auf etwas über, wonach es uns verlangt. Wir sind rohe, aber ehrbare Leute. Wir wollen in Frieden leben und unser Brot essen. Alles, was man sich über uns erzählt, ist glatte Lüge. Ich bin außerdem unschuldig, wie ich schon ein paarmal gesagt habe. Ich habe meine Ehre verteidigt, wie das jeder ehrbare verheiratete Mann tun muß, der außerdem eine große Familie hat, an deren Zukunft er denkt. Bei der Ehre ist es egal, ob es sich um Ehebruch handelt oder darum, daß ein junges Mädchen entehrt wird, das kann man nicht voneinander trennen. Und wir alle sind, was die Ehre anlangt, in ein und derselben Lage. Wir werden auf die Probe gestellt, ob wir ehrbar sind oder ob wir unsere Ehre mit Blut verteidigen. Nichts anderes habe ich getan. Ich weiß nicht, wie ich meinen Herren Richtern diesen schwierigen Standpunkt erklären soll. Ich bin ein Beduine, ein Nomade, ein ungebildeter Mensch, und habe die Ehre auf meine besondere Art verteidigt. Der Standpunkt ist zwar schwierig zu verstehen, aber letztlich doch ganz einfach, ohne jede Unklarheit. Ich werde Ihnen ein letztes Mal die Wahrheit vortragen.

Wir waren eine Familie, mein Bruder Abd Al-Hamza und seine Frau, Farha, die jetzt tot ist, in einer Seite des Hauses. Neben ihnen meine Mutter und mein Vater, dann ich und meine Familie, meine Frau und vier kleine Kinder. Danach meine Schwester mütterlicherseits, Halima, in ihrem Zimmer neben dem Brunnen. Der Backofen war fast in der Mitte des Hofes, am Tag, als es geschah, war mein Bruder festgenommen worden. Er hatte sich den Anordnungen über die Bodenreform widersetzt, obwohl ich ihm davon abgeraten hatte, da hatte ihn der Direktor festnehmen lassen. Tante Nuriyya kam, um über Nacht bei der Frau meines Bruders zu bleiben. Ganz einfache, klare Tatsachen. Dann schlich sich der Liebhaber der Getöteten ins Haus, wir wissen nicht, wann. Und gegen Mitternacht oder etwas später wurde die Ehre der Familie mehr und mehr befleckt. Alles war ruhig bei Tagesanbruch, als das Frühstück und das Fladenbrot vorbereitet werden mußten. Da wurde auf einmal die Schande aufgedeckt. Die Getötete, Farha, hat während der ganzen Nacht gehurt, danach war sie nicht müde und schlief nicht. Vor Sonnenaufgang stand sie auf, als ob sie gar nichts getan hätte. Danach kam sie heimlich nachsehen, was wir machten. Das Verbrechen ließ ihr keine Ruhe. Sie weckte uns mit glänzenden Augen und unordentlichem Haar aus dem Schlaf, um uns zu sagen, daß es besser für sie ist, wenn sie sich umbringt, als daß Hurerei in dieses Haus Einzug hält, als ob ihr ihr abscheuliches Verbrechen, ihr Ehebruch, nicht reichte. Da erwiderte ihr Halima, daß sie ganz gut gesehen hatte, wie sie nackt mit ihrem Liebhaber die ganze Nacht die Ehe brach. Farha war wie vom Blitz getroffen. Die ungeschminkte Wahrheit betäubte sie und brachte sie durcheinander. Sie lief weg und hielt sich dabei die Hand vor den Mund. Nach alledem blieb mir gar nichts weiter übrig, als die Befleckung unserer Ehre mit ihrem Blut reinzuwaschen. So wird das in unserem Land gemacht, meine Herren Richter. Mit dem Blut der Frau. Ich nahm mein Jagdgewehr, zog mich an und ging zu ihr. Wie ich Ihnen schon gesagt habe, stand sie bei Tagesanbruch im Freien vor dem Backofen und zündete das Feuer an. Wir beide waren allein. Sie sagte mir offen, daß sie sich umbringen würde, weil sie nicht mit ansehen konnte, daß das Verbrechen, der Ehebruch, ohne Strafe blieb. Da mußte ich einfach mit dem Jagdgewehr auf sie schießen. Danach warf Halima in guter Absicht eine Handvoll Patronen in den Backofen, in dem das Feuer brannte, von ihren Explosionen erwachte das Haus.

Das ist die Wahrheit, meine Herren Richter. Alles, was dagegen gesagt wird, ist reine Lüge und eine absichtliche Verdrehung.

Es ist Lüge, wenn Nuriyya gesagt hat, daß sie die ganze Nacht mit der Getöteten, Farha, zusammen war und daß sie niemanden bei ihr hat eintreten und mit ihr Ehebruch treiben sehen. Fragt sie doch, wieso sie Farha dann bei Tagesanbruch nicht hat aufstehen sehen, um sich bei ehrbaren Leuten einzuschleichen. Wer hat denn von ihr verlangt, daß sie das Frühstück vorbereitet, Fladenbrot bäckt und das Feuer im Backofen anzündet? Wenn sie das von sich aus in Abwesenheit ihres Mannes und ohne den geringsten Anlaß hat tun wollen, warum ist sie dann ins Zimmer von Halima gekommen? Wann hat ihr denn Halima je geholfen, das Frühstück vorzubereiten?

Es ist Lüge, wenn Nuriyya behauptet, daß sie gesehen hat, wie die Getötete, Farha, auf uns zeigte, auf mich, daß sie sprechen wollte, daß aber das Röcheln des Todes sie daran hinderte und zum Schweigen brachte. Das ist alles Gefasel: Denn ich bin der, der sie vom Backofen weggezogen hat, wo sie sich umbringen wollte. Ich ging mit ihr in ihr Zimmer, dann kehrte ich mit ihr dorthin zurück, wo sie zuerst gewesen war. Ich bin es, der weiß, wo die Getötete, Farha, zu Boden gefallen ist und wo sie gestorben ist.

Es ist auch Lüge, was im medizinischen Gutachten steht, nämlich, daß die Getötete, Farha, von einem Revolver am Kopf getroffen wurde und daran starb. Ich habe abgedrückt, aber ich weiß nicht genau, was für eine Waffe ich in der Hand hatte. Lüge und dummes Gerede ist das, was da gesagt wird, daß Halima beteiligt gewesen sei. Ich beschwöre Sie bei Gott, halten Sie sie aus diesem Verbrechen raus! Sie weiß überhaupt nichts davon. Ich bin der Verbrecher, wenn Sie so wollen, der seine Ehre verteidigt hat und diese Lügnerin und Ehebrecherin ins Jenseits befördert hat. Und ich bin unschuldig, meine Herren Richter. Haben Sie Mitleid mit mir, wenn Sie das Urteil sprechen. Ich habe aus edlem, ehrenhaftem Anlaß getötet. Also verfahren Sie mit mir ehrenhaft und sprechen Sie ein mildes Urteil. Es gibt jemanden, der traurig sein wird, wenn ich nicht mehr da bin, glauben Sie mir ... Ich aber ... o weh ... Das ist die Wahrheit, die ganze Wahrheit.

Abdalkarim Ar-Razihi

Das Jahr des Esels

Jeden Dienstag, Punkt neun Uhr morgens, kam die Hühnerverkäuferin Zuhra mit ihrem dürren, mit zwei großen Körben voller Hühner bepackten Esel in unser Dorf. Immer wenn die Dorfbewohner Zuhra kommen sahen, wussten sie, dass es Dienstag, neun Uhr morgens war. Für uns Kinder war Zuhras Ankunft an jedem Dienstag ein außerordentliches Ereignis, denn unser Dorf war zum Sterben langweilig, und alles darin war so still, leblos und öde, dass es einem Angst machen konnte. Die ganze Woche über hörten wir Kinder nichts als unser Husten. Wäre nicht das freudige Warten auf Zuhra, die Hühnerverkäuferin, gewesen, wären wir vor Kummer erstickt und leicht dem Keuchhusten zum Opfer gefallen. Es war wirklich entsetzlich, sich die Wochentage ohne Dienstag vorzustellen, und noch entsetzlicher, sich vorzustellen, dass einmal Dienstag wäre und Zuhra nicht käme. Aber Zuhra kam, immer zum gleichen Termin.

Jedes Mal, wenn wir in der Schule waren und die Musik ihrer Stimme vernahmen: Hühner, Hühner!, brach Chaos aus. Geschrei, Gejohle und Gepfeife hallten durch die Schule, die eher einem Keller oder einem Stall glich. Unter dem Druck unserer stürmischen Sehnsucht nach der hühnerbeladenen Zuhra öffnete sich die Tür der Schule, und wir sausten ins Freie, ohne uns um das Gezeter und den wütend drohenden Stock des *Faqih* zu kümmern.

Zuhra war etwa dreißig Jahre alt, einäugig, hatte ein pockennarbiges Gesicht und war so groß wie eine Palme. Sie lief barfuß, ihre Füße schienen wie aus Stein, und sie trug eine grüne Pumphose unter einem indigofarbenen

Gewand mit offenen Ärmeln. Ihr tiefschwarzes, mit Sesamöl eingeriebenes Haar fiel über ihr rotes Halstuch und umschlang ihren Nacken wie ein Schal aus Rauch. Ihr Esel war abgemagert und hatte am Hinterteil eine stark entzündete, von Fliegen bedeckte Wunde. Immer war er traurig und ihm tränten die Augen. Er litt an schwerer Bedrückung, und obwohl Zuhra eine geduldige und gutmütige Frau war, behandelte sie ihren Esel lieblos und streng. Der Grund für diese Strenge lag aber in Wirklichkeit in Zuhras ernsthafter Sorge um die Gesundheit und das Wohlergehen ihres Esels.

Denn dieser pflegte mit Eselsstuten einen triebhaften Umgang, der seiner schwächlichen Statur nicht entsprach. Sobald er eine Eselin bestieg, verließen ihn alle Kräfte und er drohte zu krepieren. Oft lag er genau da, wo er auf die Eselsstute gestiegen war, flach am Boden und war unfähig, sich zu bewegen oder sich aufzurichten. Der arme Esel nutzte, wenn Zuhra mit dem Verkaufen von Hühnern abgelenkt war, jede Gelegenheit dazu, davonzulaufen und sich eine Eselin zu suchen, um seine Triebe an ihr zu befriedigen. Er hatte aber die Angewohnheit, während der Paarung genussvoll und laut zu schreien, was ihn verriet und Zuhra dazu veranlasste, erbost loszurennen und ihn mit ihrem stacheligen Knüttel daran zu hindern, ans Ziel seiner Wünsche zu kommen. Einmal kam die brünstige Eselin eines Handel treibenden Bauern aus der Umgegend zu ihm gelaufen und bot ihm ihr Hinterteil dar. Aber Zuhra hatte ihn nicht aus den Augen gelassen. Sie verprügelte ihn mit ihrem knotigen Knüppel, bis ihm das Blut aus der Flanke quoll. Anstatt Vergnügen erzielt zu haben, ging er so vor Schmerz zu Boden und brüllte dabei, dass es einem im Herzen wehtat.

Wie üblich rechtfertigte Zuhra ihre Härte mit Liebe. Wenn ihr jemand Vorwürfe wegen ihrer Brutalität machte, sagte sie: »Das ist mein Esel, und ich weiß am besten, was gut für ihn ist. Wenn ich ihn gewähren ließe, würde ihm seine verdammte Rute zum Verderben. Und wenn er hin ist, sterbe ich Hungers. Von welchem Geld sollte ich mir denn einen neuen Esel kaufen, wenn er stirbt?«

Aber trotz all ihrer Rechtfertigungen herrschte in unserem Dorf der Eindruck vor, dass Zuhra eine rabiate Frau sei. Besonders die Frauen sagten ihr nach, dass sie grob veranlagt und von finsterer Seele sei und dass ihr Herz weder Gnade noch Mitleid kenne. Ja, sie gingen noch weiter und tuschelten über etwas Mysteriöses, etwas Sündiges, das zwischen Zuhra und ihrem Esel vorgehe. Anfangs begriffen wir Kinder nicht, was damit gemeint war. Aber eines Dienstags stritt eine vorlaute Frau mit Zuhra wegen eines Huhns, das sie von ihr gekauft hatte, und beschimpfte sie in ihrer Erregung, indem sie öffentlich kundtat, was sich die Frauen im Dorf bisher nur zugeflüstert hatten. Dem war zu entnehmen, dass Zuhra sich von ihrem Esel das machen ließ, was eine Frau sonst von ihrem Ehemann im Bett bekommt.

Wie üblich schnappten die Bewohner unseres Dorfes die Gerüchte voneinander auf und schmückten sie kräftig aus, bis unbezweifelbare Tatsachen daraus geworden waren. Weil das Dorf so abgeschieden war und dort sonst nichts passierte, flüchteten sich die Leute in Tratschereien, um einen Ersatz für das zu bekommen, was in ihrem Leben fehlte. Gerüchte in die Welt zu setzen war ihre einzige Beschäftigung, Gerüchte waren die meistgehandelte Ware jener Zeit. Alle, selbst die Kinder, beteiligten sich an ihrer Produktion und Vermarktung und fanden höchsten Genuss darin, dieses Erzeugnis herzustellen und zu konsumieren. Bereits vor dem Aufkommen der schmählichen Kunde über Zuhra hatten sich die Dorfbewohner allerlei Erdichtetes erzählt, aber das verlor rasch an Bedeutung angesichts des alles übertreffenden Gerüchts über Zuhra, nachdem es die vorlaute Frau in Umlauf gebracht hatte.

Es war das enormste Gerücht, das je über unser Dorf hereingebrochen war, es erschütterte es in seinen Grundfesten und rief die heftigsten Reaktionen hervor. Die Leute mästeten das Gerede wie üblich mit ihrer kranken Phantasie, bis es zu einer Größe anwuchs, die sein anfängliches Maß um das Dutzendfache übertraf. Einige behaupteten sogar, sie hätten gesehen, wie der Esel Zuhra einmal begehrlich beschnuppert und sich angeschickt habe, sie zu besteigen. Andere sagten, sie hätten Zuhra gesehen, wie sie im Dickicht der Tamarisken den Kopf ihres Esels festgehalten und zärtlich geküsst habe. Und eine Verwandte der vorlauten Frau brachte in Umlauf, sie habe Zuhra dabei beobachtet, wie sie eines Tages mit demütig erhobenen Händen dagestanden und gesagt habe: »Herr, gib meinem Esel Kraft und ein langes Leben und nimm ihn mir nicht fort!«

Andere Frauen ließen ihrer Phantasie freien Lauf und erfanden dramatische Geschichten über Zuhra und ihren Esel. Zum Beispiel erzählten sie, dass die Hühner-Zuhra in ihrem Dorf wegen ihres einmalig hässlichen Äußeren niemanden gefunden habe, der sich bereit gefunden hätte, sie zu heiraten oder mit ihr auch nur außerehelich zu verkehren, denn alle, einschließlich ihres Esels, den sie zur körperlichen Befriedigung benutze, empfänden Abneigung gegen ihr Äußeres. Wieder andere Frauen bekundeten, Zuhra hätte einen ebenso hässlichen und einäugigen Mann wie sie selbst geheiratet, der aber nicht in der Lage gewesen sei, ihren auf Sex versessenen Körper zu befriedigen. Andere wiederum sagten, Zuhra habe mehrere Ehemänner in verschiedenen Dörfern. Wieder andere bestritten dies und versicherten, Zuhra paare sich ausschließlich mit ihrem Esel, habe deswegen in ihrem Dorf schon mehrfach Skandale verursacht und sei eingesperrt, aber wieder entlassen worden, weil sie Reue gezeigt habe, nur um danach wieder schamlos zu sündigen. Es wurde reichlich über Zuhra geredet, und einige Tage nach Bekanntwerden des Gerüchtes gab es bereits eine Vielzahl von Varianten. Die wichtigste war jedoch die, dass Zuhra es mit ihrem Esel trieb. Durch die kranke Phantasie der Dorffrauen war das

Gerücht zu einer ungeheuerlichen Tatsache geworden, über die sich alle empörten. Es gab sogar Leute, die forderten, Zuhra zum Tod durch Steinigung zu verurteilen.

Alle Bewohner des Dorfes waren in heller Aufregung, und deshalb fand die Idee, Zuhra und ihren Esel einer Strafe zuzuführen, große Zustimmung. So liefen sie alle zum Haus des Faqih, um von ihm den Erlass einer Fatwa in besagter Sache zu fordern. Wir Kinder liefen vorneweg. Unsere Liebe zu Zuhra war dem Virus der Feindschaft erlegen, und vor dem Haus des Faqih schrien wir den Erwachsenen nach: »Zuhra ist eine Sünderin, Faqih! Zuhra verdient den Tod!«

Ein Methusalem rief: »Wenn Zuhra am Leben bleibt, wird Gott uns zürnen und Blitze auf uns herabsenden!«

Ein anderer setzte hinzu: »Gott wird uns Heuschrecken schicken, die uns die gesamte Ernte auffressen, wenn wir Zuhra nicht töten!«

Und ganz hinten im Zug tönte es: »Gott wird uns vernichten, so wie er Lots Volk vernichtet hat!«

Einer fragte einen Nebenstehenden: »Wer war eigentlich Lots Volk?«

Der Angesprochene antwortete: »Das war ein Volk, das es mit dem Vieh trieb und deshalb von Gott vernichtet wurde.«

Ein anderer verbesserte: »Es war ein Volk, dessen Frauen Verkehr mit Eseln und Maultieren hatten. Gott vernichtete die Frauen und ließ die Männer am Leben.«

Während die beiden Männer sich noch unnachgiebig darum stritten, wer von ihnen nun Recht habe mit seiner Ansicht über Lots Volk, trat der Faqih aus seinem Haus. Alle verstummten und warteten gespannt darauf, was er sagen würde. Der Faqih, der nicht nur ein Gelehrter war, sondern zudem als Experte für Übernatürliches galt, sagte Folgendes: Zuhras Esel sei nichts weiter als ihr Ehemann, der ein *Dschinni* sei und tagsüber in Eselsgestalt erscheine. Was zwischen Zuhra und ihrem Esel vorgehe, sei somit legitim und widerspreche nicht dem islamischen Gesetz. Und er ergänzte, dass jeder Übergriff auf Zuhra oder ihren Esel schwerwiegende Konsequenzen haben würde, denn dies würde einen Krieg zwischen unserem Dorf und dem Dorf der Dschinn nach sich ziehen. Und er sagte, dass die Dschinn im Falle eines Krieges unser Dorf mit Glut überziehen und alles verbrennen würden. Dann erinnerte er an einen Krieg, der in grauer Vorzeit einmal zwischen unserem Dorf und den Dschinn ausgebrochen sei, weil ein Mann aus unserem Dorf versehentlich einen *Dschinni* getötet habe, der vor seinem Haus in Gestalt einer Eidechse erschienen sei. Schließlich riet der Faqih den Dorfbewohnern, wieder nach Hause zu gehen und in Zukunft nicht mehr auf die Frauen zu hören.

Die Leute wurden blass. In ihren Gesichtern zeichneten sich Verwunderung und Bestürzung ab, und mancher Blick schwankte angesichts der Rede des Faqih noch zwischen Zweifel und Glauben. Da ertönte die Stimme eines bejahrten, im Dorf angesehenen Mannes: »Der Faqih hat Recht, Leute! Gott verfluche die Frauen und die, die auf sie hören!«

Ein anderer ergänzte: »Die Frauen sind schuld an allem Unglück, das unserem Dorf widerfährt! Aber die Schande lastet auf uns Männern, die wir den Frauen geglaubt haben. Also, auf, ihr Männer! Geht nach Hause und verflucht den Satan.«

Ein Dritter rief: »Die Frauen sind der Satan! Gott verfluche sie! Verflucht die Frauen, Leute!«

Im Chor erschallte es nun im ganzen Dorf: »Gott verfluche die Frauen!«, und ein Strom von Verwünschungen ergoss sich auf die Frauen des Dorfes. Das war am Montagnachmittag.

Zuhra hatte sich in Schweigen geflüchtet, als die vorlaute Frau in der Woche zuvor ihren Ruf und ihre Ehre in den Schmutz gezogen hatte, und das Dorf taumelnd vor Schmerz verlassen. Ihr Gesicht hatte ausgesehen, als habe sie die Gelbsucht. Gewöhnlich hatte Zuhra, wenn sie mit dem Hühnerverkaufen fertig war und sich auf den Heimweg in ihr Dorf hinter den Bergen machte, ein fröhliches Lied zum Himmel gesandt und damit der Freude und der Sehnsucht in ihrem Herzen Ausdruck gegeben. Doch als sie diesmal aus dem Dorf gegangen war, hatte sie still geweint, als nähme sie Abschied von allem. Wir Kinder hatten sie vom Schuldach aus beobachtetet, wie sie mit ihrem Esel den Hang hinunter ins Tal lief. Der Esel ging ein Stück voraus und sie stapfte traurig hinter ihm her. Der Wind blies ihr Haar in alle Richtungen, es flog umher wie ein Schwarm aufgeschreckter Vögel. In diesem Moment überkam uns das Gefühl, dass Zuhra Unrecht geschehen war. Unsere kleinen Herzen pochten und schlugen immer stärker, je weiter sich Zuhra entfernte, und als wir sie mit ihrem Esel um die Biegung verschwinden sahen, die ins Tal führte, wären unsere Herzen uns fast aus den Rippen gesprungen und wir wären ihr am liebsten nachgelaufen. Eine schreckliche Traurigkeit und eine unbestimmte Furcht überfielen uns und wir hatten den Wunsch zu weinen.

Einige Tage später saßen wir in der Schule, als plötzlich das »Iah« von Zuhras Esel an unsere Ohren drang. Wir sprangen auf wie die Zicklein, um Zuhra zu empfangen. Unsere Sehnsucht nach ihr war diesmal noch stärker, auch wenn unsere Gefühle für sie und ihren Esel nach dem, was der Faqih gesagt hatte, etwas durcheinander geraten waren. Doch Zuhra, die wir sehnlicher herbeiwünschten als je zuvor, war nicht da. Ihr Esel war allein gekommen. Am gleichen Tag, zur gleichen Zeit wie immer. Und nun rannte er genau da, wo Zuhra sich immer hingesetzt hatte, um ihre Hühner zu verkaufen, wie ein Pferd im Galopp im Kreis, während er unablässig mit fast weinerlicher Stimme schrie. Drei ganze Tage lang schrie der Esel und rannte dabei immer an derselben Stelle im Kreis herum. Er verweigerte Wasser und Futter, und alle Versuche der Dorfbewohner, ihn zur Vernunft zu bringen, schlugen fehl. Das Seltsame war, dass er immer schneller lief, je dürrer er wurde. Gleichzeitig wurde sein Schreien immer schwächer und verwandelte sich nach und nach in so etwas wie ein Stöhnen.

Als die brennende Sonnenscheibe hinter den Berggipfeln verschwunden war und der Muezzin zum Abendgebet rief, begann plötzlich ein Tumult. Die Leute stolperten mit gereckten Hälsen ziellos durcheinander und riefen fassungslos: »Allmächtiger, der Esel fliegt! Allmächtiger, der Esel fliegt!«

Es war ein unvergesslicher Tag. Noch heute erinnern sich die Leute in unserem Dorf an Zuhras Esel, wie er davonflog und in den Wolken verschwand. Und seither datieren sie alles, was in jenem Jahr geschah, mit »im Jahre des Esels«.

Ghalib Halasa

Der Fremde

Du dummer Kerl, du dummer, dachte sie bei sich.

Er redete weiter: »Der Wahn der Frau ist der Wahn jeder Revolution … Wenn sie das Alte zerschlagen hat, glaubt sie gleich, ihre Freiheit wäre damit absolut.«

Du Dummer, dachte sie. Die Studenten rings um sie herum boten das Bild einer entfesselten Welt. Ihre Körper waren unter der Kleidung in unermüdlicher, hemmungsloser Bewegung. In der Nähe lachte ein Mädchen. Er sah sie an und stockte. Ein junger Mann schrie irgend etwas, zwei Mädchen wollten sich vor Lachen ausschütten.

»Revolution gegen das Alte, das heißt, neue, bessere Traditionen schaffen«, sagte er. »Aber jetzt sind sie eben mal so.«

Sie hörte nicht mehr zu. Seine Stimme klang verkrampft und kindlich. Neben dem Mund zeichneten sich zwei Kerben ab. Sie schloß daraus, daß er litt.

Nun schwieg er und starrte vor sich hin wie einer, der vergeblich versucht, sich an etwas zu erinnern. Sie merkte, daß er nach ihrer Brust Ausschau hielt. Mit einer unwillkürlichen Bewegung raffte sie ihren Ausschnitt zusammen. Diese Geste brachte ihn aus der Fassung. Er wollte noch etwas sagen, nahm aber wahr, daß ihre Augen maskenhaft erstarrt waren, listig, nach innen gerichtet. Er streckte ihr die Hand hin und sagte: »Hat mich sehr gefreut. Ich muß gehen …«

»Ach Gott, so bleib doch ein bißchen sitzen!«

Im Dorf saß seine Mutter auf der Schwelle am Haus.

»Nächstes Jahr, so der Herr will«, sagte sie, »kriegt Khalid das Zeugnis.«

Ihre negroide Nachbarin rief: »Da schenkst du mir eine *Dschubba*, als Freudengabe für das Zeugnis!«

Sein Vater hob den Kopf vom Gebetsbuch und sagte: »Die Pest meines Vaters schenken wir dir!«

Darauf die Nachbarin: »Bei Gott, du mußt mir eine schenken, du mußt!«

Sie stand auf, und der Vater wandte sich wieder dem Gebetsbuch zu.

»Jetzt haben wir ihn nur noch zu verheiraten«, überlegte seine Mutter.

»Weshalb hast du's so eilig?« fragte sie. »Bleib ein bißchen sitzen!«

Er berührte ihre Hand, die sie ihm noch nicht gereicht hatte.

»Ich habe da eine sehr wichtige Verabredung«, erklärte er, »sehr dringend.«

Er lief weg, als hätte er wirklich eine sehr wichtige Verabredung, rempelte die Passanten an, überquerte eilig die Straße, rannte in höchster Geschwindigkeit weiter, wenn er einen Wagen kommen sah. Dann fiel ihm ein, daß er eigentlich gar nicht wußte, wohin er gehen sollte, außer in die Pension. Vor einem Schaufenster blieb er stehen und beobachtete, wie sich die Gesichter der Passanten auf einem schwarzen Kleid, das dort ausgestellt war, widerspiegelten. Plötzlich entdeckte er einen schwellenden Busen, ohne Gesicht, der die schwarze Fläche geradezu durchbohrte. Er fuhr herum, um der Besitzerin gegenüberzutreten. Aber sie war schon an ihm vorbeigegangen. Er sah nur ihr großes, schwankendes Hinterteil.

Er ließ den Gedanken, in die Pension zurückzugehen, fallen und beschloß, ein paar Studienfreunde zu besuchen. Er traf sie im Pyjama an, wie sie gerade mit einer Wäscherin mit gewaltigen Brüsten und mächtigem Gesäß schäkerten und wiehernd dabei lachten. An der Küchentür stand die Dienerin und lächelte.

Zuerst redeten sie ganz begeistert und mit fertigen Meinungen über Politik: Die Gegner waren stets im Irrtum, sie handelten nur in böser Absicht. Etwas später wandte sich Said an ihn und sagte: »Also ich muß mich wirklich wundern! Beim Allmächtigen, ich kann es nicht fassen! An eurer Uni habt ihr Mädels wie Sand am Meer, aber du tust überhaupt nichts dergleichen. Du brauchst doch bloß die Hand auszustrecken, mein Lieber, du machst doch was her!«

Die Dienerin kam mit dem Tee und stellte ihn auf dem Tisch vor ihnen ab.

Said lachte und packte sie am Nacken. »Da hast du was in der Hand!« rief er. »Du bist aber mollig geworden, Mädchen!«

Dann nahm er seine Rede wieder auf: »Jetzt stell dir mal vor, mein Lieber, eine sitzt neben dir im Seminar. Du tust so, als denkst du dir nichts dabei, schubst sie mit dem Ellbogen an die Brust und sagst: ›Verzeihung, Mademoiselle.‹ Wenn du merkst, daß sie rot anläuft und durcheinander ist, dann weißt du Bescheid: Die ist fällig.«

Zwischendurch warf Kamil immer wieder ein: »Bloß mach irgendwas! Irgend etwas!«

»Oder eine andere Methode«, fuhr Said fort. »Du sitzt zum Beispiel mit einer da. Nach der üblichen Einleitung: Dein Kleid ist schön, du bist schön, einfach toll, einfach Klasse, nimmst du einen Zug aus deiner Zigarette und bläst ihr ins Ohr. Da ist sie gleich hinüber ...«

Ahmad, der die ganze Zeit geschwiegen hatte, mischte sich nun ein: »Du, das ist erprobt! Da sitzt einmal einer von unseren Freunden im Kino, und eine sitzt neben ihm. Jedesmal wenn er sie anfassen will, rutscht sie ihm weg. Er sagt: ›Du bist aber schön‹ und ›Wie süß du bist‹, doch sie rückt ab. Bis er es satt hat. Er zündet sich eine Zigarette an und bläst ihr hier so ins Ohr. Keine Viertelminute ist herum, da sagt sie: ›Komm, gehen wir.‹«

»Mahmud«, erklärte Said.

»Na«, rief Ahmad, »kennst du nicht Mahmud?!«

Kamil wiederholte immer noch sein: »Irgendwas, irgendwas!«

»Hauptsache, du rührst dich!« setzte er noch hinzu.

Said legte ihm die Hand auf die Schulter. »Also, mein lieber Khalid«, sagte er mit ernstem Gesicht, »in den nächsten zwei Tagen wollen wir Resultate der Operation sehen.«

Nachmittags um zwei Uhr aß er einsam und allein sein Mittagessen. Um drei Uhr schlief er. Um fünf wachte er auf. Sein Körper war gespannt wie eine Saite. Er schlenderte die Straße entlang – Frauenleiber beobachten. Er hoffte, und er träumte. Seine Augen begegneten denen einer Frau. Sie lähmten ihn, fesselten ihn, er lief wie hypnotisiert. Dann entfernten sie sich. Vorsichtig, als ob er verfolgt würde, ging er weiter.

Seine Mutter streckte ein Bein auf der Türschwelle aus, ein ausgemergeltes, schlaffes Bein. Sie erhob sich und sagte: »He, ein Jahr noch, und Khalid ist mit der Universität fertig.«

»Bei Gott«, rief ihre negroide Nachbarin, »du mußt mir eine *Dschubba* schenken, als Freudengabe für das Zeugnis!«

Sein Vater hob den Kopf vom Gebetsbuch, während seine Lippen weiter murmelten.

»Was, eine *Dschubba*?« fragte er. »Die Pest meines Vaters kannst du haben!«

Die Nachbarin rief: »Bei Gott, du mußt sie mir schenken, du mußt!«

Der Vater wandte sich wieder dem Gebetsbuch zu. Die Mutter blickte gedankenverloren vor sich hin, dann nickte sie ein. Ihre negroide Nachbarin stand auf und ging weg. Sie lächelte, als sie sich erinnerte, wie Khalid sie an der Hoftür geküßt hatte ...

Auf dem Rückweg zur Pension kaufte er grüne Oliven. Die elektrische Lampe, die den Laden erhellte, war an einem langen, schwarz gewordenen Strick festgemacht, der von der Decke herabhing. Sie baumelte genau über dem Kopf des Händlers und beleuchtete den hervorspringenden unteren Teil seiner Stirn, die Nase und ein Stück vom Kinn. Das übrige Gesicht sah aus wie ein dunkles Loch. Der gewaltige, massige Körper bewegte sich träge und ohne einen Laut, ganz in Hingabe und Harmonie gehüllt: Es war die Versunkenheit eines Menschen, den nichts interessieren konnte, was außerhalb seines Wohlergehens lag.

Er streckte eine kleine, zarte Hand aus, die Hand einer Frau, riß ein Stück von der Zeitung ab, die da hing, und wickelte die Oliven ein.

»Noch einen Wunsch?« fragte er.

Er hatte das Gefühl, noch etwas nehmen zu müssen. So sagte er: »Dazu für einen Piaster süßes Nußmus.«

Der Krämer schnitt das Mus ab und schlug es in Papier ein, wobei er sich wieder sehr langsam und wie versunken bewegte. Khalid dachte bei sich: Aber was mach ich nur mit dem süßen Nußmus?

Er stieg die Treppe zum fünften Stock hinauf. Jede Etage war genau wie die darunterliegende. Aus allen Wohnungen drang das Klappern von Messern und Gabeln auf den Tellern. Im Radio wurde ein Schlager gesendet: Ein junges Mädchen erklärt, daß sich all ihre Taschentücher vom vielen Weinen aufgelöst hätten, und nun müsse sie einen neuen Stoß Taschentücher haben. Als er seine Stube betrat, empfing ihn eine Atmosphäre der Sterilität und Einsamkeit.

Er verteilte sein Abendbrot auf kleine Teller und stellte sie auf den Tisch. Sein Blick fiel auf das Stück Zeitung, in das die Oliven eingewickelt gewesen waren. Am Rand befand sich eine kleine Spalte mit der Überschrift: »Offene und mutige Meinung«. Er überflog die ersten Zeilen. Darin hieß es, der Verfasser sei entschlossen, ganz offen und mutig zu sein, auch wenn das einige verärgern sollte. Aber was Recht sei, müsse Recht bleiben.

Da gehe ich nun in einen Laden, überlegte er, ich bezahle ein paar Piaster für grüne Oliven und bekomme außerdem etwas ohne Bezahlung, etwas, das vielleicht den Lauf meines Lebens verändert ... In ihm erwachte der Wunsch, auch einmal so entschieden und entschlossen zu werden und immer zu wissen, was er zu tun hätte, sich genau zum richtigen Zeitpunkt und ohne Zögern an eine Sache zu wagen. Er mußte nur auf jemanden warten, der ihn beim ersten Schritt führen würde.

Er drehte den Oberkörper nach links, wobei er sich mit der Hand auf den Tisch stützte, ohne die Zeitung beim Weiterlesen nachzuschieben. Der Rest des Artikels besagte, daß nichts dagegen einzuwenden wäre, wenn Sportmannschaften auf lokaler Ebene Wettkämpfe durchführten. Ja, das sei sogar erforderlich, ansonsten werde dem Sport nicht die Wertschätzung zuteil, die er auf offizieller und populärer Ebene genieße. Sobald man aber einer Mannschaft von außerhalb gegenüberträte, müsse man wie eine einzige Hand, wie ein einziges Herz zusammenhalten.

Im Nebenzimmer stöhnte die Inhaberin der Pension auf. Vielleicht schläft sie mit dem alten Mann, der schon lange mit mir in der Pension wohnt, dachte er. Vorsichtig schlich er sich zur Zwischentür und spähte durch einen Spalt, den er vergrößert hatte. Er sah die Besitzerin zusammengerollt auf dem Bett liegen. Sie hielt ein Kopfkissen gegen den Bauch gepreßt und stöhnte mit geschlossenen Augen. Er griff nach der Chlorodinflasche, stieß die Tür zu ihrem Zimmer auf und rief, ohne sich zu entschuldigen: »Madame!«

Die Frau schrak zusammen und starrte ihn entgeistert an.

»Sechs Tropfen auf ein Wasserglas«, sagte er, »und die Kolik ist weg.« Sein Ton klang befehlend, es lag etwas wie Hochmut darin. Die Frau nahm die Flasche, ohne etwas zu erwidern.

Er kehrte in sein Zimmer zurück und tadelte sich selbst: Aber was weiß ich denn, ob sie wirklich eine Kolik hat?

Er beendete sein Abendbrot. Jetzt kam das Lernen und dann der süße Taumel, in den ihn die erste Zigarette nach dem Essen versetzte. Er schaute hinüber zur gegenüberliegenden Wohnung auf der anderen Straßenseite und wartete darauf, daß der Mann, der da wohnte, mit seiner Ehefrau ins Schlafzimmer ging. Jede Nacht hoffte er, der Mann würde einmal seine Frau umarmen, bevor das Licht erlosch. Ohne schlechte Absicht. Nur so, um zu wissen, daß es Menschen gab, die glücklich waren. Und obwohl das noch niemals geschehen war, hoffte er weiter.

Die Nacht senkte sich auf die Hänge seines Dorfes nieder. In ihrem dunklen Leib barg sie die Seelen der Toten, die in der Erinnerung des Dorfes weiterlebten. Der Kupfermond war verschwunden. Seine Mutter ging zu Bett. Sie schlug das Kreuz über dem Kopfkissen, um die Teufel, die darauf schlummerten, zu vertreiben. Sie lauschte den Sternen, wie sie weinten, und seufzte: »Was ist das bloß für eine Nacht … Ein großer Mann wird sterben, da gibt es keinen Zweifel.« Die negroide Nachbarin sang ihr Kind noch immer in den Schlaf, obwohl es längst über einem Lied eingeschlummert war, in dem ein Fremder vom Heimweh nach seinen Leuten und seinem Land klagt: »Gleich den schönen roten Anemonen, abgerissen von den Wurzeln, hingeworfen in die Mittagshitze, daß sie welken; schwärzlich dunkelnd wie die Winternacht – so ist der Fremdling …« Sein Bruder, der in der Stadt angestellt war, las einen Kriminalroman.

Der Mann in der gegenüberliegenden Wohnung trat an das Fenster, seine Frau folgte ihm. Die untere Hälfte des Mannes war vom Fensterbrett verdeckt. Seine Augen blickten böse, als ob er gleich durch die Luft auf Khalid losgehen wollte. Die Frau blieb noch ein wenig am Fenster stehen und sah zum Himmel hinauf. Dann streckte der Mann die Hand aus und ließ krachend die Jalousie herunter. Das Licht ging drüben aus. Auch in Khalids Stube erlosch das Licht. Im kühlen Zimmer seines Bruders brannte es weiter. Er setzte die Lektüre seines Krimis fort. »Der clevere Lupin sitzt in der Klemme! Wird er diesmal entkommen?«

Khalid streckte sich im Bett aus. Bis Mitternacht hielten ihn die Tagträume wach. Hebst du die Augen zum schwarzen Himmel, bevor du das Fenster schließt, so wirst du weinen, dachte er ... Dieses Onanieren ... Er schwor sich, er würde es nie wieder tun.

Dann schlief er ein.

Früh um sieben Uhr klopfte die Inhaberin der Pension mit dem Schlüssel an die Glasscheibe seiner Tür.

»Monsieur Khalid ... Monsieur Khalid ...«

Er wachte mit schlechtem Gewissen und Schuldgefühlen auf, sprang aus dem Bett – sein Körper war straff gespannt – und schüttete sich kaltes Wasser über Gesicht und Nacken.

Sein Wachsein war nur äußerer Schein, innerlich schlief er weiter. Er rasierte sich gähnend und nahm sein Frühstück ein, ohne etwas zu schmecken. Dann machte er sich auf den Weg zur Universität. Der Morgennebel stach ihm wie mit glühenden Spießen in die Nase. Da kamen auch die kleinen Studentinnen. Einige gingen in dieselbe Richtung wie er, andere wieder in entgegengesetzte Richtung. Sie trugen graue Kostüme, am Knie waren die Röcke eng, und grüne Jacken darüber. Sie hatten kleine feste Popos, ihre Näschen waren durchscheinend und braun.

In der Vorlesung sprach der Dozent mit metallischer Stimme in gleichförmiger Tonlage über »drei Ursachen«. Khalid riß sich noch zusammen bei der ersten Ursache. Als der Lehrer zu »Zweitens« überging, schnappte Khalid nach Luft. Der Dozent redete und redete ... Das Mädchen, das neben mir sitzt, hat ihr Kinn nicht rasiert. Ich werde eine Zigarette anzünden und ihr den Rauch ins Ohr blasen. Der Nebel heute früh war wie Rauch ... »Drittens.

Eine sozial-biologische Ursache.« Er verlor den Faden der Vorlesung. Reicher Orientale heiratet bekannte Tänzerin ... Tanzender Reicher heiratet bekannte Orientalin ... Schlafen möcht ich ...

»Ich möchte schlafen«, seufzte sein Bruder, der in der Stadt angestellt war. Er schob die vor ihm liegenden Akten beiseite und nickte am Schreibtisch ein. »Die Pistole flog aus Lupins Hand. Mit einer geschickten Bewegung fing er sie wieder auf.« Als er aus seinem Schläfchen erwachte, sagte er laut und vernehmlich: »Ich muß mir eine Pistole zulegen.« Er brachte die Akten wieder in Ordnung. Sein Vater hob den Kopf vom Buch und schlug das Kreuz. »Bereue ...«, murmelte er, »der du thronst über den Cherubim ... und komm uns zu Hilfe ... O Gott erbarme dich, erbarm dich, Gott.« Als der Unterricht zu Ende war, ging er hinaus und setzte sich in die Sonne. Die Studenten schrien und rannten unaufhörlich herum. Ihre negroide Nachbarin sagte, während sie die Flöhe von ihrem Rücken verscheuchte – einen erwischte sie – ihr hätte geträumt, Wasser sei aus dem Wadi aufgestiegen. Es habe das Dorf erreicht und alles überschwemmt. Nichts sei über Wasser geblieben als ein Grab am Dorfrand.

»Wasser im Traum bedeutet was Gutes«, sagte die Mutter.

Sie sah ihn dasitzen. An der gespannten Haltung seiner Schulter und einem leisen Zittern der Wange erkannte sie, daß er ihre Anwesenheit gespürt hatte und keine Gelegenheit mehr sah, ihr auszuweichen. Du dummer Kerl, dachte sie und ging auf ihn zu.

»Guten Morgen, Monsieur Khalid.«

Sie sagte das, als ob sie sänge ...

Er sprang auf. »Guten Morgen ... Herzlich willkommen ...«

Er zündete sich eine Zigarette an. »Du strahlst ja heute!« meinte er.

Dann verspürte er den Wunsch, ihr irgendwelche verblüffenden Dinge zu sagen, damit sie ihn bewundernd und ungläubig ansähe.

»Gestern hättest du dabei sein sollen!« rief sie. »Ich habe mit meiner Mama über die Rechte der Frau diskutiert, und mein Vater hat zu mir gehalten, aber auf der ganzen Linie. Ich habe zu Mama gesagt: ›Es ist das Recht eines Mädchens, zu lieben und ihren Lebensgefährten selber zu wählen.‹ Da ist sie vielleicht wütend geworden. ›Was redest du da?!‹ hat sie geschimpft. ›Der Aussatz soll dich lieben!‹ Wir haben gelacht, mein Papa und ich.«

Sie lachte auf.

Sein Wunsch, etwas Erstaunliches zu sagen, war unwiderstehlich geworden. Er fürchtete nur, daß ihn einer der Studenten, die um sie herum schrien, hören könnte.

»Mama ist eben reaktionär«, stellte sie fest.

Er wußte nicht, was er erwidern sollte. So schwieg er.

Etwas später fragte sie: »Hast du den Film gesehen, der im ›Nilpalast‹ läuft? Es heißt, er soll schön sein.«

Er hätte sie gern gefragt, wovon der Film handelte, aber er konnte es nicht. Er wußte auch nicht, warum.

»Ich will ihn mir heute ansehen«, sagte sie. »Noch eine Viertelstunde, dann geh' ich los.«

Auf ihrem Gesicht lag ein Ausdruck, als ob sie eine Frage gestellt hätte und auf Antwort wartete.

Er war verwirrt und stotterte etwas, das sie nicht verstand.

»Schön«, sagte sie, »ich lade dich ins Kino ein. Gehen wir.«

Er stand auf und lachte verlegen.

Am Kartenschalter hielt er den Geldschein in der zitternden Hand und sagte mit erhobener Stimme: »Was, du willst bezahlen? Unmöglich! Anscheinend hast du keine Ahnung von jordanischer Großzügigkeit!« Dazu lachte er.

Im Kino faßte er nach ihrer Hand, war aber unschlüssig, was er als nächstes tun sollte.

Der Held des Films schien mit Dynamit geladen zu sein. Kaum daß ihn jemand berührt hatte, fand er sich der Länge nach auf dem Erdboden wieder. In einem Winkel der alten schmutzigen Bar saß die Filmheldin und beobachtete ihn aus den Augenwinkeln. Jedesmal, wenn der Held einen Mann getötet hatte, richtete er sich auf und strich mit dem Handrücken über seinen Mund. Dann lachte das Publikum, und ein paar Zuschauer pfiffen.

Plötzlich legte Khalid den Arm um ihre Schulter. Er spürte, wie sich die Muskeln vor Überraschung spannten. Der Held tötete gerade wieder einen Mann, und das Mädchen lächelte ihm zu. Aufnahme außerhalb der Bar. Viele Pferde, von Indianern geritten, die seltsame Schreie ausstießen ... Seine Hand glitt hinab und tastete grob nach ihrer Brust.

Sie vermochte dem Film nicht mehr zu folgen. Die Szenen reihten sich ohne Sinn aneinander. Es gab nur noch sie und diese feuchte Hand und die Erwartung ihrer Streifzüge über ihren Körper.

Für einen Augenblick fühlte sie, daß sie sich von der Situation ablöste, sie von außen betrachtete.

Sie flüsterte: »Schäm dich!«

»Warum soll ich mich schämen?« hörte sie ihn fragen. »Laß mich doch.«

Seine Hand schnappte zu. »Guck dir lieber den Film an«, zischte sie.

Seine Stimme klang wie erstickt vor Anspannung, als er antwortete: »Der andere Film ist besser.«

»Hör auf ...«

Sie schob seine Hand weg und gab sich Mühe, nicht zu weinen. Sie spürte, wie sein Körper von ihr wegrückte. Im Widerschein des Lichts auf der Leinwand bemerkte sie, daß sein Gesicht verdrossen aussah, als ob er gleich losheulen wollte. Du Dummer, dachte sie für sich und konnte die Tränen nicht mehr zurückhalten. Sie streckte die Hand aus, suchte nach seiner und hielt sie fest. Seine Finger verschränkten sich mit ihren. Aber mit der anderen Hand fuhr er wie eine Schlange auf ihren Oberschenkel los.

Als der Film zu Ende war, lief er mit gesenktem Kopf neben ihr her, er schämte sich.

Sie sagte: »Jetzt muß ich aber schnell los. Mama wartet auf mich bei Groppi.«

Er versuchte einen Witz zu machen: »Und meine Mama erwartet mich im Hilton.«

Sie lachte nicht. Einen Moment lang schien sie ärgerlich zu sein, ihr Blick wurde starr. Er hielt ihr die Hand hin.

»Also schön«, sagte er, »hat mich sehr gefreut ... Besten Dank auch für ... Schön, ich bin in Eile, sehr in Eile.«

Sie drückte seine Hand und lächelte zärtlich.

»Komm doch noch ein bißchen mit, mein Lieber ...«

Dann gingen sie zusammen.

Laila Al-Osman

Das Herz und der Geruch verbrannten Brotes

Jeden Tag nach dem Abendgebet nahm er seine Schuhe in die Hand und schlich aus dem Haus. Er öffnete leise die Tür, ging auf die Straße und freute sich auf die kommende Begegnung.

Nichts haßte er so sehr wie das Quietschen der Tür, von dem seine Mutter manchmal aufschreckte. Sie rief dann laut: »Wer ist da? Wer hat die Tür geöffnet?«

Und er mußte mit trauriger Stimme antworten: »Ich bin's, Mutter. Ich wollte nur nachsehen, ob die Tür richtig zugeschlossen ist.«

Dann kehrte er zu seiner Mutter zurück und setzte sich neben sie. In solchen Nächten mußte die Begegnung ausfallen.

Aber es gelang ihm, das Quietschen der Tür zu beheben, indem er die Türangeln ölte. Er nahm dafür das Öl, das seine Mutter für ihre Haare verwendete, damit sie länger und kräftiger wurden.

In dieser Nacht ging er leise aus dem Haus. Seine Gedanken waren nur bei Sarah, und er vergaß das Schimpfen und den Zorn seiner Mutter, die ihn ständig ermahnte, nicht auszugehen. Jedesmal, wenn er nur kurz weggegangen war, empfing sie ihn mit wütendem Schimpfen, sowie er das Haus betrat: »Ich habe dir schon tausendmal gesagt: Es ist nicht anständig von dir, mich allein zu Hause zu lassen! Du bist der Mann im Haus ... der Mann im Haus ...«

Diese Worte klangen in seinem Kopf nach wie die Wellen des Meeres, und sie nahmen ihm die Luft zum Atmen.

›Verflucht! Ich bin der Mann im Haus, und der Mann im Haus ist erst sechzehn Jahre alt. Was kann ich dafür, daß mein Vater gestorben ist? Warum soll ich unter den Folgen seines Todes leiden?‹ Immer wieder versuchte er, sich von der Verantwortung zu befreien, die das Schicksal ihm aufgebürdet hatte. Mehrmals wollte er seine Mutter davon überzeugen, noch einmal zu heiraten. Aber sie schlug sich stets gegen die Brust und schrie: »Du bist wohl verrückt geworden, Kind! Bei Gott, nach dem Verstorbenen kein Mann mehr! Du bist mir genug! Du bist der Mann im Haus!«

Sie bemühte sich, für ihn eine Arbeit zu finden. Sie ging zu ihrem Nachbarn, einem erfolgreichen Kaufmann, und bat ihn, Fahad als Aushilfe einzustellen. Der Nachbar war einverstanden. Fahad wußte genau, daß er ihr diesen Gefallen nur tat, weil er hoffte, daß sie ihn vielleicht doch heiraten würde. Und Fahad dachte: ›Du träumst. Meine Mutter hat bei Gott geschworen, nach dem Tod meines Vaters nie wieder zu heiraten.‹

All das ging Fahad durch den Kopf, als er durch die dunklen, engen Gassen lief, um Sarah pünktlich zu treffen. Wie immer würde sie das Haus verlassen, Kopf und Körper von einer seidenen *Abayah* umhüllt. Mit der einen Hand würde sie einen Zipfel der *Abayah* festhalten, hinter der sie ihr Gesicht verbarg, in der anderen das Tuch für das Brot tragen.

Sie lief, und er lief auf der anderen Straßenseite hinter ihr her. Manchmal schaute sie sich um, ob er ihr noch folgte. Dann freute sie sich, und er machte ihr schöne Zeichen, die ihr zu gefallen schienen. Manchmal sah auch er sich um, ob die Straße leer war und sie niemand beobachtete. War er sicher, daß keiner sie sah, dann begann er mit ihr zu sprechen und erzählte ihr von dem Wunsch, sie jede Nacht zu treffen. Sie erreichten den Bäcker am Ende der nächsten Straße, und sie sagte:

»Zehn Fladenbrote, bitte, mit Sesam und leicht verbrannt!«

»Wie mein Herz, leicht verbrannt möchtest du sie haben«, flüsterte Fahad.

Das Flüstern erschreckte und beschämte sie, und sie ließ den Zipfel der *Abayah* aus ihrer Hand gleiten. Der Bäcker schaute Fahad listig an und rief: »Was willst du denn, Junge?«

»Oh, zehn Fladenbrote mit Sesam und leicht verbrannt ...«

Dabei seufzte er, beobachtete Sarah und ergänzte: »... wie mein Herz.«

»Verflucht, soll dein Herz doch leiden!« sagte der Bäkker, und Fahad schämte sich. Sarah wickelte das Brot in das Tuch und ging fort. Fahad folgte ihr, ohne die zehn Fladen mit Sesam. Er vergaß, daß er das Brot bestellt hatte. Er ging hinter Sarah her, holte sie ein, und gemeinsam gingen sie an der Wand entlang. Der Duft des frischen Brotes weckte ihren Appetit auf Speise und Spiele. Sie begannen mit dem ersten Fladen, ein Biß, ein Flüstern und ein kleines Spielchen. Sie schauten sich nicht mehr um, ob ihnen jemand folgte oder sie beobachtete. In diesen Augenblicken vergaßen sie alles, bis auf das Brot und das Vergnügen. Als sie Sarahs Haus erreichten, war das zweite Fladenbrot aufgegessen. Fahads warme Augen verabschiedeten sich von ihr. Er wartete, bis sie im Haus verschwunden war und die Tür geschlossen hatte. Dann kehrte er zu seinem Haus zurück, voller Hoffnung, sie in der kommenden Nacht wieder zu treffen.

Hin und wieder lehnte er es ab, mit seiner Mutter zu Abend zu essen. Dann war sie traurig. Sie ahnte nicht, daß Fahad an diesen Abenden Sarah begleitet und ein Fladenbrot mit Sesam gegessen hatte, das so verbrannt war wie sein armes Herz. In jenen Nächten aber, in denen sie ihn beim Verlassen des Hauses erwischte, freute sie sich, daß er mit ihr zu Abend aß.

»Ich weiß nicht, wohin du gehst, wenn du abends das Haus verläßt.«

Diesen Satz hörte er stets, wenn er zu Hause blieb und mit seiner Mutter aß. Anfangs war er immer etwas irritiert, dann aber nahm er sich zusammen und sagte lächelnd:

»Ich ging im Mondschein spazieren und habe mich dabei an die schönen Nächte erinnert, als ich meinen Vater begleitete.«

Und er betonte mit Trauer das Wort »Vater«, um seine Mutter zufriedenzustellen. Sie seufzte dann und sagte: »Du mein armer Sohn, du gedenkst seiner wie ich, und du hast Sehnsucht nach ihm, genau wie ich.«

Sie nutzte die Gelegenheit, um ihre Sehnsucht zu rechtfertigen: »Siehst du, du bist ein Mann, und du hast ihn nicht vergessen. Wie soll ich ihn dann vergessen, ich, die ich das Bett und das Leben mit ihm geteilt habe? Wie kommst du nur auf den Gedanken, ich könnte einen anderen heiraten?«

Es war Vollmond, und Fahad ging spazieren. Er war voller Freude. Die nächste Nacht sollte anders als alle vorhergehenden Nächte werden. In dieser Nacht sollte es keinen Gang zum Bäcker mit dem verbrannten Brot geben. In dieser Nacht sollten die Wunden seines Herzens, das verbrannt war wie das Brot, geheilt werden. Er hatte es heute mit Sarah abgemacht.

»Heh, was hast du gesagt, Sarah?«

»Ich habe Angst.«

»Wovor hast du Angst, Sarah? Ich habe dir doch gesagt, sie wird in einem anderen Haus sein. Sie wird zum Hochzeitsfest eines Mädchens in ein anderes Stadtviertel gehen und nicht vor zehn Uhr zurück sein.«

»Und meine Mutter? Was soll ich ihr sagen?«

»Keine Sorge! Wir werden jetzt zwanzig Fladenbrote kaufen, zehn für diese Nacht und zehn für morgen, und zwei werden wir heute nacht essen.«

Sie antwortete ihm zögernd: »Ich werde es versuchen.«

Er faßte ihren schmalen Arm und drängte: »Du mußt ›ja‹ sagen!«

Er sah sie an. Ihre schwarzen Augen glänzten. Sie wollte es riskieren, aber sie hatte Angst. Er drückte ihre Hand: »Ich bitte dich darum, Sarah!«

Sie schlug die Augen nieder und flüsterte: »Dann hoffentlich morgen abend an dieser Ecke, Fahad.«

Der nächste Abend brach an. Es war noch immer Vollmond. Das Brot für diese Nacht hatten sie schon gestern gekauft. Aus Angst, daß seine Mutter den Geruch des verbrannten Brotes bemerken könnte, hatte er es in seinem Bett versteckt und war dann beruhigt eingeschlafen. Der Lust, ein Brot zu essen, hatte er widerstanden und sich gesagt: »Morgen werde ich auf diesem Bett zwei Fladen essen.«

Er ging schnell. Sein Herz klopfte. Die Mutter war zur Hochzeit gegangen. Was für eine Nacht! Er wünschte, daß alle Mädchen des Viertels heiraten und seine Mutter kennen und einladen würden. Und sie würde dann hingehen, und er könnte Sarah treffen, ohne diese ständige Angst, von jemandem gesehen zu werden.

Sie wartete an der Ecke auf ihn. Er gab ihr ein Zeichen. Sie folgte ihm. Dieses Mal ging sie hinter ihm her ... Und er drehte sich um und vergewisserte sich, daß sie nachkam. Und sie drehte sich um und versicherte sich, daß die Straße leer war. Sein Herz klopfte. In dieser Nacht wurde sein Gang schneller, und auch sie beschleunigte ihre Schritte, um ihm zu folgen. Sein Atem wurde lauter, ihr Atem auch. Als er das Haus erreichte, öffnete er die Tür, ging hinein und wartete, daß Sarah nachkam. Er atmete auf, als sie das Haus betrat und die Tür hinter sich schloß. Seine Hände zitterten, ihre Hände zitterten auch. Er zog die *Abayah* von ihrem Kopf, und die *Abayah* fiel auf ihren Rücken. Ihre langen, schwarzen Haare wurden sichtbar; sie glänzten und dufteten nach echtem Weihrauch. Mit zitternden Händen umfaßte er ihre Hüften. Er spürte die Wärme in ihren beiden Körpern. Gemeinsam gingen sie in sein Zimmer.

Im Zimmer gab es nur einen Strohteppich und das Bett, in dem das Brot versteckt war. Wo sollte sie sitzen? Sie konnte sich nicht entscheiden, setzte sich aber plötzlich auf die Bettkante. Sie sagten nichts. Ihre Augen sprachen. Ihre Hände berührten sich, und sie genossen die Nähe. Sie atmeten heftiger und schneller ... Da wurde auf einmal die Zimmertür aufgerissen. Sie sprangen beide auf.

»Mutter! Meine Mutter!«

Die Mutter schien keineswegs erstaunt; sie schob Fahad beiseite und ging auf Sarah los. Er versuchte, dazwischenzugehen, um Sarah zu schützen. Aber die Mutter war brutal. Sie packte Sarah bei den schwarzen Haaren und zog daran wie an einem geschlachteten Hammel. Sie schrie und schimpfte, ohne daß man ihre Worte verstehen konnte. Sie war nur noch Kreischen und Zetern. Sie schleifte Sarah zum Hof, riß einen trockenen Palmenzweig aus der Ecke und schlug wie ein wütender Stier auf sie ein. Fahad schrie: »Nein, Mutter, nein! Das ist meine Geliebte!«

»Der Teufel soll dich lieben!« kreischte sie und prügelte gnadenlos weiter. Sarah flehte sie an, Fahad schrie. Er versuchte, den Arm seiner Mutter festzuhalten und brüllte: »Hau ab, Sarah!«

Trotz der harten Schläge hatte Sarah die Kraft zu entwischen. Hastig ergriff sie ihre *Abayah* und rannte aus dem Haus. Weinend kam sie bei ihrer Mutter an.

»Wo ist das Brot, Sarah?« fragte die Mutter.

»Ich bin hingefallen, und das Brot auch, und es wurde dreckig und naß. Deshalb komme ich ohne Brot.«

In dieser Nacht schlief Sarah nicht. Sie weinte die ganze Nacht hindurch, weinte über alles, weinte auch um das Brot, das verbrannt war wie Fahads Herz.

Taufik Jussuf Awwad

Der Kaffeeverkäufer

»Eine Tasse Kaffee bitte, Abu Amin!«

So riefen die Leute auf den Straßen von Beirut nach ihm, oder wenn er an einem der abgelegenen Lokale in den ruhigen Stadtvierteln vorbeiging, in denen man nach Sonnenuntergang sitzt.

Abu Amin war vierzig oder fünfundvierzig Jahre alt. Er ging nur nachts durch die Stadt, band sich seine Tassen um die Hüften und hielt in der linken Hand eine Kaffeekanne, in der rechten zwei leere Tassen, mit denen er klapperte. So erkannten ihn seine Kunden immer wieder.

Einmal saß ich mit Freunden in einem Lokal im Stadtviertel Al-Saifi, wo wir Arrak tranken. Abu Amin ging an uns vorüber. Wir baten ihn, uns Kaffee einzuschenken. Er kam heran und begann, mit Eleganz eine Tasse nach der anderen zu füllen und uns zu reichen, wobei er sie auf den Fingerspitzen balancierte.

Als er fertig war, streckte er seine Hand nach einem der Becher – es war meiner – auf dem Tisch aus. Er drehte sich zu mir um, als bäte er mich um Erlaubnis, hob ihn an seine mit einem ungepflegten Schnurrbart bedeckten Lippen und trank. Ich sagte: »Auf wessen Wohl trinkst du?«

Er zuckte mit den Schultern, setzte seine Mütze ab und kratzte sich am Kopf mit den dichten Haaren, die ihm über die Schläfen herunterfielen und in einen Vollbart übergingen, der seit mehreren Wochen kein Rasiermesser mehr gesehen hatte.

Während ich auf seine Antwort wartete, kam plötzlich ein barfüßiger Junge und verkroch sich unter der Jacke von Abu Amin, als ob er sich verstecken wollte. Abu

Amin aber hob beide Arme und streichelte ihm über den Kopf.

Wir fragten alle: »Wer ist denn das? Dein Sohn?«

Abu Amin nahm den Becher ein zweites Mal, trank und sagte: »Ja, das ist mein Sohn.«

»Dein Sohn? Und wo ist seine Mutter?«

»Sie hat mich verlassen. Ja, das machen Frauen mit Männern wie mir. Ich bin eben verrückt.«

»Nein, nein! Abu Amin, so was darfst du nicht sagen. Was ist denn passiert, ist das dein Sohn Amin?«

Er beugte sich zu ihm hinunter, küsste den Kleinen auf die Stirn und sagte: »Ja, das ist Amin!«

Dann reichte er seinem Sohn den Becher, und der Junge trank einen Schluck. Wir sagten: »Er wird sich das Trinken angewöhnen, pass auf.«

»Er muss ja auch seine Sorgen vergessen, genau wie ich. Trinkt ihr nicht alle Arrak, um euren Kummer zu vergessen? Ja, seine Mutter hat ihn gestern verlassen. Er hat mit beiden Händen gegen die Zimmertür geschlagen, bis sie bluteten. Er hatte Angst, allein ins Bett zu gehen. Da musste ich ihn heute Nacht mitnehmen. Er trinkt Arrak wie ich, ohne betrunken zu werden. Jeden Tag zum Mittagessen trinke ich mit ihm. Seine Mutter muss damit zurechtkommen. Sie kennt mich nur betrunken. Es war nach Mitternacht, vielleicht ein oder zwei Uhr, ich weiß es nicht mehr genau. Ich bat sie aufzustehen und mir das Abendessen zu bringen. Sie weigerte sich das Bett zu verlassen und schimpfte mit mir. Ich schimpfte auch und schlug sie. Sie floh. Ich dachte, sie würde die Nacht bei Nachbarn verbringen und am Morgen zurückkehren, aber sie tat es nicht. Ach, die Frauen! Frauen muss man umbringen!«

»Und weißt du immer noch nicht, wo sie ist?«

»Soll ich etwa nach ihr suchen? Ich? Hinter ihr herlaufen?«

»Es ist doch schließlich deine Frau!«

»Beirut ist voller Frauen. Kann ich etwa keine Frau

finden, wenn ich eine brauche? Aber ich wollte, dass sie zu Hause bleibt, damit sie sich um Amin kümmern kann, damit ich ihn nicht hinter mir herschleppen muss. Das ist jetzt sein Schicksal. Er muss sich an das Leben seines Vaters gewöhnen. Auch ich bin auf der Straße groß geworden. Ich habe als Lastträger gearbeitet, und vor dem Krieg als Schuster. Ich bin auch Spieler gewesen. Viele Berufe habe ich probiert, bis ich schließlich bei dieser Kanne gelandet bin. So ist das Leben! Und was die Mutter von Amin angeht: Ich weiß nicht, wo sie jetzt ist!«

»War sie eine schöne Frau?«

»Ihr meint, ich sei eifersüchtig? Haha, nein, ich liebe sie nicht, und ich liebe keine Frau auf der ganzen Welt. Liebe! Liebe! Die Liebe ist nicht für uns bestimmt, die ist für jemanden, der ein Auto besitzt, für einen, der einen Palast mit Dienern hat, für den, der eine feste Arbeit hat und saubere Kleider trägt. Für uns nicht! Liebe?«

So sprach Abu Amin, schüttelte den Kopf, knöpfte das Hemd seines Sohnes zu, drehte sich um und ging. Er klapperte mit den Tassen und rief: »Alle verdienen das Sterben, alle!«

Elias Khoury

Die dritte Frau

»Diese Frau«, sagte der Mann.

»Dieser Mann«, sagte die Frau.

Ihre Stimmen fielen auf den weißen Sand. Der Mann stand dort, sah ein schwarzes Gesicht, das von schwarzem Stoff bedeckt war, und suchte etwas.

»Diese Frau, die vor mir steht«, sagte der fremde Mann und sah sich weiter um. Er wollte ihr von den Stimmen erzählen, die er im Gras gehört hatte.

»Dieser Mann, der vor mir steht«, sagte die Frau und wollte ihn nach der Farbe des Königs fragen, den er gesehen hatte. Aber sie fragte nicht.

Sie trat auf ihn zu, warf ihr langes schwarzes Gewand ab, bedeckte den Kopf des Mannes damit und ging mit ihm. Er ging. Der fremde Mann sah nichts. Er ging wie auf farblosem Sand. Die Farben, die sich mit dem Platz vermischt hatten, als er das erste Mal zu ihr kam, glichen dem Kleid, das die Frau jetzt trug.

»Das ist die dritte Frau«, sagte der Mann. Er wollte es sagen, und er ging allein. Das schwarze Gewand bedeckte alles.

Der Mann öffnete seine Augen, öffnete sie immer weiter. Die Augen öffneten sich bis in die Unendlichkeit.

»Ich sehe nichts«, sagte der Mann, »aber sie ist die dritte Frau. Ich möchte mich erinnern.«

Er schloss die Augen, um sich zu erinnern. Er fühlte, dass etwas im Weiß seines Auges brannte. Er versuchte, seine Hand zum Mund zu führen, um sie anzufeuchten, damit sie sich abkühlte. Er bewegte seine rechte Hand. Da war etwas, wie ein Arm, der sich bewegte, aber die Hand blieb starr. Er bewegte die linke Hand, der Arm blieb starr, und die Hand bewegte sich nicht. Er konnte nichts sagen. Er schlief ein und träumte nichts. Er schlief ein wie ein Stein oder wie jemand, der in Ohnmacht fällt.

Nach etlichen Tagen, die nicht zu zählen waren oder an die der Mann sich nicht erinnern konnte, fand er sich mitten in einer langen Gasse wieder, vor ihm ein Gewand, das lief, und um ihn herum Gitterstäbe, die in der Mitte der Gasse aufgepflanzt waren. Alles war grau.

Der Mann versuchte, sich auf den grauen Boden zu setzen, aber das Gewand, das vor ihm gestanden hatte, bewegte sich und flog auf seine Augen zu. Er lief hinter ihm her und immer weiter hinter ihm her.

Mitten in dem Schweigen, das seine Ohren umgab, explodierten Stimmen. Der Mann konnte nicht sagen, wie die Stimmen begonnen hatten; sie waren wie ein plötzlicher Donner gekommen. Die Frau drehte sich um und ging weiter. Die Stimmen bewegten die Häuser. Der Lehm verwandelte sich in Wände, die sich aufeinander zubewegten. Stimmen kamen von allen Seiten.

Und sieh, da ist der fremde Mann! Er läuft, sein Kopf vornübergesunken, der Körper bebt und ist gebeugt. Die Stimmen durchdringen ihn von überall her. Stimmen vermischen sich, Stimmen von Frauen, Männern und Kindern, von Tieren, Vögeln und Bäumen.

Die Frau drehte sich zum dritten Mal um. Der Mann sah etwas, das Augen ähnelte. Er sah, wie das Schwarze sich im Wasser bewegte oder in etwas, das wie Wasser aussah.

»Als ob ich in einem Brunnen wäre!« schrie der Mann.

Der Rücken des Gewands der Frau zitterte, und sie rannte davon.

»Ich habe Angst«, sagte der Mann.

»Ich habe Angst!«, und er rannte davon. Die Frau lief über einen nicht asphaltierten Weg. Er lief schnell und keuchte. Beinahe wäre er gefallen. Er wollte zum Platz zurückkehren. Er wollte den König beweinen.

»Aber wo ist der König?«

»Wo bist du, Majestät?«

»Wo ...?«

Die Stimme des Mannes rollte vor ihm her wie Nussschalen. Er sah etwas, das wie ein Berg aussah und das sich vor dem Vogel verbeugte. Er sah die Frau. Sie kam zu ihm zurück, nahm ihn an der Hand und führte ihn in eine andere Gasse. Er roch den Geruch der Erde, der den Geruch von Winter an sich hatte. Sie zog ihn durch eine enge, niedrige Tür. Sie neigte ihren Kopf ein wenig, und er tat das Gleiche. Sie beugte sich weiter hinab, bis sie beinah mit dem Kopf den Boden berührte. Er fiel auf den Boden. Sie zog ihn an der Hand hinter sich her. Er befand sich in einem Haus ohne Fenster.

Ein Geruch, eine Frau und ein nacktes Zimmer.

Die Frau setzte sich in eine Ecke des Zimmers. Ihr Atem wurde lauter. Er stand mitten im Zimmer, sah sich um und versuchte zu sehen. Er spürte eine Bewegung. Er drehte sich um und sah sie. Sie entfernte den Schleier von ihrem Gesicht. Ihr Gesicht war hell. Von ihm ging ein Licht aus, das sich an den Wänden des Zimmers brach.

Sie drehte sich um und fragte.

Aber er wusste nichts zu antworten.

»Wo sind wir?« fragte er sie.

»Das ist ein Haus«, antwortete sie.

»Aber warum?«

»Weil ich möchte, dass du mit mir kommst.«

»Aber wie?«

Sie erzählte ihm vom Mond.

»Der Mond«, sagte sie, »wählte alle drei Jahre eine Frau und erlaubte ihr, mit dem Mann für einen Tag und eine Nacht in ihr Haus zu gehen. Der Mond hat mich auserwählt, als du dort warst. Ich nahm dich in meinem Gewand mit mir, und nun sind wir in meinem Haus. Warum kommst du nicht näher?«

»Aber wer wohnt in diesem Haus?«

»Meine Kinder«, sagte die Frau, »die Mädchen.«

»Aber ich höre keine Bewegung.«

»Sie sind da. Sie werden bald kommen. Warum kommst du nicht näher?«

»Ich habe Angst«, sagte der Mann, »ich kann mich nicht daran erinnern, dich jemals vorher getroffen zu haben. Wie heißt du?«

»Habe ich dich nach deinem Namen gefragt?«

»Nein.«

»Habe ich dich gebeten, mir zu erzählen, warum du in diese Stadt gekommen bist?«

»Nein.«

»Habe ich dich gezwungen, mit mir hierher zu kommen?«

»Nein.«

»Habe ich ..., habe ich ...«

»Nein, nein ...«

»Komm her.«

»Nein.«

Die Frau ging auf ihn zu und setzte sich neben ihn.

»Aber ...«

»Frag nicht mehr, Mann, es ist genug!«

»Bist du noch Jungfrau?«

»Ja.«

»Und all die weinenden Frauen dort, sind sie auch noch Jungfrauen?«

»Ja.«

»Aber wieso? Woher kommen denn diese Mädchen alle?«

Die Frau streifte ihr Kleid hoch und sagte, es sei warm hier drinnen. Sie sagte noch vieles mehr. Sie erzählte ihm, dass sie lange geweint habe.

»Ich war noch klein, und es gab eine Frau, die neben dem König begraben wurde. Ich war neu dort und wusste noch nicht, wie ich weinen sollte. Ich wollte nicht gehen, aber mein Vater. Also ging ich, und ich wollte nicht weinen, aber die Frauen. Also weinte ich. Ich wollte das lange Gewand nicht tragen, aber das Gewand musste sein. Ich zog es an. Ich weinte. Ich weinte sehr laut und hörte, während ich weinte, die Stimme der Frau, die mir zuflüsterte, ich solle aufhören zu weinen. Ich weinte nicht mehr, ich weinte mit einer anderen Stimme. Da rief mich der König zu sich. Der Mann, der das Grab bewachte, sagte mir, dass der König mich sprechen wollte. Ich ging zu ihm. Ich konnte mich an nichts erinnern. Es war dunkel, und es gab so etwas wie einen Vogel. Als ich hinausging, wurde ich schwanger. Ich gebar drei Mädchen in drei Tagen. Dann kam der Mann, nahm die Mädchen fort und ließ sie in diesem Haus wohnen. Sie werden bald kommen.«

Der fremde Mann verspürte Hunger. Er sagte, er wolle unbedingt Salz essen!

»Das Salz, nein«, sagte die dritte Frau.

Sie zog ihr Kleid aus und lehnte sich nackt an die Wand. Die Schatten waren grau und schienen ins Blaue überzugehen. Ich sehe Schatten, dachte der Mann. Er schaute sich den Körper an. Der Körper war grau und schien ins Weiße überzugehen. Er sah aus wie ein Bogen, der aufrecht stand und sich vornüberbeugte. Der Mann hatte das Gefühl, dass etwas in ihm brannte. Es begann in seinem Magen, dann stieg es nach oben. Sein Gesicht schien anzuschwellen, als ob es gleich explodieren wollte. Er spürte, dass das Blut in seinen Schenkeln pochte. Er ging auf die Frau zu und versuchte etwas zu sagen. Die Stimme zitterte, die Frau stand vor ihm. Er zog sich aus. Die Kleidung klebte an seinem Körper, als ob es seine Haut wäre.

Als der Mann nackt dastand, näherte sich ihm die Frau. Er zog sie an sich, nahm sie in seine Arme, sein Gesicht kam ihr näher. Sie fiel zu Boden, und auch er fiel zu Boden. Es schien, als ob sie weinte.

»Aber sie weinte nicht«, sagte der Mann.

Die Stimmen wurden lauter. Der Mann kam näher. Er war in ihr. Er war bei ihr. Er stand jetzt vor einer hohen

Mauer. Was war mit ihr? Sie ging fort. Er sah sie weggehen. Dann hörte er die Stimmen. Das Weinen wurde immer lauter. Das Haus verwandelte sich in Stimmen von kleinen Mädchen und undeutliche Worte.

»Steh auf, steh auf!« schrie die Frau.

Er stand auf. Die Frau zog ihr langes Gewand über. Er zog so etwas wie ein langes Kleid an. Sie setzte sich, er setzte sich.

»Ich bin doch hier!« schrie sie.

»Ich bin doch hier!« antwortete das Echo.

Sie stand auf, dann kam sie zurück. Es war niemand da.

»Es ist niemand da«, sagte der Mann.

»Es ist niemand da«, sagte die Frau.

Sie lachte, er lachte. Sie kam näher, und er kam näher. Sie zog sich aus, und er zog sich aus.

Der Mann war bei der Frau. Der Platz war weit weg. Er nahm ihre Haare in seine Hand. Die Haare flogen durch den Raum.

Das Zimmer erweiterte sich.

»Die Stimmen!« schrie sie.

»Ich höre nichts«, sagte er.

»Die Stimmen! Steh auf!« schrie sie, so laut sie konnte, und stand auf. Es waren die Stimmen und die drei Mädchen. Sie habe sie erwartet, sagte die Frau, schaute ihn an und sagte: »Lass es uns noch einmal versuchen«, und wartete.

»Ich bin hier!« schrie sie. Und die Wände antworteten: »Ich bin hier!«

»Aber wo sind die Kinder?« fragte der Mann.

»Meine Kinder?« fragte sie.

»Ja, deine Kinder«, sagte er. »Lass uns in den anderen Zimmern nach ihnen suchen«, fuhr er fort.

»Es gibt kein anderes Zimmer in diesem Haus.«

»Dann müssen wir auf der Straße suchen.«

»Wir können nicht auf die Straße gehen.«

Die Frau begann leise zu weinen. Er setzte sich neben

sie und küsste sie. Er spürte den Geschmack von Salz. Das Salz, nein. Sie kam ihm näher. Und zum dritten Mal kam er ihr näher. Sie nahm ihn und er nahm sie. Ihre beiden Körper verschmolzen ineinander. Aber während die Frau versuchte, ihm etwas zuzuflüstern, hörten sie Schritte und Worte. Die Dinge waren klar und alles wartete. Er sprang auf und lief zur Tür des Zimmers: »Es ist niemand da!«

»Es ist niemand da«, sagte die Frau und erzählte ihm, dass sie ihr gesagt hatten, sie solle mit dem einzigen Mann, der auf dem Platz wartete, nicht schlafen. »Sie erzählten mir, die Kinder würden kommen und weinen, aber ich glaubte ihnen nicht.«

»Lass es uns noch einmal versuchen«, sagte der Mann.

»Du kannst es nicht mehr versuchen.«

Der Mann versuchte es noch einmal. Er entdeckte, dass es nicht mehr möglich war. Die Stimmen verschwanden. Er fühlte, die Luft war schwerer geworden. Der Kopf neigte sich im Sitzen und Stehen nach vorne. Er versuchte zu reden. Die Frau erzählte ihm von einem Mann, der vor langer Zeit gekommen und mit der Frau zum Platz gegangen war. Dort hatte er Salz verlangt und das Salz gegessen.

»Er tat das Salz auf seine Hand, rieb sich damit über den Mund und danach schluckte er es hinunter. Ich weiß nicht warum, und ich weiß auch nicht, warum er unbedingt Salz essen wollte. Er aß Salz und verlangte nach Wasser. Wir brachten ihm Wasser, und er trank. Je mehr er trank, desto größer wurde sein Durst. Er trank und trank und schwoll immer mehr an; er verwandelte sich in eine Masse, die über den Platz quoll. Sein Rücken beugte sich, aber er verlangte weiter nach Wasser. Wir brachten es ihm. Er konnte nicht genug davon bekommen, aß aber sonst nichts. Aber er starb auch nicht.«

»Warum denn nicht?«

»Ich weiß es nicht«, antwortete die Frau, »vielleicht ist er doch irgendwann gestorben, vielleicht auch nicht, vielleicht hat die Frau ihn unter ihrem Gewand versteckt.«

»Aber warum stirbt er denn nicht? Führe mich zum Platz, ich möchte zurückkehren.«

»Aber du hast doch nicht mit mir geschlafen. Versuch es noch mal.«

»Ich habe es schon mehrmals versucht. Ich möchte zum Platz zurück.«

»Nein, du bleibst bei mir. Ich werde dich zu einem anderen Platz bringen.«

»Ich möchte aber zum Platz!«

»Ich werde dich mitnehmen. Du sollst das Meer sehen, bevor du zurückkehrst. Wir werden zu Fuß dorthin gehen.«

»Aber ich will nicht zu Fuß gehen. Ich möchte noch einmal über den Sand rollen. Ich möchte nach ihm suchen, um ihm meine Kleidung zu geben, und ich werde weitergehen.«

»Aber du wirst mit mir kommen. Das Meer wartet auf uns. Ich möchte sehen, wie das Blaue mich verschlingt. Ich möchte dich da hineinwerfen«, sagte die Frau.

Sie nahm meine Hand. Ich hielt sie fest. Es war mir, als ob ich einen hohen Berg erklimmen wollte oder als ob ich jemand war, der versuchte zu sehen. Ich war mit ihr.

Der fremde Mann war mit einer Frau, deren Namen er nicht kannte. Sie sagte ihm, sie würde ihn mit zum Meer nehmen. Er sagte zu ihr, dass er warten würde. Er sagte es ihr, schmiegte sich an sie und ging einen verschlungenen, mit abgebrochenen Ästen übersäten Weg entlang.

EMILY NASRALLAH

Das Bild ihres Vaters

Ich stand zögernd in der Tür. Sie lag vor mir, versunken in tiefen Schlaf. Sie schlief auf der rechten Seite. Ihr Gesicht lag auf dem Kopfkissen, ihre dichten schwarzen Haare fielen offen darüber. Ich lauschte ihren Atemzügen, die im Einklang mit der im Raum herrschenden Ruhe zu sein schienen. Die Stadt schlief.

Kairo bleibt die ganze Nacht wach. Dann schläft es mit der frühen Morgendämmerung ein. Die Fee der Träume entführt es, damit es in den Träumen seiner alten Geschichte ausruht.

Ich fragte mich, ob sie auch in ihren Träumen versunken war, ob sie meine Anwesenheit spürte oder ihr das gleichgültig war. Minuten waren vergangen, ich stand in der Tür, schaute sie an und zögerte, sie zu wecken.

Sollte ich sie wecken, wie sie es von mir verlangt hatte, bevor sie eingeschlafen war?

Die Stille um mich herum siegte und nahm mir die Entscheidung ab: »Nein, ich werde sie nicht wecken.«

Ich war erleichtert, als ich die Tür hinter mir schloß und in mein Zimmer zurückkehrte. Ich hatte das Gefühl, gesiegt zu haben. Ich ließ die Gefühle über die Pflicht siegen. Genau das sollte ich machen, aber …

Warum konnte ich nicht schlafen?

Ich schloß die Augen und versuchte die Stille um mich herum zu stören. Ich schaute auf die Uhr: Es war halb sechs. Die Morgendämmerung war noch nicht angebrochen. Ich hatte noch Zeit zu schlafen, zu vergessen.

Ich versuchte, wieder zu vergessen, die Unruhe loszuwerden, um einschlafen zu können.

Sie stieg aus der Tiefe meines Bewußtseins empor, um von mir Rechenschaft zu fordern. Mit dem Schweigen ihrer großen schwarzen Augen, mit dem Rätsel, das ihr Dasein umgab wie eine orientalische *Abayah,* mit ihren Gesichtszügen, die hinter Tausenden von Schleiern versteckt waren, zog sie mich zur Rechenschaft und fragte: »Warum hast du nicht ...? Wie konntest du dir erlauben, für mich eine Entscheidung zu treffen?«

Von Anfang an war meine Begegnung mit ihr nicht geplant und nicht erwartet. Ich war in ihrem Land, weil ich dort an einem Kolloquium teilgenommen hatte. Sie war auch im Saal anwesend. Sie kam zu mir und wollte mit mir reden. Ich schenkte dem, was sie mir sagte, keine große Aufmerksamkeit. Ich bemerkte nicht, daß das, was sie mir sagte, anders war als das, was eine Schriftstellerin bei solchen Begegnungen sonst zu hören bekommt, denn solche Treffen sind nichts anderes als ein Aufbrechen der in uns verborgenen Gedanken. Dann merkte ich bei der nächsten Sitzung, daß sie sich ständig in meiner Nähe aufhielt und sehr engagiert meine Beiträge kommentierte, als ob wir uns schon lange kannten. Bei der Fülle der Arbeit und dem Tempo der Ereignisse gab es normalerweise keine Möglichkeit, eine Beziehung zu entwickeln, aber bei ihr war das anders, und ihre Beharrlichkeit war groß.

Am letzten Tag der Veranstaltung kam sie zu mir und bat mich, ihr meine Adresse zu geben. Sie sagte zu mir: »Es ist mir sehr wichtig, mit dir Kontakt zu halten und dir zu schreiben, wenn die knappe Zeit es uns hier nicht ermöglicht, ausführlicher miteinander zu reden.«

Ich gab ihr meine Adresse, ohne darüber nachzudenken, ob sie es ernst meinte.

Sie erfüllte ihr Versprechen, und es verging nicht viel Zeit, bis sie mir schrieb. Vielleicht hatte sie diesen langen Brief noch in derselben Nacht verfaßt, in der ich mich von ihr verabschiedete und den Saal verließ. Sie blieb eine Weile stehen und sah mir mit diesen schwarzen, rätselhaften Augen nach.

Der Brief war auf englisch geschrieben. Das war nicht ihre Sprache und auch nicht meine Sprache, aber es war unsere gemeinsame Sprache, die es uns ermöglichte, miteinander zu reden. Ich entdeckte in diesem Brief das Geheimnis der Anziehung und was es für sie bedeutete, an solchen Kongressen teilzunehmen: Sie war arabischer Abstammung, und sie trug ihre Vergangenheit in dem Schwarz ihrer Augen und dem Braun ihrer Haut mit sich.

»Meine Mutter ist Deutsche, aber mein Vater ist ein echter Araber, und ich gehöre der Gruppe der ›Schwarzen Deutschen‹ an.«

Dieser Ausdruck war mir fremd. Die ›Schwarzen Deutschen‹?

»Ja«, sagte sie und bekräftigte ihre Zugehörigkeit zu einer Gruppe von Frauen, die aus binationalen Familien stammten, schwarzen und weißen.

Ich las den Brief weiter, voller Neugier, mehr zu erfahren: »Ich habe nicht nur arabisches Blut in meinen Adern, sondern es ist auch noch vermischt mit heißem afrikanischem Blut, mit dem Blut meiner Großmutter väterlicherseits, Ra'eda.«

Ihre Großmutter väterlicherseits war schwarz. Sie vermachte ihr einen leichten Schleier ihrer Farbe und vererbte ihr diese Unruhe in ihren Blicken und in ihrem Innern. Das war es, was sie suchen ließ. Suchen wonach?

»Durch deine Worte berührte ich eines der Gesichter meiner unbekannten Existenz oder meiner verlorenen, wenn du so willst. Und nun drängen mich mein Bewußtsein und die Sehnsucht, danach zu suchen. Die Farbe war von Anfang an der Grund für die Diskriminierung, die mich mein ganzes Leben lang verfolgt hat. Sie war wie die Peitsche des Scharfrichters, schneidend und brennend: Ich bin nicht wie sie. Du gehörst nicht zu dieser reinen Rasse. Du bist die Frucht einer verachteten Mischung. Das sagten mir die Blicke auf den Straßen, in den Parks, in der Schule und auch in den Häusern der Freunde.

Als ich erwachsen wurde, entdeckte ich, daß ich keinen Freund und auch keine Freundin dieser reinen Rasse hatte. Meine Freunde hatten alle gemischtes Blut: Deutsche und Schwarze, Deutsche und Sudanesen oder Deutsche und Inder, Araber, Japaner.

Ich hatte keine Vorstellung davon gehabt, daß die Haut eines Menschen sich in eine Verbannung verwandeln und ihn von den anderen trennen konnte, oder sogar die Farbe seines Haars oder seiner Augen. Mit dem Erwachsenwerden lernte ich, diese ›Häßlichkeit‹ in einen Vorzug zu verwandeln. Und das ließ mich besser als die anderen werden. Ich offenbare dir, daß diese ›Mischung‹ in der Tiefe meiner Existenz steckt. Ich bin ein Mensch, der sehr sensibel für seine Umgebung und alles Lebendige ist. Ich bin – unruhig, sehr unruhig – auf der Suche nach Antworten auf meine Fragen, aber nicht mit den traditionellen, üblichen Mitteln (Buch und Schule), sondern mit eigenen. Diese Unruhe bei der Suche ist es, die mich dazu drängt, mit dir zu reden, deine Schriften in Übersetzung zu lesen, mich dir mutig zu nähern. Mein Gefühl bestätigt mir, daß ich dich schon sehr lange kenne, vielleicht schon vor der Geburt meiner Großmutter.

Mit der Freundschaft zu dir wollte ich Schritt für Schritt die Räume einer Welt betreten, die mich ängstigt, weil sie intensiv in mir lebt, in meinem Gedächtnis haftet, in meinen Nerven klebt und in meinen Adern fließt. Ich werde dich nicht fragen, ob du bereit bist, mir zu helfen, weil ich schon Hilfe bekam beim Lesen deiner Worte. Ich fand bei dir das Bild jener fernen, rätselhaften Frau, die allein meine Heimat und meine Identität bildet, es ist meine Großmutter Ra'eda.

Seit langer Zeit suche ich intensiv und unermüdlich nach

ihr. Ich werde nicht aufgeben, auch wenn ich sie nicht finde wie ihr Bild in meinem Kopf. Ich werde sie erschaffen, ich werde sie mit meinen Worten und Gedichten gestalten, wie der Bildhauer seine Skulpturen formt und wie die Seidenraupe ihren Kokon webt, aber nur, wenn die Bedingungen meiner Suche erfüllt sind.«

Am Ende ihres Briefes fragte mich Christine, ob sie mich besuchen dürfe. Sie wollte nach Ägypten kommen, um ihre arabisch-afrikanischen Wurzeln und ihre eigentlichen Quellen kennenzulernen. Sie hatte sich um einen Studienplatz an einer der Universitäten von Kairo beworben, um ihr Studium der Geschichte und Anthropologie fortzusetzen.

Auf den Brief folgte ein Anruf. Sie ließ mir keine Möglichkeit zu überlegen, ob ich sie empfangen wollte: »In einer Woche fahre ich ...«, sagte ihre sichere Stimme am Telefon. Dann fuhr sie mutig fort: »Ich hoffe, ich kann ein paar Tage bei dir bleiben, bis ich einen Platz an der Universität finde.«

Ich hieß sie willkommen und gab ihr die genaue Adresse. Sie kam um zwei Uhr morgens an. Als sie das Haus betrat, ihren Rucksack auf dem Rücken, fühlte ich, daß ich mich auf ein Abenteuer eingelassen hatte. Was wußte ich schon von dieser jungen Frau und von ihrer Situation?

»Wie glücklich war ich, als ich Kairo in der Nacht sah. Es sah genauso aus, wie ich es mir erträumt hatte: ein altes Juwel, es schläft im Arm des heiligen Nil und träumt von den Pyramiden und von den Kuppeln der alten Moscheen und Kirchen. Nein, ich kann noch gar nicht fassen, daß ich in Ägypten bin!«

Ich zeigte ihr ihr Zimmer und schob die Zustimmung zu ihrer Begeisterung für später auf, weil ich müde war. Ich brauchte meinen Schlaf, um den Alltag bewältigen zu können. Sie merkte das und folgte mir schweigend, als ob sie erst in diesem Moment bemerkt hätte, wie spät es war.

Als sie am helllichten Morgen erwachte, fiel mir sofort die Eleganz ihres Äußeren und ihrer Sprache auf. Sie war vorsichtig wie ein scheuer Vogel. Ich schaute ihr ruhiges Gesicht an, das nicht geschminkt, aber wie mit einer hellbraunen Farbe getränkt war, und ihre schönen schwarzen Augen, deren Reiz durch den Khol hervorgehoben wurde. Sie paßten zu ihrem sensiblen Mund und ihrer spitzen aristokratischen Nase.

Warum war sie unruhig und fühlte sich minderwertig, obwohl sie so wunderschön war?

Ich verkniff mir die Frage und prüfte weiter ihr Aussehen, nicht um es zu kritisieren, sondern um sie näher kennenzulernen. Ich bemerkte die Eleganz ihrer Kleidung und wie sorgfältig sie ausgewählt war. Es paßte alles zu einer Dame, die sich ihrer Weiblichkeit bewußt war. Sie trug keine exotischen Farben, wie es normalerweise eine junge fünfundzwanzigjährige Frau tat. Die Farben waren Weiß, Braun und Schwarz, und auch die Schuhe fielen auf; sie waren sicher in einem guten Geschäft ausgesucht. Sie verbargen zwei zarte Füße wie die Füße von Vögeln.

Ich hörte zu, wie sie ihre Geschichte, mit deren Erzählung sie bei unserer ersten Begegnung angefangen hatte, fortsetzte: »Ich wuchs im Ostteil von Berlin auf. Mein Vater kam als politischer Flüchtling aus einem arabischen Land. In Berlin setzte er sein Studium fort und wartete darauf, daß die Lage sich änderte, um dann in seine Heimat zurückzukehren. Aber er kehrte nicht zurück, blieb dort und arbeitete dreißig Jahre lang in der Forschung ...«

Sie hielt inne, wie um zu prüfen, ob ich noch mehr wissen wollte. Als sie meine Aufmerksamkeit bemerkte, fuhr sie fort: »Ich bin nicht seinetwegen hier. Ich wurde sehr früh von ihm getrennt. Solange ich mich erinnern kann, liege ich mit ihm im Streit. Ich versuche jeden Moment, ihn loszulassen, obwohl ich weiß, daß ich die Verliererin sein werde, weil er kein Mensch ist, der weit entfernt von mir ist, nichts mit mir zu tun hat, sondern er ist in den Poren meines Körpers und in jedem Tropfen meines Blutes enthalten. Ich möchte ihn als Person überwinden, um mich seinem Hintergrund, seinen Wurzeln, seinem Land, seiner Mutter zu nähern, der Großmutter, die ich nur von verblichenen alten Bildern kenne. Diese Bilder konnten mir ihre wahre Gestalt und den Ausdruck ihres Gesichts nicht vermitteln, aber immer wenn ich in den Spiegel schaue, sehe ich sie, sie erscheint aus meiner Tiefe und aus den unbekannten Welten in mir.«

Sie hatte die Worte so energisch vorgetragen, als ob sie sie lange aufbewahrt hätte. Vielleicht hatte sie sie für unser Treffen, das sie so zielstrebig organisiert hatte, vorbereitet.

Wir saßen allein am Frühstückstisch, nachdem die anderen Familienmitglieder das Haus verlassen hatten und jeder zu seiner Arbeit gegangen war. Ich brauchte keine Fragen zu stellen. Sie fragte sich von allein und beantwortete ihre Fragen auch selbst. Meine Rolle beschränkte sich aufs Zuhören. Ich wollte verstehen, was sie meinte, wenn sie sagte, daß sie meine Hilfe bräuchte, und herausfinden, ob diese junge Frau tatsächlich Hilfe benötigte.

Jetzt, da ich die Linien auf das Papier zeichne, die ihre Worte klar und deutlich umreißen, weiß ich überhaupt nicht, warum sie sich gerade mich aussuchte. Aber ich fragte sie nicht. Ich glaube, daß sie bei ihrem Versuch, Kontakt mit anderen anzuknüpfen, eigentlich damit beschäftigt war, in die Tiefe ihres eigenen Inneren einzudringen. Bei einem Zusammentreffen mit einer fremden Person gewann sie eine gewisse Freiheit der Äußerung und des Verhaltens. Diese Möglichkeit fehlte ihr im Alltag und mit Menschen, die ihr nahestanden.

»Mein Problem mit meinem Vater ist vielfältig und hat mehrere Aspekte ...« So begann die Geschichte zu fließen. Ihre Augen waren weit geöffnet, ihr Blick ging an mir vorbei und heftete sich auf Dinge, die ich von meiner Ecke aus nicht sehen konnte. Ich versuchte, ihre Worte zu notieren.

»Wo soll ich anfangen? Das ist es, was ich mich selbst frage. Ich versuchte es mit einzelnen Gedichten. Ich beginne mit dem Anfang der Geschichte, als mein Vater in Berlin ankam und meine Mutter kennenlernte. Sie studierte wie er an der Akademie der Wissenschaften. Sie liebte ihn. Der Vollständigkeit halber muß ich erwähnen, daß er sie auch liebte. Als meine Mutter den Widerspruch zwischen seinem wirklichen Charakter und seinem Verhalten entdeckte, verließ sie ihn. Aber er hat sich nicht geweigert (was ich ihm hoch anrechne), mir seinen Namen zu geben und mich zu akzeptieren. Er besuchte uns regelmäßig, und ich wuchs heran und lernte diese gestörte Beziehung zwischen zwei Personen kennen. Außer der Geburt eines Mädchens gab es keinerlei Verbindung zwischen den beiden. Dieser Riß war das Fundament meiner Existenz und lehrte mich Vorsicht. Ich akzeptierte das Sein nicht so, wie es war, weil ich begriffen hatte, daß es unterschiedlich erscheint, je nach der Position der Menschen in ihm.

Meine Lage war weder leicht noch angenehm, denn ich entdeckte schon sehr früh, daß ich mich in der Hautfarbe und in meiner Persönlichkeit von den anderen unterschied. Außerdem hatte ich eine gespaltene Familie und eine Mutter, die unter dem Einfluß eines Mannes stand. Sie verteidigte ihn ständig, um mich zu schützen, vielleicht damit ich, wie sie es nannte, mit dem richtigen und nicht mit einem verzerrten Bild von ihm aufwuchs.

Im Gegensatz zu den Mißerfolgen in meinem Familienleben hatte ich in der Schule Erfolg. Ich war sogar sehr erfolgreich und bekam Auszeichnungen und Stipendien, die mich anspornten, weiter zu lernen. Bei meinem Abschluß war ich die Erste in meiner Klasse. Hat mich das glücklich gemacht, hat mir das etwas ersetzt? Nein, denn Wissen ist an das Gefühl gebunden, das uns zu weiterem Suchen führt, das heißt zu noch mehr Unruhe und Elend.

Ich empfand meinem Vater gegenüber Ablehnung, die ich nicht mehr bewußt steuern konnte. Im Unbewußten verwandelte sie sich und wurde zur Grundlage meines Problems. Auf der anderen Seite war ich ärgerlich auf meine Mutter, weil sie sich ihm gegenüber so schwach zeigte.

Als ich anfing zu studieren, brach ich die Verbindung zu meiner Familie ab, ich schloß die Tür hinter mir, das hat meinen Vater aufgeregt. Eines Tages kam er zu mir und brachte meine Mutter mit. Er war zornig über mein Verhalten, über meine Versuche, unabhängig zu werden, überhaupt über meine Ablehnung allen Dingen gegenüber, die um mich herum existierten, angefangen bei der Familie bis zu den herrschenden Normen der Gesellschaft. Ich habe mir herausgenommen, stolz auf meine Hautfarbe zu sein, obwohl ich weiß, daß diese Hautfarbe bei uns keinen Vorteil bedeutet.

Ich hörte meinen Vater den Satz sagen, der mir die Augen öffnete: ›Meine Töchter sollten sich nicht so verhalten ...‹

Das sagte er, ich hatte es genau gehört, oder hatte er sich etwa versprochen?

›*Töchter?* Was meinst du mit *Töchtern ...?*‹

Mein Vater senkte den Blick, und meine Mutter wandte ihr Gesicht ab. Sie schaute aus dem Fenster und sah zu, wie der Sturm die Äste der Bäume draußen bewegte. Ich wiederholte meine Frage: ›Welche Töchter meinst du? Was verbergt ihr vor mir? Ich habe das Recht, das zu erfahren ... und zwar jetzt ...‹

Mein Vater versuchte, die Angelegenheit herunterzuspielen, und behauptete, daß das nur so ein Ausdruck sei und nichts anderes, man sage das einfach so. Dann nahm er seine Tasche und ging. Meine Mutter wollte auch gehen, aber ich hielt sie an den Schultern fest und schüttelte sie: ›Ich habe gemerkt, wie du versucht hast, vor der Tatsache zu fliehen. Was verbergt ihr vor mir, du und er? Sag es mir!‹ Meine Mutter setzte sich widerstandslos zurück auf ihren Platz, wie sie es schon öfter in solchen Situationen getan hatte. Vielleicht weil sie fürchtete, daß mein Zorn zu einem der hysterischen Anfälle führen würde, die mich für ein paar Minuten bewußtlos machten. Sie begann zu beichten: ›Es gibt nur eine andere Tochter außer dir. Du hast eine Schwester von einer anderen Frau, die er vor mir kennengelernt hatte. Sie ist Deutsche wie ich. Deine Schwester ist heute, soviel ich weiß, fünfundzwanzig Jahre alt. Sie ist sieben Jahre älter als du ...‹

›Kennst du sie?‹ fragte ich, ohne meine Aufregung zu verbergen. Sie schüttelte den Kopf. Aber sie gab zu, daß sie den Namen der Mutter und den Ort, wo sie wohnte, kannte.

Dann schwieg sie. Ich war versunken in Verwirrung und Schock. Denn ich wußte, daß mein Vater verheiratet war und zwei Söhne hatte. Ich wollte sie nicht kennenlernen. Aber diese rätselhafte Schwester, die auf einmal aus dem Nichts auftauchte, weckte in mir die Sehnsucht, nach ihr zu suchen und sie kennenzuleren.

›Ich möchte sie kennenlernen‹, sagte ich, und Zorn stieg in mir auf; meine Mutter antwortete mit dem Klang der Niederlage: ›Ich habe dir alles erzählt, was ich weiß. Du mußt jetzt selbst nach ihr suchen.‹

Ich hätte zu ihm gehen und verlangen können, mich zu ihr zu bringen. Aber ich vermied eine neue Auseinandersetzung mit ihm. Der Name der Mutter konnte mir auch weiterhelfen. Es gelang mir, die Telefonnummer herauszufinden. Ich rief an; am anderen Ende der Leitung war meine Schwester Brigitte.

›Ich bin's, Christine. Wir sollen Schwestern sein. Weißt du etwas davon?‹

Nach meiner Frage herrschte zuerst Stille. Dann kam ihre Stimme: ›Bist du noch normal, oder spinnst du? Was sagst du da?‹

›Bist du nicht die Tochter von Housny Al-Fourati? Ich bin auch seine Tochter, aber von einer anderen Frau, das heißt, ich bin deine Schwester. Laß uns ein Treffen vereinbaren, um uns kennenzulernen. Dann erzähle ich dir ausführlich den Rest der Geschichte.‹

Ich wollte ihr noch sagen, daß sie auch betrogen wurde und man ihr die Geschichte nicht erzählt hatte. Aber ihre Stimme kam wieder, diesmal freundlicher als vorher: ›Du machst mich neugierig, dich kennenzulernen und den Rest der Geschichte zu erfahren. Komm morgen zu mir.‹

›Nein, am Wochenende, also in zwei Tagen. Gib mir deine Adresse.‹

Was ich in diesen zwei Tagen getan habe, daran kann ich mich nicht mehr erinnern. Aber ich weiß noch genau, wie verwirrt meine Gefühle waren. Sie erhoben mich und ließen mich wieder fallen. Ich hatte das Gefühl, nicht mehr die Erde zu berühren, sondern in der Luft zu fliegen. Ich flog, mir wuchsen bunte Flügel. Meine kindlichen Phantasien erwachten wieder in mir. Sie waren stark und bedrohten mich, sie überwältigten mich, sie hatten Mitleid mit mir und erzählten mir, daß ich eine Schwester hatte. Vielleicht liebte sie mich. Vielleicht würden wir uns verstehen. Dann hätte ich eine Familie. Meine Existenz bekäme dann eine neue Bedeutung, und vielleicht entwickelte ich eine andere Beziehung zu meinem Vater, zu meiner Mutter und zu meinem Leben.

Sie stand auf der Terrasse und wartete auf mich. Sie starrte mich an, als ich auf ihr elegantes Haus zuging. Ich hatte keinen Zweifel, daß sie meine Schwester war, obwohl sie blondes Haar und eine helle Hautfarbe hatte, sie war meine Schwester.

Ich stand sprachlos und verwirrt neben ihr. Mein Eifer war verblaßt, und ich empfand jetzt eine merkwürdige Unruhe. Meine Kehle war trocken, mein Körper schauderte. Und als ich sie begrüßte, waren auch ihre Finger kalt, obwohl wir warmes Frühlingswetter hatten und auch ihr schönes Haus sehr warm war.

Wir standen eine Weile an der Tür und tauschten verwirrte Blicke aus. Ich betrachtete ihre blauen Augen, und ich dachte, es hätten meine Augen sein können, wenn sie nicht eine andere Farbe gehabt hätten.

Ihr Gesicht vor mir war wie ein Spiegel, der mir meine eigenen Gesichtszüge widerspiegelte, aber mit einem anderen Charakter und anderen Farben. Ich bemerkte, daß sie den gleichen Geschmack hatte wie ich, die Kleidung, die Frisur, der Schmuck. Sie war ohne Zweifel meine Schwester.

Sie nahm meine Hand, führte mich nach drinnen und sagte fröhlich: ›Sollen wir unsere Zeit hier auf der Schwelle verbringen? Komm rein, setz dich und laß uns einander kennenlernen. Was trinkst du?‹

›Danke, nichts.‹

›Nein, du mußt etwas trinken, Tee oder Saft?‹

›Ich trinke Saft, wenn es sein muß.‹

Sie ging für eine Weile in die Küche und kam mit zwei Gläsern Orangensaft zurück. Sie gab mir eines, setzte sich mir gegenüber und lächelte.

Die Verwunderung stand ihr ins Gesicht geschrieben. Bevor wir mit dem Gespräch anfingen, nahm sie eine Schachtel Zigaretten; es war dieselbe Marke, die ich rauchte. Sie bot mir eine Zigarette an, ich nahm eine. Sie nahm sich auch eine, zündete ihre Zigarette an, nachdem sie meine angezündet hatte. Sie rauchte in Ruhe, ich merkte, daß sie die Zigarette zwischen dem kleinen Finger und dem Ringfinger hielt genau wie ich. Sie saß auf dem Sofa wie ich. Sie winkelte ihr Bein an und setzte sich darauf, so konnte sie bequem sitzen. Sie sagte mir, daß sie sich nie habe träumen lassen, daß ihr so etwas geschehen könnte. Sie wußte nicht, daß sie eines Tages die Heldin einer merkwürdigen Geschichte würde. Ihr Vater hatte ihr nicht von mir erzählt, auch ihre Mutter nicht. Wußte ihre Mutter überhaupt von meiner Existenz?

Ich erzählte ihr davon, daß wir noch andere Geschwister hatten, daß ich sie aber nicht kennenlernen wollte.

Sie sagte: ›Das ist ja lustig.‹

Sie fragte mich, wie alt ich sei. Ich sagte: ›Achtzehn.‹

Sie sagte: ›Das heißt, ich bin eure älteste Schwester und die Stammhalterin von Housny Al-Fourati. Ich bin sehr glücklich über dieses Treffen.‹

Ich betonte, daß meine Gefühle nicht weniger stark waren, vor allem auch, weil die Initiative für dieses Treffen von mir ausgegangen war. Sie erzählte mir, daß sie vor einem Jahr einen reichen Unternehmer geheiratet hatte. Er garantierte ihr ein schönes, bequemes Leben.

Für sie hatte eine Frau keine andere wichtige Aufgabe als die der Hausfrau und Mutter. Sie wünschte sich, bald Mutter zu werden. Sie gab mir indirekt zu verstehen, daß sie sehr reich war und ihre einzige Sorge darin bestand, das Geld so auszugeben, daß es sie und ihre Familie glücklich machte.

›Frauenbewegung? Schwarze Deutsche? Das ist das letzte, was mich interessiert. Nein, nein, Probleme brauche ich nicht.‹ Das sagte sie ganz entschieden. Sie diskutierte nicht darüber. Aus der Position der Stärke machte sie ihre Ansichten deutlich.

Bevor ich mich von ihr verabschiedete, trat ihr Mann Ralf ein. Er war wie sie stark und selbstbewußt. Er warf mir einen neugierigen, fragenden Blick zu, und als sie mich ihm vorstellte, versuchte sie, es lustig zu machen, damit sich der Schock verringerte: ›Meine Schwester Christine oder die, die aus dem Nichts auftauchte.‹

›Guten Tag, Christine.‹ Das sagte er ohne Herzlichkeit, und auf seinem Gesicht machte sich Verwunderung breit. Seine Miene fragte, was das alles zu bedeuten hätte. Wie konnte diese braune junge Frau die Schwester von Brigitte, der Blonden mit den blauen Augen und der hellen Hautfarbe, sein?

Brigitte versuchte zu erklären: ›Selbstverständlich weiß

Ralf, daß mein Vater Araber ist. Du hast sein Aussehen geerbt, stimmt's?‹

Aber Ralf war nicht mehr interessiert. Er zog sich in sein Zimmer zurück und ließ uns allein. Unsere Begegnung begann abzukühlen. Sie war nicht mehr so herzlich wie am Anfang.

Ich stand auf und wollte mich von Brigitte verabschieden. Sie versuchte mich zurückzuhalten: ›Das Abendessen ist schon fertig. Ich hatte gehofft, daß du mit uns ißt. Was ist denn los? Warum hast du es so eilig?‹

Ich entschuldigte mich mit einem aufgesetzten Lächeln: ›Es tut mir leid, Brigitte. Ich habe noch einen weiten Heimweg. Und ich muß morgen früh arbeiten.‹

Sie gab mir zum Abschied die Hand. ›Ich hoffe, daß diese Begegnung der Anfang einer Freundschaft für das ganze Leben ist.‹

›Das hoffe ich auch.‹

Ich sagte das und ging hinaus. Sie versuchte nicht, mich zu umarmen. Wir beschränkten uns auf ein Händeschütteln und einen Blick.

Als ich die Treppe hinunterging, sagte ich mir: ›Ich werde nicht wiederkommen, Brigitte, und du weißt auch genau, warum. Bei diesem kurzen Treffen haben wir alles gesagt, was wir uns zu sagen haben, mehr gibt es eben nicht.‹

Und so kehrte ich in meine Einsamkeit zurück. Ich schloß die Türen hinter mir, auch die Tür, die mich noch einmal zu Brigitte hätte führen können.

Mein Treffen mit ihr blieb ein Geheimnis. Meine Mutter erfuhr nichts davon. Obwohl ich mit dem Versuch gescheitert war, eine normale geschwisterliche Beziehung aufzubauen, begriff ich genau, daß die Suche nach dem anderen meistens eine Suche danach ist, das eigene Innere kennenzulernen.«

Christine beendete die Geschichte mit einem Schluck Kaffee und stand plötzlich auf: »Oh, ich habe mich verspätet. Die Zeit ist vergangen, ohne daß ich es bemerkt habe.«

»Was hast du vor, Christine? Wofür hast du dich verspätet?«

»Die Pyramiden«, sagte sie ohne Zögern und fuhr fort: »Das möchte ich heute den ganzen Tag lang machen. Ich möchte die Pyramiden besuchen, ihre Steine berühren und sie umarmen.«

Ich stimmte ihr zu: »Das ist ein ausgezeichneter Anfang für die ägyptische Reise. Du mußt aber aufpassen, daß du keinen Sonnenstich bekommst.«

Sie sagte mit großer Sicherheit: »Ich weiß, ich habe das im Touristenführer gelesen. Ich bin bereit, allem zu begegnen. Schau.«

Und sie nahm aus ihrer Handtasche eine kleine Glaskugel mit einer merkwürdigen Zeichnung und rätselhaften Symbolen. Sie hielt sie in der Hand und sagte: »Das ist ein Geschenk von einer afrikanischen Schwester. Nimm sie. Trag sie überall mit dir, wo du bist. Sie schützt dich vor dem Bösen und bringt dir Glück. Sie besitzt Wunderkräfte. Ich kann die Kräfte spüren. Sie dringen in mich ein und machen mich stark und selbstbewußt. Die Kugel, sagte mir diese Schwester, ist eine Träne der Tränen erniedrigter Frauen. Und wer weiß, vielleicht ist sie eine der Tränen meiner Großmutter Ra'eda.«

Hanan Al-Shaykh

Der persische Teppich

Als Mariam mein Haar zu zwei Zöpfen geflochten hatte, legte sie den Finger an ihren Mund, leckte daran und strich über meine Augenbrauen. »Oje, diese Brauen«, seufzte sie, »das geht rauf und runter.« Sie drehte sich schnell zu meiner Schwester um. »Sieh mal nach, ob dein Vater noch betet«, sagte sie. Ich wurde es kaum gewahr, da kam meine Schwester schon wieder zurück. »Immer noch«, flüsterte sie, streckte die Arme aus und hob sie zum Himmel empor, um ihn nachzuahmen. Ich lachte nicht darüber wie sonst. Auch Mariam lachte nicht. Sie nahm das Kopftuch vom Stuhl, bedeckte ihre Haare und verknotete es eilig unter dem Kinn. Behutsam öffnete sie den Schrank und langte nach ihrer Handtasche. Sie schob sie unter den Arm, klemmte sie in der Achselhöhle fest und reichte uns beide Hände hin. Ich faßte die eine, meine Schwester die andere. Sie gab uns zu verstehen, daß wir wie sie auf Zehenspitzen laufen sollten. Wir hielten den Atem an, als wir uns zur offenen Haustür hinausschlichen. Während wir die Treppe hinunterstiegen, wandten wir die Köpfe nach der Tür, dann nach dem Fenster. Sobald wir bei der letzten Stufe angelangt waren, rannten wir los und blieben erst stehen, als die lange, enge Gasse hinter uns verschwunden war. Wir überquerten die Hauptstraße, und Mariam winkte ein Taxi heran.

Von Furcht getrieben, hatten wir uns alle gleich verhalten. Heute würden wir unsere Mutter zum erstenmal wiedersehen, seit sie sich nach der Scheidung von unserem Vater getrennt hatte, denn er hatte geschworen, es nicht zuzulassen, daß sie uns je wieder zu sehen bekäme. Wenige

Stunden nach der Scheidung gingen Gerüchte um. Es hieß, sie werde einen Mann heiraten, den sie schon geliebt hätte, bevor sie von ihren Verwandten zur Ehe mit unserem Vater gezwungen worden war.

Mein Herz hämmerte. Ich wußte, daß ich dieses Herzklopfen nicht von der Furcht oder vom schnellen Laufen bekommen hatte. Es rührte von der Scheu vor dieser Begegnung, von meiner üblichen Verklemmtheit her. Ich war eben geblieben, wie ich immer gewesen war, und hatte meine Schüchternheit behalten. Sosehr ich es auch immer versucht hatte, ich konnte meine Gefühle nicht einmal meiner Mutter zeigen. Nie wäre ich dazu fähig, mich in ihre Arme zu werfen, sie mit Küssen zu bedecken und ihr Gesicht zwischen den Händen zu halten, wie es meine Schwester tat, wie es ihrer Natur entsprach. Ich habe lange darüber nachgedacht, nachdem Mariam meiner Schwester und mir ins Ohr geflüstert hatte, daß unsere Mutter vom Süden gekommen sei und daß wir sie morgen heimlich besuchen würden. Ich beschloß, mich einmal zu überwinden und genauso zu benehmen wie meine Schwester. Ich würde einfach hinter ihr stehen und sie ganz mechanisch nachahmen. Blinde Nachahmung, wie der Schauspieler sagt. Aber ich kannte mich, kannte mich in- und auswendig. Wie sehr ich mich auch anstrengte, um mich selbst zu bezwingen, sooft ich vorher darüber nachgrübelte, was sein müßte und was nicht sein dürfte – alles, wozu ich mich entschlossen hatte, war vergessen, sobald ich in der Sache drinsteckte. Dann schlug ich meinen Blick zu Boden, meine Stirn runzelte sich, auch wenn ich keineswegs verzweifelt war, sondern meinen Mund beschwor, er möge doch die Lippen zu einem Lächeln verziehen. Aber es war alles umsonst.

Als das Taxi am Hauseingang anhielt, standen da auf Podesten zwei Löwen aus rotem Sandstein. Das freute mich. Für einen Moment vergaß ich meine Unruhe und Ängstlichkeit. Es machte mich glücklich, daß meine Mutter in einem Haus wohnte, an dessen Eingang zwei Löwen standen. Ich hörte, wie meine Schwester ein Löwengebrüll anstimmte, und fuhr herum zu ihr. Ich beneidete sie. Ich sah, daß sie die Hand hochreckte und einen der beiden Löwen anzufassen versuchte. Sie ist immer so unkompliziert und ausgelassen, dachte ich. Ihre Fröhlichkeit läßt sie nicht einmal in den kritischsten Situationen im Stich. Bitte, sie fürchtete sich ja auch nicht vor dieser Begegnung.

Sobald aber meine Mutter die Tür öffnete und ich sie erblickte, brauchte ich auf niemanden und nichts zu warten. Sofort rannte ich zu ihr und warf mich in ihre Arme. Noch vor meiner Schwester. Ich schloß die Augen. Es war, als ob alle Glieder meines Körpers endlich erschlafften, nachdem ihnen lange Zeit der Schlaf verwehrt worden war. Ich atmete den Duft ihres Haars ein, er hatte sich nicht verändert. Plötzlich merkte ich, wie sehr sie mir gefehlt hatte, und ich wünschte, sie möge zurückkehren, um mit uns zusammenzuleben, trotz aller Liebe und Fürsorge, die wir bei meinem Vater und Mariam hatten. Meine Gedanken schweiften ab. Ich erinnerte mich wieder an ihr Lächeln, als Vater endlich in die Scheidung einwilligte. Der Scheich hatte sich eingemischt, nachdem sie ihm angedroht hatte, sich umzubringen, mit Benzin zu verbrennen, falls es nicht zur Scheidung käme. Ich war wie betäubt von ihrem Duft, den all meine Sinne bewahrt hatten. Ich dachte, wie sehr ich sie doch entbehrt hatte, obwohl sie damals so eilig hinter meinem Onkel in das Auto eingestiegen war, kaum daß sie uns noch geküßt und ein paar Tränen vergossen hatte. Wir spielten danach weiter in der Gasse an unserem Haus. Als es Nacht wurde, hörten wir zum erstenmal seit langem nicht mehr, wie sie mit Vater zankte und herumstritt. Stille lag über dem Haus. Nur Mariams Weinen war zu vernehmen. Sie stand mit meinem Vater in verwandtschaftlicher Beziehung und war sich dessen wohl bewußt, als sie bei uns blieb.

Meine Mutter schob mich lächelnd beiseite, um meine Schwester an sich zu drücken und zu küssen. Dann umarmte sie auch Mariam, die zu schluchzen anfing. Ich hörte, wie sie, nun selber unter Tränen, zu ihr sagte. »Gott lohne es dir!« Sie wischte Miriam die Tränen mit dem Ärmel ab und sah jetzt wieder mich und meine Schwester an. »Man traut seinen Augen nicht«, rief sie aus. »Wie groß ihr geworden seid!« Sie umfing mich mit beiden Armen, während meine Schwester an ihrer Taille hing. Wir mußten lachen, weil wir gar nicht recht vorwärtskamen. Als wir schließlieh doch ins Wohnzimmer traten, war ich überzeugt, daß ihr neuer Ehemann darin sei, denn meine Mutter hatte vorher mit einem Lächeln zu mir gesagt: »Mahmud liebt euch sehr. Er wünscht sich, daß dein Vater euch mir überläßt, damit ihr bei uns leben könnt und auch seine Kinder werdet.« Meine Schwester antwortete ihr lachend: »Heißt das, wir werden zwei Väter haben?« Ich war immer noch wie betäubt und legte die Hand auf den Arm meiner Mutter, stolz darauf, daß ich mich so verhielt, daß ich ohne jede Mühe mir selbst, meinen linkischen Händen und dem Gefängnis meiner Schüchternheit entronnen war. Noch einmal rief ich mir das Bild zurück, wie ich der Mutter wieder begegnet und, was ich nie für möglich gehalten hätte, ganz spontan auf sie zugestürzt war, wie ich sie geküßt hatte, so inbrünstig, daß ich dabei die Augen schließen mußte. Ihr Ehemann war nicht da. Ich öffnete die Augen. Mein Blick fiel auf den Boden, und ich erstarrte. Verblüfft sah ich hinunter auf den persischen Teppich, der da ausgebreitet lag, und dann mit einem langen Blick auf meine Mutter. Sie verstand nicht, was mein Blick bedeutete, wandte sich vielmehr zum Schrank, öffnete ihn und warf mir eine gestickte Bluse zu. Danach ging sie zum Toilettentisch, nahm einen Elfenbeinkamm, auf den rote Herzchen gemalt waren, heraus und reichte ihn meiner Schwester. Ich aber starrte weiter auf den persischen Teppich und zitterte vor Wut und Haß. Wieder sah ich meine

Mutter an. Offenbar legte sie meinen Blick als Ausdruck von Sehnsucht und Zärtlichkeit aus, denn sie schloß mich in die Arme. »Ihr müßt ganz oft zu mir kommen«, sagte sie, »und die Freitage verbringt ihr auch bei mir.« Ich blieb starr und steif. Am liebsten hätte ich ihren Arm fortgestoßen und sie in die weiße Hand gebissen. Ich wünschte mir, daß sich der Moment unserer Begegnung noch einmal wiederholen möge, daß sie die Tür öffnete und ich so dastünde, wie es sein müßte, die Augen niedergeschlagen, die Stirn gerunzelt. Meine Augen hingen jetzt nur noch an dem persischen Teppich, an seinen Linien und Farben, die fest in meinem Gedächtnis eingeprägt waren. Ich hatte immer darauf gelegen, wenn ich lernte, er war mir aufs Innigste vertraut. Ich hatte mich in sein Muster vertieft und es mit roten Melonenscheiben verglichen, eine Scheibe kam nach der anderen. Wenn ich aber auf dem Sofa saß, stellte ich fest, daß sich die Scheiben in einen Kamm mit feinen Zähnen verwandelt hatten. Die Blumenbuketts ringsum an allen vier Seiten waren purpurrot, so ähnlich wie die Farbe der Hahnenkammpflanze. Jeden Sommeranfang hatte meine Mutter Mottenkugeln auf diesen und die anderen Teppiche gestreut, hatte ihn eingerollt und auf den Schrank gelegt. Das Zimmer sah blaß und traurig aus, bis sich der Herbst ankündigte. Dann trug Mutter den Teppich aufs Dach, um ihn dort auszubreiten, die Mottenkugeln, die sich den Sommer über durch Hitze und Feuchtigkeit größtenteils aufgelöst hatten, abzulesen und ihn mit einem kleinen Besen abzukehren. Sie ließ ihn danach noch auf dem Dach liegen. Erst gegen Abend holte sie ihn herunter und legte ihn an seinen gewohnten Platz. Ich war glücklich. Es kam wieder Leben in das Zimmer, alles wirkte viel fröhlicher. Doch einige Monate vor der Scheidung, als der Teppich ausgebreitet auf dem Dach in der Sonne lag, war er auf einmal verschwunden. Meine Mutter, die am Nachmittag hinaufgegangen war, um ihn zu holen, fand ihn nicht mehr oben vor. Sie rief nach meinem Vater, und ich sah zum erstenmal, wie sein Gesicht rot anlief. Sie kamen beide vom Dach herunter, meine Mutter war ärgerlich und verwirrt. Die Nachbarn erfuhren davon, aber jeder von ihnen schwor, daß er den Teppich nicht gesehen hätte. Plötzlich schrie meine Mutter auf: »Elia!« Alle Zungen standen mit einemmal still, die Zunge meines Vaters, meine Zunge, die meiner Schwester, die Zungen unserer Nachbarinnen und Nachbarn. Ich platzte laut heraus: »Elia? Das geht doch gar nicht, das ist unmöglich!«

Elia war so gut wie blind. Er ging im Viertel von Haus zu Haus, um das Geflecht an den Korbstühlen auszubessern. Wenn wir an der Reihe waren, sah ich ihn schon auf dem Steinsims sitzen, sobald ich aus der Schule kam. Vor ihm lagen die Bastbündel, und sein rotes Haar glänzte in der Sonne. Er streckte die Finger vor und zog einen Streifen mit solcher Leichtigkeit heraus, als wäre es ein Fisch, der durch ein ausgelegtes Netz schlüpft, ohne den kleinsten Schaden zu erleiden. Ich sah ihm zu, wie er den Streifen flink und geschickt in das Loch führte, ihn herumschlang und wieder damit herausfuhr, bis sich auf dem Stuhlsitz das Muster eines Kreises bildete, der genauso aussah wie der Kreis davor und wie der, der ihm folgen würde. Sie waren einer wie der andere, alle ganz gleichmäßig, als ob seine Hände eine Maschine wären. Ich wunderte mich über die Schnelligkeit und Gewandtheit seiner Finger und daß er mit gesenktem Kopf dasaß, als könnten seine Augen doch etwas sehen. Einmal kamen mir Zweifel, ob er wirklich nichts weiter wahrnähme als Dunkelheit. Ich hockte mich nieder und schaute von unten in sein hochrotes Gesicht. Die Augen hinter der Brille waren fast geschlossen. Der weiße Spalt darin schnitt mir ins Herz und veranlaßte mich, gleich in die Küche zu laufen. Auf dem Tisch sah ich eine Tüte mit Datteln. Ich streckte die Hand aus, legte ein Häufchen davon auf einen Teller und reichte ihn Elia hin.

Noch immer starrte ich auf den Teppich. Vor mir tauchte

das Bild Elias auf, seine roten Haare, sein rotes Gesicht, die kluge Hand. Wie er sich allein die Treppe herauftastete. Wie er sich auf den Stuhl setzte. Wie er feilschte. Wie er aß und ganz genau wußte, daß er alles aufgegessen hatte, was auf dem Teller war. Wie er aus dem Krug trank und sich den Wasserstrahl geschickt in die Kehle goß. Eines Mittags kam er und rief, wie es ihm mein Vater beigebracht hatte, »Allah!«, bevor er anklopfte und eintrat. Immerhin konnte meine Mutter ja unverschleiert sein. Da fiel sie auch schon über ihn her und fragte ihn nach dem Teppich. Er sagte gar nichts darauf, gab nur einen Laut von sich, der wie ein Schluchzen klang. Als er gehen wollte, stolperte er zum erstenmal und wäre beinahe gegen den Tisch gestoßen. Ich trat zu ihm und faßte ihn bei der Hand. Er hielt mich fest, und er erkannte mich, indem er über meine Hand strich, denn er sagte fast flüsternd: »Schon gut, meine Kleine.« Dann wandte er sich ab, um hinauszugehen, bückte sich und zog die Schuhe an. Ich glaubte, einige zarte Tränen auf seinen Wangen bemerkt zu haben. Mein Vater wollte ihn nicht fortlassen, sondern drang weiter in ihn: »Gott wird dir verzeihen, wenn du die Wahrheit zugibst.« Aber Elia ging. Auf das Treppengeländer gestützt, stieg er die Stufen hinab. Er brauchte länger als sonst, um sich seinen Weg zu ertasten. Danach verschwand er, und wir haben ihn nie mehr gesehen.

Ahmed Ibrahim Al-Faqih

Der Regen und die Träume

Eine alte arabische Geschichte. Die arabischen Könige und Staatschefs behielten sich das Recht vor, diese Geschichte zu drucken, zu bearbeiten, zu erzählen, umzuschreiben und sich Tag für Tag und Jahr für Jahr wieder ereignen zu lassen. Sie erlaubten nicht, sie zu veröffentlichen und nachzuerzählen, außer ihren Anhängern, Polizeichefs und Statthaltern.

Es war einmal vor langer Zeit ein Sultan vom Stamme des Bani-Qahtan, der das Schweigen liebte und das Reden hasste. Die Menschen redeten miteinander nur in Zeichensprache; sie benutzten ihre Zunge nur zum Hochlebenlassen. Das Motto seines Staates war: erst die Sicherheit – dann das Essen! Deshalb verschwanden die Brotlaibe vom Markt, und die Anzahl der Sicherheitskräfte stieg und stieg, bis auf jeden Bürger zwei Polizisten kamen.

An einem regnerischen Morgen erwachte der qahtanische Sultan mit schlechter Laune. Er hatte ein lautes Donnern gehört und einen schrecklichen Traum gehabt. Eilig schickte er nach seinem Volk: Es sollte zum Palast kommen und auf der Stelle vor ihm erscheinen.

Um seine große Liebe zu ihm auszudrücken, kam das Volk angerannt und rief: »Der Sultan lebe hoch!«

Es gab ein starkes Gewitter und es goss in Strömen. Das Volk stand vor der Terrasse des Palastes, nass bis auf die Knochen und zitternd vor Kälte, aber es brannte vor Begeisterung und Sehnsucht, den Sultan zu sehen. Der Sultan betrat die Terrasse und machte eine Bewegung mit seiner edlen Hand, damit das Volk aufhörte zu jubeln.

Das Volk stand schweigend und ehrfürchtig im Regen und schaute zum Sultan auf, der zu ihm sprach: »Mein liebes Volk, gestern habe ich einen Traum gehabt ...«

Das Volk ließ den Sultan voller Freude hochleben. Die Segenswünsche für Glück, Gesundheit und ein langes Leben des Sultans wurden lauter. Das Volk wartete immer auf diese Träume und nahm sie als Wegweiser für sein Leben, weil die Träume, die der Sultan in der Nacht gehabt hatte, am nächsten Morgen zu Gesetzen wurden und dem Volk den Weg wiesen, den es einschlagen sollte. Sie zeigten ihm seine Rechte und Pflichten. Sie wiesen es an, was es tun sollte, was es sagen sollte und was es trinken, essen und anziehen sollte. Sie legten fest, zu welchen Uhrzeiten es schlafen gehen und wann es aufstehen sollte, wie es Freundschaft zu schließen, wie es zu heiraten und wie es seine Kinder zu nennen hatte. Deshalb war jeder Traum, den der Sultan hatte, eine Gelegenheit, Freude und neue Hochrufe zum Ausdruck zu bringen, um dem Sultan und seinen Träumen zu huldigen.

Der Sultan machte noch eine Bewegung mit seiner edlen Hand und befahl seinem Volk, mit dem Jubeln aufzuhören. Er sagte: »Mein liebes Volk! Ich träumte, dass ich dich im Schlaf schlachtete ...«

So sprach der Sultan unter Qualen und mit Trauer. Die Worte blieben ihm im Halse stecken. Er sagte es mit bekümmerter und ergriffener Stimme, denn er liebte sein Volk sehr, mehr als seine siamesische Katze Mischa und auch mehr als seinen Hund, den er als Geschenk vom König der Slawen bekommen hatte und den er so sehr liebte, dass er jeden Tag eine Stunde im Rundfunk reservieren ließ, um sein schönes, süßes Bellen zu senden. Er liebte sein Volk mehr als alle seine Torten mit Langusten und indischen Gewürzen, die extra für ihn gemacht wurden, um damit seine Schwächeanfälle, an denen er in letzter Zeit zunehmend litt, zu behandeln. Ja, er liebte sein Volk wirklich mehr als alle diese Dinge. All diese Lebewesen und Speisen hätte er für ein paar Tage entbehren können. Aber von seinem geliebten Volk konnte er sich nicht trennen, und seine Liebe und die Freude, es zu regieren, konnte er keinen einzigen Tag lang entbehren.

Die Rufe des Volks wurden lauter. Es stand im Regen, um die letzten Träume des Sultans entgegenzunehmen.

»Wir werden sterben, wir werden sterben, hoch lebe der Sultan!«

»Wir opfern uns für den Sultan!«

Der Sultan war begeistert, als er sah, dass das Volk bereit war, auch diese schwere Prüfung auf sich zu nehmen.

Es tat genau das, was seine Träume ihm sagten.

Der Sultan fuhr fort: »Mein liebes Volk, du weißt genau, wie sehr ich dich liebe, wie sehr ich mich um dein Leben sorge und wie sehr ich mir wünsche, mit dir in die Ewigkeit einzugehen. Aber Träume haben ihre eigenen Gesetze und ihre eigene Weisheit. Sie sind nicht Unsinn, sondern sagen mir, was die verborgenen, geheimen Kräfte wünschen. Wir können sie nicht verstehen. Die Menschen sind nur dazu da, ihre Befehle auszuführen, und es ist kein Wunder, mein liebes Volk, dass dieser Traum zur gleichen Zeit wie der Regen gekommen ist. Der Regen prophezeit Fruchtbarkeit, Blüte und Reichtum; das bedeutet, dass man über den Tod nicht die Hoffnung verlieren soll. Dein Tod, mein teures, geliebtes Volk, bedeutet Leben für diese Erde und die Errettung von der Dürre.«

Dann verließ der qahtanische Sultan die Terrasse und wurde von seinen Sklaven auf einer Sänfte weggetragen; er führte sein Volk zu dem Ort, wo es geschlachtet werden sollte, und zwar am Fuße des Berges.

Mit Tränen in den Augen zog der Sultan sein Messer und befahl seinen Sklaven, die das Volk gefesselt und auf den Boden gelegt hatten, zu dem Volk in seinen letzten Stunden freundlich zu sein und seinen Kopf in Richtung der Qibla zu legen, damit das Schlachten nach den richtigen Regeln geschah.

Das Volk schaute gen Himmel und wartete darauf, dass ein Wunder geschah und der Himmel als Geschenk für seine Geduld und seinen Gehorsam ein Opferlamm schickte. Aber der Himmel machte dicht und füllte sich mit schwarzen Wolken, denn er hatte schon vor langer Zeit aufgehört, Lämmer zu schicken, um die Menschen, die ihre Hälse den Sultanen überließen, vor dem Opfertod zu retten.

Das Volk bot seinen Hals dar.

Der Sultan streckte die Hand, in der er das Messer hielt, aus, um sein Volk zu schlachten, betete und pries dabei Gott mit erregter, trauriger Stimme.

Es regnete in Strömen. Die kommende Zeit der Fruchtbarkeit und Blüte kündigte sich an.

Ibrahim Al-Koni

Fluten

»Das Wasser ist glatt und rein, es kann den Schmutz vom menschlichen Körper entfernen. Darin liegt die Menschlichkeit des Wassers. Die Farbe des Wassers ist dunkel, doch ist es in Wahrheit durchsichtig. Darin liegt die Vollkommenheit des Wassers. Wenn wir das Wasser messen, können wir nicht zum Ausgleich etwas ›drauflegen‹, denn wenn ein Behälter mit Wasser gefüllt ist, lässt sich kein Quentchen mehr hinzufügen. Darin liegt die Gerechtigkeit des Wassers. Das Wasser fließt kontinuierlich und hält nur inne an einem Ort, wo ein Ausgleich erreicht ist. Darin liegt die Unparteilichkeit des Wassers. Alles Seiende strebt nach oben, allein das Wasser strebt nach unten. Darin liegt die Demut des Wassers.«

Huan Ts'i, Das Wasser und die Erde

1

Der Norden bläst taufrisch duftende Winde heran. Ein trüber Horizont umschließt die Berge des Nordens mit einem noblen Gürtel, der nie die Farbe der Morgendämmerung verliert. In weiter Ferne rücken die Wolken mit dem Eifer von Glaubenskämpfern zusammen. Unablässig zerreißen Blitze die majestätische Dunkelheit. Ihr Licht windet sich zungenartig mit Feuerpeitschengeschwindigkeit dahin, aufleuchtend und verschwindend wie die rätselhaften Offenbarungen der Propheten.

Lange dauert das Warten nicht.

Einem immensen Heer gleich beginnen die Wolken ihren Angriff über der nackten, durstigen Weite. Sich über sie heranschiebend werfen sie zunächst nur einzelne Tropfen ab, Tropfen von der Größe von Schaumflocken, wie sie edle Kamelhengste zur Zeit der Paarung aus dem Maul schleudern. Dann bricht der Regen herab, bricht in Strömen herab, fällt Staub aufwirbelnd auf die überraschte, durstige Erde, die blubbert und gierig immer mehr verlangt, an dem, was sie hat, zu ersticken droht, und ausspuckt, was sie geschluckt hat.

Zuerst löschen die mit Steinplatten bedeckten Flächen ihren Durst, dann tun es ihnen die mit Kieselteppichen bekleideten Gebiete nach, schließlich ergießt sich die Flut über alles. Sie schleicht sich auf allerlei Wegen in jene Einschnitte, die zu den Wadis führen mit ihren Schichten aus harter, spröder Erde. Weiter unten greifen die sandigen Gründe mit der Leidenschaft von Liebenden nach ihr, und die tiefen Talrinnen löschen rasch ihren Durst. Dann heben sich die Wasser ein weiteres Mal und sammeln sich in den weiten Flächen. Doch die Ruhe währt nicht lange. Aus den Taleinschnitten schiebt sich ein neuer Quell heran, und die Erde empfängt vom Himmel unentwegt mehr. Von ganz oben in den Wadis strömen immer weitere Wasser herab. Der Dämon in der Flasche wird unruhig und macht sich auf die Reise, die gesittet beginnt, unterwegs aber immer irrsinniger wird. Der Irrsinn nährt sich aus den vielen Taleinschnitten entlang den Ufern der Wadis. Und der Strom holt sich vom Himmel weitere Nahrung, die Gaben vereinigen sich, der Irrsinn wächst. Das Wasser gibt seinen Namen Wasser hin und wird zum Dämon »Flut«.

2

Die Flut schiebt sich weiter. Sie überholt die trägen Wolken und erreicht die fernsten unteren Wüsten, um die Kreaturen zu überraschen, die in einer Weite umherwandern, über der ein nackter Himmel liegt, gewaschen von den Strahlen einer erbarmungslosen Sonne.

Der Dämon wird immer wilder. Er streckt eine unsichtbare Hand aus, um mit dem Einfordern der Opfer zu beginnen. Er reißt die Nester der Vögel aus den Ginsterwurzeln. Die kleinen weißen Eier, geheimnisvoll dunkel gezeichnet, treiben dahin, und die gelbflaumigen Jungvögelchen werden am Rand der gierigen Zunge sichtbar, klagende Abschiedsrufe ausstoßend, während die Mütter über der wilden Flut flattern, entsetzt wie ein Beduinenstamm bei einem plötzlichen Überfall.

Weiter unten, auf den weichen Flächen des Talgrunds, wo Tiere in großer Zahl hausen, streckt sich die Hand des Dämons aus, um Opfer aus den tiefsten Löchern hervorzuholen: Mäuse, die angesichts der Schlangen fliehen, Schlangen, die sich vor den Angriffen der Igel flüchten, Igel, die der Niedertracht des Menschen zu entrinnen suchen. Der Dämon legt die Opfer in seinen Jagdbeutel und macht sich über weitere Erdspalten her, auf der Suche nach neuen Gruppen möglicher Opfer: Hasen, Käfer, Warane, Eidechsen, Gazellenkitze. Doch die gewichtigsten Opfer holt er sich erst, als er die fernen unteren Wadis erreicht, wo die Schaf-, Ziegen- und Kamelherden weiden und um die Feuer plaudernd Hirten sitzen, die sich die Zeit mit Rätselraten, Gedichtvortrag und klagendem Gesang vertreiben. Aus dem Reich der Sehnsucht zurückgekehrt unterhalten sie sich wiederum über die Plage der Dürre und die Wechselfälle der Zeit. Der Dämon erscheint unerwartet auf den unteren Weiden, um dort die größten Opfer einzufordern.

Er überrascht die Hirten bei Nacht. Er fällt über Schafe, Ziegen und Zicklein her und nimmt sich aus den Herden einen schrecklichen Tribut. Dann attackiert er die Herren der Herden. Er umzingelt sie auf winzigen Inselhügeln, mitten in den großen unteren Wadis. Zunächst zieht er einen festen Belagerungsring um seine Opfer, auf Unterstützung durch die Wassermassen aus den Taleinschnitten, den oberen Wasserläufen und den Nebenwadis wartend. Im Norden wird der Regen heftiger, die Erde immer mehr vom Wasser beengt, weshalb sie reichlichen Tribut an die unteren Wadis entrichtet. Die Flut stürzt heran, höher als das Wasser in den Talgründen, und die gewaltigen Wellen drängen sich bis über die entferntesten Flächen. Die Strömung fegt die schmächtigen Inseln fort, der Dämon reißt seine umzingelten Opfer mit und schleudert sie hinaus in die furchtbare See. Die Hirten leisten tapferen Widerstand. Sie klammern sich an den Ginsterbäumen fest, halten sich hilfesuchend an Palmfaserstricken, stemmen sich gegen die Flut mit Baumstücken. Doch der Dämon kämpft ebenfalls mit dem Mut der Verzweiflung und lässt erst ab, nachdem er auch dem Stamm der Menschen ein Opfer entrissen hat.

Ihre Opfer schleift die Flut hinab in die tiefer gelegenen Ebenen in der Wüste des Südens, wo sich ihr Schwerter aus Sand entgegenstellen. Da wird sie langsamer, ruhiger, und sie taucht ihre Zunge in die Tiefe, um dort die Opfer zu begraben, die sie aus den Wüsten des Nordens mitgebracht hat.

3

Ganz oben, auf der kahlen Hochfläche der Hammâda, verlässt der Stamm die von den Wassermassen bedrohten Zelte. Die Menschen fliehen auf die Hügel und Erhebungen und an die Hänge der Berge. Dort drängen sich Kinder, Frauen und Alte zusammen, gehüllt in so viele Decken wie jeder tragen kann. Die Vorsorglichen holen aus ihren Gewändern Schätze an Brennholz hervor, die sie mitgebracht haben, gewickelt in Leinensäcke, aus Furcht, sie könnten feucht werden. Sie legen sich darauf, um sie mit ihrem Körper vor dem Regen zu schützen, und wenn die Kleinen zu weinen beginnen und die Klage über Kälte und Hunger anhebt, dann rücken sie im Kreis zusammen, ziehen ihre Decken über Kopf und Körper und machen sich unermüdlich daran, Feuer zu schlagen. Sie mühen sich lange, bis ein Funke sprüht, mühen sich noch länger, bevor er sich an den Leinenfetzen nährt und aus den Stoffresten scharfer Rauch aufsteigt. Und noch länger mühen sie sich, bevor ein Scheit entzündet ist und die Flamme hochzüngelt, in die sie pusten, um das Feuer gierig auf die Äste zu machen, die alle Bemühungen nicht vor der Feuchtigkeit geschützt haben.

Die Hirten der unteren Täler, die schon beim ersten Angriff eilten, um die Herden aus dem Talgrund herauszuholen, flüchten sich auf die höchsten Punkte am Ufer und seufzen über das verlorene Vieh oder helfen einander, all diejenigen zu retten, die auf den Inseln des Tals von den Fluten umzingelt sind. Sie werfen ihnen Stricke oder Baumstämme zu, in der Hoffnung, sie könnten so die Strömung bekämpfen, sollte die Flut andauern und der Wasserspiegel bedrohlich weiter steigen. Am Abend dann, wenn die Hirten feststellen, dass der todbringende Dämon sie auseinander gerissen und über die Höhen, die Hügel und die Ufer zerstreut hat, rufen sie einander mit lauter Stimme zu, erkundigen sich in den ersten Stunden der Nacht nach den Verlusten. Danach werden sie ruhig, und für lange Zeit tost allein das Wasser und spricht an ihrer Statt. Doch die Rede der Flut ängstigt sie und weckt das Gespenst der Einsamkeit in ihren Seelen. Und so heben sie an zu singen und singen die ganze Nacht.

Im Grund des Tales singt die Flut.

Auf den Uferhöhen singen die Hirten.

4

Einen Tag oder zwei ziehen die Wolken heran, manchmal auch drei, bevor, von unbekannter Hand gewirkt, das Zeichen am Horizont erscheint. Ein Regenbogen kündet den Abzug der Wolken an.

Am Abend durchdringt die Sonnenscheibe, bar ihrer feurigen Strahlen, die Hüllen aus Wolken und Dunst. In ihrer Nacktheit gleicht sie dem Mond der Wüste, wenn er voll ist. Und bis die Schleier verschwinden und der Dunst sich auflöst, betrachten die Götter des Himmels die Kreaturen in der weiten Wüste mit erloschenem, nachsichtigem Auge, als hätten sie beschlossen, sich endgültig von ihrer bisherigen Tyrannei loszusagen. Aber die Feuchtigkeit verdunstet, sobald sich die Wolken zerstreuen. Dann trocknen die mit Steinplatten bedeckten Stellen. Ihnen folgen die Weiten, die mit Schotter und kleinen Steinen bedeckt sind. Schließlich löst sich die Feuchtigkeit auch aus dem kompakten Erdboden und aus dem Sand, bis in der oberen Wüste jede Spur des Regens getilgt ist; in den tieferen Tälern fällt die Flut allmählich. Nur ganz unten im Talgrund rauscht und plätschert und plaudert noch immer der Fluss.

Die versprengten Teile des Stammes kehren von den höchsten Höhen zurück auf die weiten Flächen, stellen die Stützen und die Zeltpfosten wieder auf und inspizieren die Schäden und die Verluste, die zu erleiden sie sich gewöhnt haben, je mehr sie Wohltaten erfahren und das Unbekannte sie mit Regen segnet.

Die Überprüfung von Hab und Gut hält sie beschäftigt. Sie vergessen sich selbst, achten nicht auf die Geburt der Vögel am Himmel, der noch immer dunstverhüllt ist. Die Kleinen gehen hinaus, um auf den nahegelegenen Ebenen im Matsch zu spielen, und sie sind es, die als erste die kleinen Pflänzchen entdecken, die sich zwischen den Steinen emporschieben. Da rennen sie los, um die frohe Botschaft nach Hause zu bringen.

Mouhamed Choukri

Tod eines Hippie-Fischs

Vielleicht ist es dein Glück,
dass du ein Lied hörst.
Halt es an,
wenn es dich traurig macht.

Dass du morgens aufstehst
und die Sonne scheint.
Kehr zurück in dein Bett,
wenn dein Traum stärker ist.

Dass du das Telefon klingeln hörst
und weißt, wer dich anruft.
Geh nicht dran, wenn es dir nicht passt.

Dass du eine Reise absagst,
wenn dein Hund im Sterben liegt.
Wer besitzt schon so einen Hund wie deinen?

Dass du bei der Beerdigung nicht bis zum Ende bleibst,
wenn du einen Witz hörst.
Ist es nicht dein Recht
einen Esel zu reiten?

Dass du das Gelächter einer Wahnsinnigen hörst
und stehen bleibst.
Ist es nicht dein Recht
zu bleiben oder zu gehen?

Niemand wird dich tadeln,
auch wenn du sein Schöpfer wärst.
Vielleicht ist es dein Wahnsinn,
den du am Morgen triffst,
und sein Wahnsinn, den du am Abend triffst.

Dass eine Mutter ihre stumme Tochter singen hört,
auch wenn sie stumm ist.
Ja, jemand muss singen.

Farid kam immer am Ende des Monats und hatte den Anteil seines Gehalts dabei, der ihm allein gehörte. Er blieb bis abends, dann fuhr er nach Al Araisch zurück. Manchmal übernachtete er hier, wenn er nicht das ganze Geld in den Kneipen und bei den Huren gelassen hatte. Er kannte dort niemanden. Im Negresco fand er manchmal jemanden, mit dem er trinken konnte, und dabei musste sein Gegenüber sein langweiliges Gejammer über seine Familie ertragen. Die Stammgäste, mit denen ich ihn bekannt gemacht hatte, hatten sich an sein monatliches Kommen gewöhnt. Wenn er niemanden fand, mit dem er hätte reden können, führte er Gespräche mit einem kleinen schwarzen Fisch im Aquarium. Dabei starrte er ihn mit einer Art kindlichem Erstaunen an. Er nannte den Fisch ›Nadia, der Hippie‹.

»Farid?«

»Ja.«

»Warum ist der Fisch ein Hippie?«

»Siehst du nicht seine langen Koteletten und seine dichten Haare um den Hals und um die Nase!«

»Warum hast du ihn ›Nadia‹ genannt?«

Er schaute mich schweigend an und lächelte.

Er hatte sich nicht sehr verändert, seit ich ihn Mitte der fünfziger Jahre kennen gelernt hatte. Er war unentschlossen, unsicher, misstrauisch und passiv. Aber er konnte keiner Fliege etwas zuleide tun. Er hatte immer nur mit seiner Frau Yamna Streit, die sich sogar wegen banaler Kleinigkeiten mit ihm stritt und mit ihm in ihrer Rifi-Sprache schimpfte, die er nicht verstand. Aber er wusste, dass sie ihn vor seinen Kindern und den Nachbarn beleidigte. Der älteste Sohn verstand die Sprache, aber er wagte nicht, es dem Vater zu übersetzen.

Als ich ihm geraten hatte, Yamna zu heiraten, damit er aufhörte, sich ständig selbst zu befriedigen, dachte ich, er würde nur zwei oder drei Kinder mit ihr machen, damit sie zufrieden wäre und er seine Ruhe hätte. Aber sie gebar fünfzehn Jungen und Mädchen und ein Sechzehnter starb eine Stunde nach der Geburt. Als ich sagte, das ist wahnsinnig, schob er alles auf sie und stellte sich unschuldig: »Sie lehnt es ab, Verhütungsmittel zu nehmen!«

Bis jetzt hatte ich gedacht, Farid wäre nicht ganz bei Sinnen. Er schwankte zwischen Intelligenz und Dummheit. Um seine Ängste zu vertreiben, schüttete er den Rest des Bieres in sich hinein, indem er die Flasche zwischen den Händen drehte und auf den Flaschenboden schlug, um auch noch den allerletzten Tropfen herauszuholen. Damit erregte er Gelächter oder mitleidige Blicke, je nachdem, was für andere Gäste anwesend waren. Aber wenn wir im Negresco zusammensaßen, passierte das nicht. Ich gab ihm keine Ratschläge und zeigte ihm, dass es mir gleichgültig war, was er sagte. Er begriff, dass mich sein Verhalten störte, schämte sich und hörte auf, sich in seine Ängste hineinzusteigern. Wir saßen schweigend zusammen, bis er die Gelegenheit nutzte, mich zu zwingen, ihm zuzuhören. Er wartete auf meine Antwort, egal, wie sie lautete. Er hielt viel von mir. Ich mochte diesen blinden Glauben an mich nicht. Aber wie konnte ich die Freundschaft zu ihm lösen?

Wenn er noch Geld übrig hatte, übernachtete er in billigen Hotels. In der Nacht ging er in die Hurenkneipen und lud eine der Huren zum Trinken ein. Sie schnupperte nur am Glas, was ihn aber nicht störte. Wichtig war ihm nur, dass sie ihn mit ihren Geschichten unterhielt. Wenn sie nicht gut erzählen konnte, schaute er sich nach einer anderen um. Hatte er besonderes Vergnügen an einer Geschichte gefunden, so gab er mehr aus und steckte ihr Geld in die Tasche. Es tröstete ihn und freute ihn auch, wenn eine seiner Geschichten bei ihr Anklang fand und sie darauf reagierte. Er wusste, dass es nur ein Spiel war, aber das Wichtigste war die Unterhaltung. Schließlich nahm er keine von ihnen mit ins Hotel Al-Aberin, wie schön und verführerisch sie auch sein mochte. Er behandelte sie wie Schwestern, so wie er auch die Schuhputzer als Brüder behandelte. Ich dachte, er vertraute niemandem außer diesen Menschen. Vielleicht war es eine Art Masochismus, die ihn in die Welt dieser Menschen zog.

Als ich gerade frühstückte, klingelte es. Er war es. Nachdem er sich hingesetzt hatte, sagte er: »Jetzt ist Schluss!«

»Womit?«

»Ich habe mich nach Tanger versetzen lassen. Ich werde an einer Grundschule unterrichten.«

»Wo denn?«

»Im Viertel Banni Mkade.«

»Warum?«

»Meine Kinder halten zur Mutter und sind gegen mich. Neulich habe ich mit ihnen geschimpft. Da zog der Älteste mich am Kragen und wollte mir eine Ohrfeige geben. Sie hat ihn zurückgehalten. Aber er hat mich beschimpft, auf mich gespuckt und mir gedroht, mich aus dem Haus zu werfen.«

»Es gibt Schlimmeres! Du bist doch nicht der Einzige, dem das passiert.«

»Hast du ein Glück!«

»Warum?«

»Du hast niemandem den Po abgewischt, der dich dann später auch noch beschimpft. Alles ist aus und vorbei! Ich werde weit weg von ihnen sein.«

»Sie sind ein Bataillon und werden dir folgen, wo immer du auch hingehst! Außerdem ist das Leben in Tanger viel teurer als in Al-Araisch.«

»Ich werde schon zurechtkommen. Kannst du mich bitte nur so lange bei dir wohnen lassen, bis ich eine bezahlbare Wohnung gefunden habe?«

Er sagte das völlig unbedarft. Mit zitternden Händen trank ich mein erstes Glas.

Ich trank bis zum Abend viel und träumte, ich hätte ins Bett gemacht. Und tatsächlich passierte es. In meiner Kindheit hatte ich mit Vergnügen ins Bett gemacht, wenn ich mich noch zwischen Wachsein und Schlaf befand.

Einige seiner Kinder hatten einen Job, andere waren arbeitslos, kifften und tranken.

»Farid?«

»Ja?«

»Hast du schon einmal etwas über die Einsamkeit eines Dichters gelesen?«

»Ja.«

»Glaubst du daran?«

Er schaute mich an wie jemand, der nicht antworteten wollte, und sagte: »Ja, ich verspreche dir, dass ich dich nicht stören werde. Ich werde so lange schweigen, bis du mit mir redest. Du wirst meine Anwesenheit nicht spüren. Ich werde in meiner eigenen Einsamkeit leben.«

»Das habe ich nicht gemeint. Du wärst anwesend, selbst wenn du ein unsichtbares Gespenst wärst. Wenn du möchtest, dass wir Freunde bleiben, dann such dir eine andere Wohnung.«

»Ich würde mich tödlich einsam fühlen, wenn ich allein leben müsste. Das ist mir schon einmal passiert, als sie mich in eine Dorfschule im Rif-Gebirge versetzt hatten. Nur ein psychiatrisches Attest hat mich hierhin zurück nach Al-Araisch gebracht, sonst wäre ich verrückt geworden.«

»Farid?«

»Ja?«

»Ich weiß nicht, wie ich mich retten soll.«

»Erlaubst du mir denn wenigstens, dich zu besuchen?«

»Vielleicht. Aber manchmal möchte ich nicht einmal wissen, wer an meine Tür klopft!«

Seine Besuche würden mich bestimmt in Verlegenheit bringen. Wie konnte ich ihm nur klarmachen, dass ich allein schlafen oder ausruhen wollte, allein schreiben, lesen, träumen oder allein Musik hören wollte? Im Café oder in der Kneipe hätte ich mich leichter von ihm losmachen können. Aber in meiner Wohnung müsste ich meine Wut hinter Schweigen oder sinnlosem Gerede verstecken. Er war sehr empfindlich. Wenn er das Gefühl bekam, dass man ihm Unrecht tat, ging er mit dem Kopf durch die Wand. Er hatte viele tief sitzende Ängste, die er sicherlich mit ins Grab nehmen würde. Wenn er in einer Kneipe oder in einem Café saß und zur Toilette ging oder, wie er sich auszudrücken pflegte, dahin musste, wohin sogar der König allein ging, trank er vorher sein Glas aus. Er hatte nämlich Angst, jemand könnte ihm in seiner Abwesenheit etwas in sein Glas tun. Das tat er sogar dann, wenn er mit mir zusammensaß.

»Nicht mal zu mir hast du Vertrauen?«

»Man weiß ja nie! Vielleicht siehst du in meiner Abwesenheit durchs Fenster jemanden auf der Straße, den du kennst, und gehst hinaus, um mit ihm zu reden. Dann passiert etwas, was du und ich nicht mitbekommen. Es gibt viele Verrückte überall, die einem einen Streich spielen wollen. Außerdem gibt es Neider, die immer denken, dass du besser lebst als sie.«

»Aber hier hast du doch keine Feinde!«

»Man weiß ja nicht, was ein Mensch für einen empfindet, den man nicht kennt.«

Er steckte mich an mit seinen Ängsten. Aber nach drei Wochen kehrte er mit einem psychiatrischen Attest nach Al-Araisch zurück. In dieser Zeit besuchte er mich nicht und wir haben uns auch nicht getroffen. Einmal sah ich ihn auf dem Weg zum Bahnhof. Er ging auf der anderen Straßenseite. Hatte er mich gesehen? Auf jeden Fall habe ich mir nicht erklären können, warum er sich von mir fern gehalten hatte, auch in der Kneipe Negresco. Er hatte seine Komplexe und ich meine. Jeder von uns hatte seine Vorstellungen und Seltsamkeiten. Ich bedaure nicht, was zwischen uns geschah.

Das letzte Mal, als er aus Al-Araisch kam, bedauerte er dem Wirt gegenüber, dass ich nicht da war, weil ich zu dieser Zeit in Deutschland war. Er setzte sich wie gewöhnlich, wenn er allein war, vor das Aquarium.

Er kümmerte sich nur noch um seinen schwarzen Fisch Nadia. Es gab im Aquarium noch eine kleine Schildkröte, die er »Sufi« nannte. Die anderen Fische interessierten ihn nicht, trotz ihrer exotischen Farben. Er trank sein Bier und leerte jede Flasche bis zum letzten Tropfen.

Die Stammgäste gewöhnten sich an seine unkontrollierten Bewegungen. Niemand machte sich mehr über ihn lustig und sie lachten ihn auch nicht mehr aus. Sie hatten vielmehr Mitleid mit ihm.

Plötzlich sah Farid etwas Unerfreuliches. Sein Fisch Nadia bewegte die Flossen nicht mehr. Er schwamm auf der Wasseroberfläche und tauchte nicht mehr unter. Farids Augen traten hervor, er zitterte und schrie: »Das ist doch nicht möglich! Nadia stirbt!«

Die anderen schauten zu ihm hinüber und flüsterten: »Heute bekommt er bestimmt einen Nervenzusammenbruch.«

In der Ecke neben dem Eingang zur Küche saß wie gewöhnlich Doktor Anwar. Er war Lungenarzt, las seine Zeitung und trank seinen Basbasiya. Er ging zu Farid: »Was ist passiert?«

Er kannte ihn wie alle anderen Stammgäste.

»Nadia stirbt!«

»Nadia?«

»Ja, mein Fisch Nadia stirbt! Sehen Sie doch! Er schwimmt oben und bewegt sich nicht mehr. Können Sie ihn nicht retten?«

Der Doktor nahm den Fisch aus dem Aquarium, tat ihn in ein Glas Wasser und ging in die Küche, um ihn künstlich zu beatmen, wie er Farid sagte. Dann kam er zurück, tat den Fisch zurück ins Aquarium. Aber er blieb an der Oberfläche.

»Es tut mir leid, ich habe alles versucht, aber er ist gestorben.«

»Ist es vielleicht möglich, dass die Schildkröte ihm etwas angetan hat? Sie sieht so wild aus. Sie ist ruhig, aber dahinter steckt bestimmt etwas Bedrohliches.«

»Nein, das glaube ich nicht. Sie bleibt immer in ihrer Ecke. Herzliches Beileid von uns allen. Auch mir hat dieser schöne Fisch gut gefallen.«

»Nadia.«

»Entschuldigung, dein armer Fisch Nadia.«

Farid ging weinend hinaus und kehrte nie wieder ins Negresco zurück.

Mouhamed Al-Hradi

Joselito

Kurz nach dem Morgengebet ging Joaquín, genannt »Rojo«, was »der Rote« bedeutete, am Eingang der Moschee vorbei. Noch halb im Schlaf waren wir auf dem Weg zur Koranschule, um dort die Suren zu rezitieren, die wir gestern auswendig gelernt hatten. Wir sahen Joaquín die schwach erleuchtete Gasse überqueren. Er schob seine laut quietschende alte Karre vor sich her.

Als er uns bemerkte, blieb er kurz stehen, musterte uns mit seinen kleinen Augen und gab ein lautes Lachen von sich, so dass die Tauben auf dem Turm der Moschee erschraken und davonflogen. Dann ging er singend weiter und schob seine Karre auf den Weg zur Schweinefarm.

Nachdem er sich ein paar Meter von uns entfernt hatte, ahmten wir laut das Grunzen der Schweine nach. Unsere jungen Stimmen ähnelten allerdings eher denen kleiner Ferkel, weshalb er uns kaum Beachtung schenkte. Aber als einer von uns laut rief: »Medio metro!«, blieb der kleine Mann sofort stehen und fuchtelte drohend mit den Armen. Wir wussten genau, dass Joaquín es nicht mochte, wenn man sich mit »medio metro«, »halber Meter«, über ihn lustig machte. Trotzdem skandierten wir gemeinsam: »Medio metro, medio metro!«

Dann stoben wir in alle Richtungen davon und verschwanden in den dunklen Gassen der Stadt. Später trafen wir uns in der Koranschule, wo ein neuer Tag mit Flüchen und den Schlägen einer dünnen Quittenzweig-Gerte auf uns wartete, mit der unser Religionslehrer ständig über unseren Köpfen herumfuchtelte.

Niemand von uns wusste, wo Joaquín wohnte. Wir sahen ihn nur, wenn er die Essensreste aus den Häusern einsammelte und sie in seine Karre tat. Im Sommer waren das meistens verrottete Tomaten, Melonenschalen und Fischgräten. Er ging in der Mittagszeit durch die Gassen in Richtung der Finca von Juan Tonio Lobes, die am Stadtrand lag. Er blieb dort bis zum Abend. Später sahen wir ihn dann in der Bar »Capa Mentho«, an deren Tür »Gemeinsam für das Vaterland« geschrieben stand. Wir durften diese Bar nicht betreten, weil wir noch zu klein waren. So standen wir vor der geöffneten Tür und beobachteten Joaquín, wenn er die Lieder von Joselito, dem andalusischen Jungen, sang. Er erhob sein Glas mit der hellroten Flüssigkeit zum Himmel, schaute an die Decke und schimpfte fortwährend auf Franco, die Falange und auf alle Verräter, die ihn im Stich gelassen hatten. Seine Wutausbrüche wollten nicht enden und verursachten bei den anderen Gästen nur Abscheu oder ein spöttisches Lächeln. Schließlich wurde er aus der Bar geworfen und setzte seinen schmerzlichen Gesang draußen fort.

Ich allein hatte entdeckt, wo Joaquín schlief. Es war mein Geheimnis, das ich für mich behielt. Jede Nacht kletterte ich wie eine Katze über die Leiter auf das Dach unseres Hauses. Ich horchte auf die Lieder von Joselito, die von irgendwoher kamen. Eines Nachts stellte ich fest, dass sie von dort kamen, wo Marisa wohnte, die die Karten im Kino »Pires Caldos« verkaufte.

Jeden Tag riefen wir »medio metro« hinter ihm her, damit er zornig wurde und mit seiner Schimpftirade begann, die oft genug gegen die Ungerechtigkeiten des Himmels gerichtet war.

Nachdem wir unsere Mütter überredet hatten, uns ein paar Peseten zu geben, gingen wir wie jeden Abend zum Kino, wo Marisa, unser Traummädchen, arbeitete. Oft wetteten wir, wer zuerst die Farbe ihrer Augen herausfinden würde. Ich wusste, dass mir das nicht gelingen würde.

Trotzdem beteiligte ich mich an der Wette. Ich wartete draußen, bis das Kino die lustigen Filme mit dem Komiker Cantiflas gezeigt hatte. Als das Foyer sich geleert hatte, ging ich zu Marisa und starrte ihre Augen an. Sie fragte mich: »Qué pasa? Qué pasa? Was ist?«

Ich stand wie ein stummes Kind vor ihr. So wollte ich sie auf mich aufmerksam machen.

Wenn ich auf das Dach des Hauses geklettert und über die Mauer auf die anderen Dächer gesprungen war, um die Stimme Joselitos zu hören, wusste ich, dass sie dort war. Sie stellte den Phonographen an und wälzte sich allein in ihrem Bett hin und her. Ich wusste, das Joaquín nicht da war. Wenn er gegen Mitternacht kam und sie schon im Schoß der Lieder von Joselito eingeschlafen war, weckte er sie nicht, sondern schaltete den Phonographen aus und deckte den von Liebe berauschten Körper zu, ohne ihn jedoch zu berühren. Bestimmt sagte er sich: »Wäre ich ein ordentlicher Katholik, so hätte ich dem Priester erzählt, wie ich sie vorgefunden habe.«

Sie war seine Nichte, die aus Granada ausgerissen, zu ihm gekommen und hier im Land der Moros geblieben war. Er konnte sie nicht zurückschicken. Aber Joaquín war dumm und unglücklich. Er stand barfuß im kleinen Hof des Hauses, damit er Marisa nicht weckte. Er presste die Hand vor seinen Mund, um nicht laut zu husten. Ich fragte mich, ob Marisa wohl wusste, dass Joaquín sich ihr gegenüber wie ein treuer Hund verhielt und sie ihm wie eine Heiligenfigur erscheinen musste.

Wochen waren vergangen, ohne dass wir Joaquín auf unserem Weg begegneten. Der kalte Winter hinderte mich daran, aufs Dach zu klettern und über die Nachbardächer zu springen, um zum Nest von Marisa zu gelangen und die Lieder von Joselito zu hören. Manchmal traf ich Joaquín in einer leeren Gasse. Dann lächelte ich und grüßte ihn: »Hallo.«

»Hallo. Wohin gehst du, mein Junge?«

»Zur Hölle.«

Joaquín lachte, und dabei kamen seine gelblichen Zähne zum Vorschein. Dann schob er seine Karre, aus der ein unerträglicher Gestank kam, langsam weiter. Es war mir unvorstellbar, wie er diesen Gestank den ganzen Tag lang ertragen konnte.

Viele von uns hatten sich im Laufe der Zeit mit Joaquín versöhnt. Wir ärgerten ihn nicht mehr mit unseren bösen Kinderstreichen und riefen nicht mehr »medio metro« hinter ihm her, vielleicht, weil wir größer geworden waren. Wir waren nun keine kleinen Bengel mehr, sondern plötzlich Jungen geworden, die sich auch verliebten. Vielleicht hatte sich unsere Beziehung zu Joaquín auch wegen Marisa, unserer gemeinsamen Geliebten, und wegen der gemeinsamen romantischen Phantasien verändert. Ich hatte Glück, denn »Mi novia«, wie ich Marisa nannte, teilte mit mir die Liebe zu Joselito.

Ein wichtiges Ereignis trug zu dieser Versöhnung bei. Denn unsere Stadt erhielt die Autonomie. Die Einheiten der »Paesano«, der »Trisio« und der »Guardia Civil« zogen sich aus unserer Stadt zurück.

Weil unsere ruhige Stadt an der Grenze lag, strömten viele Menschen wie eine Invasion aus dem Süden mit ihren rauen Gesichtern zu uns. Sie bevölkerten Straßen und Gassen. Als Tonio Lobes, der Besitzer der Schweinefarm, mit seinen Töchtern auswanderte, hatte die Stadt bereits ihre Eigentümlichkeit verloren. Joaquín war arbeitslos, und Marisa würde auch nicht mehr lange bleiben.

Die Sommernächte waren lang und wurden von kühlen Winden begleitet. Ich schaute zum Himmel und betrachtete die glänzenden Sterne. Niemand vermochte sie jetzt zu zählen, weil sie sich so stark vermehrt hatten. Noch bevor ich begonnen hatte, sie zu zählen, wusste ich genau, dass es ein zweckloses Unterfangen sein würde. Mir wurde schwindelig.

Von weitem war die Stimme Joselitos zu hören. Ich erwachte und stellte mir vor, wie er an einen Pomeranzenbaum gelehnt an einer steinigen Straße in Andalusien stand. Das Licht des Mondes verwandelte die Straße in einen hellen, schweigenden Weg. Manchmal stellte ich mir vor, wie er seinen andalusischen grauen Esel hinter sich her durch die Dörfer zog und die Kinder, die alten und jungen Frauen aus den Häusern kamen, um seine engelsgleiche Stimme zu hören und ihm etwas zu essen zu geben.

Dann verstummte der Gesang, und ich hörte auf, die Sterne zu zählen. Ich schaute in die Richtung, aus der der Gesang gekommen war. Ich sah Marisa, wie sie das Licht im Zimmer ausmachte und auf die Terrasse ging. Vielleicht wollte sie auch die Sterne und den Mond betrachten. Ich wünschte, ich könnte zu ihr gelangen. War Marisa mein verlorener Stern, nach dem ich gesucht, den ich aber nicht gefunden hatte?

Mit der Zeit verwandelte sich unser ruhiger Ort in eine Stadt, die einem Bienenkorb ähnelte. Viele Gesichter waren nicht mehr da und neue kamen hinzu, die unsere Gemütlichkeit störten. Unsere Clique wuchs heran und traf sich manchmal vor dem Kino »Pires Caldos«, um Marisa hinter dem Schalter zu sehen.

An diesem Abend lief eine Sondervorstellung des Films von Joselito, und wir diskutierten lebhaft darüber, dass Joselito klein geblieben und nicht gewachsen war, obwohl wir alle größer geworden waren. Wann würde er erwachsen werden und die kurzen Hosen ablegen? Wann änderte er endlich seine Frisur? Er kämmte sich immer noch wie ein kleiner Junge. Über seine Stirn ließ er eine Schmalzlocke hängen. Es gab etliche Fragen, die wir nicht beantworten konnten. Und trotzdem stritten wir uns darüber, schrien uns an und rauften miteinander, bis unsere Hemdknöpfe abgerissen waren. Aber wenn Marisa erschien, versöhnte sie uns wieder. So war es auch, wenn wir plötzlich dem Religionslehrer oder dem dicken Chaimi mit seinem kurzärmligen Nylonhemd begegneten. Schon von weitem erkannten wir ihn an seiner Alkoholfahne.

Diesmal saß Marisa nicht hinter dem Schalter. Trotzdem drängelten alle, um aus der Hand einer alten Frau die Kinokarten entgegenzunehmen. Ich blieb vor dem Eingang stehen und sagte zu meinen Kameraden: »Geht ihr schon mal rein, ich komme gleich nach.«

Ich sah, dass die vielen Karten für die billigen Ränge schon verkauft waren. So kratzte ich mein ganzes Geld zusammen und kaufte eine Sperrsitz-Karte. Ich ging hinein, und die Kartenkontrolleurin geleitete mich zu meinem Platz, denn es war dunkel. Ich sah mich um und entdeckte zu meiner Überraschung, dass Marisa in der Dunkelheit neben mir saß. Sie schaute mich erstaunt an, und mein Herz schlug mir bis zum Hals, wie eine erschrockene Trommel. Was für ein Glück! Durch Zufall saß ich neben Marisa. Ich dachte, alle würden sich nach uns umschauen und denken: »Wer sitzt denn da neben Marisa?«

Meine Hand, die auf meinem Knie lag, war heiß. Ich zitterte, als ich daran dachte. Marisa war auch unruhig. Zum Glück begann Joselito zu singen. Vor ihm stand Annemarie. Ich hörte dem Gesang aufmerksam zu, um diese Zartheit in der Kehle dieses jungen Andalusiers herauszuhören. Auch ich saß mit Marisa allein, so wie er mit Annemarie im Film. Als er Annemaries Hand an sich drückte, streckte ich meine nach Marisas Hand aus und hielt sie fest.

Wir blieben für eine Weile so, bis die Lichter im Saal unser kleines Glück beendeten. Ich fühlte mich, als hätte ich mich außerhalb von Zeit und Raum bewegt.

Die Karre von Joaquín war nicht mehr da. Vielleicht hatte sie sich in Luft aufgelöst. Die Begegnung mit Marisa hinterließ bei mir eine Narbe, eine Erinnerung im Herzen. Denn bald darauf ging sie zurück nach Andalusien.

Eines Tages ging ich wieder aufs Dach, um den Klang der Musik in der Nacht zu genießen. Von weitem ertönte die Stimme Joselitos, klar wie die Nacht. Ich wusste, dass Tote auch auferstehen konnten, wie uns unser Religionslehrer beigebracht hatte. Aber heute bin ich sicher, dass die Stimme Joselitos von irgendwoher auftauchte und in unserem gemeinsamen Himmel verschwand. Mein Stern, Marisa, ist dort, und ich bin hier im Land der Moros.

Idris Al-Saghir

Ein zerfetztes Segel über einem ruhigen Fluss

Es war die Zeit des Sonnenuntergangs. Sie standen am linken Flussufer, ein paar Meter vom Zaun des Segelclubs entfernt. Wie jedes Mal fragten sie einander, wo der beste Platz zum Sitzen war, als ob sie sich gerade erst kennen gelernt hätten. Beide erspähten den Platz: »Was meinst du?«

»Und was meinst du?«

Dann herrschte Stille, nur vom Geräusch eines Autos unterbrochen, das die Straße hinter ihnen entlangfuhr, oder vom Echo des Geschreis der Kinder, die in der Nähe spielten. Dann sagte einer von ihnen »Hier« und der andere war einverstanden: »Ja, hier ist der beste Platz.«

Sie setzten sich auf die auf dem Boden ausgebreiteten Tageszeitungen und begannen ihre Unterhaltung mit schönen Erinnerungen.

Mustafa öffnete die erste Plastikflasche, schenkte sich das erste Glas ein und sagte vergnügt wie jedes Mal, wenn er seinem Freund etwas eingoss: »Das ist die beste Sorte. Niemand kennt sie außer mir, ich habe Erfahrung. Die anderen trinken alles. Die Verkäufer betrügen sie und bieten ihnen Flaschen mit gepanschtem Zeug an.«

Al-Arabi nickte zur Bestätigung, obwohl ihm alles gleich gut schmeckte, was auf der Zunge und im Hals brannte.

»Sag, Mustafa, was machen wir, wenn die Polizei plötzlich auf dem Platz anrückt?«

Mustafa lachte spöttisch: »Du redest von Anrücken, als ob wir in deinem dunklen, kleinen, schmutzigen Zimmer sitzen. Wir sind draußen, mein Freund! Draußen, hörst du?«

Die Sonne in ihrem Rücken warf die Schatten ihrer ausgestreckten Körper auf die Wasseroberfläche, und eine frische Brise erfrischte sie. Al-Arabi dachte an die Möwen, die es hier nicht mehr gab. Er dachte, dass sie vielleicht ausgewandert waren, obwohl er eigentlich keine Ahnung von Vögeln hatte. Er sah sie nur in der Luft segeln und manchmal hinabgleiten. Er war unruhig. Vielleicht tauchte plötzlich ein Polizeiwagen auf. Bestimmt würden die Polizisten herausspringen und sie beide blitzschnell überfallen. Dann würden sie durchsucht und beschimpft. Auf der Wache müssten sie dann ein Protokoll unterschreiben, in dem sie zugaben, öffentlich betrunken gewesen zu sein. Er schaute hinter sich und sagte dann zu seinem Freund: »Guck mal!«

Sie sahen auf der Straße einen Leichenwagen, der mit eingeschalteten Scheinwerfern langsam vorbeifuhr. Hinter ihm einige Autos und Lastwagen voller Menschen. Sie hörten nur: »Es gibt keinen Gott außer Allah. Und Mohammed ist sein Prophet.«

Sie beobachteten den Trauerzug mit gesenkten Blicken und tranken weiter.

»Eines Tages werden wir alle sterben, aber nicht alle auf einmal. Jeder muss auf sein Schicksal warten.«

Mustafa antwortete: »Ich weiß nicht, wie oft ich schon hätte sterben müssen! Der Todesengel Izrail hatte schon oft die Falle für mich aufgestellt. Aber jedes Mal bin ich im letzten Moment noch entkommen. Man hat mich mit einer Katze, die sieben Leben hat, verglichen. Aber ich werde nicht sterben, bevor ich nicht auf das Grab meiner Feinde geschissen und gepinkelt habe!«

Al-Arabi dachte daran, dass er auch mehrmals um ein Haar gestorben wäre. Einmal wäre er fast im Meer ertrunken. Im letzten Moment hatte ihn damals ein guter Schwimmer aus den tosenden Wellen geholt. Ein anderes Mal verschluckte er sich beim Wassertrinken. Dann wieder hätte er sich fast wegen einer Frau umgebracht. Und es gab noch viele weitere Male. Mustafa unterbrach ihn in seinen Gedanken: »Woran denkst du?«

»An den Nürnberger Prozess.«

»Ja?«

»Die Nazis waren während des Prozesses standhaft; sie nahmen die Urteile lachend entgegen.«

»Und was soll das bedeuten?«

»Ich denke dabei an einen hohen Beamten bei der Polizei. Er hatte die Menschen terrorisiert und viele Verbrechen gegen Frauen begangen. Selbst der Teufel hätte nicht schlimmer sein können als er. Er hat seine Stellung ausgenutzt. Als sie ihn erwischten, war er so ein Weichling, dass er während des Prozesses weinte und Durchfall bekam. Als sie ihn hinrichteten, starb er wie ein Hund.«

»Was soll das bedeuten?«

»Hör dir mal die Reden dieser Minister, der Parlamentsabgeordneten und der Parteiführer an. Dann weißt du es!«

»Ich möchte gar nichts wissen. Ich möchte nur Geld haben, viel Geld! Dann kaufe ich mir eine Jacht, mit der ich die Welt umsegle, und danach tue ich das, was auch Jacques Brel getan hat: Ich lasse mich auf einer Marquesas-Insel nieder. Dort werde ich dann uralten Wein trinken, gegrilltes Fleisch essen und Musik hören, die mir gefällt, bis ich sterbe.«

»Du erinnerst mich an den Mann, der gestorben ist.«

»Welcher Mann?«

»Dessen Trauerzug gerade vorbeigefahren ist.«

»Woher weißt du, dass es ein Mann war?«

»Bitte lass mich doch meine Phantasie einsetzen!«

»Ja, phantasiere ruhig weiter, mein Freund.«

»Willst du unsere Unterhaltung stören?«

»Na gut, nehmen wir an, es war ein Mann.«

»Es war wirklich ein Mann! Er starb mit gerade mal vierzig Jahren. Er hinterließ eine Mutter, eine Frau, die beide arbeitslos sind, und fünf Kinder, die noch zur Schule gehen. Mit zwanzig hat er geheiratet und in einer Firma gearbeitet. Er begleitete seine Frau zum Markt und in die Läden, hinter ihm und auf seinen Schultern die Kinder. Er umarmte sie, wischte ihre Tränen ab, putzte ihnen die Nasen und schimpfte mit ihnen, wenn sie auf sein Hemd gepinkelt hatten. In seinen Ohren immer das Schimpfen seiner Frau: Wärst du ein richtiger Mann, dann hättest du ein Auto und eine Villa wie dein Vorgesetzter. Du bist ein Pechvogel! Verflucht sei der Tag, an dem ich dich geheiratet habe. Komm her und trag mal diesen Korb und folge mir.

Er hat nie in einem Café gesessen, nie ein Buch gelesen, keine Reise gemacht und ist auch nie tanzen gegangen. Als er den Korb nahm und ängstlich hinter seiner Frau herging, wurde ihm plötzlich schwindelig, er brach auf der Straße zusammen und starb.«

»Die Frau ist gestorben.«

»Wie das? Hatten wir nicht gesagt, es war ein Mann?«

»Ja, ich bin ein bisschen durcheinander. Jetzt ist es mir klar geworden: Der Mann hat zwanzig Jahre lang Geduld gehabt und sich alle möglichen Beschimpfungen angehört. Die Menschen, die man Vorgesetzte nennt, sind alle Gauner. Sie besitzen Autos und Häuser. Er hat sie gut gekannt. Er hat viel gelesen. Er hat Bücher nur so verschlungen. Die Frau hat die Bücher überall in die Ecken geworfen und die Kinder die Bücher zerreißen lassen. Als sie ihn heiratete, wollte sie nur einen Mann haben, der sie vor dem Hunger rettete. Sie war fernsehsüchtig und hat alle Serien gesehen. Sie hat mit den Nachbarinnen vor dem Haus gestanden und getratscht. Anfangs hat sie sich gewünscht, einen Polizisten oder jemanden in Uniform zu heiraten. Später wollte sie den Direktor einer Firma. Und als sie im Fernsehen die Gattinnen der Botschafter bei den Empfängen neben ihren Männern gesehen hat, hat sie gesagt: Ich bin dazu geboren, Gattin eines Botschafters zu werden. Aber das Schicksal hat mich in den Schoß eines Hundes geführt. Nimm den Korb und folge mir.

In diesem Moment drang der Dolch in ihren Bauch und sie blutete. Die Menschen versammelten sich um die zusammengebrochene Tote.«

»Deine Phantasie ist großartig, Mustafa!«

»Aber deine ist noch besser, Arabi.«

»Bitte mit dem Artikel – Al-Arabi.«

Die Nacht hatte ihren Vorhang heruntergelassen. Es war dunkel geworden, die Sterne blinkten am Himmel und der Vollmond leuchtete über dem Fluss. Von weitem konnte man die Fischerboote erkennen. Mustafa sagte: »Du und ich, wir sind wirklich blöd! Blödere als uns beide gibt es nicht auf der Welt!«

Al-Arabi fragte: »Warum?«

»Der Trauerzug, du Dummkopf!«

»Was ist denn mit diesem Trauerzug?«

»Es war ein Luxuswagen einer ganz modernen Marke. Das bedeutet, dass der Tote zu den Bessergestellten oder sogar zu den Machthabern gehörte. Sag kein Wort mehr! Er gehörte zu den Neureichen der Stadt. Er hatte von seinem Vater nichts geerbt. Oder vielleicht hatte er überhaupt keinen Vater.«

»Wie?«

»Ich habe dir doch gesagt, du sollst nicht reden. Trink, rauch und hör zu! Er war Schäfer. In einer kalten, sternlosen Nacht hatte er eine Idee. Es war wie eine Offenbarung. Er stahl ein Schaf, lud es sich auf die Schultern und ging ziellos durch die Nacht. Als es hell wurde, befand er sich auf einem Markt. Er verkaufte das Schaf dem erstbesten Käufer und hörte einen Busfahrer rufen: Kuneitra, Kuneitra! Kommt, ihr Söhne des Sidi Al-Arabi Bu Dschumma! Er kaufte eine grüne Fahrkarte. Er erinnerte sich immer daran, dass sie grün war. Sag nichts! Jetzt erinnert er sich nicht mehr. Ich meine: er erinnerte sich so lange, bis er starb. Er setzte sich ans Fenster und schaute über die Felder, die Wälder und die Schafe, an denen er mit dem Bus vorbeifuhr. Er sagte zu sich: Oh Gott! Was für ein

Schicksal! Ich fahre jetzt in eine Stadt, von der unsere Alten erzählt haben, dass die Bewohner dort nur mit Dollars bezahlen. Du wirst sie auf dem Bürgersteig liegen finden oder an den Ohren der Esel hängend.

Sei gefälligst nicht so ungeduldig. Ich werde die Geschichte kürzen.«

»Woher weißt du denn, dass ich ungeduldig bin?«

»Deine Miene, Arabi.«

»Wie kannst du meine Miene in der Dunkelheit erkennen?«

»Die Augen können in der Dunkelheit nicht sehen, aber das Herz in der Brust kann das.«

»Du fängst an zu spinnen!«

»Weißt du, dass er anfangs im Schlachthof gearbeitet hat und auf der Straße die Innereien verkaufte? Dann eröffnete er eine Schlachterei nach der anderen, und später hat er dann die Restaurants und Hotels mit Fleisch beliefert.«

»Dann starb er.«

»Das Wichtigste ist aber, wie er gestorben ist.«

»...«

»Er hat einen Stromschlag bekommen.«

»Wie?«

»Gestern hat er im Fernsehen ein Konzert der *Scheichat* gehört. Es gibt für ihn nichts Schöneres! Plötzlich gab es einen Stromausfall, als eine von den Scheichats ihren Tanz vorführte. Er konnte es nicht aushalten, ging zum Apparat und fummelte daran herum. Und schon war es passiert!«

»Deine Geschichte ist amüsant, sehr amüsant!«

»Der Mann ist gestorben und du nennst meine Geschichte amüsant?«

»Er starb als Märtyrer.«

»Märtyrer der Scheichat. Hör zu, Al-Arabi.«

»Jetzt hörst du mal zu! Du hast schon so viel palavert! Der Trauerzug scheint für jemanden zu sein, der reich war. Aber es war eine Frau und kein Mann, wie du dir das vorstellst. Vorn gab es einen Wagen, der den Zug anführte.

Das bedeutet, dass der Trauerzug für eine Frau war. Die Frau hat Angst vor den Männern, auch noch beim Begräbnis. Früher, bevor es Autos gab, war der Sarg einer Frau geschlossen, der eines Mannes aber geöffnet.«

»Ich möchte dich nicht unterbrechen oder deine Phantasie stören, aber dich daran erinnern, was der Erzähler gesagt hat. Er hat wörtlich gesagt: Sie sahen einen Leichenwagen, der mit eingeschalteten Scheinwerfern langsam vorbeifuhr. Hinter ihm einige Autos.«

»Ich bitte dich. Sei nicht so naiv und glaube alles, was der Erzähler gesagt hat. Es war eine Frau. Genau genommen war sie die Frau des Schäfers, der das Schaf gestohlen hat. Er hat in einem Schlachthof gearbeitet und in einer Hütte gewohnt. Er war ein Taschendieb und hat die Menschen im Bus und auf dem Markt bestohlen. Er hat die Frau eines Händlers geheiratet und übernahm dessen Besitz. Sie war nicht schön und hinkte. Er hat seine Frau immer gebeten, mit ihm zum Meer zu gehen, was sie aber immer wieder abgelehnt hat. Gestern wollte er seinen Ohren nicht trauen, als sie sich bereit erklärte, mit ihm ans Meer zu gehen. Sie gingen an einen Ort, wo sie unbeobachtet waren. Er stieß sie in die Tiefe und sie verschwand.«

Ihre Körper waren betäubt, ihre Zungen wurden immer schwerer. Die Nacht wurde stiller. Eine kühle Brise wehte. Man hörte nur noch das Quaken der Frösche. Die Lichter der Stadt erschienen blass und ungeordnet.

Muhammad Safsaf

Die Blumenverkäuferin

Das Dienstmädchen hat sie umgebracht. Und die Blumenverkäuferin, eine alte Frau, vermochte sich nicht zu wehren. Vor ihrer Tat schloss das Dienstmädchen die Tür und raffte alles zusammen, was es zu stehlen gab. Danach ergriff sie die Flucht. Sie versuchte durch ein Fenster in die Nachbarwohnung einzusteigen, stürzte dabei aber aufs Trottoir und starb ebenfalls. Neben ihr lag, was es zu stehlen gegeben hatte. Nun war also das Dienstmädchen ebenso tot wie die Blumenverkäuferin. Die eine in der Wohnung, die andere auf dem Trottoir. Die Leute scharten sich um die Leiche auf dem Trottoir. Manche blickten hinauf zur Wohnung, und niemand wusste, ob einer von den Umstehenden all das gestohlen hatte, was da herumlag.

Die Feuerwehr kam, ebenso die Polizei und natürlich auch der Krankenwagen. Sie holten die eine Tote aus der Wohnung, nahmen die andere vom Trottoir und transportierten beide dorthin, wo Autopsien vorgenommen werden können und man, auch wenn keine nötig war, möglicherweise eine vornehmen würde. Hauptsache, man transportierte die Toten dorthin. Doch die Leute zerstreuten sich nicht. Vielleicht hatten sie ja nichts Besseres zu tun.

»Die Blumenverkäuferin stammt ursprünglich aus dem Senegal«, sagte ein Mann. »Sie ist in einem Nonnenkloster aufgewachsen. Darum spricht sie nur Französisch.«

»Stimmt nicht«, sagte ein anderer. »Sie spricht Arabisch, obwohl sie eine Schwarze ist. Sie ist gar keine Senegalesin.«

»Ihre Mutter war eine Marokkanerin aus Warsasât. Sie hat sie, na ja, irgendwie bekommen und sie dann einer Nonne überlassen. Ja, natürlich, sie ist älter als ich, aber ich habe das gehört. Ihre Mutter hat bei allen möglichen Ausländern im Haushalt gearbeitet, und niemand weiß, von wem sie schwanger geworden ist.«

»Die Neger sind überall«, sagte ein anderer. »Sie arbeiten auf dem Bau und als Gärtner in den Villen. Sicher war es einer von denen.«

Eigentlich wusste niemand etwas über die Blumenverkäuferin. Sie hatte völlig zurückgezogen gelebt, war unauffällig elegant gewesen. An Sonntagen zog sie ihren Hund hinter sich her und redete auf ihn ein. Sie besaß den Blumenladen gegenüber der Kirche, in der es keine Gläubigen mehr gab, nicht einmal mehr jenen einzigen, einsamen Mönch, der in einem Flügel des Gebäudes gewohnt hatte, den Koran auswendig konnte, allerlei hässliche Dinge mit jungen Marokkanern trieb und ihnen zur Belohnung bei der Beschaffung von Pässen und Arbeitsbewilligungen für Frankreich behilflich war.

Die schwarze Blumenverkäuferin wohnte im dritten Stock über dem Laden. Ihr Fenster ging auf die leere Kirche hinaus. Manchmal baumelte an einem goldenen Kettchen um ihren Hals ein Kreuz, das sie, so gut es ging, zu verstekken versuchte, aus Angst, es könnte ihr gestohlen werden oder die Leute könnten sie als Christin bezeichnen. Eigentlich wusste niemand, ob sie Christin oder Muslimin war. Darüber hatte sie nie mit jemandem gesprochen. Sie war schwarz, und damit basta. Sie hatte einen Hund, den sie ausführte, und sie gab den Bettlern, selbst wenn diese gar nicht um ein Almosen baten. Offenbar wusste sie, was Almosen bedeuten, weil ja ihre Mutter sie einer Nonne als Almosen gegeben hatte und weil ja auch der Mönch Pässe und anderes als Almosen gegeben hatte. Das Tor der Kirche scheint nicht eng zu sein, weshalb aus ihr Almosen kommen. Die Tür der Blumenverkäuferin war zwar eng, doch offen. Nicht für alle ganz offen, aber doch für einige betagte Ausländerinnen – Spanierinnen, Italienerinnen, Französinnen; auch für einige Marokkanerinnen, die mit Europäern verheiratet gewesen, deren Ehemänner aber verstorben waren und sie hier in diesem Viertel zurückgelassen hatten. Sie besuchten einander und verunglimpften einander. Meist aber zerrissen sie sich nur das Maul über ihre Dienstmädchen, die sie wechselten wie ihre Unterwäsche, aus Angst vor einer dieser Krankheiten, die das Alter allemal begleiten. Ja, sie waren ebenso auf Sauberkeit erpicht wie auf den Wechsel der Dienstmädchen. Und diese gierten danach, etwas zu klauen, einige waren gar verrückt und tolldreist genug zu töten. So hat das Dienstmädchen die Blumenverkäuferin umgebracht. Vielleicht hatte sie sie ja auch früher schon bestohlen. Nun war jedenfalls die Blumenverkäuferin tot, und das Dienstmädchen ebenfalls. Zuvor war schon ein Nachbar gestorben, ein Spanier, der bei ihr einmal pro Woche Blumen gekauft hatte. Er war um die siebzig gewesen und nie verheiratet. Den lieben langen Tag hatte er getrunken, und fast allmorgendlich war er im Blumenladen vorbeigekommen, um mit der Verkäuferin ein halbes Stündchen zu plaudern. Dabei hatte er nie die Frage angeschnitten, ob sie je verheiratet gewesen sei. Niemand hatte je diese Frage angeschnitten. Sie erzählte immer von einem »Seligen«, doch niemand wusste, ob es sich bei diesem um Freund, Ehemann, Bruder oder sonst einen Verwandten handelte. Jedenfalls war der Geist des Seligen präsent, wenn sie sich mit anderen Frauen über die Männer unterhielt. Und dieser Selige verfügte offenbar über ein schickes Äußeres, gute Manieren und eine Stellung – es war zu französischen Kolonialzeiten – im Staat. Außerdem wurde aus ihren Erzählungen deutlich, dass er einer leichten Art alkoholischer Getränke zugetan war, dass er Hunde mochte und gern Boule spielte, besonders am Abend oder an Wochenenden. Die Blumenverkäuferin wechselte nicht so gern und nicht so häufig wie ihre älteren Freundinnen die Dienstmädchen. Ja, manchmal verlor sie sie wie die Haushaltsausgaben aus den Augen. Die Dienstmädchen gingen, wann sie wollten. Manche heirateten, um sich später scheiden zu lassen. Andere verschwanden endgültig. Auch war das Gefängnis offen für alle, ebenso die psychiatrischen Krankenhäuser, wenn es denn überhaupt Krankenhäuser gab. Apropos Krankenhäuser, niemand wusste genau, ob man die Blumenverkäuferin und das Dienstmädchen ins Krankenhaus gebracht hatte, oder wohin sonst. Bekannt war nur, dass irgendwo ein Ort für Autopsien existierte.

Dort gab es einen Franzosen, der die Öffnung der Schädel der Toten und die Sezierung ihrer Körper überwachte. Dieser hielt sich ständig in der Capitol-Bar auf. Er trank allein für sich, als ob er sich an all die aufgespaltenen Schädel erinnerte, oder an all die aufgeschnittenen Gliedmaßen, an denen er herumfummelte. Die Blumenverkäuferin war umgebracht worden, das Dienstmädchen war umgekommen und der Selige ebenfalls. Aber er hatte über ein schikkes Äußeres und gute Manieren verfügt und gern dies und das getan. Natürlich würden alle Menschen gern dies und das tun. Doch dann werden sie umgebracht oder kommen sonstwie ums Leben, wie die Blumenverkäuferin und ihr Dienstmädchen. Eigentlich ist da gar kein Unterschied, ob man umgebracht wird oder eines natürlichen Todes stirbt. Der eine Mensch verschwindet, ein anderer tritt an seine Stelle. So wird zum Beispiel jemand den Laden der Blumenverkäuferin übernehmen, ihre Wohnung wird jemand anderes mieten oder kaufen, und ganz sicher wird ein anderes Dienstmädchen kommen, um die Wohnung sauberzumachen. Der Blumenladen wird neu eingerichtet werden, andere Blumen werden an die Stelle derer treten, die die Blumenverkäuferin geführt hat.

Etwas geht, etwas bleibt. Neue Dinge nehmen den Platz der bisherigen ein. Und wie die Blumen welken, so welken auch die Seelen in den Körpern. Vielleicht wandern ja diese Seelen in andere Körper, weiße, schwarze, gelbe. Die Schwarze ist tot, ebenso das Dienstmädchen und der Selige und der Spanier und alle anderen.

Ihre Seelen waren verwelkt, wie die Blüten der Blumen. Und wenn Blumen oder Seelen welken, heißt das, dass sie schwach geworden sind und sterben werden. Aber sie führen zu dem, was danach kommt, und niemand weiß, ob die Schwarze nicht auch nach dem suchte, was ihr folgen wird. Sie lebte mit den Blumen, dem Hund, der verlassenen Kirche, den alten Frauen und dem Geist des Seligen. Ob ihre Seele wohl der seinen begegnet ist? Niemand weiß es. Und alle klammern sich an dieser Welt fest. Das ist ihnen unbenommen, schließlich wissen sie nicht, was hinter dem Vorhang liegt. Wüssten sie es, würden sie allesamt Selbstmord begehen, um dem Morden, dem Hunger, den spöttischen Blicken und dem Hohn zu entfliehen.

»Ach, wenn wir nur keine Augen und keine Ohren hätten«, sagte die schwarze Blumenverkäuferin einmal zu einer italienischen Freundin.

»Aber mit den Augen sehen wir, und mit den Ohren hören wir«, entgegnete diese. Worauf eine alte Marokkanerin, die mit einem Österreicher verheiratet gewesen war, der noch am Zweiten Weltkrieg teilgenommen hatte, ergänzte: »Wir haben auch eine Nase, um Angenehmes und Abstoßendes oder auch anderes zu riechen.«

Doch die Blumenverkäuferin hatte nie auch nur den Versuch unternommen zu hören, zu sehen oder gar an den Blumen zu riechen. Sie war sehr schweigsam und sprach nicht viel. Wenn ihr etwas zu Ohren kam, selbst wenn es sie betraf, kommentierte sie es nicht. Und vielleicht hatte das Dienstmädchen, das sie umbrachte, diese Schweigsamkeit für einen Ausdruck von Dummheit und Einfalt gehalten. Aber der Eindruck täuschte. Sie war gar nicht so einfältig. Das hübsche Arrangement der Blumen hinter ihrem Schaufenster offenbarte eine besondere Persönlichkeit.

Sie redete nicht viel. Wenn die Frauen über ihre Ehemänner sprachen, sprach sie nur über den Seligen mit dem eleganten Äußeren und den guten Manieren, außerdem über den Hund und die Blumen. Und wieviele Blumennamen sie kannte! Nicht einmal die Namen ihrer Freundinnen merkte sie sich so gut wie diejenigen der Blumen, die sie verkaufte. Den Namen des Seligen erwähnte sie nie. Einmal habe sie, erzählte eine Freundin, den Namen Pedro aus ihrem Mund gehört, weshalb sie gegenüber den anderen behauptete, die Blumenverkäuferin sei einmal mit einem Pedro verheiratet gewesen.

»Ganz ohne Zweifel war ihr Vater ein Schwarzer aus einer spanischen Kolonie«, kommentierten sie.

Doch eine andere wollte es besser wissen: »Aus Lateinamerika. Mein seliger Mann ist in Andalusien geboren, hat aber seine Kindheit in Honduras verbracht. Als sein Vater starb, ist er nach Spanien zurückgekommen und hat sich dem Heer von General Rojos angeschlossen. Dann ist er aber vor dem Krieg weggelaufen und hat mich geheiratet. Er hieß Pedro, Pedro Gonzales.«

»War er schwarz?« fragte eine andere.

»Nein, überhaupt nicht. Er war braun und hat sehr gut ausgesehen. Sein einziger Fehler war, dass er die Frauen liebte. Aber ich hab ihn trotzdem geliebt. Ein richtiger Herr, aber er liebte die Frauen. Ich glaube halt schon, jeder richtige Herr muss die Frauen lieben.«

»Der Selige war auch ein richtiger Herr«, hatte die Blumenverkäuferin nicht lange vor ihrem Tod gesagt, »aber er hat die Frauen nicht sehr geliebt. Er hat den leichten Wein geliebt, hat gern Boule gespielt, und manchmal hat er Wildschweine gejagt. So ist er geblieben bis zu seinem Tod.«

»Warst du mit ihm verheiratet?«

Darauf schwieg sie, beschnitt oder arrangierte ein paar Blumen und betrachtete durch das Schaufenster die wenigen Passanten. Sie ließ ihre Blicke in die Ferne schweifen, weit weg, in eine fremde Welt, die nur sie kannte. Und unter ihrer Brille mochte eine Träne hervorquellen. So blieb der Selige ein Unbekannter für all die neugierigen Frauen, die versuchten, alles über die Blumenverkäuferin zu erfahren. Und sie starb, ohne dass jemand etwas über Pedro erfahren hätte. Niemand hatte Pedro je gesehen, obwohl man die Blumenverkäuferin seit langer Zeit kannte. Nie hatte ein Mann ihre Wohnung betreten. Einmal erzählte sie, er habe ausgezeichnet Wildschwein zubereiten können. Das sei so delikat gewesen, ein Frischling, und meisterhaft von Pedro zubereitet!

Nach dem Tod der Blumenverkäuferin kamen keine Verwandten, um ihre Wohnung zu besuchen. Ja, keiner erhob Anspruch darauf. Seltsam war auch, dass niemand – kein schwarzer Mann, kein schwarzes Kind, keine schwarze Frau – bei ihrem Laden vorbeischaute. Erst einige Tage später kamen vier Personen, öffneten den Laden, in dem einige Blumen verwelkt waren; danach ließen sie das Gitter herab und hängten das Schloss davor. Schließlich brachten sie ein Wachssiegel an, machten auf ein paar Papieren einige Notizen und besprachen sich kurz. Dann gingen sie.

Ist das der Anfang und das Ende des menschlichen Lebens? Darüber räsonierte ein Lehrer, der in derselben Straße wohnte, obwohl er weder zu Blumen noch zu Tieren irgendeine Beziehung hatte. Niemand folgte der Bahre der Blumenverkäuferin. Ja, niemand erfuhr, wie und wo sie bestattet wurde. Sicher war allein, dass man sie im Krankenwagen abtransportiert hatte und ein paar Tage später der Laden mit Wachs versiegelt wurde. Niemand wusste, ob sie auf dem muslimischen, dem christlichen oder dem jüdischen Friedhof begraben wurde. Das dachte der Lehrer, jener Mann, der immer alles schweigend aus der Ferne betrachtete. Wichtig scheint einzig, dass der Tod eigentlich immer gleich ist. Manche werden bestattet, andere verbrannt, wieder andere geraten in den Bauch des Wals. Der Tod ist immer gleich. Wer also beweint wen? Wer heute einen Toten beklagt, ist morgen selbst dran. Was einer bei seinem Tod zurücklässt, dessen wird sich ein anderer ohne die geringste Anstrengung bemächtigen. Deswegen dachte der Lehrer, er werde niemandem etwas zum Erben hinterlassen. Aber dann, was könnte schon ein Lehrer zurücklassen, der sich nicht bestechen lässt?!

Etwas schien sich nach dem Tod der schwarzen Blumenverkäuferin in der Straße schon verändert zu haben. Der Laden jedoch ging wieder auf. Es gab eine andere Frau. Vielleicht hatte sie ihn gekauft. Sie redete im Dialekt von Fes und blickte zum Himmel, als wäre die Erde nicht unter ihren Füßen, diese Erde, unter der wohl auch sie einmal begraben würde. Dann würde der Laden ein weiteres Mal geschlossen und für einige Zeit mit Wachs versiegelt. Das ist euer aller Ende.

Djabra Ibrahim Djabra

Der Streit

Die Stimmen unserer Nachbarn wurden immer lauter, das Geschimpfe wurde heftiger, so dass meine Mutter kam und sagte: »Geh rein, mein Sohn. Diese Frauen sind unverschämt, hör nicht auf das, was sie sagen.«

Ich ging ins Haus und hatte aus einem mir unbekannten Grund Angst.

Ich legte mich auf den Boden und versuchte die Streiterei nicht zu hören. Aber das Geschrei war so laut, dass es sich nicht überhören ließ.

Da die Fensterscheibe zerbrochen war, hätte es auch nicht geholfen, das Fenster zu schließen. Und meine Mutter wollte es nicht schließen, weil es die einzige Lichtquelle war. Sie wollte nämlich die Socken meines Vaters flicken.

Ich schlief ein und dachte dabei an den zerklüfteten Weg, der zum Wadi führte, wohin ich vor zwei oder drei Tagen hinabgestiegen war, um den Olivenpflückern zu helfen. Sie waren großzügig und gaben mir dafür eine Menge Oliven. Auf dem Rückweg nach Hause stöhnte ich unter meiner Last.

Ich träumte, ich wäre noch einmal ins Tal hinabgestiegen. Dort sah ich die Olivenpflücker tanzen und ein bekanntes Lied singen. Eine Frau zeigte auf mich und sagte: »Seht euch mal diesen Jungen an, wie schön er tanzt!«

Und ich tanzte mit ihnen, bis sie alle lachten. Einer von ihnen hob mich auf einen Baum, der schwarze Oliven trug. Die Oliven fielen zu Boden und die Tanzenden beugten sich hinunter und sammelten sie in ihre Schürzen.

Ich weiß nicht mehr, wie der Traum endete, da ich einen Traum nach dem anderen hatte.

Den Streit hörte ich immer noch, aber nur undeutlich, bis ich plötzlich aufwachte und spürte, dass mein Arm, auf dem mein Kopf gelegen hatte, eingeschlafen war.

Ich hörte, dass der Streit sich etwas gelegt hatte und sie sich nun die Schuld gegenseitig zuwiesen. Beide Seiten waren müde geworden. Dann wurde es still, so dass das Gackern der Hühner hinter dem Haus deutlich zu hören war. Während meine Mutter nähte und flickte, sang sie mit leiser Stimme ein trauriges Lied. Ich lauschte und blieb auf dem Boden liegen. Ich wurde nachdenklich und fühlte Traurigkeit in mir aufsteigen. Gedanken gingen mir durch den Kopf, die ich aber nicht verfolgen konnte. Ich erinnerte mich nur, dass ich vor einiger Zeit einmal meine Mutter gesehen hatte, als sie dieses Lied sang und weinte. Ich weinte mit, ohne zu wissen, warum. Diesmal weinte ich nicht. Meine Traurigkeit und die Stimmen der Streitenden vermischten sich mit dem Gesang der Olivenpflücker, die ich in meinem kurzen Schlaf tanzen sah.

Ich stand auf, ging zur Tür und fragte meine Mutter nach dem Grund des Streites. Sie sagte: »Nichts, außer dass bestimmte Menschen Streit suchen oder ihn mögen, dazu neigen oder ...«

Das war zu schwierig für mich. Ich verstand nichts, weil ich noch zu klein war. Als meine Mutter bemerkte, dass ich hinausging, rief sie hinter mir her: »Gott weiß, wenn du nicht vor dem Sonnenuntergang zurückkommst, gibt es für dich kein Abendessen!«

Weil ich diese Worte von ihr schon oft gehört hatte, wirkten sie nicht mehr. Ich lief schnell zum Haus eines Freundes, das allein auf einem Hügel stand und den Blick auf Obstgärten, Granatapfel-, Feigen- und Maulbeerbäume freigab. Mein Freund saß da und aß Käse und Brot.

Sein Vater saß auf dem Boden und rauchte eine gelbe Pfeife, die einen langen Griff hatte. Er blies den Rauch durch seine Nasenlöcher, so dass die oberen Haare seines Schnurbartes schon ganz gelb geworden waren. Als ich bemerkte, dass ich ohne anzuklopfen eingetreten war, zog ich mich erschrocken zwei Schritte zurück und klopfte an die Tür, als ob ich mich für mein Verhalten entschuldigen wollte.

Ich näherte mich ihm respektvoll und küsste seine Hand – denn mein Freund küsste gewöhnlich auch die Hand meines Vaters. Seine Hand roch nach Tabak vermischt mit dem Geruch von Zwiebeln. Ich zuckte zurück und ekelte mich vor diesem ständigen Küssen, das unnötig war. Der Alte machte es aber wieder gut und sagte zu seinem Sohn: »Gib deinem Freund etwas Käse und Brot.«

Während ich aß, fragte er mich: »Wie geht es deinem Vater?«

Ich antwortete: » Es geht ihm gut, Gott sei Dank. Er lässt dich grüßen.«

Ich wollte ihm noch mehr erzählen, aber er streckte seine Beine aus. Ich begriff, dass ich noch zu jung war, um ein Gespräch mit ihm zu führen, es wäre unhöflich gewesen weiterzureden.

Während wir noch Brot und Käse aßen, gingen mein Freund und ich aus dem Haus. Die Sonne näherte sich dem westlichen Horizont und unsere Schatten wurden immer länger. Mein Freund sagte: »Wenn wir doch so groß wie unsere Schatten wären!«

»Schön wäre es«, antwortete ich, »dann wären wir wie die Dschinnen und könnten Wunder tun, hätten viel Geld und würden zu den Reichen gehören. Wir würden in die Stadt fahren und säßen in den besten Restaurants.«

Als ich das sagte, erinnerte ich mich an unseren Nachbarn Abu Khalil. Er hatte vor kurzem große Stühle mit nach Hause gebracht. Sie waren bunt und sehr schön verziert. Und ich erinnerte mich an seine Frau Umm Khalil, die stärkste Frau in unserer Gasse, wenn es ums Streiten ging. Sie konnte am besten schimpfen und hatte die schärfste Zunge. Ich sagte meinem Freund: »Ich würde so gern von hier fortziehen!«

»Und warum?« fragte er mich.

»Weil unsere Nachbarn ständig streiten. Ich wünschte mir, wir würden weit weg von hier ziehen. Weit weg von ihnen und ihrem Streit, so dass wir sie nie wieder sehen müssten!«

Mein Freund schaute mich an, und ich wusste, was das bedeutete. Dann sagte er: »Sollen wir in den Wadi, ins Tal hinuntergehen?«

Schon seine Frage war verführerisch. Begeistert antwortete ich: »Ja, klar, gehen wir!«

Wir gingen den Hauptweg entlang und dann zu den Obstgärten. Wir sprangen über die Gartenmauern, bis wir den Anfang des Tals erreicht hatten. Dann hüpften wir im Wettkampf von Fels zu Fels. Plötzlich standen wir vor einer Höhle, in der sich Regenwasser gesammelt hatte. Wir begannen zu schreien und horchten, wie sich das Echo unserer Schreie anhörte, dann warfen wir Steine ins Wasser, um das Plätschern zu hören und zu sehen, wie tief das Steinchen fiel, bis schließlich unsere Kleider ganz nass waren. Beim Spielen fanden wir einige Schneckenhäuser und sammelten sie in unseren Händen. Dann gingen wir nach Hause.

Als ich zu Hause ankam, war mein Vater gerade aus dem Steinbruch zurückgekehrt, wo er arbeitete. Meine Mutter wusch ihm die Füße in der Waschschüssel und berichtete ihm von dem Streit in unserer Gasse.

Als er mich sah, rief er mich zu sich, nahm seine Füße aus der Waschschüssel und setzte mich auf seinen Schoß. Ich bemerkte, dass sein Schnurbart schwarz war und keine gelben Flecken hatte, weil er nicht rauchte wie der Vater meines Freundes.

Er sagte mir: »Ich habe dir etwas Leckeres mitgebracht. Rat mal, was das ist?«

»Ein Apfel«, sagte ich und freute mich. Er nahm einen Apfel aus seiner Tasche und gab ihn mir. Der Apfel war rötlich auf einer Seite und gelb auf der anderen.

Ich legte die Schneckenhäuser auf den Boden und begann den Apfel zu essen. Dann fragte ich ihn: »Wann ziehen wir aus diesem Haus aus, Vater?«

»Wenn Gott es will«, antwortete er.

»Und wann will er das?«

Er lachte und sagte: »Wenn du erwachsen wirst und arbeitest.«

Ich biss in den Apfel und träumte von Obstgärten voller Apfelbäume und Weinreben und sagte zu mir: »Sobald ich groß bin und arbeite, werde ich einen Obstgarten besitzen und dann kann ich auch nachts ins Tal hinuntersteigen. Dort werde ich mit meinen Freunden schöne Lieder singen und ihnen Äpfel und Trauben anbieten.«

Dann biss ich wieder in den Apfel.

Als mein Vater sah, dass ich träumte, sagte er zu mir: »Wenn deine Mutter das Essen bringt, erzähle ich dir eine Geschichte. Ein Freund bei der Arbeit hat sie mir in der Mittagsstunde erzählt.«

Ich freute mich und wartete, bis meine Mutter die Waschschüssel an ihren Platz gestellt hatte. Dann ging sie ins Haus und zündete die Öllampe an. Mein Vater und ich traten ein, setzten uns im Schneidersitz auf die Matte, die auf dem Boden lag, und waren bereit, das Abendessen und die Geschichte zu genießen.

Meine Mutter reichte uns den Topf, der Dampf stieg hoch und es duftete. Bevor mein Vater noch dazu kam, »Es war einmal« zu sagen, hörten wir ein beängstigendes Geschrei, das die Nachtstille störte. Dann folgten laute Frauenschreie. Mit einem Sprung war mein Vater aus dem Haus, meine Mutter folgte ihm. Ich hörte die Schritte der Gassenbewohner, die in Richtung der Schreie rannten.

Dann hörte man ein Gewirr von Worten, die man aber nicht verstehen konnte. Ich sagte mir: »Der Streit hat schon wieder angefangen.«

Aus irgendeinem Grund spürte ich ein hässliches Zittern in mir. Ich ahnte, dass ein Mord geschehen war.

Als ich hinausging, um zu erfahren, was geschehen war, sah ich einige Frauen weinen. Die Menschen hatten sich um etwas versammelt, das auf dem Boden lag. Ohne dass mich jemand bemerkt hätte, schlich ich zwischen den Beinen der Versammelten hindurch. Da sah ich einen Mann auf dem Boden liegen, sein Kopf lag in einer Blutlache. Umm Murad beugte sich über ihn und heulte so, dass man Angst bekam. Dann schlich ich wieder zurück und ging ins Haus. Das Essen stand noch auf dem Boden und war inzwischen kalt geworden. Mir war der Appetit vergangen. Ich saß neben dem Essen und die Bilder vermischten sich in meinem Gedächtnis mit dem Lärm und dem Geschrei von draußen. Ich sah mich über Felder voller Obstbäume laufen, die wie Sterne zwischen dem Gras und den grünen Kräutern leuchteten. Aber etwas Unheimliches verfolgte mich. Es hatte Reißzähne wie ein Hund. Als er nach mir schnappte, wachte ich voller Angst auf und merkte, dass ich noch allein im Haus war. Ich wusste nicht, wohin mein Vater gegangen war.

Als ich am nächsten Morgen die Augen aufschlug, hörte ich, wie mein Vater, während er seinen Kaffee trank, meiner Mutter erzählte: »Ich habe die ganze Nacht im Krankenhaus bei dem armen Abu Murad verbracht. Er kam noch für einige Momente zu sich, bevor er gestorben ist.«

Meine Mutter murmelte: »Gott hab ihn selig!«

Mein Vater sagte: »Wir haben die ganze Zeit gedacht, unser Nachbar Abu Khalil sei ein harmloser Mensch. Wer hätte sich vorstellen können, dass er mit seinem Stock so hasserfüllt auf den Kopf von Abu Murad einschlagen könnte?«

Meine Mutter sagte: »Gott schütze uns vor der bösen Frau. Abu Khalil hat es nur getan, weil seine Frau ihn aufgehetzt hat. Der Streit mit Umm Murad und den anderen Frauen von heute Mittag war ihr noch nicht genug.«

»Wer weiß, für wie viele Jahre Abu Khalil für seinen Mord ins Gefängnis gehen wird«, dachte mein Vater laut.

»Gott ist der Allmächtige und der Allwissende«, antwortete meine Mutter.

Dann stand ich auf, aß Brot mit Oliven und trank eine Tasse Tee. Das war unser Frühstück jeden Morgen. Die Gasse war in Stille versunken, und man hörte deutlich die Schreie der Hähne hinterm Haus.

Ghassan Kanafani

Ein Toter in Mosul

Unvermittelt fragte er: »Kennst du einen jordanischen Studenten namens Maruf, der an der Universität Bagdad studiert?«

»Ja, ich habe ihn einmal getroffen.«

Langsam stieg die Flut. Die Wellen schoben in gerader Linie Massen von Heuschrecken vor sich her, die ins Meer gestürzt waren, weil ihre dünnen Flügel sie nicht bis an die Küste trugen.

»Man hat ihn umgebracht«, sagte er ruhig.

»Was? Maruf? Man hat Maruf umgebracht?«

Im gleichen Augenblick spülte uns eine kräftige Welle einen weiteren Schwarm Heuschrecken vor die Füße. Er hob eine davon auf – ihr langer gelber Körper war von gezahnten Beinen gerahmt. Er hielt sie mir vor die Augen und riss ihr die durchsichtigen Flügel aus. Dabei murmelte er bedrückt: »Genau so.«

»Aber wo war das? Wo hat man ihn umgebracht … wo?«

»In Mosul.«

»Und was hat ihn dorthin geführt?«

Maruf war ein junger Mann. Klein und fast krankhaft schmächtig. Aber er besaß ein heiteres Wesen, hinter dem sich eine innere Unruhe verbarg, deren dunkle Wurzeln in eine Zeit zurückreichten, da er selbst erst zehn Jahre alt war. Zusammen mit seiner Mutter war er zu einem Brunnen gekommen, dem ersten seit der Vertreibung aus ihrem kleinen Ort, Lod … Seine Mutter war durstig, doch am Rand des Brunnens drängten sich Hunderte von Männern und Frauen, die auf eine Gelegenheit warteten zu trinken, zu überleben. Mit dem Mut der Verzweiflung schob er sich durch die Menge ... Als er mit dem verdreckten Wasser zu seiner Mutter kam, da war sie tot.

Lange Jahre waren seit jenem Tag vergangen, jenem Tag, da er vor ihr stand, die Blechkanne mit schmutzigem Wasser in den kleinen Händen. Sie lehnte gegen einen großen roten Stein, auf dem bleichen Gesicht ein Schweigen, mit dem sie der furchtbaren Todesqual begegnet war, die Lippen schwarz und faltig, die Zunge war dick und verdreht. Einen Augenblick lang hatte er fassungslos dagestanden. Als ihn jemand anstieß, damit er mit den anderen weitergehe, bemerkte er, dass ihm, während er alles um sich herum vergessen hatte, die Kanne mit dem Wasser aus der Hand gerissen worden war.

Es war ein weiter Weg von jenem Brunnen bis ans Tor der Universität, ein weiter, schmutziger Weg. Doch dann – hatte man je gehört, Maruf habe etwas von diesem Leben erwartet? Habe sich über irgendwas Gedanken gemacht? Habe auf eine klar umrissene Zukunft geblickt? Habe für ein Ziel gekämpft? Habe für irgendetwas gelebt? Nein ... das hatte man nie gehört. Einmal, während er eine Zeitung durchblätterte, sagte er zu mir: »Hör zu, mein kleiner Philosoph, der Mensch lebt im Allgemeinen sechzig Jahre, nicht wahr? Davon verbringt er die Hälfte schlafend. Bleiben noch dreißig Jahre. Davon ziehe ich nochmals zehn Jahre ab für Krankheit, Reisen, Essen und Freizeit. Bleiben noch zwanzig. Die Hälfte davon verbringen wir als dumme Kinder und kleine Schuljungen. Bleiben schließlich noch zehn Jahre ... nicht mehr als zehn Jahre. Sollte man sie nicht gelassen verleben?«

Mit dieser Philosophie begegnete er jeder Schwierigkeit. Probleme pflegte er mit einer Handbewegung vom Tisch zu wischen, und wenn das nicht ging, mit einem Witz, und wenn das nicht ging, so philosophierte er darüber.

Einmal fragte ich ihn, um ihm eine klare Stellungnahme

zu meinem Projekt zu entlocken: »Willst du eigentlich nicht nach Palästina zurück?«

»Sicher will ich! Und um deine nächste Frage gleich zu beantworten: Kennst du die Geschichte von Hannibal? Bei seiner Alpenüberquerung zogen er und seine Soldaten hinter den Elefanten her ... Gut ... ich bin kein Elefant ... Ihr seid die Elefanten. Wenn ihr die Grenzen nach Palästina überschreitet, werde ich hinter euch sein. Ich bin eine kleine Grille, ich werde im Schatten von Hannibals Elefanten Schutz suchen.«

Ist es zu glauben, dass ein solcher Mensch, der sein Leben so oberflächlich und nichtssagend dahinbrachte, der sich jeder Art von Engagement und jeder Art von Herausforderung versagte ... ist es zu glauben, dass ein solcher Mensch sich auf einen Schlag verändert hat? Wie denn auch?? Das weiß niemand! Sein Gesicht wurde finster, so als stehe er noch immer mit der Blechkanne in der Hand vor seiner toten Mutter, die schrecklich schweigend dalag. Allmählich fand er es sogar erleichternd und beruhigend, über jenen Augenblick zu reden.

Einmal, wir kamen um Mitternacht nach Hause, sagte er zu mir: »Weißt du was? ... Das Leben mancher Leute ist wie ein alter auseinander geschnittener Film, den irgendjemand, der nichts davon versteht, nochmals laufen lässt, aber eben falsch herum – mit dem Ende in der Mitte und der Mitte am Ende.«

Ich wusste, er sprach von sich selbst. Ich versuchte auch nicht, ihm ins Gesicht zu sehen, um mich zu vergewissern, dass ihm Tränen in den Augen standen. Doch es lag mir daran, noch weiter zu bohren und seine momentane Schwäche auszunützen.

»Soll ich dich rufen«, fragte ich ihn, »wenn Hannibals Elefanten die Grenzen Palästinas zu überschreiten beginnen?«

Er zitterte ein wenig ... Doch er blieb seltsam ruhig, als

er resigniert murmelte: »Einige Männer müssen die Elefanten führen.«

Warum hatte sich Maruf verändert? Das weiß niemand. Einmal fragte ich ihn danach. Er unterstrich seine Antwort mit einer Handbewegung: »Nichts ... Nur, die Lüge war oben und die Wahrheit unten. Dann hat sich alles umgedreht und plötzlich war die Wahrheit oben und die Lüge unten.«

»Aber wie kam es dazu?«

Er zuckte mit den Schultern, verzog zweifelnd den Mund und ... schwieg.

Die Flut stieg weiter. Wir waren stehen geblieben. Das Wasser spülte jetzt über unsere Füße. Wir traten ein wenig zurück und setzten uns auf einen hohen Felsen. Die Wellen schlugen an den Felsen und begleiteten die Sonne, die durch karmesinrote Wolken langsam ins Meer sank, mit einem Grabgesang.

Mein Freund schwieg wieder, als müsse er neuen Mut fassen.

»Wo hast du denn Maruf kennen gelernt?«, fragte er dann plötzlich.

»In einem Bus auf der Fahrt von Damaskus nach Bagdad.«

»Du kennst also Bagdad?«

»Ja sicher. Ich war dort über einen Monat.«

»Vor oder nach der Revolution?«*

»Einige Tage danach.«

»Hast du Maruf im Bus näher kennen gelernt?«

* Gemeint ist die irakische Julirevolution 1958, als deren Resultat vielerorts zunächst eine panarabisch pro-nasseristische Regierung erwartet worden war. Auch von Kanafani, wie die Erzählung deutlich macht. Schließlich gewannen aber die Vertreter der irakisch-nationalistischen Tendenz die Oberhand, die »Grillen«, wie sie Kanafani hier nennt.

Selbst die Erstklassbusse jenes Unternehmens waren alles andere als gut. Die Klimaanlage, die sie von den Drittklassbussen unterschied, funktionierte nicht. Das Wasser war wirklich kalt, und zwar gleich so kalt, dass man es überhaupt nicht trinken konnte. Der Kühlschrank arbeitete nämlich wie es ihm gerade passte und ließ sich nicht auf einer bestimmten Stufe einstellen. Der Bus war nicht gerade überfüllt. Als ich die kurze Treppe erklommen hatte, bemerkte ich sofort, dass meine Reisebegleiter nicht wirklich geeignet waren, mir die Zeit zu verkürzen: Auf dem vordersten Platz saß, stumm wie eine Statue, ein ehrwürdiger alter Mann. Direkt hinter ihm hatte ein etwas jüngerer Mann mit Narben im Gesicht und einer dicken Brille auf der Nase Platz genommen, neben ihm seine Tochter … oder seine Schwester. Diese war fett und in ein merkwürdiges Kleid gehüllt, dessen Vorderteil wie eine umgekehrte Pyramide aus dickem Stoff aussah, was ihre Brüste in unvorteilhafter Weise zur Seite hin auseinander drückte.

Die übrigen Fahrgäste waren alles alte Leute. Schweigend setzte ich mich. Die Fahrt war lang, und es war wirklich ungemütlich, dass niemand sprach und so die Hitze der syrischen Wüste etwas erträglicher machte.

Um ein Uhr nachts erreichte der Bus Tennf. Noch kurz vor dem Halt platzte ein Vorderreifen, und der Fahrer teilte uns mit, wir müssten eine volle Stunde warten, bis der Reifen geflickt sei. Dann bat er mich auszusteigen und ihm zu helfen. Draußen war es bitterkalt. Während ich den Hammer hielt, bemerkte ich neben mir einen kleinen, schmächtigen jungen Mann, der hinter mir aus dem Bus gestiegen war.

Gemeinsam hämmerten wir an dem Rad, bis wir erschöpft waren. Dann setzten wir uns darauf, um ein wenig zu verschnaufen, und ich fühlte mich gedrängt, meinen kleinen schmächtigen Mithelfer zu fragen, ob er auch im Bus gesessen habe.

»Ja.«

»Merkwürdig, ich hatte dich gar nicht gesehen.«

»Ich war ganz in meinem Sitz versunken.«

»Wo fährst du hin?« fragte ich nach kurzem Schweigen.

»Ich bin Student an der juristischen Fakultät in Bagdad. In einer Woche fange ich dort an zu studieren.«

»Du bist froh über die Revolution, nicht wahr?«

»Sehr froh. Sie ist ein ordentlicher Schritt in Richtung Lod.«

Als der Bus dann seine wilde Wüstenfahrt fortsetzte, saß ich neben Maruf. Nach einigen Augenblicken deutete dieser mit den Augen auf den Mann mit seiner Tochter oder seiner Schwester, der in eine Zeitung vertieft war. Dann beugte er sich herüber und flüsterte mir ins Ohr: »Weißt du, was das für welche sind? Sie gehören zur progressiven Schickeria. Von ihrer Seite hege ich die schlimmsten Befürchtungen.«

Danach versanken wir in Schweigen. Doch sehr bald hielt der Bus, da wieder ein Reifen geplatzt war. Der Fahrer, ein Riesenkerl, öffnete die Tür und bat uns auszusteigen, um nochmals den Reifen zu flicken.

Noch bevor wir hinkamen, sahen wir diesen Mann, wie er zu dem schweren Hammer ging und ihn mit beiden Händen aufnahm. Aber er war zu schwach, ihn über den Kopf zu heben, und stellte ihn keuchend wieder ab.

Maruf konnte sich das Lachen nicht verbeißen: »Ach, du armer Progressiver. Da ist nun deine kleine Erfahrung mit der Arbeitswelt gleich schief gegangen. So wirst du kein echter Progressiver. Also was? Du kannst noch nicht einmal den Hammer hochheben! Wie willst du denn da die Widersprüche in den Griff bekommen?«

Der Mann schaute uns feindselig an. Dann ging er schnell in den Bus zurück. Das Mädchen blickte uns ebenso an und hüpfte dann hinter dem Mann her – ihre zur Seite gedrückten Brüste wippten auf und nieder.

Im Morgengrauen eines heißen Tages erreichten wir Bagdad. Wir begaben uns sofort ins Hotel, und noch am selben Abend sagte Maruf zu mir: »Irgendetwas Bedeutsames liegt in der Luft. Ist dir aufgefallen, wie es von Menschen wimmelt, wie sie sich in den Hotels drängen? Man könnte meinen, sie hätten einander zu einem irdischen Auferstehungstag geladen. Aus allen Löchern sind sie wie die Würmer nach Bagdad gekommen. Warum? Sollte es ein Komplott geben?«

Am Horizont versank die Sonne. Nur ihr Rot färbte noch immer die niedrigen Wolken. Einige Heuschrecken schafften es bis an den Strand, wo sie erschöpft niederfielen und dann auf ihren gezahnten Beinen in Richtung Kai krochen. Mein Freund nahm nochmals eine auf, zerbrach ihr die durchsichtigen Flügel und warf sie ins Wasser. Sie zappelte ein wenig, dann überdeckte sie der Schaum.

»So haben sie ihn ermordet«, hörte ich ihn sagen, »genau so.«

»Aber was hat ihn nach Mosul geführt? Ich weiß doch, dass er in Bagdad lebte?«

»Willst du genau wissen, was er sagte? Er sagte: Ich will Lod einige Schritte näher kommen. Dieses wirklichkeitsferne Leben, in dem er in Bagdad versank, hatte ihm jede Hoffnung auf Rückkehr genommen. Er wusste, dass es in Mosul ganz anders war. Also benutzte er seine Ferien dazu, nach Mosul zu fliegen.«

»Gut. Und was hat sich dort abgespielt?«

»Eine Revolution.«

Bagdad! Alles wurde bedeutungslos. Die Würmer kamen aus der Erde hervorgekrochen. Langsam spürte er, dass viele Hände ihn immer weiter vom Weg der Rückkehr fortzogen. Das Leben dort baute auf einem Fehler auf. Welchem? Er empfand ihn deutlich und versuchte, ihn an der Wurzel anzugehen.

»Und wieso dieser ganze Aufwand? Lass sie! Sie sind jetzt die Herren.«

Aber das war unmöglich. Es war schwierig, ihm etwas

zu entgegnen: »Das ist doch eine Neuauflage der Sandsch-Revolte*. Nur tragen diesmal die Sklaven ihr Schwarzsein im Herzen.«

»Maruf!«

»Was macht ihr hier? Ihr habt euch daran gewöhnt, ohne Luft zu leben, wie die Fledermäuse. Wir müssen etwas unternehmen.«

»Und was?«

Ihm war der Kampf bestimmt. Als in Mosul der Funke sprang, drängte es ihn, sich in den Brand zu stürzen.

Mosul! Es wies die Würmer zurück, die aus der Erde dorthin gekrochen kamen. Alles in der kleinen Stadt sagte ihm zu, bevor der Zug der Würmer auch dorthin kam. Er stand auf dem Balkon, im Haus eines Freundes, als er sie herankommen sah, die Gesichter gezeichnet mit dem Hass dessen, was unter der Erde wohnt. Würmern gleich, die sich mit grüner Farbe tarnen, um nach und nach das Leben auszusaugen. Er stand auf dem Balkon. Sie zogen unten vorbei mit einem Lärm, der die Grenzen des Erträglichen überschritt.

»Nun sind sie auch hierher gekommen«, sagte er zu seinem Freund. »Jetzt müssen wir uns ihnen in den Weg stellen. Du weißt, wie die Grillen Achilles' Schicksal entschieden? Sie stachen ihm in die Ferse. Davon allein ist er gestorben. Niemand als die Grillen war imstande, Achill zu töten. Wie absurd!«

Am nächsten Morgen verteilte sich das Heer auf den Straßen der Stadt. Damit war alles entschieden. Die Grillen flohen wieder. An jenem Tag war Maruf auf der Straße.

* Es handelt sich um einen Aufstand (869–883) schwarzer Sklaven (Sandsch), die – eine Ausnahme in der islamischen Geschichte – in der Landwirtschaft eingesetzt waren, und zwar zur Trockenlegung von Sümpfen im Mündungsgebiet von Euphrat und Tigris.

»Mehr Luft, mehr Luft!« sagte er zu seinem Freund. »Nun glaube ich wieder fest daran, dass ich in meine kleine Stadt zurückkehren werde. Achill kann noch immer atmen, und alles ist gut, solange er noch nicht tot ist.«

Eine wirkliche Sonne erhellte diesmal die Straße. Maruf atmete tief in die Luft, die er liebte. Alles schien wieder wirklich. Die Grillen hielten sich versteckt; diejenigen, die ihnen lang zugeklatscht hatten, hüllten sich in Schweigen und warteten den Ausgang ab.

In der folgenden Nacht geschah das Unheil. Maruf, Tränen in den Augen, sagte zu seinem Freund: »Achill ist tot ... Die Grillen sind wieder da.«

»Und was willst du machen?«

»Ich werde hierbleiben.«

»Bis wann?«

»Für immer ... Kommt dir das lang vor?«

Maruf weigerte sich zu fliehen. Er bestand darauf, dazubleiben, bis die Grillen das letzte Quentchen Luft aus der Stadt gesogen hätten. Von jener Nacht an ging er unentwegt auf der Hauptstraße auf und ab, die Hände auf dem Rücken gefaltet, seine Unterlippe bebte.

Am Mittag jenes Tages stand sein Freund auf dem Balkon. Er sah Maruf an der Straßenkreuzung, wie er, die Schultern hochgezogen und die Hände auf dem Rücken gefaltet, mit zwei Bewaffneten sprach. Er war ruhig und beantwortete ihre Fragen ohne sichtbare Erregung. Dann setzte er seinen Gang ruhig fort – es schien, als habe er ihre letzte Frage nicht beantwortet, als habe er den beiden vielmehr das Wort abgeschnitten und seinen Weg fortgesetzt.

Er war noch nicht weit gegangen, als die Maschinenpistole auf seinen Rücken gerichtet wurde. Dann krachten mehrere Schüsse. Maruf sank in die Knie, er hielt die Hände vors Gesicht. Dann gaben seine Knie nach und er fiel vornüber.

Wie er so dalag, sah er aus wie ein Totengräber, der,

unfähig, tiefer in die Erde zu graben, sich riechend vornüberbeugt; sah aus wie ein Vogel mit gestutzten Flügeln, der abgestürzt war; sah aus wie eine Heuschrecke, die von anstrengendem Flug erschöpft, tot auf einen trockenen Strand gefallen war.

Am Abend lag Maruf noch immer in derselben Stellung mitten auf der Straße. Bei Sonnenuntergang sammelte ein Auto ihn und andere Tote auf und fuhr damit aus der Stadt.

Zwei Tage später sah sein Freund seine Uhr und seinen Kugelschreiber bei einem Beamten wieder, der behauptete, beides gekauft zu haben. Maruf war in einem Massengrab beigesetzt worden, wo er, wie der Totengräber meinte, Schulter an Schulter mit vielen andern ruhte.

Aufgefallen war dem Totengräber die kleine schmächtige Leiche eines jungen Mannes, der durch mehrere Schüsse in den Rücken getötet worden war. Diese Leiche ließ sich nämlich nicht gerade ausrichten wie die anderen. Sie war gebeugt und ruhte auf Knien und Gesicht. Er mußte den jungen Mann schließlich in dieser Stellung – als ob er bete – begraben.

Allmählich wurde es finster. Das Tosen der Wellen übertönte jeden anderen Laut. Die Schiffe weit draußen hatten ihre Lichter gesetzt; sie glichen den Laternen eines Leichenzugs, getragen von Engeln in Schwarz.

In diesem Augenblick landete direkt vor uns auf dem Felsen eine Heuschrecke. Mein Freund streckte die Hand aus, um sie zu fangen. Doch sie flog ganz plötzlich mit jugendlicher Entschlossenheit weiter auf ein grünes Feld zu, das sich hinter dem Kai erstreckte.

Samir El-Youssef

Die Ermordung des Verlegers

Am Abend, nachdem er den Verleger umgebracht hatte, ging er ins Kino, um sich den Film ›Die verlorene Ehre der Katharina Blum‹ zum zweiten Mal anzusehen. Er dachte, wenn er den Film nicht schon einmal gesehen hätte, wäre er nicht in der Lage gewesen zu töten. Aber dann dachte er, wenn er an diesem Morgen nicht zum Zahnarzt gegangen wäre, wäre dies alles nie passiert. Und wenn er nicht so lange im Wartezimmer hätte sitzen müssen, so hätte er nicht aus lauter Langeweile nach den Illustrierten, die in einem Stapel auf einem Tisch lagen, gegriffen und sie durchgeblättert. Dann wäre er auch nicht auf das Interview mit dem Verleger gestoßen und hätte es aus Neugier gelesen.

Wichtige Dinge passieren immer auf diese Weise, sagte er sich, wie in seinen Geschichten, wo der Lauf der Dinge sich vollständig verändern konnte durch ein flüchtiges Ereignis, ein Wort oder sogar nur durch eine Geste, die die Dinge auf den Kopf stellte. Es hätte auch alles ewig so weitergehen können, sagte er sich.

Er war auf ein Interview mit dem Verleger gestoßen, dem er seit Jahren die Manuskripte seiner Geschichten und Romane zuschickte, ohne je das Glück gehabt zu haben, sie veröffentlicht zu sehen. Bis zu jenem Morgen, an dem er das Interview las, besaß er eine fertige und akzeptable Erklärung dafür, warum keines seiner Bücher veröffentlicht worden war und warum er nicht einmal einen Brief oder eine Nachricht bekommen hatte, dass die Manuskripte beim Verleger angekommen waren.

Anfangs hatte er angenommen, dass der Verleger wahrscheinlich jeden Tag Dutzende von Manuskripten erhielt und nicht bereit war, Dutzende von Antwortbriefen zu schreiben. Die Tatsache, dass sie nicht veröffentlicht wurden, war in sich schon die Erwiderung, dass sie zur Veröffentlichung ungeeignet waren, der Autor es weiter versuchen musste und immer wieder Manuskripte einschicken sollte.

Er hatte über Jahre so weitergemacht, bis er bemerkte, dass seine Erklärung nicht überzeugend war, denn er hatte Manuskripte verschiedenen Inhalts und Stils abgeschickt. Mit viel Geschick und Professionalität hatte er sich bemüht (so erklärte er es sich später), sie unterschiedlich zu gestalten, so dass es für den Leser unmöglich war zu erkennen oder auch nur zu vermuten, dass der Autor immer die gleiche Person war. Trotzdem wurden sie nicht veröffentlicht. Es war unmöglich, dass sich alle nicht zur Veröffentlichung eigneten, sagte er sich.

An diesem Punkt angelangt, kam ihm eine andere Erklärung in den Sinn, die er überzeugender fand. Er beschloss, dass einer der Lektoren des Verlegers, der die Manuskripte bekam, seine Arbeiten aussortiert und weggeworfen haben musste, wenn er nur seinen Namen erblickte. Dieser Lektor war bestimmt selbst Schriftsteller, und aus Missgunst und Neid lauerte er auf seine Manuskripte. Immer wenn eines eintraf, stürzte er sich darauf und beeilte sich, es unter seiner Kleidung verschwinden zu lassen, ging dann unter dem Vorwand, etwas kaufen zu müssen, nach draußen und warf es in den Mülleimer auf der Straße.

Der Verleger musste ganz schön dumm sein, dass er diesem Schriftsteller erlaubte, für ihn zu arbeiten und dadurch anderen Schriftstellern zu schaden, und dass er sich so ausnutzen ließ zum alleinigen Nutzen dieses Schriftstellers und seiner Freunde.

Als er bei dieser Schlussfolgerung angelangt war, war er müde geworden vom Laufen, und obwohl er gern beim Spazierengehen nachdachte, setzte er sich auf eine Bank und überlegte, dass nicht nur der Verleger dumm sein musste, sondern auch die Besitzer von Zeitungen und ihre Chefredakteure, die ihre Kulturseiten von Schriftstellern und Dichtern leiten ließen. Diese Leute benutzten die Seiten dann in ihrem eigenen und ihrer Freunde Interesse und verwandelten den Betrieb so in eine »Kulturmafia«, wie es in diesen Tagen weit verbreitet war.

In jenem Moment hatte der junge Schriftsteller gelächelt, sich selbst gratuliert und beschlossen, seine Manuskripte von nun an persönlich an den Verleger zu adressieren; niemandem sonst (insbesondere nicht diesem verdammten Lektor) sollte es erlaubt sein, den Umschlag zu öffnen; dadurch war sichergestellt, dass sie in den Händen des Verlegers landeten und – das stand für ihn fest – der Verleger ihn diesmal nicht enttäuschen würde. Es vergingen jedoch Jahre, ohne dass irgendjemand auch nur das geringste Interesse an seinen zahlreichen Manuskripten erkennen ließ.

Einmal hatte er einen Brief an den Verleger geschickt, in dem er sich nach dem Schicksal seiner Romane und Erzählungen erkundigte. Aber das Schicksal des Briefes unterschied sich nicht von dem seiner Manuskripte und früheren Briefe. Er schrieb weiter Briefe an den Verleger, in denen er ihn darauf aufmerksam machte, was in seinem Hause direkt vor seiner Nase stattfand, welches Chaos und welche Frivolität dort herrschten. Er begann den Verleger gegen seine Mitarbeiter aufzuhetzen und hob dann noch die Verschwörungen und die Korruption in der Welt der Kultur hervor.

Eines Morgens spürte er einen schrecklichen Schmerz an einem Weisheitszahn. Es war ein düsterer, regnerischer Tag. Die Straßen auf seinem Weg zum Zahnarzt waren leer, und er hoffte, dass sie es blieben. Er hatte keinen Termin, so war er gezwungen, mehr als zwei Stunden zu warten, bis der Zahnarzt all seine anderen Patienten behandelt hatte. Er langweilte sich schrecklich, und seine Schmerzen hatten deutlich nachgelassen.

Er nahm sich eine Illustrierte und blätterte sie hastig durch. Da stieß er plötzlich auf das Interview mit dem Verleger. Er las es das erste Mal schnell durch, dann noch ein zweites Mal langsam, um sicher zu sein, dass er das, was dort stand, richtig gelesen hatte. Dieses Mal unterstrich er einige Sätze, in denen der Verleger sagte: »Wir übersehen kein Manuskript, das uns geschickt wird ... wir lesen jedes Manuskript sorgfältig und aufmerksam und benachrichtigen den Autor prompt darüber, ob es zur Veröffentlichung geeignet ist oder nicht ... wir lehnen keine Manuskripte ab, ohne gute Gründe für die Ablehnung zu nennen, und meistens bieten wir sogar eine konstruktive Kritik der Arbeit an.«

Höchst erstaunt verließ er die Praxis. Er vergaß seine Schmerzen und begann über eine Racheaktion nachzudenken. Er setzte sich in ein Straßencafé und bestellte einen schwarzen Kaffee. Er trank ihn in Ruhe und fing an, sich verschiedene Rachemethoden auszumalen.

Zuerst dachte er daran, dem Verleger ein Päckchen mit einer Bombe zu schicken, das in seinem Gesicht explodieren würde, wenn er es öffnete. Dann dachte er daran, ihm einen großen Umschlag im Format eines Manuskripts zu schicken, in dem eine giftige Schlange enthalten war. Ihm gefiel diese Idee sehr, aber die Unmöglichkeit, in der Stadt eine giftige Schlange aufzutreiben, ließ ihn davon Abstand nehmen. Er grübelte weiter darüber nach, wie er den Verleger ermorden könnte, und kam schließlich zu dem Ergebnis, dass nichts besser wäre, als ihn mit dem Wagen zu überfahren, wenn er das Verlagshaus verließ.

Doch dann sah er den Film ›Die verlorene Ehre der Katharina Blum‹, der an diesem Abend gezeigt wurde, und so besorgte er sich eine Pistole und ging los, um den Verleger zu töten.

Er saß im Vorzimmer. Der Verleger hatte Besuch. Vor ihm schrieb die Sekretärin in erstaunlicher Geschwindigkeit einen Brief. Der Verleger war drinnen, sprach laut und lachte. Als die Besucher gegangen waren, stand er auf, um dem Verleger gegenüberzutreten. Die Sekretärin sah ihn erstaunt an, aber er ignorierte sie und trat ein. Er nannte dem Verleger seinen Namen, zog seine Pistole und schoss.

Es war Abend, als er das Verlagshaus verließ und sich zum zweiten Mal ›Die verlorene Ehre der Katharina Blum‹ anschauen ging. Er dachte darüber nach, dass er, wenn er den Film nicht gesehen hätte, nicht in der Lage gewesen wäre zu töten.

Abd Al-Aziz Al-Maschri

Geschichten von Abu Salim

Auf den Versammlungen im Dorf wurde von allen Bewohnern bestätigt, dass Abu Salim keinen Gehirnschaden hatte, und einer der Bewohner erklärte, dass er mit seinen scharfen Augen – sie sollten erblinden, wenn er löge – die Kopfhaut von Abu Salim gesehen habe, als er bei ihm gewesen war, um seinen Kopf mit Wasser und Seife zu waschen, damit er ihn glatt rasieren konnte. Der Kopf hatte keinen Schaden, und ihm war kein Unglück geschehen. Was war es also, das aus ihm einen solchen Dummkopf gemacht hatte?

1. Der Hund

Abu Salim hatte einen Hund, den er so liebte wie jemand, der ein Kind aufzieht. Er gab ihm von seinem Essen und bereitete ihm eine warme Schlafstätte in den kalten Winternächten. Er hielt jegliches Leiden von ihm fern und achtete darauf, dass ihm kein Schaden zugefügt wurde.

Für den Hund gab es jedoch Grenzen, beispielsweise was das Bellen betraf oder das laute Hecheln mit heraushängender Zunge, auch wenn er außer Atem war. Dann gab es nichts Besseres als einen Stein, wenn der Hund, der bereits als Welpe gelernt hatte, was sein Besitzer wünschte, nicht gehorchte.

Er überließ es dem Hund, die Schafe und den Hof des Hauses zu bewachen. Der Hund war treu wie ein Wächter, der stets wachsam blieb. Abu Salim schätzte ihn sehr.

Die Tage vergingen, wie das Wasser in den Bäumen

hochsteigt. Die Herde, von dem treuen Wächter bewacht, vermehrte sich und ihr Anblick erfüllte die Augen mit Freude.

Dann wurde der Hund krank. Abu Salim gab ihm nur noch das Beste zu essen und zu trinken. Aber er wurde nicht wieder gesund. Zwischen einem Öffnen und Schließen der Augen starb der Hund. Trauer erwachte im Herz seines Besitzers. Abu Salim dachte, die Belohnung für eine gute Tat wäre nun eine noch bessere Tat. Er nahm seinen Spaten, suchte einen niedrig gelegenen Platz in der Nähe des Hauses und schaufelte ihm ein Grab. Dann wickelte er den Hund in ein altes, weißes Kopftuch, brachte ihn dorthin und sprach für ihn ein Totengebet.

Ein Zeuge aus dem Dorf focht das Zeugnis von Abu Salim an, weil er ein Totengebet für einen Hund gesprochen hatte. Wer akzeptierte denn schon das Zeugnis von jemandem, der ein Totengebet für einen Hund sprach?

Der Scheich des Dorfes war empört und zornig. Sein Mund schäumte und seine Stimmbänder zitterten. Er sprach das »Bismillah« und das »Hankallah« aus und verfluchte den Hund, die Länge seiner Ohren und seiner Nase. Er meinte, der Täter verdiene nur eine Strafe: den Tod.

Die Angst und die Trauer über den verlorenen Hund flossen mit dem Puls von Abu Salim und erreichten seinen Bart, der bis auf seine Brust herabhing. Er dachte nach und sagte zu dem Scheich: »Oh, mein Herr, ja, ich habe es getan. Aber auf seinem Sterbebett sagte der Hund in seinem letzten Willen, dass ich dir zehn Stück von meiner Herde schenken solle.«

Der Scheich schaute nach rechts und nach links, sah um sich herum die vielen Menschen, die gespannt auf sein gerechtes Urteil warteten, beugte sich zu Abu Salim herab und flüsterte ihm in eins seiner Ohren, die wie kleine Trichter aussahen: »Was hast du gesagt? Wie viel hat der Verstorbene mir versprochen?«

2. Die Heuschrecken

Abu Salim – so wurde er genannt, obwohl er keinen Sohn hatte, der Salim hieß – betrat das Haus durch die Tür. Das Scheppern der Tür hallte in den Ohren seiner alten Mutter. Sie saß, geschwächt vom Alter, in der Ecke des Hauses. Sie umgab sich mit Decken und Stoff, denn ihr war immer kalt, auch im heißesten Sommer. Sie fragte ihn nach dem Unheil, das unerwartet das Dorf überfallen hatte. Es war wie ein Sturm gekommen. Abu Salim ging auf das Gewehr zu, das an der Wand hing, und sagte: »Die Heuschrecken sind über die Felder hergefallen. Sie greifen die Stängel der Maiskolben an und verwandeln die Kolben in Zweige ohne Körner. Alles, was einmal grün gewesen ist, nimmt ihre rotbraune Farbe an.«

Die Bauern beeilten sich, ihre Kinder auf die Felder zu schicken, damit sie die Heuschrecken vertrieben; sie fingen sie und steckten sie in Säcke. Die Säcke waren bis obenhin gefüllt und die Heuschrecken krochen überall wieder heraus. Der Himmel war blitzblank, und die Sonne schien erbarmungslos.

Abu Salim hockte sich auf Zehenspitzen in seinem Feld nieder, nahm sein Jagdgewehr und zielte vorsichtig, als ob er auf einen Vogel, der auf einem entfernten Zweig saß, anlegen wollte. Er zielte mit seinem einläufigen Gewehr auf die Maiskolben. Er traf sie, und damit auch ein paar Heuschrecken. Er schoss und schoss, bis ihm alle Patronen ausgegangen waren. Seine Schulter tat ihm weh. Beinahe hätte er sie sich gebrochen. Er war erschöpft, denn er führte einen Krieg gegen riesige Armeen.

Dann erinnerte er sich daran, dass ein Krieger in der Regel aufgab, wenn sein Gewehr nicht mehr mitmachte. Er warf sein Gewehr auf den Boden; der Lauf war heiß geworden, denn er hatte die gesamte Munition verbraucht.

Abdalrachman Munif

Wadi Al-Ujun

1.

Wadi Al-Ujun, das Tal der Wasserquellen …

Unverhofft leuchtet dieser grüne Fleck inmitten der rauen und trotzigen Wüste auf, wie aus dem Schoß der Erde hervorgebrochen oder vom Himmel herabgefallen. Er hebt sich entschieden von seiner Umgebung ab, ja, es besteht keinerlei Verbindung zwischen ihm und allem, was ihn umgibt. Geblendet und verwirrt fragt man sich, wie Wasser und Grün an solch einem Ort so üppig hervorquellen können. Doch langsam weicht das Staunen der Bewunderung. Hier ist einer der wenigen Orte, wo die Natur ihre schöpferische Kraft und ihren Lebenswillen offenbart. Ein Wille, der sich jeder Erklärung entzieht.

Wadi Al-Ujun mag in den Augen seiner Bewohner nichts Besonderes sein. Sie sind es gewohnt, das Wadi voller Dattelpalmen und die Wasserquellen im Winter und zu Beginn des Frühlings allenthalben sprudeln zu sehen. Aber sie spüren, dass eine segensreiche Kraft sie schützt und ihr Leben begleitet. Nähern sich aber dem Wadi Karawanen, beeilen sich die staubbedeckten und durch Anstrengung und Durst geschwächten Männer und Tiere auf der letzten Wegstrecke, das Wadi baldmöglichst zu erreichen. Dann gerät die ganze Karawane stets in einen fast übermütigen Freudentaumel. Beim Anblick des Wassers jedoch werden die Männer bald wieder gelassen und bezähmen ihren Jubel. Sie erkennen, dass derjenige, der einst die Welt und die Menschen erschuf, auch Wadi Al-Ujun erschaffen hat, als Rettung vor dem Tod in dieser unerbittlichen, verfluchten

Wüste. Hat sich die Karawane niedergelassen, sind den Kamelen die Traglasten abgenommen und haben Menschen und Tiere ihren Durst gelöscht, dann breitet sich eine angenehme Trägheit aus, die in euphorisches Wohlbehagen übergeht. Man weiß nicht, ob das auf das Klima zurückzuführen ist, auf das erfrischende Wasser oder auf das wachsende Gefühl der Sicherheit. Denn dieses Wohlbehagen erfasst nicht nur die Menschen, sondern auch die Tiere, sie werden ungehorsam und verspüren offenbar wenig Lust, die schwere Last weiter zu tragen oder gar die Reise fortzusetzen.

Für die Karawanen ist Wadi Al-Ujun etwas Außerordentliches. Für die, die das Tal zum ersten Mal sehen, ist es ein vollkommenes Wunder, und allen, die es gesehen haben, bleibt es unvergesslich. Immer wieder, auf dem ganzen Hin- und Rückweg, fragen die Menschen: »Wie weit ist es noch bis Wadi Al-Ujun?« Oder: »Wenn wir Wadi Al-Ujun erreicht haben, ruhen wir uns einige Tage aus, ehe wir die Reise fortsetzen.« Und sie seufzen: »Wo bist du, Wadi Al-Ujun, Paradies dieser Welt?«

Sie reden oft von Wadi Al-Ujun, und das hat mehr als einen Grund, denn für die Karawanen und die Reisenden bedeutet das Tal die Rettung, aber dort haben sie auch die Gelegenheit, Neuigkeiten zu erfahren: Wann sind andere Karawanen hier angekommen und wohin sind sie weitergezogen? Welche Waren und wie viele trugen ihre Kamele? Wie hoch waren die Preise und wer waren die Besitzer der Traglasten? Anhand solcher und anderer Auskünfte beschließen die Männer, an diesem oder jenem Ort zu verkaufen, sich zu sputen oder die Reise um einige Tage hinauszuzögern. Im Tal erfahren sie, wovor sie sich hüten müssen, worauf sie achten und worüber sie vielleicht noch Erkundigungen einholen sollten …

Ließe man Mut'ib Haddal über Wadi Al-Ujun erzählen, so sagte er Unglaubliches, er beschränkte sich nicht auf die klare Luft, das ganzjährig fließende Wasser oder auf den

Zauber der Nächte. Gewiss fügte er viel Außergewöhnliches hinzu und erzählte Geschichten, die – wie die Alten versichern – sogar bis in Noahs Zeiten zurückreichen. Eine ganz besondere Beziehung verbindet Mut'ib Haddal mit Wadi Al-Ujun, eine Liebe, wie es sie nur selten gibt. Diejenigen aber, die sowohl in der Zeit gelebt haben, in der Wadi Al-Ujun so war, wie Mut'ib Haddal es kannte, als auch danach, werden etwas anderes erzählen: Sie werden schwärmen von diesem Wadi voller Dattelpalmen und Wasser, das den Durst seiner Bewohner stillte und die Reisenden oft bewog, dort viele Tage zu bleiben. Über dieses Wadi werden sie sagen, es sei hier in der Wüste unentbehrlich, es gebe ohne das Wadi weder Menschen noch Leben, weder Wege noch Karawanen, und weder Mut'ib Haddal noch irgendjemand anderes aus dem Stamm der Utum hätte jemals hier leben können.

Das Wadi erstreckt sich über gut drei Meilen. Das offene Tal verengt sich am Ende zu einem schmalen Streifen mit wenigen, verstreut stehenden Palmen, die sich von aus dem Felsgestein sickerndem Wasser ernähren. Deshalb werden die Palmen am Ende des Wadis selten. Bei der letzten Palme beginnt der salzige Boden. Dieser Boden ist Teil des Wadis und zugleich Teil der Wüste, denn er steigt zunächst an und verschmilzt dann nach und nach mit der Wüste hinter dem Tal. Winde aus der Wüste treiben Sand auf diese Anhöhe, aber dort ist der Boden dunkler und fest, es wachsen Tamarisken und kurze, feinästige Lotos- und Wermutbäume, und sie halten das Vordringen des Sandes auf oder beschränken es doch leidlich.

Hinter dem Wadi und an seinen Flanken erheben sich einige Sandhügel. Es sind Wanderdünen, die durch die Beschaffenheit des Bodens und den immer aus der gleichen Richtung wehenden Wind fester geworden sind und so immense Weiten beherrschen. Die Menschen orientieren sich an ihnen, sie gaben ihnen Namen, um sie zu unterscheiden: Im Osten erhebt sich Sahra, im Norden Watfa und Umm Asl. Im Westen und Süden steigen einige Hügel an, die für das Wadi und die Reisenden bedeutungslos sind, aber auch sie tragen einen Namen, denn in der Wüste haben Namen eine besondere Bedeutung. Namen gehen hier nicht auf einen Wunsch oder einen verrückten Einfall eines Menschen zurück, sondern die Natur selbst hatte jedem Hügel einen seiner Bedeutung oder Beschaffenheit angemessenen Namen verliehen.

Wer die Gegend gut kennt, weiß, dass das Meer nicht weit entfernt ist, sieben oder acht Tage Fußmarsch. Die Karawanenstraße – je nach Lage der Wasserquellen und Oasen – verläuft meist nahe der Küste, mitunter entfernt sie sich weiter vom Meer, aber sie führt nie dorthin. Wo aber die Wüste auf der anderen Seite endet, das vermag niemand zu sagen, vielleicht ist das weit entfernt, vielleicht aber auch nicht, doch es ist für alle ein unergründliches Geheimnis.

Die guten Jahre kündigen sich zuallererst in Wadi Al-Ujun an. Dann strömt das Wasser über, nachdem es die drei Becken um die Quelle reichlich gefüllt hat, und erreicht unerwartet weit abgelegene Orte. In diesen Jahren wird Gemüse angebaut, und viel Grün sprießt nach den ersten Regenfällen aus dem Boden. Die Menschen im Wadi gebärden sich in diesen Zeiten auf eine Weise, die Reisende in Erstaunen versetzt. Sie drängen die Reisenden zu bleiben und nehmen keinerlei Gegenleistung an. In solchen Jahren grenzen ihre Gastfreundschaft und Großzügigkeit fast an Verschwendung. Die Reisenden aber wundern sich und halten die Leute im Wadi für töricht und leichtsinnig, als dächten sie nicht an morgen und hätten die schweren Zeiten vergangener Jahre vergessen.

In den weitaus häufigeren Jahren der Trockenheit aber benehmen sich die Menschen in Wadi Al-Ujun ganz anders. Sie wirken traurig, ja beinahe verschlossen. Den Reisenden gestatten sie zu tun, was ihnen beliebt, sie bedrängen und belästigen sie nicht. Bietet man ihnen für ihre Dienste oder für die Datteln und das Wasser Waren an, nehmen sie diese ohne viel Aufhebens dankend an. Und sie bitten die Führer der Karawanen inständig darum, andere Reisende mitzunehmen, die seit langem Vorbereitungen für den Aufbruch treffen und noch länger darauf warten, dass sie sich einer Karawane anschließen dürfen. Ihr Aufbruch entlastet das Wadi, und neue Hoffnung breitet sich aus. Jetzt kann man voller Zuversicht auf jene warten, die fortgezogen sind und gewiss eines Tages zurückkehren werden. Und so wird das Wadi voll Gleichmut und Hoffnung mächtig und stark fortbestehen, solange das Wasser fließt und Karawanen vorüberziehen. Die Bewohner werden weder zögern noch furchtsam sein, denn sie werden immer einen Weg finden, alle Schwierigkeiten zu überwinden.

Die Menschen im Wadi sind wie sein Wasser. Hat es die Becken gefüllt, läuft es unvermeidlich über und strömt in alle Richtungen. Seit jeher verlassen Menschen das Wadi, wenn es sie nicht mehr ernähren kann. Dann müssen die herangewachsenen Männer sich aufmachen, um neue Orte zu erkunden, an denen sie sich niederlassen und ihren Unterhalt verdienen können. Der Drang in die Ferne entsteht hier oft auf rätselhafte Weise und hängt nicht immer von den Regenfällen oder von der Ernte ab wie an anderen Orten. Denn still und heimlich wächst mit den Jahren dieser verfluchte Gedanke, trotz des Regens, trotz der üppigen Weiden, trotz der überströmenden Quellen. Gedanken an die Ferne, denen auch die erwachsenen Männer im Stillen nachhängen, aber nicht nachgeben dürfen, erwachen mit jedem neuen Tag in den Herzen der Jungen und ihrer Mütter, die Söhne versetzen sie in rastlose Unruhe, die Mütter stürzen sie in verzweifelte Trauer. Doch der Wunsch, die Welt zu entdecken, und der Traum von Reichtum, vor allem aber die Sehnsucht nach dem Unbekannten plagen die Jungen so sehr, dass sie keine Ruhe mehr finden und die Ratschläge der Älteren in den Wind schlagen. Dann treffen sie ihre eigenen Entscheidungen, ganz gleich, wie hart die Folgen sein mögen.

Jeder Mann im Wadi war in jenem Alter von dem Wunsch beseelt, fortzuziehen, und die meisten sind schon einmal von einer Reise zurückgekehrt. Freilich waren diese Reisen von unterschiedlicher Dauer und unterschiedlichem Erfolg: Einige währten viele Jahre oder dauerten gar ein ganzes Leben, andere endeten nach wenigen Monaten. Doch kehrten die Männer zurück nach Wadi Al-Ujun, dann blieben sie für immer von einer tiefen Sehnsucht erfüllt. Oft hingen sie ihren Erinnerungen nach und träumten davon, erneut aufzubrechen. Ob sie auf ihrer Reise erfolgreich oder gescheitert waren, ist schwer zu sagen, denn jeder Reisende hat seine eigenen Vorstellungen und Maßstäbe. Erfolg und Scheitern, Reichtum und Armut bedeuten nicht für alle das Gleiche. Alle aber erinnerten sich immer wieder an die vielen Erlebnisse, daran, was alles sie geleistet und über welchen Reichtum sie verfügt hatten, oder wie dieser Reichtum wieder zerronnen war. Nichts im Leben währt ewig.

Diese und andere Geschichten werden in Wadi Al-Ujun immer wieder erzählt; sie regen die Fantasie an und üben einen unwiderstehlichen Reiz aus. Die Söhne versprechen, ihre Reise werde nicht lange währen, sie kehrten schon im Frühling oder im Herbst zurück. Gleichwohl wissen sie, dass die Alten ihnen nicht glauben und nur aus Verzweiflung und Resignation ihre Zustimmung geben. Kommt aber die Sprache auf den Tod und vergießt eine Mutter Tränen oder äußert ein Vater dunkle Vorahnungen, dann besinnen sich die Söhne mitunter, sie lassen ab von ihrem Vorhaben, obwohl sie weiterhin von jenem teuflischen Geist besessen sind, der sie leichtsinnig macht und heimlich aufbegehren lässt.

Die Geschichten vom Reisen haben stets einen Anfang, aber kein Ende. Das kennen Junge wie Alte, deshalb können sie ihre Gefühle beherrschen, ein unsäglicher Schmerz erlangt keinen Raum. Sogar Mütter, die ihre Söhne bis in alle Ewigkeiten im Wadi halten wollen, weil andere Orte ihnen unheimlich sind, die sich nicht vorstellen können, dass es anderswo besser sei, fügen sich irgendwann in ihr Schicksal. Aber sie hegen die Hoffnung, dass ihre Söhne eines Tages des Reisens überdrüssig werden und zurückkehren!

Die Bewohner von Wadi Al-Ujun zeigen eine seltsame Mischung aus Sanftmut und Wahnsinn, denn obwohl sie bisweilen zufrieden und friedfertig wirken, bereitwillig ihre Hilfe anbieten, ohne etwas dafür zu erwarten, so neigen sie doch mitunter zu Trägheit und Träumerei. Selbst Männer, die sich nur kurze Zeit im Wadi aufhalten, kennen die Eigenarten der Bewohner und nehmen sie gelassen hin. Sie sagen: »Die Leute vom Wadi sind große Kinder, das eine Wort kränkt sie und das andere versöhnt sie. Man muss eben wissen, wie man mit ihnen sprechen und umgehen muss.« Die Bewohner des Wadis schauen sich die Menschen genau an, beobachten sehr aufmerksam ihr Tun und ihr Gebaren. Wenn sie sich einmal eine Meinung gebildet haben und zu einer Überzeugung gelangt sind, scheinen sie wie besessen davon. Gehen die Meinungen über Personen oder Vorfälle zuweilen auseinander, gibt es immer jemanden, der sagt: »Urteilt nicht voreilig! Wir haben schon so viele Menschen gesehen und das Leben hat uns so vieles gelehrt. Wartet's ab!« Solche Worte können einer langen Diskussion schnell ein Ende bereiten. Eine stillschweigende Wette wird in diesem Moment geschlossen, denn die Zukunft wird es weisen, wer Recht hat.

Stets sind die Reisenden darauf bedacht, im Umgang mit den Bewohnern des Wadis Vorsicht walten zu lassen, denn ein dummer, ein kleiner Fehler könnte auf die ganze Karawane zurückfallen und die Beziehungen zum Wadi für lange Zeit gefährden. Kaufleute, die sonst neben ihren Waren zu schlafen pflegen, diese keinen Augenblick aus den Augen lassen und keinem anderen die Bewachung anvertrauen, geben bei ihrer Ankunft im Wadi diese Gewohnheit freiwillig und zuversichtlich auf, weil sie wissen, wie vertrauenswürdig und wachsam die Menschen hier sind. Geschäfte schließen die Bewohner des Wadis ab, ohne miteinander zu feilschen und einander zu nötigen, denn Feilschen ist in ihren Augen etwas Fremdes und Anrüchiges. Treffen Händler aus zwei verschiedenen Karawanen aufeinander, beginnen die harten Verhandlungen. Zuerst droht man, auf den Kauf zu verzichten, dann will man den Preis erheblich drücken und plötzlich ist man sich einig. Die Bewohner des Wadis staunen darüber und verleihen gelegentlich ihrer Verwunderung oder Empörung Ausdruck.

»Diese Händler sind Teufel in Menschengestalt«, sagen sie sich, wenn sie auf beiden Seiten lachende, zufriedene Gesichter sehen. »Sie machen keinen Unterschied zwischen Recht und Unrecht, sie schrecken vor nichts zurück!«

Wendet jemand ein, dass beim Handeln so lange gefeilscht und geschachert werde, bis alle zufrieden seien, und dass der dabei erzielte Gewinn ebenso rechtmäßig sei wie Regen, der vom Himmel falle, sieht man ihn mitleidig und etwas spöttisch an, als wolle man sagen: »Wie kann man jemanden, der das ganze Jahr über für seinen Lebensunterhalt arbeitet, mit jemandem vergleichen, der seinen Unterhalt im Handumdrehen verdient?«

Diese Eigenart der Bewohner des Wadis wird besonders deutlich beim Stamm der Utum, denn der Ort, den sie sich als Wohnstatt gewählt haben, der Hügel Sahra, und ihre Beziehung zu ihrer über die ganze Wüste verstreuten großen Sippe haben ihre Anschauungen über das Leben und ihren Umgang mit anderen geprägt: Sie sind nicht wie die anderen im Wadi gezwungen, die Karawanen gleich bei ihrer Ankunft zu begrüßen, da diese zuerst die Wasserquellen und die nahe gelegene Karawanserei aufsuchen. Die Utum jedoch beobachten alles von oben, von Sahra aus, und sie lassen sich Zeit, bevor sie zur Begrüßung ins

Wadi hinabsteigen. Zum anderen verleiht ihnen ihre Zugehörigkeit zu einer großen Sippe ein Gefühl der Stärke und der Sicherheit. Daher stammt ihr unbekümmertes, sogar verächtliches Verhältnis zum Geld oder anderen Dingen von Wert. Sie wissen, dass ihr Leben, egal wie hart es auch sein mag, sie nicht zermürben kann. Sie geben sich oft grob oder rau. Haben sie aber Vertrauen gefasst und jemanden schätzen gelernt, dann geben sie alles, ohne zu zögern, und sind – mit größter Bescheidenheit – mit allem zufrieden.

Die Utum sind die ärmsten, aber auch die stolzesten Bewohner im Wadi Al-Ujun. Vielleicht ist ihr Hochmut auf ihre Armut zurückzuführen, denn keiner vom Stamm der Utum könnte, selbst wenn er es wollte, zu Reichtum gelangen: Zu irgendeinem Zeitpunkt – der unweigerlich kommt – wird er alles, was er zusammengetragen hat, ohne Zögern und ohne Reue verschenken, um dann von neuem zu beginnen, mit rastlosem und beharrlichem Eifer. Hat er es dann wieder zu einem gewissen Wohlstand gebracht, wird er bald wieder in die Rolle des Habenichts schlüpfen.

Die Menschen in Wadi Al-Ujun sind zwar arm, doch zufrieden mit ihrem Leben, und bisweilen sind sie sogar sehr verschwenderisch. Nur selten beklagen sie sich über die Datteln, die Milch und das trockene Brot, die ihre tägliche Nahrung sind und ihnen mitunter Bauchgrimmen verursachen und sie reizbar machen. Es kommt sogar vor, dass ein ausgewachsener Mann mit ausgemergeltem Gesicht und spindeldürren Armen und Beinen von einem Schwindel erfasst wird und zusammenbricht. In den Sommermonaten leiden die Kinder immer wieder an Durchfall oder Erbrechen, sie sind ausgezehrt und blass. Häufen sich diese Vorfälle, wird den Menschen angst und bange, und sie lechzen nach ein wenig Fett und Fleisch, um ihre Widerstandskräfte zu stärken. Dann sehnt das Wadi die Ankunft einer Karawane herbei, die das Leben verändern wird, kann man doch ein paar Schafe erstehen und schlachten. Lassen die Karawanen jedoch zu lange auf sich warten, wird unweigerlich ein Anlass gefunden, ein Kamel zu schlachten, und das ganze Wadi wird am Genuss dieses Fleisches teilhaben … Dann verändert sich das Leben im Wadi. Und mit dem Leben verändern sich auch die Menschen. Sie werden gesprächiger und legen sich nicht frühzeitig zur Ruhe.

In den Sommernächten, wenn sie zusammen um die Kaffeekannen sitzen und erzählen, werden sie von einem wahren Fieber ergriffen und beginnen zu singen und mitunter sogar zu tanzen. In solchen Nächten steigen traurige Gedanken und Erinnerungen hoch, die Männer verspüren Lust, mit einer Frau zu schlafen oder sich zu prügeln. Dies alles geschieht aus unerklärlichen Gründen und ohne einen Anlass. Nagt der Hunger wieder an den Mägen und wird die Joghurtschüssel herumgereicht, ruft jemand plötzlich: »Fleisch, jawohl, heute Nacht müssen wir gegrilltes Fleisch essen!«

Es kann aber auch vorkommen, dass ganz unerwartet – vielleicht wegen einer alten Wette – im Morgengrauen ein Kamel geschlachtet wird. Wenn die Vorbereitungen beginnen, will jeder seine Geschicklichkeit beweisen und legt mit Hand an: Einige schichten das Brennholz auf, andere schleppen die Töpfe herbei, während wieder andere frisches Brot backen. Viele sind bereit, das Kamel zu schlachten, zu häuten oder zu zerlegen, und innerhalb kurzer Zeit verwandelt sich das Wadi in einen emsig wimmelnden Bienenstock. Es ist eine Geschäftigkeit ganz besonderer Art, denn das Wichtigste ist, zu überleben und sich Herausforderungen zu stellen, vor allem aber, Armut und Sorge zu trotzen.

Dieses Leben hat bei den Bewohnern von Wadi Al-Ujun einen besonderen Körperbau hervorgebracht: Sie sind eher groß gewachsen und langgliedrig, sie haben schlanke Taillen und schmale Schultern. Sie erinnern an gut trainierte, aber erschöpfte Pferde, deren frühere Stärke und Schönheit sich noch erahnen lässt. Und die länglichen Gesichter mit den regelmäßigen Zügen, den feinen Lippen und den runden Wangen strahlen Ruhe aus. Die Menschen aus Wadi Al-Ujun ähneln sich stark in ihrem Aussehen und ihrer Art. Alter und Reife scheinen die einzigen Unterscheidungsmerkmale zu sein, vielleicht aber auch der Grad der Verwandtschaft zu Aun, ihrem Ahnherrn. Aun gilt als Urahn des gesamten Wadis und als seine stärkste Persönlichkeit. Obwohl er vor vielen Jahren gestorben ist, werden noch immer Geschichten von seiner Tapferkeit, seiner Großmut und seiner Selbstlosigkeit erzählt, und er gilt als der gute Geist und Beschützer des Tales.

Ibrahim Aun und der Stamm der Utum waren aus der weiten Wüste gekommen und hatten sich in Wadi Al-Ujun niedergelassen. Die Aun-Sippe, zu der Dschasi Haddal und sein Vater Mut'ib gehören, hat wie die Dattelpalmen an diesem Ort Wurzeln geschlagen. Zerrissen von der Sehnsucht, zu ihrem Ursprung zurückzukehren und an weit entfernte Orte zu ziehen, spüren die Menschen dieser Sippe gleichermaßen, dass sie einem geheimnisvollen Auftrag verpflichtet sind. Die Leute im Wadi erinnern sich noch immer an Dschasi Haddal, wie er vor vierzig oder fünfzig Jahren den Türken trotzte: wie er ihnen das Leben in Wadi Al-Ujun zur Hölle machte. Immer wieder war er für eine Weile spurlos verschwunden. Viele – sogar die Türken – dachten, er sei tot. Doch kaum hatte man ihn vergessen, tauchte er wieder auf, tötete, zerstörte, setzte alles in Brand und plünderte, so viel er konnte. Dann verschwand er wieder für eine Weile in der Wüste, bis er alles vergessen glaubte, und kam wieder, um das Wadi abermals in eine Hölle zu verwandeln.

Lange bevor die Türken in den Augen der Leute zu Feinden geworden waren, hatte Dschasi mit diesen Überfällen begonnen und so lange gekämpft, bis die Türken das Wadi verlassen hatten. Die Türken wollten ihn fangen, aber ihre Expeditionen endeten zweimal mit dem Tod der türkischen Kommandanten. Der Rest der Truppe schloss sich Dschasi an und begleitete ihn auf allen seinen Überfällen und Raubzügen. Es heißt sogar, sie seien ihm bis zu seinem Tod treu geblieben.

Dieser geheimnisvolle Auftrag, von dem die Menschen der Haddal-Sippe besessen waren und der sie quälte, fand auf unterschiedliche Weise seinen Ausdruck und war vermutlich der wahre Beweggrund, warum sie diesen Ort gewählt hatten, an dem alle Reisenden Rast machten. Vielleicht aber sollten sie auch Zeugen einmaliger Ereignisse in der Geschichte sein, um den Menschen von all den merkwürdigen und seltsamen Vorfällen, die sie erlebten, zu berichten.

2.

An jenem fernen Tag, der sich kaum von tausend anderen Tagen unterschied, wurde der letzte Sohn von Mut'ib Haddal geboren. Ein Nachmittag am Ende des Frühlings. Es war heiß geworden wie schon in den Tagen zuvor. Die Früchte der Dattelpalmen hatten zu wachsen begonnen. Mut'ib Haddal musste noch schnell die schweren Wedel der alten Palme abstützen, bevor er zu seinem Haus in Sahra eilen konnte, um endlich zu hören, ob alles gut gegangen war. Er musste auch den Kaffee für die Gäste rechtzeitig vorbereiten. Als er aber von der Palme aus seinen Sohn Fawwas freudestrahlend auf sich zulaufen sah, wusste er, dass seine Frau einen Sohn geboren hatte. Er blieb auf seinem erhöhten Stand und wartete, bis Fawwas näher gekommen war, um ihm die frohe Botschaft zu überbringen. Einige Male sah er sich um. Wadi Al-Ujun schien ihm in diesem Moment grüner als sonst. Es hat in diesem Jahr häufiger geregnet, sagte er sich.

»Vater ... Vater ... eine frohe Botschaft!«, rief Fawwas schon von weitem.

›Wenn das Gute kommen will, dann kommt es …‹, dachte Mut'ib Haddal.

Wie bei all seinen Kindern musste er auch jetzt nicht lange überlegen, wie der Neugeborene heißen sollte. Kaum war er von der Palme heruntergeklettert, kaum berührten seine Füße den Boden, sah er prüfend in die Augen des Jungen, dessen mit Staub und Schweißperlen bedecktes Gesicht noch immer strahlte, und fragte mit fester Stimme: »Hast du gesagt, ›Muqbil‹ ist da, mein Sohn?«

Der Junge sah seinen Vater verlegen an, im ersten Moment dachte er, er habe ihn nicht verstanden. Er schöpfte Atem: »Vater … wir haben einen Bruder bekommen!«

Mut'ib Haddal legte seine große Hand auf den Kopf des Kleinen: »Du hast gesagt, Muqbil ist da …!« Und laut lachend fügte er hinzu: »Mögest du stets frohe Botschaften erhalten, mein Sohn.«

Er band seinen Gürtel los, ließ das Gewand herunter und klopfte sich den Staub von den Händen. Dann gingen die beiden ruhigen Schrittes in Richtung Sahra. Sie gingen schweigend, aber ein in ihm loderndes Feuer trieb Mut'ib Haddal voran. Sahra erschien ihm weiter entfernt als sonst. Gerne wäre er schneller gegangen, am liebsten gerannt. Aber er besann sich. Ja, wenn es der erste Sohn gewesen, wenn er selbst noch jung gewesen wäre! Er lachte laut. Fawwas schaute seinen Vater an.

»Schaqra, die kleine blonde Tochter von Mubarak, soll Muqbils Braut werden«, sagte Mut'ib Haddal.

An diesem Abend gab Mut'ib Haddal ein großes Festmahl, ließ ein Lamm schlachten und lud zahlreiche Gäste ein. Spät in der Nacht, als die Männer gegangen waren, saß er allein im Mondschein und ließ sein Leben an sich vorüberziehen. Er sah seine Tage und Nächte, sah sich als kleines Kind und erinnerte sich an seine ersten Reisen. Als er daran dachte, wie seine Frau Wadha seinen ersten Sohn zur Welt gebracht hatte, lächelte er. Sie hatte Angst gehabt, aber später, tief in der Nacht, hatte sie ihn angesehen und vor Freude geweint. Heute Nacht jedoch war sie müde und auf seinen Blick hatte sie weder lachend noch weinend reagiert. Mut'ib hätte am liebsten mit seinen Fingernägeln in den festen Boden unter dem Webteppich ein Zeichen gekratzt, um für immer an diesen Tag zu erinnern. Als er nach dem Fortgang der Gäste zu später Stunde das Haus betrat, war er fest entschlossen, das alte Gewehr aus osmanischer Zeit hervorzuholen und einige Schüsse abzufeuern. Wie ein Blitz war ihm dieser Gedanke durch den Kopf geschossen. Das hatte er bei jeder Geburt eines Sohnes so gemacht. Auch das erste Mal, als Twaini zur Welt gekommen war. Twaini war sein erster Sohn gewesen, und er war schon lange tot. In jener Nacht hatte er das Gewehr vor den Augen der Männer herausgeholt und unter ihren freudigen und aufgeregten Rufen das ganze Magazin leer geschossen. Die Männer, die ihre Waffen bei sich trugen, hatten es ihm gleichgetan. Er erinnerte sich, dass Ibn Mubarak, Hwaisi und Fahd bei der Geburt von Scha'lan ebenfalls viele Schüsse abgefeuert hatten, Hwaisi hatte sogar sein ganzes Magazin geleert. Qahtani hatte es ihm gleichtun wollen, aber seine Pistole hatte nach dem ersten Schuss geklemmt. Die Männer waren bei solchen Anlässen immer fröhlich und ausgelassen. Sie aßen, lachten und schossen in die Luft. Die Freude war in jenen Nächten groß gewesen und dennoch war Twaini als Kleinkind gestorben. Heute Nacht hatten sie zwar gegessen, getrunken und sich gefreut, Qahtani hatte auch gesagt, dass die guten Zeiten mit Muqbil gekommen seien, aber sie feuerten keine Schüsse ab. ›Früher haben wir es besser gehabt …‹, dachte er traurig.

Um niemanden zu erschrecken, holte er lärmend und polternd das Gewehr hervor. Er stellte sich neben Wadhas Bett auf. Sarah, seine Schwester, hatte dem Kleinen ein wenig Honig zu schlecken gegeben und wiegte ihn in den Armen.

Die beiden Frauen sahen ihn an. Wadha war erschöpft

und schien im Halbschlaf versunken, aber als sie das Gewehr sah, schreckte sie auf. Ein Gefühl des Stolzes überkam Mut'ib. Er stieß mit dem Gewehrkolben auf den Boden, als wollte er etwas verkünden. Sarah sprach beruhigend auf das Kind ein, das vor sich hin weinte: »Der Honig wird dir gut tun und dich stärken, mein Sohn. Du wirst bald ein Mann werden. Jungen müssen eben Männer werden.« Als sie den Kolben aufschlagen hörte, drehte sie sich um, sah erst Mut'ib und dann Wadha an.

»Gute Leute ...«, sagte Mut'ib.

Er sprach diese Worte langsam aus, wie die Einleitung zu einer langen Rede. Als er bemerkte, dass die beiden Frauen ihn und das Gewehr fragend ansahen, fuhr er fröhlich fort: »Es ist wahr, wenn es heißt: ›Wer Nachkommen hat, stirbt nicht.‹«

Er hielt einen Moment inne, lächelte, nickte mehrmals. Seine Stimme klang traurig, als er fortfuhr: »Möge Gott sich unserer Eltern und ihrer Vorfahren erbarmen.«

Ganz langsam hob er das Gewehr, öffnete den Verschluss und schob eine Patrone in den Lauf. Dann drehte er sich um und ging hinaus.

Es war still. Der Mond schien. Mut'ib Haddal war allein in der Weite der Wüste. Er betrachtete die Sterne, atmete tief ein. Er verspürte das Verlangen, etwas Ungewöhnliches zu tun. Mit erregter, ja heftiger Stimme rief er: »Für dich, oh Mitternacht.«

Er hob das Gewehr zum Himmel, zielte auf den Mond und drückte ab. Der Schuss zerriss die Stille, Pulverdampf füllte Mut'ibs Lungen. Er repetierte die leere Patrone heraus und der scharfe Geruch des Pulvers stach ihm noch intensiver in die Nase. Er erinnerte sich an zurückliegende Tage und dachte: ›Mögen es gute Zeiten werden, möge Gott uns Kraft und Geduld schenken!‹ Er schob mit dem Verschluss eine zweite Patrone in den Lauf. Aus dem Haus drangen Stimmen zu ihm. Sie stammten nicht von Wadha oder Sarah, sondern von einem der Kinder, das durch den

Schuss erwacht war. Er drehte sich um, sah jedoch zunächst niemanden. Dann ließ er sich auf die Matte fallen. Kurz darauf kam Scha'lan und blickte ihn fragend und ängstlich an. Mut'ib stützte das Gewehr auf dem Boden ab, der Lauf ragte schräg nach oben: »Na, mein Sohn … Hast du Angst gehabt?«

Scha'lan lächelte und sah seinen Vater prüfend an. Als er die Ruhe in ihm spürte, schüttelte er verneinend den Kopf. Mut'ibs Gesicht strahlte im Mondlicht: »Als du zur Welt kamst, erhellten wir bis zum Morgengrauen die Nacht mit Schüssen.«

Der junge Mann nickte voller Stolz.

»Und heute, mein Sohn«, fuhr er fort, »hast du einen Bruder bekommen.«

Scha'lan lachte zustimmend.

»Dein Bruder muss den Geruch des Pulvers riechen, damit er sich später, wenn er groß ist, nicht fürchtet.«

Sarah, die anscheinend zugehört hatte, ermahnte ihren Bruder aus dem Inneren des Zeltes: »Abu Twaini, bereite den Kaffee vor! Die Männer aus Wadi Al-Ujun werden jeden Moment wiederkommen!«

»Der Kaffee ist fertig, Sarah, sie seien alle willkommen! Und wenn sie kommen, werden wir mit unseren Schüssen die Nacht zum Tag machen!«

»Vater, gib mir das Gewehr!«, bat Scha'lan ganz aufgeregt.

Stolz reichte Mut'ib Haddal seinem Sohn das Gewehr. Er wünschte, jemand möge die Freude an diesem aufregenden, geheimnisvollen Spiel mit ihm teilen. In diesem Augenblick schäumte er über vor heftigen, rasch wechselnden Gefühlen. Scha'lan hob hastig das Gewehr. Der Schuss brach, das Echo rollte durch das Wadi. Mut'ib erschien der Schuss viel lauter als der erste. Der Geruch des Pulvers erfüllte die Umgebung mit verhaltener Freude. Als wieder Stille herrschte, hörte man Sarah von innen rufen: »Abu Twaini, es werden noch mehr Gäste kommen, mehr als zuvor.«

»Vertrau auf Gott, Sarah! Wir haben Zeit genug«, antwortete Mut'ib.

Und nach dem dritten Schuss sagte er zu Scha'lan: »Es reicht, mein Sohn.«

Er hielt kurz inne und fuhr laut lachend fort: »Ich kenne unsere Leute nur allzu genau. Noch ein Schuss und sie werden alle nach Sahra kommen.«

Er lachte abermals. Mut'ib Haddal sprach zu sich selbst und zu den anderen und hatte das Gefühl, dass alles um ihn herum sich gewaltig verändert hatte: Selbst der Mond und die Sterne erschienen ihm heute verändert. Er spürte, wie die aufkommende kühle Luft ihn mit Kraft und Vertrauen erfüllte. Er reckte sich, als wollte er seinen ganzen Körper zur Explosion bringen und die Worte hinausschreien, die seine Seele erfüllten, damit nicht nur das Gedächtnis, sondern auch das Herz sie speicherten. Er schaute zum Mond, dann zu Scha'lan und zu Sarah, die ihm gegenüber in der Tür stand, und sagte:

»Wenn der Sohn groß ist, soll man ihm ein Freund sein.«

»Abu Twaini, wenn das Glück kommt, legt die Henne auch auf dem Zeltpflock ein Ei«, antwortete Sarah, von seiner Heiterkeit angesteckt.

Er lachte schallend: »Und ist das Glück dahin, oh Sarah, dann pisst der Esel auf einen Löwen.«

»Vertraut auf Gott, gute Leute!«, ließ sich in diesem Moment Wadha mit matter Stimme von drinnen vernehmen.

Tajjib Salich

Eine Hand voll Datteln

Ich muss damals noch sehr klein gewesen sein. Ich erinnere mich nicht mehr genau, wie alt ich war, aber ich erinnere mich daran, dass mir die Leute, wenn sie mich mit meinem Großvater sahen, über den Kopf streichelten und mich zärtlich in die Wange kniffen – etwas, was sie mit meinem Großvater nicht machten. Merkwürdig daran war, dass ich nie mit meinem Vater ausging, es war vielmehr mein Großvater, der mich mitnahm, wohin er auch ging, außer morgens, wenn ich zur Moschee ging, um den Koran zu lernen. Die Moschee, der Fluss und das Feld waren Meilensteine in unserem Leben. Während die meisten Kinder in meinem Alter darüber murrten, dass sie in die Moschee gehen mussten, um den Koran zu lernen, ging ich gern dorthin. Der Grund dafür war zweifellos, dass ich leicht auswendig lernen konnte; der Scheich bat mich aufzustehen und die »Sure des Allbarmherzigen« vorzutragen, wann immer wir Besuch bekamen. Die Besucher streichelten mir über den Kopf und die Wange, genauso wie es die Leute taten, wenn sie mich mit meinem Großvater sahen. Ja, ich liebte die Moschee.

Und ich liebte den Fluss. Sobald wir am Vormittag den Koranunterricht beendet hatten, warf ich meine hölzerne Tafel hin und rannte schnell wie der Teufel zu meiner Mutter, schlang eilig mein Frühstück hinunter und lief zum Fluss, um dort zu schwimmen. Wenn ich genug vom Schwimmen hatte, setzte ich mich ans Ufer und betrachtete das Wasser, das nach Osten floss und hinter dem dichten Akaziengebüsch verschwand. Ich liebte es. Ich ließ meiner Phantasie freien Lauf und stellte mir vor, dass eine

Sippe von Riesen hinter dem Gebüsch lebte, Leute, die groß und stark waren, mit weißen Bärten und großen, spitzen Nasen wie die meines Großvaters. Immer wenn mein Großvater meine zahlreichen Fragen beantwortete, rieb er sich vorher mit dem Zeigefinger über die Nase. Der Bart meines Großvaters war weich und üppig und so weiß wie Baumwolle. Nie in meinem Leben habe ich etwas von strahlenderem Weiß und größerer Schönheit gesehen.

Mein Großvater muss außerordentlich groß gewesen sein, denn ich habe nie jemanden im ganzen Dorf gesehen, der nicht zu ihm aufgeschaut hätte, wenn er mit ihm sprach, noch habe ich jemals gesehen, dass er ein Haus betrat, ohne sich dabei so sehr zu neigen, dass es mich an die Biegung des Flusses hinter dem Akaziengebüsch erinnerte.

Mein Großvater war groß und schlank, und ich liebte ihn. Ich stellte mir vor, wenn ich eines Tages ein Mann wäre, ginge ich wie er mit großen Schritten. Ich glaube, er mochte mich lieber als alle anderen Enkel. Das war kein Wunder, denn meine Cousins waren dumm, und ich, so sagte man, war ein intelligentes Kind. Ich wusste immer genau, wann mein Großvater wollte, dass ich lachte, und wann ich schweigen sollte. Ich kannte auch die Zeiten seiner Gebete genau, brachte ihm seinen Gebetsteppich und füllte ihm den Wasserkrug, bevor er mich darum bat. In seinen freien Stunden genoss er es, mir zuzuhören, wie ich melodisch den Koran rezitierte, und ich konnte seinem Gesicht ansehen, dass er innerlich bewegt war.

Eines Tages fragte ich ihn nach unserem Nachbarn Mas'ud. Ich sagte zu meinem Großvater: »Ich glaube, du magst unseren Nachbarn Mas'ud nicht?«

Er rieb sich über die Nase und antwortete: »Weil er ein fauler Mann ist, solche Männer mag ich nicht.«

Ich fragte: »Was ist das, ein fauler Mann?«

Er dachte eine Weile nach und sagte mir: »Sieh mal,

dieses weite Feld. Siehst du, wie es sich von der Wüste bis zum Nilufer erstreckt? Hundert Feddan sind das. Siehst du all diese Dattelpalmen? Und auch diese Bäume? Nilakazien und Sayalbäume. All dies war in Mas'uds Besitz. Er hatte das alles von seinem Vater geerbt.«

Ich nutzte die Gelegenheit, als mein Großvater schwieg, und blickte über das riesige Gebiet, das er mit seinen Worten beschrieben hatte. Ich sagte mir: »Mir ist es egal, wer diese Dattelpalmen besitzt. Diese Bäume dort oder diese schwarze, vor Trockenheit aufgerissene Erde; alles, was ich weiß, ist, dass das die Bühne meiner Träume und mein Spielplatz ist.«

Dann fuhr mein Großvater fort: »Mein Junge, vor vierzig Jahren gehörte dies alles Mas'ud allein. Zwei Drittel davon gehören heute mir.«

Das war eine aufregende Neuigkeit für mich. Denn ich hatte geglaubt, dass das Land, seit Gott die Welt erschaffen hatte, meinem Großvater gehörte.

»Ich besaß keinen einzigen Feddan, als ich einst meinen Fuß in dieses Dorf setzte. Mas'ud war der Besitzer all dieser Reichtümer. Jetzt haben wir jedoch die Rollen getauscht, und ich glaube, dass ich, bevor ich sterbe, auch noch das letzte Drittel kaufen werde.«

Ich weiß nicht, warum ich bei den Worten meines Großvaters Angst empfand: Ich spürte ein Gefühl des Mitleids für den Nachbarn Mas'ud. Wie sehr wünschte ich, dass mein Großvater es nicht tun würde! Ich erinnerte mich an Mas'uds Gesang, an seine wunderbare Stimme und an sein lautes Lachen, das dem Plätschern von Wasser glich. Mein Großvater lachte nie.

Ich fragte meinen Großvater, warum Mas'ud sein Land verkauft hatte.

»Frauen«, und so wie mein Großvater das Wort aussprach, hatte ich das Gefühl, dass »Frauen« etwas Schreckliches sein mussten.

»Mas'ud, mein Junge, war ein Mann, der oft geheiratet

hat. Jedes Mal, wenn er heiratete, verkaufte er mir einen oder zwei Feddan.«

Schnell rechnete ich im Kopf aus, dass Mas'ud dann so um die neunzig Frauen geheiratet haben musste. Dann erinnerte ich mich an seine drei Frauen, sein heruntergekommenes Aussehen, seinen lahmenden Esel und seinen schäbigen Sattel ebenso wie an seine Galabiya mit den zerrissenen Ärmeln. Ich hätte mich von dieser Erinnerung, die sich in meinem Kopf festgesetzt hatte, befreien können, wenn jetzt nicht ebendieser Mann leibhaftig auf uns zugekommen wäre. Mein Großvater und ich schauten einander an.

»Heute ernten wir die Datteln«, sagte Mas'ud, »willst du nicht dabei sein?«

Ich hatte das Gefühl, dass er meinen Großvater eigentlich nicht dabeihaben wollte. Aber mein Großvater sprang auf, und ich sah, dass seine Augen einen Moment lang funkelten. Er nahm mich an die Hand und wir gingen zu Mas'uds Dattelernte. Jemand brachte meinem Großvater einen Stuhl, der mit Ochsenfell bezogen war; mein Großvater setzte sich darauf, während ich stehen blieb. Es waren viele Leute da. Ich kannte sie alle. Aus irgendeinem Grund begann ich, Mas'ud zu beobachten. Mas'ud stand weit entfernt von der Menge, als ob es nicht seine Angelegenheit sei, obwohl die Datteln, die geerntet wurden, ihm gehörten. Manchmal horchte er auf beim Geräusch eines riesigen Dattelklumpens, der von oben herunterkrachte.

Einmal schrie er dem Jungen zu, der auf der Spitze der Palme hockte und damit begonnen hatte, einen Klumpen mit seiner langen, scharfen Sichel abzuhacken: »Sei vorsichtig, dass du nicht das Herz der Palme triffst!« Niemand schenkte dem, was er sagte, Beachtung, und der Junge, der auf der Spitze der Palme saß, fuhr fort, schnell und energisch die Zweige mit seiner Sichel abzuschneiden, bis der Dattelklumpen herunterkam wie etwas, das vom Himmel fiel. Aber ich begann über das nachzudenken, was Mas'ud gesagt hatte: das Herz der Palme. Ich stellte mir die Palme als ein Wesen vor, das fühlte und ein Herz besaß, das klopfte. Ich erinnerte mich an eine Bemerkung, die Mas'ud mir gegenüber gemacht hatte, als er mich einmal mit einem Palmenzweig spielen sah: »Palmen, mein Junge, empfinden wie menschliche Wesen Freude und Leid.«

Plötzlich schämte ich mich, ohne zu wissen wofür. Und als ich nochmals über das Gelände blickte, das sich vor mir erstreckte, sah ich meine Spielgefährten wie Ameisen unter den Palmenzweigen herumwimmeln, Datteln aufsammeln, und einige von ihnen aßen davon. Die Datteln wurden in großen Haufen gesammelt. Ich sah Leute daherkommen, die sie in Messeimern wogen und sie in Säcke schütteten. Ich zählte dreißig Säcke. Die Leute brachen auf, außer Hussein, dem Händler, Musa, dem Besitzer des Feldes, das im Osten an unseres grenzte, und zwei Männern, die ich noch nie vorher gesehen hatte. Ich hörte ein leises Schnarchen und bemerkte, dass mein Großvater eingeschlafen war.

Dann beobachtete ich, dass Mas'ud seine Haltung nicht geändert hatte, nur hatte er jetzt ein Bambusstöckchen im Mund und kaute darauf herum wie jemand, der sich schon satt gegessen hatte und noch einen Bissen in den Mund steckte und nicht wusste, was er damit machen sollte. Plötzlich erwachte mein Großvater, sprang auf und ging auf die Dattelsäcke zu. Es folgten ihm Hussein, der Händler, Musa, der Besitzer des Feldes, das an unseres grenzte, und die zwei fremden Männer. Auch ich folgte meinem Großvater, blickte zu Mas'ud und sah, wie er sehr langsam auf uns zuging, wie ein Mann, der umkehren wollte, dessen Füße jedoch darauf bestanden, vorwärts zu gehen. Die Leute bildeten einen Kreis um die Dattelsäcke und begannen sie zu untersuchen, wobei einige von ihnen eine oder zwei Datteln herausnahmen und aßen. Mein Großvater gab mir eine Hand voll, und ich begann, auf ihnen herumzukauen. Ich sah, wie Mas'ud zwei Hände voll Datteln nahm, an ihnen roch und sie dann zurücklegte. Ich beobachtete, wie sie die Säcke unter sich aufteilten. Hussein, der Händler, nahm zehn, jeder von den Fremden nahm fünf. Musa, der Besitzer des Feldes, das im Osten an unseres grenzte, nahm fünf, und auch mein Großvater nahm fünf. Ich verstand nichts. Ich schaute Mas'ud an und sah, wie seine Augen hin und her wanderten wie zwei Mäuse, die den Weg nach Hause nicht mehr fanden.

»Du schuldest mir noch fünfzig Pfund«, sagte mein Großvater zu Mas'ud.

»Wir werden später darüber sprechen.«

Hussein rief seine Helfer. Sie brachten die Esel herbei. Die zwei fremden Männer holten ihre fünf Kamele, und alle luden die Dattelsäcke auf die Esel und auf die Kamele. Einer der Esel schrie und eines der Kamele hatte Schaum vor dem Maul und brüllte. Plötzlich fand ich mich in Mas'uds Nähe wieder; meine Hand streckte sich nach ihm aus, als ob ich den Saum seines Gewandes berühren wollte. Ich hörte, wie er in seiner Kehle ein Geräusch machte, das sich anhörte wie das Schnaufen eines Lammes, das geschlachtet wird. Aus einem unbekannten Grund spürte ich einen heftigen Schmerz in meiner Brust.

Ich lief davon. In diesem Moment fühlte ich, dass ich meinen Großvater hasste. Ich lief schneller, als ob ich ein Geheimnis hätte, das ich loswerden wollte. Ich erreichte das Ufer in der Nähe der Biegung hinter dem Akaziengebüsch. Ohne zu wissen warum, steckte ich mir einen Finger in den Hals und erbrach die Datteln, die ich gerade gegessen hatte.

Hani Rahib

Zwei Heimkehrer

»Und Mohammed Mresched, was ist aus dem geworden?«

»Der ist in der Hauptstadt.«

»Und Suweleh Abu Suweleh?«

»In der Hauptstadt.«

»In der Hauptstadt, in der Hauptstadt! Sind denn alle in der Hauptstadt? Was machen sie da?«

»Im Staatsapparat.«

»Und Darwisch Zuhair? Ist er auch in der Hauptstadt?«

»Nein. Der ist in Tartus, im Hafen.«

»Na prima! Wenigstens einer! Als was arbeitet er?«

»Im Staatsapparat. Komisch, daß du dich darüber wunderst. Als ob du nicht Bescheid wüßtest.«

Aus der staubigen Gasse bricht eine Horde Kinder unterschiedlichen Alters hervor und rennt in Richtung Hauptstraße. Sie laufen, ohne ein Wort dabei zu reden. In den Händen halten sie belaubte Zweige und solche ohne Blätter. Buntes Papier ist darum gewickelt. An den Enden sind weiße, grüne und rote Flaggen befestigt. Sie schreien, aber ohne Worte, und wirbeln den Straßenstaub auf. Danach sind sie verschwunden.

»Wie spät ist es jetzt?«

»Sieben nach sechs.«

»Bleiben noch dreiundfünfzig Minuten. Dann kommt sie.«

»Leeres Gerede. Prinzen und Prinzessinnen scheren sich nicht um Termine.«

»Nein, sie ist von einer anderen Sorte, die kennst du nicht.«

»Sie mögen verschieden sein, aber sie unterscheiden sich nicht.«

»Und ob. In der Hauptstadt hat sie Hunderten von Leuten Termine gegeben. Jeder, der pünktlich zu seiner bestimmten Zeit kam, kriegte etwas. Wer sich verspätete, hatte eben Pech.«

Der Kellner kommt und stellt die beiden Kaffeetassen auf sein Tablett. Er kassiert und geht wieder. Sie stehen auf. Der eine, ein Mann an die Vierzig mit hartem Gesichtsausdruck, greift nach einer Krücke auf dem Nachbarstuhl und klemmt sie unter die Achsel. Er schiebt sich hinter dem Tisch vor und stemmt sich, auf die Krücke neben dem Beinstumpf gestützt, in die Höhe.

Sie gehen am Straßenrand entlang, der als Bürgersteig gedacht ist. Der Einbeinige ärgert sich flüchtig, als er die Löcher, Erdhaufen und Abfallberge sieht. Bei der nächsten Gasse, auf die er stößt, biegt er nach oben ab. Sein Gefährte folgt ihm.

Auch in dieser Gasse breiten sich Löcher, Viehmist, Erdhaufen und Abfallberge vor ihnen aus. Aber hier betrachten sie einzig und allein die Häuser und die Bäume. Eine widersprüchliche Mischung aus Lehm und Holz, Stein, Zement und Lumpenhaufen. Häuser für Menschen, Wanzen, Tiere. Andere wieder für Menschen, Springbrunnen und Jasmin. Wacklige oder noch unfertige Läden. Lehm- und Strohhügel, die einmal Häuser gewesen sind.

Hier und da kommen Kinder jeden Alters aus den Häusern gesprungen. Sie stürzen, rennen, stürmen vorwärts. Aber ohne Worte. Einer stolpert, er hatte seine Schuhe nicht richtig angezogen, bevor er herausrannte. Ein anderer schreit nur: »Nicht so schnell! Warte auf mich!«

»Diese Ruine, siehst du sie? Hier ist Saadi geboren, beziehungsweise die Prinzessin, wie sie jetzt genannt wird.«

»Saadi? Sie heißt doch Su'ad!«

»Su'ad hieß sie. Sie war das elfte Kind einer alten Mutter und eines ständig betrunkenen Vaters. Die Mutter war fix und fertig. Elf Kinder, und dreimal soviel chronische Krankheiten. An erster Stelle Magersucht infolge von Hunger. Hunger, wie du ihn nicht kennst. So schlimm, daß man gezwungen ist, Melonenschalen, das Weiße und das Grüne, aufzulesen. Natürlich gab es im Dorf keine Mülltonnen. Leider, denn sonst hätten sie eine sichere Quelle für eßbare Abfälle gehabt. Als Saadi im zweiten Lebensjahr war, heiratete ihr Vater noch einmal. Aber dann, nur immer her mit den Kindern! Die zweite Frau war gesund, stark, fruchtbar. Als Saadi zehn wurde, waren es zwanzig Kinder an der Zahl. Drei Schwangerschaften brachten Zwillinge. Deshalb reichten die Melonenschalen auch nicht mehr. Nachts schwärmten sie aus, in die Kaffeehäuser, in Gärten mit Obstbäumen, in Plantagen mit Weizen und Hülsenfrüchten. Später brachen sie in die Wohnungen ein, nahmen sich Lebensmittel und Vorräte, Kleidung und Schuhe, Hühner, Eier, Öl, Butterschmalz, Oliven und sogar Viehfutter. So blieben sie am Leben.«

»Und die Einwohner? Was haben die gemacht?«

»Es betraf ja nicht alle Einwohner. Nur einige. Sieh dir die Straße doch mal an. Dieses Gebäude würde seine hunderttausend Lira kosten. Die Villa dort kostet auch hunderttausend. Zwischen den beiden siehst du Häuser und Läden stehen, aber die Häuser sind allesamt Lehmhütten. Und dann diese Ruine. Welches von den Häusern möchtest du denn am liebsten über seinen Bewohnern zusammenkrachen sehen, wenn du Hunger hast? Es ist doch immer dasselbe. Damals genauso wie heute. Sie stahlen in den Steinhäusern. Nicht etwa, weil sie mit irgend jemandem solidarisch gewesen wären. Außer vielleicht mit denen, die wie sie auf der untersten Stufe gelandet waren. Sie waren jedermanns Feinde. Sie brachen deshalb in Häuser ein, weil sie dort alles vorfanden, was sie brauchten. Auf jeden Fall wurden sämtliche Einwohner nach einem Jahr oder einem

Jahr und zwei, drei Monaten zu ihren Feinden. Du kennst ja die Leute in den Dörfern. Das moralische Gesetz, das ihnen im Kopf herumspukt, lautet: Es kommt nicht darauf an, wen du beklaust, wichtig ist, daß du geklaut hast. Deshalb wandten sich alle gegen sie. Die Einstellung wandelte sich vom heimlichen, genüßlichen Klatsch darüber, was sie wieder einmal angestellt hatten, zu einer allgemeinen Verurteilung. Dann begann die Vertreibung. Diese Dinge geschahen einige Zeit vor deiner Geburt. Jetzt hörst du dir das an, aber den eigentlichen Sinn begreifst du nicht. Im Laufe von zwei Jahren wurde die Doppelfamilie verjagt. Von den Kindern der zweiten Ehefrau starb natürlich die Hälfte. Ein großzügiger Gnadenakt der Natur war das, der Tod. Kein Hund in der Weltgeschichte hat gehungert, wie sie hungerten. Das Kleine wurde einfach abgelegt, auf die Erde, auf eine Decke, einen Teppich, auf irgend etwas. Tagelang blieb es dort liegen, sein Fleisch schrumpfte, die Augen sanken ein, seine Zunge vertrocknete in der Kehle, seine Haut verfärbte sich wie Gelbholz, und es starb. Die anderen mußten weiter. Wenn sie nicht davongelaufen wären, hätten die Aghas sie getötet. Dazu hatten sie ihre Fellachen.«

»Wohin sind sie gegangen?«

»Fortgegangen sind sie. Keiner weiß, wohin. Sie versteckten sich, verschwanden für Jahre. Aber dann tauchten sie alle irgendwo wieder auf. Einige standen mit beiden Beinen fest auf der Erde, andere hatten sich mit gesuchten Verbrechern und Zuchthäuslern zusammengetan, und wieder andere hatten es zu Reichtum gebracht. Jedenfalls tauchten alle wieder auf, außer Saadi, der Prinzessin. Sie blieb verschwunden.«

Am Ende der Straße, wo der gewundene Weg zwischen die Hügel führt, bleiben sie stehen. Der Einbeinige nimmt die Krücke unter der Achsel weg und setzt sich auf einen Felsvorsprung. Sein Begleiter beobachtet ihn, schweigend, besorgt, die Hände bereit, ihm zu helfen. Da steigt plötzlich tosendes Geschrei auf. Ein Lastwagen knattert dröhnend, eine Staubwolke hinter sich zurücklassend, über den staubigen Weg. Sie entdecken fünf fette Hammel darauf und zehn Männer, die lange, starke Messer tragen. Die Männer lachen und zeigen dabei ihre weißen, schadhaften Zähne. Ehe sich noch der Staub verflüchtigt hat, stellen sich junge Burschen und Kinder ein, die dem Lastwagen nachrennen. Sie keuchen bei ihrem schnellen Lauf. Vor lauter Anstrengung sind sie stumm. Der Einbeinige will etwas sagen. Dann läßt er es sein. Die beiden Männer sehen ein zweites Auto kommen, es folgt dem ersten. Hinter einem Eisengitter bemerken sie Flattern und Aufruhr. Sie hören gerade noch die kurzen Angstschreie von Hähnen, da ist das Auto auch schon in der Staubwolke verschwunden.

»Das ist für die Prinzessin! Zwei Autos, erst eins, dann noch eins!«

»Für die Prinzessin? Tausend Hähne für die Prinzessin?«

»Und fünf Hammel dazu. Das wird alles vor ihr geschlachtet, sobald sie das Auto verläßt und in eine Sänfte umsteigt.«

»In eine Sänfte?!«

»In eine Sänfte. Nach Brauch und Sitte unserer herrlichen arabischen Frauen.«

»Sie verläßt das Auto, um in eine Sänfte umzusteigen?!«

»Du redest daher, als wärst du ein Orientalist. Das Auto ist zu schwer, sie können es nicht hochheben. Eine Sänfte ist leicht, die tragen sie und jubeln noch dabei.«

»Wer ist das, sie? Einwohner vom Dorf?«

»Von Dörfern. Da ist keiner, der nicht seine tausend Lira und darüber kassiert hätte.«

»Tausend und darüber! Wie viele sind denn das?«

»Wie viele? Zweitausend, dreitausend. Vielleicht noch mehr. Es heißt, daß sie drei Millionen verteilt hat. Natürlich gibt es Leute, von denen ein einziger fünfzig-

oder hunderttausend ergattert hat, mal abgesehen von ihren eigenen Verwandten.«

»Drei Millionen! Und du?«

»Ich? Wäre ich dabeigewesen, hätte ich auch etwas abbekommen.«

»Drei Millionen!«

Er greift nach seiner Krücke und steht auf. Er klemmt sie unter die Achsel und geht den Weg entlang, den die beiden Autos genommen haben. Sein Begleiter folgt ihm zögernd. Dann holt er ihn ein.

»Wo war denn die Prinzessin untergetaucht?«

»Wir hielten uns zusammen in Beirut versteckt. Wir waren da zu dritt. Ihr Vater hatte sie nach Beirut mitgenommen. Und ich war über die Situation hier verzweifelt. Nur Armut und Terror. Ich machte mich also auf und ging nach Beirut. Sie war damals zwölf Jahre alt. In Aleppo hatte man sie verkauft, und sie war geflohen. In einem Büro für Stellenvermittlung sind wir uns wieder begegnet. Ihr Vater wollte für sich eine Arbeit, irgendeine Arbeit, und für Saadi suchte er eine Familie, die sie als Dienerin nehmen würde. Ja, ich vergaß dir zu sagen, daß sie zwölf war. Saadi hatte schon ein gutes Stück auf dem Weg ihrer Verwandlung zur Frau zurückgelegt. Sie war schön, ganz erstaunlich schön. Es war die Art von Schönheit, die keine Qual und Begierde hervorruft, sondern durch ihre große Unschuld und Reinheit nur Freude und Glück bereitet.«

»Sie ist immer noch schön. Die Leute freuen sich im Grunde mehr über ihre Schönheit als über ihr Geld. Sie sind froh, daß eine Prinzessin, die so wahnsinnig schön ist, ihnen das Geld schenkt. Wäre sie häßlich, würden sie ihr Geld nehmen und sie dabei auslachen. Aber so lachen sie ihr zu, und das von ganzem Herzen, denn sie freuen sich auch über ihre gute Seele, und daß sie Millionen an sie verteilt, trotz allem, was sie ihren Verwandten, und beinahe ihr selbst, angetan haben. Da ist niemand, der behaupten könnte: Die Prinzessin hat mir nichts gegeben. Aber lassen wir das jetzt. Was geschah dann in Beirut?«

»In Beirut. Du weißt, wie es mit Mädchen wie Saadi zugeht. Der Verstand noch kindlich, schon reif der Körper. Alles steht dort bereit, so eine Mine auszubeuten. Und der Vater, also ihr Vater, der hatte sie eigentlich zu diesem Zweck mitgenommen. Sein Problem war nur, er wollte nicht, daß sie dabei ihre Unschuld einbüßte. Das war eine fixe Idee von ihm. Warum, das weiß ich auch nicht genau. Vielleicht hatte er sich in seinem tiefsten Herzen ein kleines Plätzchen bewahrt, wo er die Niedertracht nicht hineinließ. Vielleicht sah er in ihrer Jungfräulichkeit, und die war beglaubigt, so etwas wie einen Rest Ehre für seine eigene Person. Kann auch sein, er wollte sie verheiraten. Oder, na du weißt schon.«

»Was weiß ich?«

»Ich meine, verheiraten auf eine bestimmte Art und Weise.«

»Ich verstehe nicht. Prostitution? Jungfräulichkeit? Das geht aber nicht zusammen.«

»Nein, nein. Ich habe es dir doch gesagt. Prostitution mit der Jungfräulichkeit. Diese Etappe begann zwei Monate, nachdem ihr Name im Büro für Stellenvermittlung registriert worden war. Aber es gibt auch noch Büros von einer anderen Sorte, Büros für Zwischenhändler. Du bist es, der komisch ist. Du benimmst dich wie ein Orientalist. Ist es denn noch nie vorgekommen, daß ein hübsches Mädchen aus einem Dorf verschwand und an ihrer Stelle Reichtum auftauchte?«

Ein Trommelschlag ertönt, und noch einer. Dann werden es mehr, allgemeines Trommeln setzt ein. Klänge von Zigeunerschalmeien steigen auf und mischen sich unter das Dröhnen der Trommeln in einem Rhythmus, der ins Blut geht, der es pulsieren läßt. In wenigen Augenblicken wird die Musik aufreizend und betäubend zugleich. Die kräftigen, knallenden Schläge und das Winseln der Schalmeien erwecken bei den Zuhörern ein brennendes Verlangen, einfach loszutanzen und hemmungslos zu sein, aus sich herauszugehen, sich auszuleben. Die monotone Gleichförmigkeit dringt wie Opium in Geist und Gefühl ein und steigert die Erregung zu einer Art Schwindel.

Mit der Musik steigt gekräuselter Rauch auf und verdichtet sich zu einer schwarzen Wolke. Sie verschwindet wieder und wird von Funken abgelöst, die aus der Glut aufstieben und durch die Luft schwirren. Sie verglühen, und neue folgen. Die beiden Männer schauen auf den Platz an der Westseite des Dorfs. Sie betrachten das lodernde Feuer, die Musikanten und zweitausend Menschen.

»An wen hat er sie verkauft?«

»Das hat keiner erfahren. Heute weiß ich es. Aber damals war meine Beziehung zu den beiden gespannt. Eigentlich mehr zu ihrem Vater. In vier Jahren war Saadi eine richtige, vollkommene Frau geworden. Und sie war abgerichtet worden in diesen vier Jahren. Ich habe versucht, sie zu befreien. Ihretwegen kam ich ins Gefängnis. Ihr Vater bastelte eine falsche Anklage gegen mich zusammen, und ich wurde von der Polizei verhaftet. Ich war gescheitert. Was hätte ich auch ausrichten können? Netze, die Städte und Staat bedecken, bekämpft man nicht, dagegen kann man nicht siegen. Sie flüchtete zu mir, um sich in meinen Armen auszuweinen. Später kam sie und weinte nicht mehr. Sie lachte. Sie setzte sich auf einen Stuhl, und wir saßen beieinander. Sie blieb ein, zwei Stunden da sitzen, als wollte sie einen verlorenen Duft jenseits des Zimmers einatmen oder einen imaginären Vorhang, der die Wände abschirmte, fühlen. Einmal trug ich ihr die Heirat an. Da war sie ungefähr sechzehn Jahre alt. Aber sie war schon eine ganz andere geworden.«

»Was hat sie darauf gesagt?«

»Sie war nicht mehr fähig, Liebe mit Liebe zu erwidern.

Sie öffnete ihre Handtasche und holte alles heraus, was darin war. Dreihundert, vierhundert, ich weiß nicht, wieviel, und bot mir das Geld an. Und damit war Schluß.«

»Was hast du dann gemacht?«

»Meine Reaktion war heftig. Heftiger als sonst bei meinem ohnehin aufbrausenden Charakter. Danach sind wir uns nicht mehr begegnet. Ich habe es bereut. Ich wußte nicht, daß es das Leben war, das ihre Liebesfähigkeit hatte erstarren lassen. Ich glaubte, Mitleid könnte ein zusätzliches starkes Band zum Band der Liebe sein. Aber das ist jetzt alles vorbei. Zwei Monate später verschwand sie – und blieb fünfzehn Jahre lang verschwunden. Ich sah sie nie wieder, hörte nichts von ihr. Auch ihren Vater habe ich nicht mehr gesehen. Anscheinend hat er eine große Summe eingestrichen. Nicht einmal das Dorf suchte ich auf, damit ich nichts über sie erfahren mußte. Nun komme ich gestern nacht hier an, und da höre ich, daß sie heute eintreffen wird. Nach fünfzehn Jahren!«

»Und du, wie ist es dir ergangen?«

»Du meinst, nachdem sie verschwunden war? Oder wie ich mein Bein verloren habe?«

»Beides.«

»Ah so. Tatsächlich hängt alles miteinander zusammen. Man war ja dort der Ansicht, daß die Dinge ein für allemal feststünden, daß alles immer so weitergehen würde. Deshalb achtete auch keiner, der oben war, auf das, was unten vor sich ging. Das Geschäft lief doch großartig, schneller als sie gedacht hatten. Sie kamen kaum nach mit ihren finanziellen, touristischen, kommerziellen und sonstigen Investitionen. Aber am Ende mußte es platzen. Ich arbeitete zu der Zeit im Hafen. Drei Jahre war ich da, und wir wußten, daß es bald krachen würde. Erinnerst du dich an die Hotelschießerei? Das war eine Schlacht! Wir haben mitgekämpft. Und an die Kämpfe bei Tell Zaatar? Beim Angriff auf die feindliche Nachhut wurde mir der Unterschenkel weggerissen. Viel Blut ist damals geflossen. Zusammengeflossen. Wie ein dunkelroter Teppich breitete es sich unter der Sonne aus.«

Die Rhythmen der Musik auf dem westlichen Platz überschlagen sich. Es hört sich wie Wiehern und Schüsse an. Das Feuer auf dem flachen Rund des Platzes lodert auf. Lauter tönen die Schalmeien. Am Rand des Platzes hält ein weißes Automobil. Die vier Türen öffnen sich. Die Prinzessin steigt heraus. Ein Chaos bricht aus. Die Leute stürmen vorwärts. Burschen und Jungen rennen um die Wette. Eine prächtige Sänfte, von acht Schultern getragen, bahnt sich ihren Weg. Mitten auf dem Platz wird sie abgesetzt. Auch die fünf Hammel bahnen sich ihren Weg. Man zerrt sie bis vor die Prinzessin. Geschlachtete Hähne, die noch nicht ganz tot sind, flattern in die Luft, fallen herunter und erschrecken die Leute, die dort stehen. Sie stoßen die Hähne fort, und der Trubel wird noch größer. Lachen und Schreie sind zu hören. Das Feuer brennt heller. Kreise schließen sich zum Tanz. Die Trommeln dröhnen. Die Schalmeien kreischen. Herzen und Zungen fließen über vor Freude. Die Prinzessin lächelt zufrieden, huldvoll, glücklich.

Der erste Hammel wird zu Boden geworfen. Vier starke Männer halten ihn fest. Ein fünfter schneidet ihm die Kehle durch. Genauso wird der zweite geschlachtet, der dritte, der vierte und der fünfte. Das Blut strömt heraus und vermischt sich. Wie ein dunkelroter Teppich breitet es sich vor der Prinzessin aus. Die zunehmende Dunkelheit verstärkt den Eindruck noch.

Vier Mädchen treten zu der Prinzessin. Sie nehmen die Schleppe ihres Kleides auf. Die Prinzessin schreitet vorwärts. Nun erschallen die Freudentriller, Hochrufe, Dabkalieder, Gewehrschüsse. Das Feuer lodert heller, die Musik spielt lauter.

Schließlich erreicht sie die Sänfte. Die Frauen heben sie hinein, und die Männer nehmen die Sänfte auf die Schultern. Der Umzug beginnt. Einer nach dem anderen schließen sich die Leute an. Jeder zieht sich einen brennenden Ast aus dem Feuer, reckt ihn in die Höhe und erhellt damit die hereinbrechende Dunkelheit. Sie gehen weiter, und es ist, als ob sich der Sternenhimmel auf die Erde niedergesenkt hätte.

Vor den beiden Männern hält der Zug an. Lärm und Gemurmel kommen auf. Will die Prinzessin wissen, wer die beiden sind, die nicht an ihrem Umzug teilnehmen? Sind sie vielleicht verärgert? Ob sie kein Geld abbekommen haben? Der Anführer des Umzugs tritt zu ihnen. Der Tumult verebbt. Aller Augen blicken voll Erwartung. Es herrscht Schweigen.

»Die Prinzessin bittet Sie, ihr die Ehre zu erweisen und sich anzuschließen.«

»Wir haben mit Ihrem Umzug nichts zu tun. Viele andere sind auch nicht gekommen. Richten Sie der Prinzessin aus, sie möge sich nicht weiter bemühen.«

»Ja, aber, es ist doch die Prinzessin! Sie hat Sie dazu aufgefordert!«

»Bestellen Sie ihr, daß sie als Prinzessin zehn, zwanzig richtigen Menschen begegnen kann. Mehr aber auch nicht. Wir dagegen brauchen uns bloß bei unsereins umzusehen, da finden wir tausend Prinzen und Prinzessinnen.«

Das Gespräch stockt. Der Anführer des Zugs kehrt um. Man flüstert der Prinzessin etwas zu. Sie steigt herab. Mit der einen Hand hebt sie die Schleppe, in der anderen hält sie die Handtasche. Auf ihrem Weg zu den beiden Männern läßt sie die Schleppe los und verstreut die Tausende aus ihrer Tasche, bis sie leer ist. Danach nimmt sie die Schleppe wieder auf.

In dem Moment, als sie ihn erkennt, bleibt sie stehen. Ihr Lächeln versiegt für ein Weilchen, dann kehrt es zurück, aber mit einem veränderten Ausdruck. Ihre ausgestreckte Hand mit dem Geld erstarrt, als ihr Blick auf den Beinstumpf fällt.

Ghada Samman

Mit dem Taxi nach Beirut

Die Sonne war glühend heiß und unerbittlich. Die damaszenische Straße schwitzte und schnaufte. Die Gebäude und die Bürgersteige bebten vor Fieber und flimmerten in der kochenden Hitze, die alles verdunsten ließ. Selbst die Stimmen waren dunkelbraun geworden und erstickten.

Für eine Weile hatte Farah den Eindruck, daß die ganze Straße ohnmächtig würde: die Bäume, die Autos, die Passanten, die Straßenverkäufer und der Mann, der vor der Sammeltaxi-Zentrale stand und mit heiserer Stimme rief: »Beirut! Beirut!«

An der Taxi-Zentrale ging eine kleine, hübsche Frau vorbei. Farah glaubte, daß ihre Wangen erglühten, als sie den Namen ›Beirut‹ hörte. Oder war es die Hitze?

»Alle Männer und Frauen träumen von Beirut«, dachte er. »Ich bin also nicht allein; aber ich fahre dorthin, um Beirut zu erobern!«

»Beirut! Beirut!« rief der Mann mit dem herabhängenden dickeren Bauch, als fiele er vor Hitze in Ohnmacht. »Beirut! Beirut!« Er sang den Namen, als stelle er eine Tänzerin in einem Kabarett vor.

Eine schöne, junge Frau erschien mit ihrer Mutter, die sich von der Tochter verabschieden wollte. Die Mutter war verschleiert und bescheiden gekleidet, während die junge Frau ein Minikleid trug, das zwei blasse, stämmige Beine freigab.

»Die fährt auch mit«, dachte Farah. »Wir brauchen noch drei weitere Mitfahrer, und dann kann es losgehen. Lange kann ich nicht mehr warten.«

›Beirut‹ machte ihn zittern, als wäre dieser Name eine nackte Frau, die an seinem Körper klebt.

Schließlich war das Auto voll. Auf den Rücksitz setzten sich drei verschleierte Frauen, die von Kopf bis Fuß schwarz angezogen waren.

Farah saß neben dem Fahrer und die junge Frau neben ihm am Fenster. Ihre Mutter weinte beim Abschied. Die junge Frau schaute den Fahrer ungeduldig an, damit er endlich losführe. Farah erinnerte sich an seine Mutter. Er haßte Abschiede, denn beim Abschied wurden große Worte gemacht, die so klebrig wie Harz waren. Seine Mutter hätte nicht geweint, sondern ihr Gesicht mit den rauhen Händen bedeckt, in deren Ritzen sich stets etwas Erde von der Feldarbeit hielt. Das machte sie immer, wenn sie sich grämte, um schließlich ein leises, tränenloses Schluchzen hören zu lassen. Jedesmal, wenn er sie so schluchzen hörte, ahnte er, daß ein Unglück geschehen würde. Vielleicht war er deshalb ohne Abschied fortgegangen. Aber das Empfehlungsschreiben seines Vaters an einen reichen Beiruter Verwandten, Nischan, würde ihm helfen und ihn schützen. Zum zwanzigsten Mal fühlte er nach seiner Tasche. Hatte er den Brief etwa verloren? Plötzlich kam ihm der Gedanke, daß er vergessen hatte, seinen Wecker mitzunehmen und seinen Schrank abzuschließen. Hatte er das tatsächlich vergessen, oder doch nicht? Er wußte es nicht, er war sich nicht sicher. Es war immer dasselbe. Manchmal hatte er sich auf der Arbeit verspätet, weil ihm unterwegs einfiel, daß er vergessen hatte, den Schrank zu schließen. Dann fuhr er fast die ganze Strecke von Damaskus nach Douma zurück, und als er angekommen war, entdeckte er, daß der Schrank verschlossen war.

Immer bildete er sich ein, den Schrank nicht zugeschlossen zu haben, um dann festzustellen, daß der Schlüssel sogar zweimal umgedreht war. Woher kam dieser Trieb, den Schrank zuzumachen, obwohl er ganz genau wußte, daß er nichts enthielt, was irgend jemanden hätte interessieren können? Er wußte es wirklich nicht. Weder er noch der Schrank waren schuld daran. Er taugte einfach nicht für die Arbeit als Beamter. In Beirut würde er endlich machen können, was er wollte.

»Oh, diese Sonne ist wirklich verdammt heiß!« dachte er ärgerlich. »Es ist ja zum Ersticken! Und diese Frau neben mir schließt auch noch das Fenster, damit ihre Frisur nicht durcheinandergerät. Es geht kein einziger Lufthauch mehr. Wie widerwärtig doch die Frauen sind!«

Die junge Frau neben ihm dachte: »Oh, die Sonne ist wirklich verdammt heiß und trotzdem herrlich. Sie läßt mich glühen und verstärkt mein Fernweh. Ich liebe ihre Stiche auf meinem Gesicht.« Freudig nahm sie von Damaskus Abschied.

Das Taxi verließ die Stadt und fuhr schnell an Rabawa und Hamma vorbei. Hinter sich ließ es den großen Felsen am Eingang von Damaskus, in den ein Verliebter gemeißelt hatte: Erinnere dich immer an mich.

»Vielleicht hieß der Verliebte selbst Damaskus«, ging es der Frau durch den Kopf. Aber sie, sie würde Damaskus bestimmt vergessen.

Farah las den Satz und wurde traurig. Eine verborgene Müdigkeit floß durch seine Glieder. Er drehte am Radioknopf und fragte den Fahrer dabei: »Darf ich?« Der Fahrer mit dem rätselhaft leidenden Ausdruck gab keine Antwort.

Die Stimme des Nachrichtensprechers dröhnte; sie war jedoch nicht die einzige Stimme im Auto. Es gab noch ein leises Weinen: die drei Frauen auf dem Rücksitz weinten.

Die junge Frau überlegte: »Vielleicht fahren sie zu der Beerdigung eines Verwandten, der in Beirut gestorben ist.«

Farah überlegte: »Warum weinen sie bloß? Vielleicht fahre ich zu meiner Beerdigung. Und die Wahrsagerinnen des Schicksals werden mich dann begraben und beweinen.«

Er drehte sich nach ihnen um und versuchte vergeblich,

ihre Mienen zu entziffern. Es schien ihm, als gäbe es unter den schwarzen Schleiern keine Gesichter, sondern nur geöffnete Münder in Schädeln ohne Fleisch und Haut und ohne Augen. Es waren Löcher, aus denen leises und ruhiges Weinen drang. Es stieg auf wie der Staub und das Stöhnen aus der Öffnung einer Grube, die eben eingebrochen war.

Das Auto ließ die grüne Ebene hinter sich und fuhr durch eine kleine Wüste. Damaskus war endgültig verschwunden.

Farah dachte: »Ich werde nur als reicher und berühmter Mann zurückkehren.«

Yasmina dachte: »Ich werde nur als reiche und berühmte Frau zurückkehren.«

Yasmina drehte am Radioknopf, während sie den Fahrer fragte: »Darf ich?« Sie konnte dieses Gerede des Radiosprechers nicht mehr hören. Aus dem Radio kam nun Musik zum Träumen – und dieser elende Fahrer antwortete nicht.

Yasmina empfand sich als ein Wald, durch dessen Bäume die Musik streifte wie die Winde. Sie schüttelte seine Bäume und Äste. Sie weckte seine Schlangen und ließ die Vögel zwitschern. Stets öffnete die Musik in ihr eine rätselhafte Kammer voller verborgener Gefühle. Dann fühlte sie sich, als wäre sie verliebt – nicht in eine bestimmte Person, sondern ganz allgemein und unbestimmt.

Sie war immer bereit, sich zu verlieben und zu lieben, Feuer zu fangen, sich zu quälen und dann wieder alles zu vergessen, ohne daß der Geliebte etwas davon bemerkt hätte. Das Kino hatte dieselbe Wirkung auf sie. Sie empfand immer Sympathie für die verliebten Heldinnen, und wenn sie das Kino verließ, imitierte sie die Heldinnen, ihre Bewegungen und ihre Frisuren.

»Wie nett und charmant der junge Mann ist, der neben mir sitzt. Aber es scheint mir, als sei er irgendwie traurig.«

Plötzlich bog der Wagen ab. Ihr Körper klebte an seinem Körper, ihr Becken berührte seine Hüfte. Er betrachtete sie ganz genau: Sie war sehr hellhäutig und sehr füllig; wie die meisten Damaszenerinnen hatte sie schwarze Augen.

»Vielleicht geht sie in Beirut zu Schule«, überlegte Farah. »Aber eigentlich ist sie zu alt dafür, etwa fünfundzwanzig Jahre. Fährt sie nach Beirut, um dort ihre Kleider zu kaufen, wie viele Damaszenerinnen aus bürgerlichem Milieu? Aber ihre Mutter sah wie eine einfache Frau aus. Sucht sie etwa auch nach Ruhm?«

Auf dem Rücksitz wurde das Weinen lauter. Das bekümmerte Farah plötzlich: »Ich würde gern zurückkehren, würde gern mit dieser hellen, dicken Frau zurückkehren, sie heiraten und in meinem Haus in Douma mit ihr zusammenleben. Jeden Tag würde ich dann zu meiner Arbeit nach Damaskus fahren, jeden Tag, bis ich sterbe. Sie würde dicker werden, und der Geruch von Kochen und Fluchen würde ihr anhaften. Ich würde zum Chef über die anderen Beamten aufsteigen und vom Pendeln zwischen Douma und Damaskus im Winter Rheuma und vielleicht Tuberkulose bekommen. Wir würden alt werden, und unser Bett wäre Langeweile, Anspruchslosigkeit und Kindergeschrei. Nein, das werde ich nicht tun!«

Er rückte von ihr ab und rutschte enger neben den Fahrer. Nein, nein, er wollte nicht heiraten und auch nicht zurückkehren. Er wollte Beirut. Er hatte das Bedürfnis, über Beirut zu sprechen. Er fragte den Fahrer nach dem Wetter dort, um ihn in ein Gespräch über die Geheimnisse und den Zauber Beiruts zu verwickeln. Der Fahrer antwortete jedoch nicht, er blieb stumm. Sein Gesicht war das Gesicht des Fahrers eines Leichenwagens. Wie kam es, daß er noch nicht bemerkt hatte, daß dieser alte, schwarze Wagen einem Leichenwagen ähnelte? Er drehte sich nach den Klageweibern um, von denen ständig eine heulte. Er spürte einen Druck auf der Brust und beschloß, mit der jungen Frau im heiratsfähigen Alter neben ihm zu reden.

Aber sie zeigte kein Interesse. Ihre Augen waren auf den Horizont vor ihr gerichtet, als seien sie auf der Suche nach Beirut.

»Ich habe die Arbeit als Lehrerin an der Nonnenschule satt«, dachte sie. »Es war langweilig, schrecklich langweilig. Die Tage vergingen mit schwerfälligen Schritten, sie waren wie ein betäubter Körper auf dem Operationstisch; und ich tat nichts, außer zu unterrichten, mich zu langweilen und Gedichte zu schreiben. Beirut wartet auf mich mit all seinem Glanz, mit all seiner Freiheit, mit all den Möglichkeiten der Liebe und des Ruhms, mit all den Möglichkeiten, meine Gedichte in seinen Zeitungen zu veröffentlichen. Mein Herz ist ein Vogel, der fliegen möchte. Ab heute werde ich keine Nonne mehr sehen. Ach, die Anwesenheit dieses jungen Mannes neben mir stört mich! Es scheint, daß er vom Land kommt. Er hat ein großes Bedürfnis, über sich selbst zu reden. Er ist schön und grob.«

An der Grenze war Farah klar, daß der Fahrer stumm sein mußte. Alle Passagiere stiegen aus, um ihre Reiseangelegenheiten zu regeln. Farah und Yasmina kehrten zurück. Aber die drei Klageweiber kamen nicht wieder. Der Fahrer ging, um nach ihnen zu suchen. In seiner Abwesenheit sprachen Farah und Yasmina kein Wort miteinander; jeder von ihnen war mit sich und seinen Träumen beschäftigt. Und außerdem mochte Yasmina keine armen Männer, und Farah sah ärmlich aus.

Der stumme Fahrer kam zurück. Seinem Schweigen entströmte Fluchen. Der Wagen fuhr ohne die entschwundenen Klageweiber ab.

»Vielleicht haben sie sich aufgelöst in der Nacht, wie das alle außernatürlichen Lebewesen tun«, ging es Farah durch den Kopf.

Yasmina sagte fröhlich: »Vielleicht haben sie ein anderes Taxi gefunden, das besser und komfortabler ist, und sind damit weggefahren.«

Das blasse Abendrot beherrschte die Ebene von Stura,

und der Wagen raste durch ihre nächtlichen Adern. Er fuhr den Berg hinauf, fuhr über Ral-al-Beida, Sofa und Hamdun und näherte sich Beirut. Auf dem Gipfel der Berge brannte das Feuer und glühte. Auf den Straßen der Urlaubsorte explodierten die Feuerwerke und der Lärm der Menschen. Den Wagen empfing eine wunderbare Festlichkeit: überall diese Feuer, der Geruch des verkohlten Holzes und all diese leuchtenden, fernen Gipfel! Farahs Herz jedoch war bedrückt: »Als wenn ich auf einem Festspiel wäre und mir, einem bösen Gott, ein Menschenopfer dargebracht würde.«

Yasmina meinte freudig: »Das ist das Kreuzfest. Wie schön!«

Beirut erschien in der Tiefe der Dunkelheit, glänzend und leuchtend wie Zauberjuwelen, die nachts heruntergefallen waren, um im Meer zu schwimmen. Am Strand hinterließ es seine Perlen, seine bunten, verzauberten Sachen, die Kisten mit Bosheit und Glück, verziert mit Elfenbein, Ebenholz, Zaubersprüchen und Geheimnissen.

Yasmina rief fröhlich: »Das ist Beirut.«

Farah spürte wieder sein bedrücktes Herz, und noch einmal fühlte er nach dem Brief in seiner Brusttasche.

Schweigend brachte der Fahrer das Auto am Straßenrand zum Stehen. Ein Reifen war geplatzt Er begann, ihn zu wechseln. Wie zwei verzauberte Kinder betrachteten Yasmina und Farah aus der Ferne Beirut. Sie stiegen aus dem Wagen und gingen auf und ab, bis der Fahrer den Reifen gewechselt hatte. Im Scheinwerferlicht der dicht aufeinanderfolgenden Autos erschienen sie wie zwei zerbrechliche Körper, wie Flügel von Schmetterlingen vor dem Verbrennen. Farah hatte das Gefühl, er müsse sie nach ihrem Namen fragen und ihr seinen Namen nennen. Aber er konnte es nicht. Schließlich hörte er seine Stimme sagen: »Ich wollte Ihnen eigentlich meine Adresse in Beirut geben, aber ich kenne sie noch nicht.«

»So geht es mir auch«, entgegnete Yasmina. »Aber ich

gebe Ihnen die Adresse von meinem Bruder; anfangs werde ich bei ihm wohnen.«

Sie war sicher, daß er die Adresse später wegwerfen würde, genauso wie sie seine Adresse wegwerfen würde. Keiner interessierte sich für den anderen.

Der Anblick von Beirut entfachte in ihr einen Rausch der Begeisterung und nahm sie völlig gefangen. Immer wenn sie die Lichter in der Tiefe sah, loderte ein höllischer Glanz in Yasminas Augen: »Ich werde frei sein wie ein Schmetterling!«

Als der Wagen Alieh erreichte, wurde er von einem Mann angehalten. Dieser neue Fahrgast sah müde und traurig aus und trug einfache, schlichte Kleidung. Er stieg ein und ließ ein lautes Seufzen hören: »Ach, ach, welche Zeiten!«

Farah stöhnte leise vor sich hin, und Yasmina dachte: »Wie widerwärtig doch diese Leute sind, die ihre Trauer öffentlich ausposaunen.«

Der dritte Fahrgast seufzte wieder: »Ach, ach, welche Zeiten!« Abu Mu'allah brauchte dieses laute Seufzen, damit sein krankes Herz nicht zersprang. Er kehrte zurück und ließ sie allein. Sie war ein kleines, hübsches Mädchen. Er ließ sie dort in einem Sommerpalast in Alieh zurück. So etwas hatte er schon früher erlebt und war sehr traurig gewesen. Dieses Mal aber war die Situation anders. Er spürte, wie ihm das Herz weh tat. Man hatte ihm gesagt, daß Trauer nicht gut für ihn sei: »Aber was ist dir denn geblieben außer Trauer, Abu Mu'allah?«

Der Scheinwerfer des Wagens fiel auf ein Gespenst, das mit beiden Armen winkte. Das alte, schwarze Auto blieb stehen. Der neue Fahrgast schaute um sich, musterte die Mitfahrenden genau und stieg ein. »Bestimmt hat er Angst«, fuhr es Yasmina durch den Kopf. Und Ta'an hatte in der Tat Angst. Er fiel auf seinen Sitz und zitterte.

»Diesmal bin ich ihnen entkommen. Ich konnte mich absetzen. Ihre Kugeln waren umsonst.«

Abu Mu'allah seufzte: »Ach, welche Zeiten!«

Ta'an war zum Weinen zumute.

In Al-Hazmia am Eingang von Beirut stieg der fünfte und letzte Fahrgast zu. Er warf seinen schweren Körper auf den Rücksitz und hielt sich mit seiner großen, rauhen Hand am Vordersitz fest. Yasmina erschrak, als sie nur drei Finger an dieser großen Hand sah. Ein Finger war total amputiert, und von einem anderen fehlte die Hälfte. Sie betrachtete sein müdes Gesicht, das das eines Mannes um die Sechzig war, und dachte erstaunt: »Ich habe nicht geglaubt, daß es in Beirut Elend und alte Menschen gibt!«

Abu Mustafa merkte, daß die junge Frau ängstlich seine Hand betrachtete. Er nahm sie vom Sitz und steckte sie in die Tasche. Seine alte Kleidung stank nach Fisch. Traurig dachte er: »Dieser Wucherer! Er saugt noch mein Blut aus. Jedesmal, wenn ich von ihm komme, ist mir zum Weinen zumute. Mein Aussehen erschreckt sogar die jungen Frauen.«

Abu Mu'allah seufzte: »Ach, ach, welche Zeiten!« Und wieder dachte er: »Wie konnte ich dich dort zurücklassen, du Kleine! Wie kann dieses Herz heute nacht nur schlafen.«

Ta'an sah Abu Mustafa mißtrauisch an: »Vielleicht ist er einer von ihnen. Es könnte ja sein, daß sie mich beobachtet und gesehen haben, wie ich dieses Taxi nahm. Dann waren sie vor mir in Al-Hazmia und hätten einen ihrer Agenten hier eingeschleust. Wird er mir sein Messer plötzlich in die Hüfte stoßen?« Er bildete sich ein, daß etwas in seinen Körper eindrang wie ein Nadelstich. Er sprang erschrokken von seinem Sitz und drehte sich zu Abu Mustafa um. Der war fast eingeschlafen und stöhnte.

»Vielleicht tut er nur so, als ob er schläft. Er bringt mich sicher nicht im Taxi um. Er will mich bis in mein Versteck verfolgen.«

Abu Mustafa jedoch dachte nicht daran, Ta'an zu töten. Er dachte traurig an den Wucherer.

Keiner der fünf Fahrgäste sprach ein Wort mit dem

anderen. Yasmina, Farah, Abu Mu'allah, der Fischer Abu Mustafa und Ta'an, jeder war in sein Schweigen versunken; jeder war ein einsamer Stern, allein, aber alle kreisten sie auf derselben Bahn. Alle hatten ihre Augen auf den leuchtenden Steinwald, der sich vor ihnen ausdehnte und Beirut hieß, gerichtet. Jeder betrachtete Beirut mit anderen Augen. Es gab nicht ein Beirut, es gab fünf Beiruts. Nur der Fahrer allein war desinteressiert und neutral wie der König des Todes.

Am Eingang von Beirut zwischen Al-Hazmia und Furn Al-Schubak hatten die Straßenverkäufer ihre Waren unter den Bäumen ausgebreitet. Durch die helle Beleuchtung konnte Farah die merkwürdigen Waren erkennen: Plastiktüten gefüllt mit Wasser, in denen kleine, bunte Fische schwammen. Die Tüten hingen unter den Bäumen, und die Fische sahen aus, als schwämmen sie in einem durchsichtigen Licht. Yasmina schluchzte: »Oh, wie schön!« Die Fahrgäste auf dem Rücksitz zeigten kein Interesse. Farah indessen war betrübt, und die durchsichtigen Gefängnisse der Fische in der Nacht erschienen ihm wie die Lampen des Todes. Er wußte nicht, warum er auf einmal die Worte Dantes wiederholte, die an der Tür zur Hölle geschrieben standen:

»Du, der du diesen Ort betrittst, laß alle Hoffnung fahren.«

Ibrahim Samuel

Die Augenbinde

Durch einen kleinen Spalt in der Augenbinde, so klein wie ein Nadelöhr, konnte ich ihren Schatten erkennen, der sich zwischen meinen Spielgefährten bewegte. Dann ging ich auf sie zu und tat so, als ob ich sie nicht sähe, beugte mich dann aber blitzschnell zu ihr, um sie zu fassen. Ich drückte ihren weichen Körper an meine Brust und ließ ihn nicht wieder los, bis sie sich selbst befreit hatte.

Es schien, als habe keiner meiner Spielgefährten aus der Gasse diesen Spalt entdeckt. Dem, der an der Reihe war, wurden die Augen verbunden, er schwankte und torkelte zwischen uns umher und suchte nach Wadad. Das alles inmitten unseres Geschreis, das ihn verwirren und noch weiter von seinem Ziel abbringen sollte. Meistens gelang es ihm nicht. Manchmal, sehr selten, wenn der Zufall ihm half, schaffte er es, Wadad zu fassen.

Wenn der Zufall dem, der die Augen verbunden hatte, zu Hilfe kam und seine Hand die Schulter oder einen Zipfel von Wadads Kleid erhaschte, nahm er schnell die Binde von seinen Augen und schaute, ob er Recht gehabt hatte. Voller Begeisterung lief er vor uns her, um zu demonstrieren, dass er es geschafft hatte.

Als Wadad zu unserer Clique gestoßen war, wurde unser Spiel bunter. Sie gab unserem Spiel einen Reiz, den es vorher nicht gehabt hatte. Wir langweilten uns nicht und wurden nie müde, das Spiel zu wiederholen. Wir hörten erst auf, wenn sie müde war oder uns verlassen musste, weil jemand von ihrer Familie nach ihr rief.

So war Wadad – das einzige Mädchen in unserer Jungenclique – der Mittelpunkt des Spiels. Sie entschied, wer an der Reihe war. Dann nahm sie ihr weißes Tuch, band es dem Jungen fest vor die Augen und prüfte an allen Seiten der Binde, ob es noch einen Spalt zum Sehen gab. Wenn sie fertig war, sprangen wir schreiend umher und machten dabei Mädchenstimmen nach, damit der Verbundene sein Ziel, Wadad, verfehlte.

Wie oft stolperte ein Mitspieler, stieß an eine vorübergehende Frau oder ein spielendes Kind, fasste einen Mann an oder trat auf die Pfote eines streunenden Hundes. Der heulte dann auf und wir wälzten uns förmlich auf dem Boden vor Lachen über seinen Schreck, seine Angst und seine plötzliche Flucht.

In der Clique war ich derjenige, der am seltensten stolperte und die wenigsten Fehler machte, um Wadad zu fassen. Hätte ich nicht befürchtet, dass sie mir auf die Schliche kommen würden, so hätte ich mein Ziel überhaupt nie verfehlt! Wie sollte ich auch? Das kleine Guckloch, auch wenn es noch so klein war, führte mich immer zu ihr. Es zeigte mir auch, wie sie mit mir spielten und mich verwirrten, wenn sie sich hinter Wadad versteckten.

Weil ich es jedes Mal schaffte, war ich der Beste unter meinen Gefährten. Ich war stolz und sie waren erstaunt über meine Klugheit und Geschicklichkeit. Aber unser Spiel wurde den anderen immer verdächtiger. Ich sage unser Spiel, weil auch Wadad daran beteiligt war.

Dass sie mitspielte, begriff ich damals an der Art, wie sie mir die Binde umlegte, wenn ich an der Reihe war. Sie band sie vor meine Augen, dann schob sie sie ein bisschen beiseite und bewegte sie unter dem Vorwand, sie müsse sie ganz festziehen, bis das kleine Guckloch vor meiner Pupille lag. In dem Moment, in dem ihr Mund mein Ohr streifte und ihre Finger an meinem Hinterkopf beschäftigt waren, flüsterte sie mir zärtlich zu: »Kannst du so sehen?«

Ich räusperte mich kurz. Dann begannen wir zu spielen.

Immer hatte ich den Wunsch, sie zu umarmen. So lief ich mit ein paar unbedeutenden Fehltritten auf sie zu, um sie zu umarmen. Ich drückte meine von Begierde erfüllte, zitternde Brust an ihre beiden jungen Brüste. Ihr stockender Atem streifte mein Gesicht und meine Schultern spürten die Wärme ihrer Hände, die sich an mich schmiegten.

Niemals hat sie offen über unsere Tricks gesprochen, niemals ein Zeichen oder ein Wort darüber verlauten lassen. Niemals wagte ich, meine Freude und mein Vergnügen darüber zu zeigen. Wir schwiegen beide und fuhren stillschweigend fort, das Spiel im Spiel zu spielen, als ob dadurch, dass wir das Geheimnis nicht preisgaben und auch zwischen uns darüber schwiegen, das Vergnügen noch gesteigert würde, es war wie von einem durchsichtigen, zauberhaften Nebel umgeben.

Was meine Freude an unserem geheimen Spiel noch erhöhte, war die Art, wie Wadad die Binde bei den anderen der Clique befestigte. Sie band sie ganz dicht vor die Augen und so fest, bis der Spieler protestierte und kaum eine Möglichkeit hatte, sie zu finden und sich von uns zu befreien. Er taumelte, stockte und wir brachen in lautes Gelächter aus.

Als Ahmed auf mich zukam, ahnte ich bereits die Gefahr. Ich war an der Reihe. Er hielt mich zornig protestierend an und zog die Binde fester. Er glaubte, dass ich sie betrog. Ich schwor, nichts daran sei wahr. Danach bemühte ich mich, Fehler zu machen, zu stolpern und auf den Boden zu fallen, um sie zum Lachen zu bringen. Ich vermied es, Wadad zu finden, damit unser Spiel und damit jede Gelegenheit, sie zu umarmen, nicht entdeckt wurde. Trotz ihrer fragenden, tadelnden Blicke machte ich weiter damit, absichtlich zu fallen, weil ich das Gefühl hatte, dass die anderen mich genau beobachteten und ich Gefahr lief, vom Spiel ausgeschlossen zu werden. So hatte ich immer wieder das Vergnügen der Umarmungen, auch wenn es seltener geworden war. Aber dieses Manöver hielt nicht lange an.

Auf der einen Seite stand mein Verlangen, zu ihr zu gelangen, und auf der anderen das Hindernis der Augen, die mich beobachteten. In dem Raum dazwischen spielten sich meine Täuschungsmanöver ab – und wurden entdeckt. Vor allem deshalb, weil ich mich plötzlich von ihr abwandte, obwohl meine Hände sie schon berührt hatten, oder einmal auch, weil ich den Zipfel ihres Kleides fasste, ihn dann aber plötzlich wieder losließ, damit die anderen mich nicht verdächtigten.

Eines Tages geschah, was ich befürchtet hatte.

Kaum hatte ich mich aus einem Graben befreit, geriet ich schon in den nächsten. Ich brauchte nur über einen Stein zu stolpern, schon stieß ich auf ein anderes Hindernis. Kaum hatte ich begonnen, Wadad zu suchen, stieß ich auch schon gegen einen Fußgänger, einen Baum oder eine Laterne. Ich fühlte mich wie ein richtiger Blinder hinter der schwarzen Augenbinde, die Ahmed eines Tages mitgebracht hatte. Er wechselte sie gegen die weiße aus, und alle waren einverstanden, trotz meiner Proteste und des verwirrenden Schweigens von Wadad.

Nach zwei, drei Tagen hinter der neuen Binde empfand ich, der ich doch früher der Eifrigste gewesen war, große Langeweile und einen unerträglichen Überdruss an diesem Spiel, das nicht mehr so schön war wie zuvor. So verließ ich die Clique, ohne jemals zu ihr zurückzukehren. Ich weiß nicht mehr, ob Wadad bei ihnen geblieben ist oder ob auch sie sich zurückgezogen hat.

Sakarija Tamer

Frühling in der Asche

Es war einmal vor langer Zeit eine kleine Stadt, erbaut inmitten weiter, grüner Felder, die ein Fluss üppig mit Wasser versorgte. Ihre Einwohner trugen alle ein dickes Stück Papier in der Tasche, auf dem ein Name geschrieben stand.

Die Bevölkerung bestand aus Reichen und Armen. Die Reichen waren wohlerzogen und liebenswürdig. Sie hatten maskenhafte Gesichter und glänzende Schuhe, verstanden sich aufs Tanzen und auf gepflegte Unterhaltung und beherrschten es, sich elegant zu verbeugen und Damenhände zu küssen. Die Kinder riefen die Mütter überaus zärtlich: »Mama!«

Die Armen lachten laut und derb, wenn sie sich über etwas freuten, sie spuckten oft auf den Boden und glaubten, gern gesehene Gäste zu sein. Sie riefen ihre Mütter mit grober, gedehnter Stimme: »Mutter!«

Reiche und Arme bezeugten den Toten tiefe Ehrerbietung. Zog ein Leichenzug vorbei, so hielten die Passanten im Gehen inne. Trauer und Furcht lagen in ihren Augen, und einige von ihnen beteiligten sich daran, die Bahre des unbekannten Toten ein rechtes Stück Weg zu tragen.

Im Augenblick, da sie den Mund aufmachten, um den ersten Bissen zu verzehren, sprachen alle ein demütiges: »Im Namen Gottes, des barmherzigen Erbarmers.« Gegen Ende des Essens murmelten sie: »Gott, der Herr der Welten, sei gelobt!«

Wenn irgendein Mädchen in der Stadt einen Fehltritt begangen hatte, wurde ihr ohne Zögern mit einem langen Messer der Hals durchgeschnitten.

Die Arbeiter arbeiteten acht Stunden am Tag. Die Verliebten trafen sich heimlich im Dunkel der Kinos, und dort umfaßten sich ihre Hände leidenschaftlich.

Ehrfurcht gebietende Ärzte erteilten unermüdlich Ratschläge: »Kaut das Essen gut ... geht früh schlafen ... meidet Zigaretten und alkoholische Getränke!«

Die älteren Männer schüttelten bekümmert und traurig den Kopf und murmelten dabei: »Die Unmoral hat sich ausgebreitet ... die Frau zieht Hosen an ... der Sohn respektiert den Vater nicht mehr ... das sind die Vorboten für das Ende der Welt.«

Freunde sagten: »Guten Morgen«, wenn sie sich zu Beginn des Tages trafen.

Obwohl sie klein war, schien auf jene Stadt eine Sonne, die zu einer bestimmten Zeit auf- und ebenso zu einer bestimmten Zeit unterging. Ihre Nächte waren mit Sternen in großer Zahl verziert, die verblassten, sobald der weiße Mond aufging.

Es gab einen Mann irgendeines Namens, der in dieser Stadt lebte. Sein Gesicht bestand aus einem knochigen Schädel, an dem bleiche, trockene Haut klebte. Er wünschte sich nichts sehnlicher, als eine Blume, ein Sperling oder eine reiselustige Wolke zu sein. Obwohl er wusste, dass er nie eine Blume, ein Sperling oder eine reiselustige Wolke sein würde, konnte der Kummer ihn nicht besiegen. Aber er war es leid, allein in einem stillen, öden Haus zu leben. So entschloss er sich in einem aschgrauen Augenblick, eine Frau zu kaufen, eine Frau, die ihm Gesellschaft leisten und mit ihrer Stimme den Rost tilgen sollte, der seinen Tagen anhaftete. Der Mann begab sich zum Sklavinnenmarkt und wählte eine Frau mit großen Augen aus, in deren Tiefe Trauer und ein geheimnisvoller Zauber schluchzten. Der Mann bezahlte, was für sie verlangt wurde, und dachte dabei: Vielleicht kann sie den weinenden Igel in meinem Blut töten.

Er sprach kein Wort zu der Frau, während sie die Straße

entlanggingen, aber als sie zu Hause ankamen, fragte er sie: »Wie heißt du?«

Die Frau antwortete leise, ihre zarte Stimme zitterte ein wenig: »Ich heiße Nada.«

Der Mann saß jetzt nahe bei der Frau, auf seinen Knien die derben Hände, die zitterten und in deren Adern wild das Blut brauste. Er wünschte sich, die Frau läge in diesem Augenblick nackt an einem Sandstrand, einem blauen Meer zugewandt, das ihre Brüste mit seinem warmen, salzigen Wasser benetzte. »Aus welchem Land kommst du?« fragte er unruhig.

»Aus keinem Land.«

Er betrachtete sie eine Weile und sagte: »Du bist schön.«

Ihr Mund war ein kleines, geheimnisvolles, scharlachrotes Tier. In den Augen des Mannes erschien er als der einzige Mund. Seine Finger verkrampften sich. Ein heftiges Beben durchfuhr sie, während er langsam sagte: »Auch dein Name ist schön.«

»Mein wirklicher Name ist Scheherezade«, erwiderte sie mit einem geheimnisvollen Lächeln.

»Du bist Scheherezade?« rief der Mann verwundert.

»Ich bin Scheherezade«, sagte sie. »Nicht mich hat der Tod hingerafft, Schahrijar starb.«

»Schahrijar ist nicht gestorben«, antwortete der Mann, »er lebt noch.«

»Ach, mein Gebieter.«

»Mein Königreich wurde zerstört, Scheherezade.«

»Wir wurden voneinander getrennt.«

»Wir irrten über die weite Erde.«

»Ich habe überall nach dir gesucht.«

»Der Hunger ließ mich weinen.«

»Ich wurde in ein Zimmer mit verschlossenen Türen gesperrt.«

»Ich wurde ein Bettler.«

»Ich ging durch die Straßen, in ein schwarzes Tuch gehüllt.«

»Ich habe mit den Fingernägeln in der Erde gegraben.«

»Ich habe als Frau allein in Städten gelebt, die nur von Männern bewohnt waren.«

»Man hat mir ins Gesicht gespuckt.«

»Männer, die Gold besaßen, haben mich gekauft.«

»Ich bin ein armer Mann. Warum hast du mich verlassen, o mein Gott?«

»Ach, wie haben wir gelitten.«

»Ja, wie haben wir gelitten.«

Sie umarmten sich stürmisch und weinten lange. »Ich liebe dich«, flüsterte er mit bebender Stimme, »ich liebe dich.«

Sie blickte ihn mit tränennassen Augen an, aus deren Tiefe ein Verlangen schrie. Klauen, denen er nicht entrinnen konnte, streckten sich nach seinem Fleisch aus. Er umarmte gierig ihren Körper, doch kaum hatte sein Mund den ihren berührt, als von der Straße Geschrei an sein Ohr drang: »Der Feind hat angegriffen ... tötet sie ... tötet sie ... auf in den Krieg.«

Trommelschlag erklang in würdevollem, zornigem Rhythmus, dem der Mann sich nicht zu entziehen vermochte. Schroff stieß er ihren Körper von sich. »Verlass mich nicht ... geh nicht in den Kampf«, flehte sie, »bleib bei mir!«

»Schweig!« antwortete er, »die Straßen der Stadt ... meine Mutter ruft mich.«

Er griff nach seinem Schwert, das an der Wand hing, und ging hinab auf die Straße, wo die Männer im Abenddunkel miteinander kämpften.

Der Mann stürzte sich ins Schlachtgetümmel und richtete sein Schwert auf jede Brust, die ihm entgegentrat. Er freute sich jedesmal, wenn die lange, stählerne Klinge hineinglitt und das weiche Fleisch bösartig und wild durchbohrte.

Als die Schlacht zu Ende war, hielt der Mann inne. Sein Körper war in Schweiß und Blut gebadet. Ein furchtbares

Entsetzen befiel ihn, als ihm klar wurde, dass er der einzige Überlebende war. Die anderen Männer lagen tot auf der asphaltierten Straße verstreut, Haufen von zerfetztem Fleisch. Er warf sich auf den blutigen Boden und fing bitterlich an zu weinen, während die Flammen die Häuser der Stadt und die Gefallenen verzehrten.

Als die Flammen näher kamen, hörte der Mann auf zu weinen und floh hinaus auf die weiten Felder. Dort sah er, dass die Stadt sich bereits in einen gewaltigen, leuchtend roten Feuerball verwandelt hatte, inmitten der schwarzen Nacht. Erschöpft sank er ins Gras und fiel in tiefen Schlaf. Erst als die Sonne eines neuen Tages aufging, erwachte er wieder.

Im ganzen Umkreis herrschte Stille, die Stadt war ein großer schwarzer Trümmerhaufen, von dem Rauch aufstieg.

Der Mann vernahm leises Weinen. Er ließ forschend den Blick über seine Umgebung wandern, bis dieser auf einem blühenden jungen Mädchen haften blieb, das im Gras lag. Er kam näher und fragte: »Warum weinst du?«

»Die Stadt ist niedergebrannt. Alle sind tot.«

»Es hat wirklich niemand überlebt?«

Das Mädchen antwortete nicht, sondern fing wieder an zu weinen. Er fragte sie ein zweites Mal: »Warum weinst du?«

»Ich bin hungrig«, sagte sie, während sie ihr Gesicht in den Händen verbarg. Der Mann ließ sie allein und ging, etwas Essbares zu suchen. Er freute sich, als er einen Apfelbaum fand, dessen Zweige voll reifer Früchte hingen. Er pflückte einige davon, brachte sie ihr und betrachtete sie zärtlich, während sie heißhungrig die Äpfel verzehrte.

Wieder überkam ihn die Sehnsucht, eine Blume, ein Sperling oder eine reiselustige Wolke zu sein.

Er fragte sich, ob sie wohl Scheherezade heiße. Das Mädchen wischte sich das Gesicht mit dem Zipfel des Kleides ab und schaute den Mann in tiefer Dankbarkeit an.

Sie hatte ein sanftes Gesicht. Der Mann erinnerte sich an die Tage seiner Kindheit und sagte traurig: »Also ist außer uns niemand am Leben geblieben?«

Sie blieb stumm, doch ihre Lippen öffneten sich leicht. Der Mann sah eine rote Rose, pflückte sie und überreichte sie dem Mädchen; er war verlegen. Sie nahm sie mit einem schüchternen Lächeln, das ihn mit neuer Freude erfüllte, deren schönste Melodien in seinen Adern widerhallten.

Der Mann half dem Mädchen aufzustehen. Gemeinsam gingen sie mit langsamen Schritten auf die tote, schwarze Stadt zu.

Plötzlich hörten sie einen Sperling zwitschern. Sie blieben stehen und ihre Augen begegneten sich in einem langen Blick. Der Mann glaubte das Geschrei von Kindern zu hören, das sich mit einem fernen Klagen vermischte.

Sie setzten ihren Weg fort, ihre Hände hatten sich in Liebe und Zuneigung umfasst.

Und vor ihnen stand die Sonne, jung und strahlend.

Abdassalam Udscheili

Die Spatzen

Der Laden von Abu Marwan liegt an der Marktstraße des kleinen Dorfes, nicht weit von der Grundschule. Ein kleiner Laden, der nur wenige Waren verkauft. Abu Marwan verlässt sich in seiner Kauf- und Verkaufstätigkeit auf Saisonprodukte. Er kauft Wolle und verkauft sie wieder. Der Gewinn gehört ihm allein. Aber Butter und Käse verkauft er für die Produzenten und behält einen geringen Gewinn für sich.

Manche Tage sind Käsetage. Am frühen Morgen bekommt er den Käse von den Produzenten und verkauft ihn den ganzen Tag über. Selten bleibt in seinem Laden etwas übrig. Er verkauft meistens alles, bevor er Feierabend macht.

Dieser Tag verging für Abu Marwan wie jeder andere Tag. Es war kurz vor dem Abendgebet. Er hatte einiges verkauft und einiges war noch in den Behältern geblieben. Weiß und rund waren die Stücke in den Behältern. In der Tür des Ladens stand ein Mann, den Abu Marwan weder kannte noch je bei sich im Laden gesehen hatte. Er war sicher nicht aus dem Dorf und auch nicht aus den umliegenden Dörfern. Schon seine Kleidung zeigte es. Sie sah nicht aus wie die der Dorfbewohner. Es war ein wohlhabender Mann.

Nachdem der fremde Mann die Käsescheiben in den Behältern mit spitzen Fingern angefasst hatte, fragte er nach dem Preis. Abu Marwan nannte ihm den Tagespreis und machte ihm einen etwas günstigeren Preis als am Vormittag. Denn Abu Marwan wusste, dass der Fremde kaufen wollte und vielleicht nahm er alles, was noch übrig war.

So brauchte er die Ware am Abend nicht noch billiger zu verkaufen. Der Mann zeigte auf die drei Behälter mit weißem Käse und sagte zu Abu Marwan, er solle sie wiegen, damit er zahlen könne. Abu Marwan tat, was der Mann wünschte.

Drei große Behälter voller Käse war nicht wenig. Abu Marwan wog die Behälter einen nach dem anderen und beobachtete den Mann von Zeit zu Zeit. Der Fremde schaute sich den Laden an und interessierte sich nicht dafür, ob Abu Marwan alles richtig machte und die Behälter ehrlich wog. Er war ein vertrauensvoller Mann und gewöhnt, Menschen zu vertrauen. So schätzte ihn Abu Marwan ein und wusste, dass dieser Mann nicht extra in dieses Dorf kam, um ein paar Dirham zu sparen. Es war ein großer Mann mit einem rosigen Gesicht. Er war mittleren Alters und trug einen westlichen, sorgfältig gebügelten Anzug. Vielleicht musste er hier etwas erledigen und nutzte die Gelegenheit, einen Vorrat an frischem Käse zu kaufen. Als Abu Marwan den Käse gewogen hatte, rechnete er dem Fremden den Preis aus, drehte sich zu dem Mann um und reichte ihm die Rechnung.

»Gut, vielen Dank.«

Der Fremde steckte seine Hand in die Jackentasche, um die Geldbörse herauszunehmen.

In diesem Moment geschah plötzlich etwas. Man hörte die Stimmen der Kinder, die aus der Schule nebenan auf die Marktstraße liefen. Abu Marwan war gewöhnt, jeden Tag um diese Zeit den Lärm der Kinder zu hören, wenn sie die Schule verließen und nach Hause gingen. Der fremde Mann war von den Stimmen der Kinder überrascht. Aufmerksam schaute er sich um und suchte nach der Richtung, aus der die Stimmen der kleinen Kinder kamen. Seine Hand steckte immer noch in seiner Tasche. Die Stimmen der Kinder wurden lauter, als sie sich dem Laden von Abu Marwan näherten. Die beiden Männer sahen die ersten Kinder, die auf der Marktstraße auf den Laden von Abu

Marwan zurannten. Das war Abu Marwan nicht neu, weil er es jeden Tag erlebte, und so kümmerte er sich nicht darum. Was ihn interessierte, war, dass der Fremde seine Geldbörse aus der Tasche nahm und den Käse bezahlte. Das aber tat der Mann nicht. Er nahm seine Hand aus der inneren Jackentasche und steckte sie für einen Moment in die äußere Tasche seiner Jacke, dann wieder in die innere Tasche. Dabei konzentrierte er sich ganz auf die Kinder, die rannten, schrien und spielten. Abu Marwan wurde langsam ungeduldig und wollte dem Mann schon sagen, er solle bitte zahlen. Aber als er dem Mann in die Augen schaute, sah er, dass er weinte. Tränen rollten ihm über die Wangen, als er seine Taschen betastete, als ob er seine Geldbörse suchte.

Da überlegte Abu Marwan und tat, was er tun musste: Er ging zu dem Mann, der gerade den Laden verlassen wollte. Abu Marwan hielt ihn am Arm fest und sagte: »Mein Herr, kommen Sie doch herein.«

Dieser gehorchte und ging in den Laden zurück. Nur sein Blick blieb bei den Kindern auf der Straße. Einige Kinder kamen am Laden vorbei. Abu Marwan bot ihm einen Stuhl an. »Bitte, setzen Sie sich! Menschen wie Sie stehen doch über solchen Dingen!«

»Welchen Dingen?« fragte der Fremde mit gebrochener Stimme.

»Ich weiß, Sie haben Ihre Geldbörse verloren. Sie brauchen sich um den Käse keine Sorgen zu machen. Sie können ihn mitnehmen, und wenn Sie zu Hause sind, schicken Sie mir das Geld. Und wenn Sie das nicht tun, wird Gott Ihnen vergeben. Es ist doch nicht angebracht, dass ein Mann wie Sie darüber weint!«

Mit heiserer Stimme sagte der Fremde, während er seine Tränen mit der Hand wegwischte: »Ich verstehe Sie nicht.«

»Bitte nehmen Sie es mir nicht übel, ich sah Sie weinen, während Sie nach Ihrer Geldbörse suchten. Ich wusste sofort, dass Sie sie verloren hatten. Ist es nicht so? In unserem Dorf wie auf der ganzen Welt gibt es genug Taschendiebe.«

Hier zeigte sich auf den Lippen des Fremden ein schwaches Lächeln, dann sagte er: »Haben Sie das gedacht? Hier, nehmen Sie den Preis für den Käse! Wie viel hatten Sie gesagt?«

Der fremde Mann zog eine Geldbörse aus seiner inneren Jackentasche, öffnete sie, und man sah viele Papiergeldscheine.

»Ich sah Sie aber doch weinen!«

»Ja, ich habe geweint. Aber nicht deswegen. Möchten Sie wissen, warum ich geweint habe?«

»Ja, das möchte ich wissen«, sagte Abu Marwan, und der Fremde erzählte ihm, warum er an diesem Nachmittag geweint hatte.

»Ich habe geweint, ja, ich habe geweint, nicht weil ich Geld verloren habe, sondern über den Anblick der rennenden Kinder.«

»Warum?« fragte Abu Marwan und fügte hinzu: »Haben Sie vor kurzem ein Kind verloren?«

Der Mann beantwortete die Frage nicht. Er schwieg einen Moment, dann seufzte er und atmete ein und aus. Seine Stimme kehrte zurück, nachdem sie erstickt war: »Ich erzähle Ihnen, warum ich geweint habe. Sie kennen mich nicht. Ich bin heute Morgen aus der Stadt gekommen, um hier in diesem Dorf etwas zu erledigen. Und ich werde noch heute in die Stadt zurückkehren. Was ich Ihnen erzähle, ist vor einem Monat geschehen. Ich hatte gedacht, das Bild sei schon aus meinem Gedächtnis verschwunden. Aber diese Kinder haben es wieder lebendig gemacht, als ob es erst gestern geschehen sei.«

»Ist es das Bild von Ihrem Kind, das Sie verloren haben?«, fragte Abu Marwan noch einmal.

»Nein. Es ist nicht so, wie Sie vermuten. Ich sagte Ihnen, es geschah vor einem Monat. In meiner Stadt habe ich ein großes Geschäft, wo es eine Schule gibt wie hier in diesem

Dorf neben Ihrem Laden. Ich bin mittags aus meinem Geschäft gegangen, um etwas zu erledigen. Am Ende der Straße sah ich Soldaten, die in zwei Reihen auf der rechten und der linken Straßenseite standen. Sie trugen Helme und in den Händen Maschinengewehre. Es war Mittag und ruhig im Basar an diesem Tag, weil in der Stadt Angst und Sorgen herrschten. Ich ging ein paar Schritte. Ich war noch nicht weit von meinem Geschäft entfernt, als das Tor der Schule geöffnet wurde. Das Geschrei der Kinder, kleiner Schüler, ertönte in dem Moment, als die Schüler zum Mittagessen gingen. Sie waren so klein wie diese Kinder, die gerade vor uns hergerannt sind. Aber das Geschrei, das meine Ohren erfüllte, war nicht wie dieses Geschrei aus Spielen und Rufen. Es war wie ein Aufruf, Wörter und Sprüche, die in den letzten Tagen oft wiederholt worden waren. Sie riefen Namen. Dann geschah, was geschah …«

Der Fremde schwieg und legte seine Hände eine Weile auf seine Augen, bevor er wieder, jetzt aber langsam sprach, als ob er die Worte aus seiner Brust reißen müsste. Dann sagte er: »Plötzlich explodierte etwas auf der Straße, und es wurde geschossen, schnell und mehrmals hintereinander … die Maschinengewehre der Soldaten! Ich sah die kleinen Kinder. Sie fielen vor meinen Augen auf den Boden, wie Spatzen, die von den Bleikugeln eines Jägers getroffen wurden. Ja, wie Spatzen sah ich sie fallen. Ihre Stifte und Hefte zerstreuten sich auf der Straße. Ihr Blut färbte den Asphalt. Ihre Körper fielen und häuften sich übereinander auf beiden Bürgersteigen und mitten auf der Straße.«

Der Fremde schwieg wieder eine Weile. Er wischte sich die Augen mit einem Taschentuch, bevor er fortfuhr: »Ja, mein Freund, das ist geschehen. Viele Nächte sind in diesem Monat vergangen, in denen ich meine Augen nicht schließen konnte. Und als ich wieder schlafen konnte, war mein Schlaf voller Albträume. Ich sehe die Spatzen, die geschlachteten Spatzen, die vor meinen Augen fielen. Ich dachte, in diesem Dorf wäre ich weit weg von dem, was ich erlebt habe, und von den Erinnerungen. Aber als ich die Kinder sah, wie sie rannten, lachend, spielend und rufend, kam in meiner Erinnerung wieder das Bild von jenem Tag, von jenem Moment hoch. Es waren nur wenige Minuten, aber schmerzhafte. Ich wollte nicht weinen, aber gegen meinen Willen stiegen mir Tränen in die Augen.«

Der Fremde ging, nachdem er seine Rechnung beglichen hatte. Abu Marwan ging zum Mittagsgebet in die nahe gelegene Moschee. Nach einer Weile kam er zurück und in seinem Gedächtnis waren immer noch die Worte des Fremden und die Bilder, die der Fremde ihm geschildert hatte.

Als Abu Marwad die Tür seines Ladens schloss, spürte er seine Wangen glühen. Auch er weinte gegen seinen Willen über den Tod der Kinder ... den Tod jener Spatzen.

Hassouna Mosbahi

Der Unglücksvogel

Wie jeden Abend um diese Zeit saß Milud vor seinem kleinen Laden. Langsam krochen die Schatten in die Täler und unteren Ebenen, während auf den kahlen Höhen im Westen, in leichte Dunstschleier gehüllt, die rote Sonnenscheibe balancierte. Die Luft war still und vom Brandgeruch der Erde erfüllt. Die Mittagsglut des Sommers hatte sie versengt, so daß sie für immer unfruchtbar schien. Nach einem langen, mühevollen Tag bewegten sich die Menschen träge und schwerfällig wie Nachtwandler. Das ganze Dorf schien erschöpft und müde.

Milud steckte sich in abendlicher Beschaulichkeit eine Zigarette an. Jeder, der ihn dort sitzen sah, konnte erkennen, daß er ein Mann ohne Sorgen und Probleme war. Entspannt und genußvoll schlürfte er sein Glas Tee mit Pfefferminze.

Wie er nun so ruhig und behaglich dasaß, flog plötzlich ein riesiger Vogel über seinen Laden hinweg und ließ sich nach bedächtigem Kreisen auf dem knorrigen Olivenbaum vor der Moschee nieder. Milud betrachtete ihn eine Weile und fand, daß er so etwas noch nie gesehen hatte. Ein seltsamer Vogel, häßlich wie eine Eule, eiterfarben wie eine Gabelweihe, bösartig wie ein Habicht. Milud ahnte, daß es einer von diesen Unglücksvögeln sein mußte, die Unheil und Katastrophen verheißen. Er sprang auf und drohte ihm mit dem Stock. Aber der merkwürdige Vogel blieb aufrecht und gleichgültig auf dem Ast sitzen. Erst als Milud den Stock nach ihm werfen wollte, stieß der Vogel einen eigenartigen Schrei aus, dessen Echo im stillen Dorf widerhallte. Gelassen schwang er sich in die Luft und kreiste mit gräßlichen Klagelauten über den Häusern. Milud sah ihm bedrückt nach, bis er hinter den kahlen Höhen verschwand.

In dieser Nacht kam Milud nach Hause, ohne das Abendgebet verrichtet zu haben. Er mochte sich nicht zu seiner Frau und den Kindern setzen. Beunruhigt und sorgenvoll zog er sich in sein Zimmer zurück. Als seine Frau ihm das Abendessen hinstellte, befahl er ihr unwirsch, es gleich wieder abzuräumen. Sie fügte sich ohne Widerrede, denn an seiner finsteren Miene bemerkte sie, daß ihn wohl wieder eines dieser Männerprobleme beschäftigte. Still ging sie zurück zu den Kindern, die draußen herumtobten.

Lange grübelte Milud mit hochgezogenen Schultern über den seltsamen Vogel, und sobald er nur an den schrecklichen Schrei dachte, den dieser ausgestoßen hatte, raste sein Herz und Kälteschauer schüttelten ihn. Noch trostloser wurde ihm zumute, als ihm die Gruselgeschichten einfielen, welche man sich von Unglücksvögeln erzählte.

Eine von ihnen hatte er schon als Kind gehört: Eines Abends, so die Erzählung, flog ein Vogel von wunderlicher Gestalt und Farbe über das Dorf hinweg. Mit seinem Kreischen erschreckte er die Frauen, Kinder und Hühner. Der Heilige *Sidi* Ahmad Ibn Abi Said aber verkündete den Männern, die sprachlos vor Entsetzen dastanden und zum Himmel starrten: »Wehe über euch durch diesen Vogel!« Nur zwei Tage später fegte ein heftiger Sturm die Dächer von den Häusern und Hütten und begrub ihre Bewohner darunter. Saaten und Felder wurden verwüstet und viel Vieh vernichtet. Nun erinnerte Milud sich auch wieder an den Spruch seiner weisen und frommen Vorfahren: »Setzt sich die Eule aufs Dach und schreit dabei, ist's mit dem Hausherrn bald aus und vorbei.« Auch seine bereits verstorbene Großmutter sprach jedesmal, wenn sie eine Eule rufen hörte: »Gott wehre dem Bösen!«

Milud bereute jetzt, daß er den Männern in der Moschee nichts von dem Vogel erzählt hatte, denn sicherlich hätten sie Furcht und Sorge mit ihm teilen können. Ob er seine

Frau rufen sollte, überlegte er, sie könnte sich zu ihm setzen und ihn von diesem Druck befreien, der ihn peinigte und nicht zur Ruhe kommen ließ. Doch gleich verwarf er den Gedanken wieder. Frühere Versuche hatten ihn gelehrt, daß Weiber bei solchen Dingen einfach nicht zu gebrauchen waren.

Schwerfällig wie eine Herde satter Ochsen kam die Nacht, und Milud saß vollkommen regungslos. Voller Angst mühte er sich, das Rätsel, das ihm an diesem verfluchten Abend aufgegeben worden war, zu lösen. War vielleicht jemand krank im Dorf? In Gedanken ging er die Häuser durch. Aber da war alles bei bester Gesundheit, wenigstens dem Anschein nach. Sogar Scheich Saleh, der auf die Achtzig zuging und gerade dieses Jahr von vielen Krankheiten heimgesucht wurde, war erst vor zwei Tagen an seinem Laden vorbeigekommen. Kerzengerade ging er, mit festem Schritt, wie einer in den Vierzigern. Und was war mit Mahrija? Die hatten sie in größter Eile ins städtische Krankenhaus gebracht, weil sie auf der Straße umgefallen war. Aber seit einer Woche befand sie sich bereits wieder daheim, mit roten Wangen und einem Gesicht, das vor Gesundheit und Jugend nur so strotzte.

Wahrscheinlich hatte das alles gar nichts zu bedeuten, denn der Tod klopft nicht an, er überfällt die Leute in jeder Situation, ob sie nun gerade beten, herumlaufen oder essen. Was aber, wenn er selber gemeint wäre? Schließlich war er der einzige, der den seltsamen Vogel gesehen und sein unheilvolles Krächzen vernommen hatte. Alles war möglich, und gegen Gottes Ratschluß gibt es kein Aufbegehren. Da kann es ohne weiteres geschehen, daß einem die Seele entweicht, während man sorglos vor seinem *Hanut* sitzt. Dann nehmen die Dörfler den toten Körper auf die Schultern, schaffen ihn unter Wehklagen und Heulen, in Staubwolken gehüllt, auf den Friedhof und werfen Erde auf den Leichnam. Anschließend gehen sie heim, um sich wieder den eigenen Angelegenheiten zuzuwenden, als sei überhaupt nichts passiert. Möglich wäre das, alles war möglich. Diese trügerische Welt währt für niemanden ewig, sagte er sich. Nur Törichte und Ketzer bauen darauf und geben sich ihren Genüssen und Illusionen hin. Trotzdem wollte er nicht so mir nichts dir nichts sterben und seine fünf Kinder, seine Frau, alle Verwandten und Freunde verlassen und auch nicht dieses Dorf, das er liebte und an dem er hing, trotz der Armut, trotz der harten Natur und des kargen Bodens. Außerdem, was sollte dann aus seiner jungen Frau werden? Sie verdrehte den Männern ja immer noch den Kopf! Und wer würde vor dem Schlafengehen mit der kleinen Halima spielen, die nicht einmal zwei Jahre alt war? Wer würde seinen Kindern Fleisch und Süßigkeiten, Festtagskleider und Schulsachen kaufen? Ja, und wer außer ihm könnte den Dörflern so lustige Geschichten erzählen, daß sie auch in der schwärzesten Not lachen mußten? Von ihm waren sie das gewöhnt, seit der Zeit, als er noch ein junger Bursche war, der tagsüber schlief und erst abends richtig in Fahrt kam. Wer anders als er war dazu in der Lage? Milud war den Tränen nahe.

Langsam dämmerte ein heißer Tag herauf, voller Unruhe, Sorge und dunkler Ahnung.

Ächzend und keuchend näherte sie sich dem Laden. In der grellen Sonne sah ihr breites, mit schwarzen Pünktchen betupftes Gesicht wie das Ei einer Gabelweihe aus. Ihre großen, nackten Füße wirbelten kleine Staubwolken in die stille Luft. An der Tür blieb sie stehen und rief ihm zu: »Sohn der Halima, mach mir ein Kilo Zucker zurecht, ein Kilo Salz, einen Kanister Brennstoff und, ach, mein Gedächtnis setzt wieder aus. Ich bitte Gott nur, daß ich in meiner letzten Stunde nicht die *Schahada* vergesse, ja, und auch ein bißchen Tabak! Gott erbarme sich deiner Eltern! Möge dir das Tor der Erlösung immer offenstehen!«

Nach diesen Worten sank sie erschöpft auf einen am Eingang stehenden Sack. Mit einem Zipfel ihrer abgetragenen *Milaja* fächelte sie sich Luft zu. Dicke Schweißtropfen standen auf ihrem Gesicht.

Milud dachte an den langen, beschwerlichen Weg über die kahlen Höhen, die sich zwischen dem Dorf und dem Stamm der alten Frau erstreckten. Bei der glühenden Hitze hätte er bestimmt keine hundert Meter geschafft, sie aber war das anscheinend gewöhnt. Obwohl sie schon über siebzig war, legte sie immer noch weite Strecken barfuß zurück. Wahrscheinlich lief sie sogar nachts. Einige Leute, die in die westlichen Dörfer gereist waren, hatten sie auch dort gesehen. Wie eine verirrte Seele streifte sie ruhelos umher und redete mit sich selbst. Manchmal sang sie wie die Klageweiber bei Trauerfeiern vor sich hin.

»Am Ende vom *Wadi* zwischen uns und euch liegt eine tote Eselin!« stieß die Alte, immer noch keuchend, hervor.

Milud trug schweigend alles zusammen, was sie verlangt hatte. Er vermied es, sie anzusehen.

»Hörst du mir überhaupt zu?« fuhr ihn die Alte empört an.

»Ja doch«, sagte Milud.

»Und was habe ich gesagt?«

»Daß eine tote Eselin mitten auf dem Weg liegt.«

»Nein, am Ende vom Wadi zwischen uns und euch, habe ich gesagt. Eine tote Eselin, und merkwürdige Fliegen schwirren um sie herum. Ich war so erschrocken, daß ich weggerannt bin, und das in meinem Alter! Nachher mußte ich mich übergeben, da drüben bei dem krummen Olivenbaum.«

Milud sah wieder den seltsamen Vogel vor sich. Sein Schnabel war blutig. Ein leichter Schwindel befiel ihn.

»Offenbar kümmert dich gar nicht, was ich sage!« rief die Alte ärgerlich.

»Ich höre dir ja zu, sogar wie mit vier Ohren statt mit zweien!« sagte Milud, während er das Salz wog.

»Oh ja, und bestimmt nur deshalb, weil du ganz genau weißt, daß ich bei keinem anderen einkaufe als bei dir. Das tu ich deiner verstorbenen Mutter zuliebe. Ach, deine Mutter, sie war die beste Frau, die ich in meinem ganzen Leben gekannt habe. Gestern hat sie mich im Traum besucht und zu mir gesprochen: Hanija, ich lege dir Milud ans Herz!«

Seine Hand zitterte, als er das Salz in die Tüte füllte. Am Himmel kreiste der eiterfarbene Vogel. Mit schmerzhaften Stichen bohrte sich das Gebrumm blauer Schmeißfliegen in seine Seele. Wie ein Leichnam unter freiem Himmel quoll der Mittag auf.

»Deine Mutter besucht mich nämlich immer im Traum«, sagte die Alte, auf den leeren, weißen Weg starrend, als wolle sie die zurückgelegte Strecke schätzen. »Bist du etwa krank?« fragte sie, den Kopf zu ihm gereckt.

»Nein, überhaupt nicht«, erwiderte Milud.

»Wenn du nicht krank bist, dann bedrückt dich doch irgend etwas. Laß dir von deiner Tante Hanija sagen: Sorge dich nicht, Milud, Gott richtet es immer!« sprach die alte Frau im Aufstehen. Sie zog eine Plastiktüte aus ihrem Kleiderausschnitt und verstaute darin ihre Einkäufe.

»Ich werde ein kleines Nickerchen unter dem krummen Olivenbaum machen«, meinte sie. »Nach Hause gehe ich erst bei Sonnenuntergang. Da will ich aber die Stelle meiden, wo die tote Eselin liegt, damit ich mich nicht noch einmal übergeben muß!« Sie ging mit schnellen Schritten fort. Ihr breiter Rücken wölbte sich wie ein Berghang. Milud schaute ihr nach, bis sie am Ende des Dorfes, wo die kupferfarbenen Höhen begannen, hinter der Wegbiegung verschwand.

Alles war still. Nichts rührte und regte sich, als solle die Mittagsruhe ewig währen. Die Höhen schienen auf einmal verschwunden zu sein. Nur die Bruchstücke einer Fata Morgana zitterten am Horizont wie kochendes Wasser über loderndem Feuer. Hechelnd strich ein Hund mit entzündeten Augen vorbei. Ein mickriger Esel mit blutigem Rücken suchte Schutz im Schatten des krummen Olivenbaums vor der Moschee. Weiß und leer dehnte sich der Weg wie ein müder Wanderer, der auf dem Rücken eingeschlafen ist. Der seltsame Vogel aber ging Milud nicht aus dem Kopf und hinderte ihn am gewohnten Mittagsschläfchen.

Erst Stunden später kam ein Lüftchen auf. Das Dorf räkelte sich und rieb sich nach langer Mittagsruhe schläfrig die Augen. Aus dem Wadi klangen die Stimmen der spielenden Kinder herüber. Milud hörte Jasin, seinen Ältesten, heraus. Eine ganze Jungenschar war zur Quelle hinuntergegangen. Wie ein Regenbogen waren ihre bunten Umhänge über die Erde geglitten.

Milud schloß seinen Hanut früher als gewohnt, er wollte den seltsamen Vogel nicht noch einmal sehen müssen. Er ging hinüber zu Salem Al-Ahmars Laden, wo sich die Männer jeden Abend versammelten und bis spät in die Nacht zusammensaßen. Wie immer spielten sie Karten, schrien und lachten und besprachen die bevorstehenden Festtage und Hochzeiten. Er setzte sich und sah ihnen zu.

Der lahme Larbi wollte seine Rivalen wieder einmal erschrecken und brüllte, mit seinem Holzbein aufstampfend: »Alle mal herhören! Ich sag's euch noch mal, in der ganzen Gegend kommt mir keiner gegen dieses Bein an!«

Die Zuschauer lachten schallend. Milud wollte mit einstimmen, aber irgend etwas schnürte ihm die Kehle zu und bedrückte sein Herz. Als die Dunkelheit hereinbrach, wurden seine Schultern immer schwerer. In ihm wisperte die Unruhe, nagte die Angst, und die Stimmen der Männer und ihr Gelächter drangen wie Schreie aus einem tiefen Brunnen zu ihm. Leise schlich er sich hinaus. Salem Al-Ahmar, der gerade das Feuer im Ofen schürte, rief ihm nach: »Warum so eilig heute abend, Sohn der Halima?«

»Ich fühle mich nicht ganz wohl«, antwortete Milud, ohne sich umzudrehen.

»Mach dir nichts draus, Mann«, sagte Salem Al-Ahmar. »Die Welt ist ein Weib! Sie kommt und geht. Mal sperrt sie sich, mal stürzt sie sich auf dich und läßt dich nicht wieder los, bis sie dich soweit hat, daß du sie flachlegst!« Er stieß ein trockenes Lachen aus, das Milud wie ein Dorn ins Herz stach.

Er irrte im Ölbaumhain umher und stieg hinunter in das Teufelswadi. In die stille Sommernacht lauschend, atmete er den Duft von Oleander und Thymian. Schließlich ging er nach Hause.

Als er seine Frau vor der Tür stehen sah, wußte er, nun war es soweit. Alle Sorgen und Ängste, die ihn seit Stunden quälten, waren Wirklichkeit geworden! Wie Stürme, die an schwachen Pflanzen zerrten, würden sie sein Leben durcheinanderschütteln. Entsetzen erfaßte ihn. Am liebsten wäre er davongelaufen. Weit fort, nur dem Grauen entkommen, das schon auf ihn herabstoßen wollte!

»Hast du Jasin gesehen?« rief seine Frau. »Bis jetzt ist er nicht zurück. Ich dachte, er wäre bei dir!«

Er vernahm die Worte ganz deutlich und wollte ihr sagen, daß er Jasin unter den Jungen, die im Wadi spielten, herausgehört hätte, als er merkte, daß seine Stimme versagte. Sprachlos erstarrte er, während sie wie ein Geist vor der Tür stand. »Hörst du mich denn nicht, Jasin ist noch nicht da! Ich mache mir Sorgen!«

Ja doch, er hörte sie genau, er merkte, wie angstvoll ihre Stimme bebte. Aber dieses Würgen im Hals wurde immer schlimmer. Der Boden unter seinen Füßen schien wegzurutschen, und der Himmel war wie mit schwarzem Blut bespritzt.

Seine Frau trat zu ihm, schüttelte ihn mit aller Kraft und schrie: »Ich sage dir, dein Sohn ist bis jetzt nicht zurück! Und du sagst kein Wort!«

Ein schreckliches Krächzen durchdrang die Luft und mischte sich in die Klagen seiner unglücklichen Frau. Unmittelbar darauf geriet das Dorf in Aufruhr. Überall rührte und regte es sich. Lichter, Lärm, Rufe und Hundegebell erfüllten die heiße Sommernacht.

Milud stand wie versteinert. Seine Frau jammerte und

stampfte verzweifelt mit den Füßen. Dann hörte er eine Stimme wie aus der Ferne sagen, Salem Al-Ahmars Sohn sei der letzte gewesen, der Jasin kurz vor Sonnenuntergang noch gesehen habe. Jasin habe zu ihm gesagt, er wolle noch bei seinem Vater im Hanut vorbeischauen.

»Und? Ist Jasin bei dir vorbeigekommen?« fragten viele Stimmen. Die Gesichter, die ihn im schwachen Lampenschein anstarrten, waren wie Fratzen aus einem bösen Alptraum, und er hing einsam und frierend am dünnen Faden zwischen Leben und Tod. Irgendwann würde er in die Finsternis stürzen, begleitet vom Krächzen des Unglücksvogels.

»Laßt ihn in Ruhe, es geht ihm nicht gut, suchen wir lieber schnell nach dem Jungen, bevor es zu spät ist!« rief ihnen Salem Al-Ahmar zu.

Sie zerstreuten sich in alle Richtungen. Milud fiel auf den Boden und starrte in die Nacht, die plötzlich von einem lauten Brausen erfüllt war, als rausche eine große Regenflut durch die Wadis.

Frauen, Männer und Kinder waren damals von der Landpolizei verhört worden. Jasin lag schon lange unter der Erde. Aber Salem Al-Ahmar erzählte noch immer seine Geschichte, und alle lauschten gespannt, als ob es das erste Mal wäre: »Hört zu, Männer, ich sage euch, des Gläubigen Herz ist stets sein bester Führer. Damals, an dem Abend, als Milud in meinen Hanut kam und finster und besorgt aussah, eben ganz anders als sonst, da wußte ich gleich, es würde irgend etwas Schlimmes passieren. Glaubt mir, ich habe es kommen sehen. Gott möge mir die Zunge abschneiden, wenn ich übertreibe oder nicht genau berichte, was sich zugetragen hat. Als ich an jenem verwünschten Abend gerade nach Hause gehen wollte, brach draußen der Lärm los. Sofort ging ich zu Miluds Haus. Dabei wußte ich ja noch gar nicht, daß es um seinen vermißten Sohn ging! Wie ich euch aber schon sagte, des Gläubigen Herz ist stets sein Führer. Also, bei der Suche nach Jasin waren drei Männer bei mir, Saleh Al-Ifrit, Umar Al-Atrasch und Al-Aidudi. Zum ersten sagte ich: ›Geh du in das Wadi zwischen uns und den Aulad Sibaa!‹ Mir war nämlich zu Ohren gekommen, daß sich dort allerlei Gesindel in der Nacht herumtreibt, das Wein säuft und Wanderer überfällt, besonders, wenn sie allein unterwegs sind. Dem zweiten trug ich auf: ›Geh zu den Hügeln im Westen, denn es kann sein, daß der Junge vom Weg abgekommen ist und die Wölfe ihn gerissen haben.‹ Den dritten schickte ich zur Quelle, denn vielleicht hatte Jasin beim Spielen Durst bekommen, hatte Wasser getrunken, und ihm war davon schlecht geworden. Mir selbst rief eine Stimme zu: ›Du, Salem, begib dich in das Teufelswadi!‹ Ich gehorchte, obwohl von diesem Ort nichts Gutes zu erwarten war.

Mein eigener Großvater, Gott erbarme sich seiner, ist dort umgekommen. An einem heißen Mittag hat ihn eine gefleckte Schlange gebissen, als er nach einer verirrten Kuh suchte. Im selben Wadi ist auch Dschumaa gestorben, der anständige Kerl. Er war nur in das Wadi gegangen, um nach einem kleinen Streit mit seiner Frau frische Luft zu schnappen. Da fällt er plötzlich um und stirbt, ohne daß er jemals über Krankheit oder Sorgen geklagt hätte. Außerdem wißt ihr ja selbst, daß sich üble Frauen und Männer von den Nachbarstämmen heimlich dort treffen und ihren Lastern frönen. Die fürchten weder Gott noch seinen Propheten. Ich jedenfalls ging in das Teufelswadi. Als ich unten ankam, ergriff mich die Angst. Ich hatte Herzklopfen wie ein kleiner Junge, der nicht gewohnt ist, im Dunkeln zu gehen. Leise und vorsichtig tappte ich vorwärts. Nach einer Weile nahm ich einen eigenartigen Geruch wahr. Zuerst dachte ich, es wäre fauliges Wasser. Aber der Geruch wurde, je weiter ich ging, immer stärker. Dann gab es keinen Zweifel mehr: Es stank nach Leiche. Ich hob meinen Stock und wandte mich dem Dickicht links von mir zu. Als ich genau davorstand, zündete ich ein Streichholz an und erkannte im Lichtschein Jasin! Vollkommen nackt lag er da mit aufgerissenem Leib. Beide Augen waren ausgekratzt. Noch nie, Männer, niemals in meinem ganzen Leben habe ich so etwas Schreckliches gesehen. Ich schrie wie ein Verrückter, und wäre nicht mein Vetter Ibrahim in dem Moment zur Stelle gewesen, der entsetzliche Anblick hätte mich umgebracht.«

Salem Al-Ahmar schwieg. Er zündete sich eine Zigarette an und rauchte in kurzen, hastigen Zügen. Seine Zuhörer saßen wortlos dabei und starrten ihn mit schweißnassen Gesichtern an.

Ein wenig später setzte Salem Al-Ahmar gedankenverloren hinzu: »Was mich aber völlig durcheinanderbrachte, war, daß es vom Täter des abscheulichen Verbrechens keine Spur gab. Ein Wolf, ein anderes wildes Tier oder sonst ein Lebewesen, das auf dem Erdboden herumläuft, hätte doch irgendein Zeichen hinterlassen! So aber schien es, als ob der Mörder vom Himmel gefallen wäre, seine Untat verübt hätte und wieder fortgeflogen wäre. Gott allein weiß, was da wirklich geschehen sein mag!«

Der Herbst verging trocken und öde. Mit jedem Sandsturm wurde der leere Himmel trostloser und bleicher. Die Erde bot einen häßlichen Anblick. Ihre Oberfläche war zerfressen wie ein krätziger Leib. Nach der langen Dürre waren die Tiere auf Abfälle und Reste angewiesen. Apathisch trotteten die Tage dahin wie Kühe, die vor Hunger und Durst dem Krepieren nahe sind.

Milud war seit dem Unglück unverändert. Er redete nicht, hob kaum den Blick. Nur hin und wieder seufzte er, wischte eine Träne fort oder malte mit dem Stock Zeichen in den Sand, die er gleich wieder verwischte.

Dann zog in den ersten Winterwochen die Kälte kräftig an, und der Boden war mit Eis bedeckt. Sie wollten gerade das Freitagsgebet verrichten, als sie Milud sahen, der mit geschultertem Gewehr in Richtung Wadi aufbrach.

»Haltet ihn zurück«, rief Salem Al-Ahmar, »er will sich umbringen!« Frauen, Männer und Kinder stellten sich in einer Reihe vor ihm auf. »Hör mal, Milud«, sagten sie, »du bist doch ein vernünftiger Mann. Gott hat es nun mal so gewollt, das weißt du, und gegen seinen Ratschluß gibt es kein Aufbegehren.«

Miluds Augen blitzten in seinem breiten Gesicht über dem dichten schwarzen Bart, den er seit Jasins Tod nicht mehr rasiert hatte. Den Finger am Abzug, schrie er sie an: »Paßt auf, Männer, ich weiß jetzt, wer meinen Sohn getötet hat, und ich habe nicht eher Ruhe, bis ich ihm den Bauch aufschlitze und die Augen aussteche, genauso wie er es mit meinem Sohn gemacht hat!«

»Komm zu dir, Mann«, rief Salem Al-Ahmar und ging auf ihn zu.

Milud aber brachte ihn mit einem Handzeichen zum Stehen. »Halt, Salem!« schrie er. »Du weißt genau, daß du mir lieb und wert bist. Aber wenn du mich an meinem Vorhaben hinderst, muß ich dir diese Ladung in deine Brust feuern!«

Sie ließen ihn gehen. Mit ihren Blicken folgten sie ihm, bis er im Teufelswadi verschwunden war.

Der Winter mahlte mit harten, kalten Backenzähnen die langen Tage und Nächte der Dorfbewohner. Die Köpfe eingezogen, saßen sie breitbeinig am Feuer und warteten schweigend auf das Ende der Kälte.

Milud trieb es nun jeden Abend in das Teufelswadi, und erst nach dem Abendgebet schleppte er sich kraftlos, mit scheuem Blick heimwärts. Seine Frau erzählte, daß er sich ganze Nächte schlaflos herumwälze. Ab und zu stoße er Seufzer wie eine Eule aus.

An diesem Abend spielten die Männer wieder Karten in Salem Al-Ahmars Hanut. Gerade erörterten sie die Möglichkeit, daß Milud wahnsinnig werden könne, als vom Teufelswadi Schüsse zu hören waren. Trotz der wilden

Winterstürme, die den Himmel peitschten, rannten sie los. Bei demselben Dickicht, wo Salem Al-Ahmar Jasins Leichnam gefunden hatte, fanden sie Miluds Gewehr. Daneben ein paar frische Blutstropfen. Weiter nichts.

Nur ein Vogel von seltsamer Farbe und Gestalt kreiste mit wildem Krächzen über ihnen.

Nachwort

Die arabische Literatur war schon im fünften Jahrhundert, also noch vor dem Islam, hoch entwickelt, aber die Poesie überragte alle anderen Formen der Literatur und war, wie übrigens bis in die Gegenwart hinein, weithin beliebt in der arabischen Welt. Am Vorbild des Koran, der in Reim-Prosa verfasst war, entwickelte sich die arabische Kunstprosa, die daher auch als Reim-Prosa begann. Ihren Höhepunkt erreichte sie im zehnten Jahrhundert. Erst durch die Konfrontation mit Europa im 19. Jahrhundert mit dem Beginn des Kolonialismus entwickelten sich die moderne Kurzgeschichte, die Novelle und der Roman.

Der Beginn der arabischen literarischen Erneuerung steht in engem Zusammenhang mit dem Aufkommen arabischer nationaler Bewegungen. Hervorgerufen wurde dies durch das Eindringen der Europäer in den arabischen Raum, zuerst 1798 durch die französische Expedition Napoleons in Ägypten, später in Syrien. Dadurch wurden die kulturellen Grundfesten und das Selbstverständnis des arabischen Orients nachhaltig erschüttert. Das moderne, profane Europa drang in die traditionelle, spirituelle morgenländische Welt ein – und ließ sich von ihr faszinieren und berauschen (außer dass es sie auch kolonial ausbeutete). Der Orient muss sich seitdem der kulturellen Herausforderung des machtpolitisch und zivilisatorisch überlegenen Westens stellen. Napoleon war es auch, der die erste Druckerei mit arabischen Typen nach Ägypten mitbrachte und so dort den Grundstein für eine literarisch-kulturelle Erneuerungsbewegung legte, die sich später auf den gesamten arabischen Raum ausdehnen sollte.

Nach dem Ende der französischen Expedition 1801 bestieg Mohammed Ali, ein aufgeklärter Despot, den Thron in Ägypten und leitete eine Phase zunehmenden europäischen Einflusses ein. Sein Interesse für Europa veranlasste ihn, die ersten Stipendiaten nach Paris zu schicken, was nicht ohne weitreichende Folgen für die neuere arabische Literatur blieb. Die zurückkehrenden Stipendiaten wurden nämlich dazu verpflichtet, mindestens ein wissenschaftliches Buch ins Arabische zu übersetzen. Der Monarch hoffte dadurch den allgemeinen wissenschaftlichen Standard seines Landes anzuheben. So begann bald eine lebhafte Übersetzertätigkeit, die durch die Gründung einer Übersetzerschule noch beschleunigt wurde; und schon wenige Jahrzehnte später lagen die ersten großen literarischen Übersetzungen nicht nur aus dem Französischen, sondern auch aus dem Russischen und Englischen vor.

Die Vermittlung europäischer Literatur begann mit der Übersetzung der Prosa; dabei ließ man die Themen weitgehend unverändert, passte jedoch die Helden und ihre Handlungen je nach den Bedürfnissen des kulturellen Umfeldes an die arabischen Gegebenheiten des jeweiligen Landes an. Obwohl diese Art der Übertragung sehr zu wünschen übrig ließ – manche Übersetzungen waren nur noch eine schwache Wiedergabe des Originals –, wurden sie vom Publikum gern gelesen und waren überaus beliebt. Dieses Vorgehen führte die arabischen Leser langsam an neue Literaturformen und an eine veränderte Sprache heran und machte sie mit den neuen Ideen vertraut. Im Laufe der Zeit entstand bei der Leserschaft ein verändertes ästhetisches Bewusstsein, das bald nicht mehr nur nach adaptierten Übersetzungen verlangte, sondern das europäische Original ohne die interpretierenden Beigaben des Übersetzers lesen wollte. Dieser Prozess trug ganz erheblich zur Erneuerung und Auflockerung der bis dahin in sehr feste Formen eingebundenen arabischen Literatursprache bei.

Ein weiterer wichtiger Faktor, der die Kontakte des

Nahen Ostens mit Europa verstärkte, war die Missionierung durch die Franzosen im 18. Jahrhundert in Syrien und im Libanon; es folgten die russisch-orthodoxe, die britisch-anglikanische und schließlich die amerikanisch-protestantische Mission. Die Missionare errichteten überall Schulen, Druckereien und Universitäten. Sie brachten nicht nur ihre jeweilige Sprache und Kultur mit, sondern pflegten auch die arabische Sprache und gaben so ungewollt einen Anstoß zur Entstehung eines Nationalbewusstseins. Träger des neu erwachten nationalen und kulturellen Selbstbewusstseins waren daher zuerst überwiegend christliche Intellektuelle. Sie eroberten sich vor allem in Ägypten, Syrien und dem Libanon einen gesellschaftlichen Freiraum, der es ihnen ermöglichte, sich in der Öffentlichkeit Gehör zu verschaffen. So trugen sie besonders in der Anfangsphase erheblich zur kulturellen Erneuerung und zur politischen Bewusstwerdung in diesen Ländern bei.

Vor allem an der Entwicklung der Presse waren sie maßgeblich beteiligt. Die erste führende arabische Zeitung, die ägyptische Zeitung ›Al-Ahram‹, wurde von libanesischen Christen herausgegeben. Diesen Christen, die im Kulturleben der Araber eine herausragende Rolle spielten, erschien die westliche Zivilisation nicht völlig fremd, gleichzeitig grenzten sie sich jedoch von Europa ab und versuchten einen eigenen Weg einzuschlagen. Fast alle hatten die Möglichkeit, sich eine außerordentlich gründliche Bildung anzueignen, sie hatten in ihrer überwiegenden Mehrheit christliche Missionsschulen besucht und dort mehrere Fremdsprachen gelernt. Das half ihnen später, sich neuen Ideen aus Europa zu öffnen. Gleichzeitig waren diese Christen bemüht, die arabische Sprache zu modernisieren, und lernten deshalb die arabische Sprache besonders gründlich. In dieser Zeit hatten die Muslime nur Koranschulen, wo sie ausschließlich die Grundlagen ihrer Religion erlernten. Denn die osmanischen Herrscher waren kaum daran interessiert, neue Schulen zu gründen. Die ersten modernen Universitäten waren daher auch die Jesuitenuniversität und die protestantische amerikanische Universität von Beirut.

Die Entwicklung der arabischen Erzählung verlief parallel zu der Entwicklung der gesellschaftlichen, politischen und kulturellen Veränderungen, die die arabische Welt im Verlauf des 19. Jahrhunderts erschütterten. Diese Entwicklung veränderte auch den literarischen Geschmack und rief eine neue literarische Sensibilität hervor. Mehrere Gründe spielten – außer dem oben schon erwähnten starke Veränderungen auslösenden Kontakt zu Europa – dabei eine wichtige Rolle. Als Erstes ist hier die zunehmende Ausdehnung der Städte im »Maschreq« (arab.: Osten) zu erwähnen, wobei sich mehrere Zentren, wie Kairo und Alexandria in Ägypten, Beirut und Tripolis im Libanon, Damaskus und Aleppo in Syrien, Jerusalem und Haifa in Palästina, um nur einige zu nennen, herausbildeten. Im »Maghreb« (arab.: Westen) war zu Beginn des zwanzigsten Jahrhunderts das Leben in den Städten wie auf dem Land stark von den Traditionen geprägt. Die arabische Halbinsel kannte bis dahin kaum einen Prozess der Verstädterung.

Ein weiteres wichtiges Element war die Ausbildung. Der Maschreq erlebte eine vollständige Umwälzung seines gesamten Ausbildungssystems. Das religiöse Schulsystem der Koranschulen wurde allmählich durch ein säkularisiertes Schulsystem ersetzt. Diese bahnbrechende Veränderung war eine wesentliche Voraussetzung dafür, dass sich in den Städten neue Intellektuellenkreise bildeten, die sich in ihrem Denken auf die von der europäischen Aufklärung postulierte Rationalität bezogen, und dass sich das Lesepublikum in den arabischen Ländern dieser Region erheblich vergrößerte. Es entstand ein Bedürfnis nach neuer Literatur, in der der Leser sich selbst und die Herausforderungen seiner Zeit wiederfinden konnte. Die überlieferten stark reglementierten Formen der Literatur wurden als immer unzulänglicher empfunden, konnten sie doch die enormen gesellschaftlichen Umbrüche und die neu auftretenden Fragen kaum noch adäquat reflektieren.

Außerdem wurden die traditionellen Formen der Literatur von vielen Intellektuellen zunehmend als Einschränkung ihrer individuellen künstlerischen Freiheit empfunden, die es ihnen nahezu unmöglich machte, neue Fragestellungen und Sichtweisen der Welt darzustellen. Zahlreiche literarische Strömungen aus Europa, wie die Romantik oder der Realismus, fanden daher meist zuerst in kopierter arabischer Form, später jedoch in durchaus eigenständiger, phantasievoller Prosa ihren Niederschlag.

Das säkularisierte Ausbildungssystem, das auch Mädchen zum ersten Mal die Möglichkeit der Schulbildung eröffnete, und das neu entstandene Pressewesen brachten eine veränderte, erneuerte Sprache mit sich, die durch die Notwendigkeiten nicht zuletzt des Journalismus stark vereinfacht wurde und dadurch auch größere Leserkreise erreichte. Die in der arabischen Sprache traditionellerweise herrschende Diskrepanz zwischen der geschriebenen und der gesprochenen Sprache verminderte sich zu Gunsten der gesprochenen Sprache. Während die Lyrik weiterhin an den überlieferten Formen der Sprache festhielt und sich erst mit einigen Jahrzehnten Verspätung von ihnen zu lösen begann, fanden die gesprochene Sprache und sogar umgangssprachliche Formen immer häufiger Eingang in die neue arabische Prosa.

Zahlreiche Erzählungen wurden zunächst in Zeitungen veröffentlicht und erschienen erst später in Sammlungen oder Anthologien. Sogar Romane wurden durch ihre erstmalige Publikation als Fortsetzungsroman in einer Zeitung bekannt, machten ihren Autor berühmt und fanden erst dann einen Verleger, der den Roman in Buchform veröffentlichte.

In anderen Teilen der arabischen Welt wurde die Erzählung als literarische Gattung wegen der Besonderheiten der kulturellen Bedingungen in diesen Ländern erst später entdeckt. Im Maghreb war man bemüht, die eigene kulturelle Identität, die durch die frühe Kolonialisierung dieser Länder oft verschüttet war, wieder zu entdecken. Die Kolonialisierung dieser Länder durch die Franzosen schon zu Beginn des 19. Jahrhunderts bewirkte zudem eine Isolation von der übrigen arabischen Welt, die eine Sonderentwicklung einleitete und deren Spuren bis heute deutlich erkennbar sind.

Früher betrachtete man die moderne Prosa in der arabischen Literatur als etwas ihr Fremdes, das in diese Literatur eingedrungen war – sie wurde damals als »Parasit« bezeichnet –, ganz im Gegensatz zur Poesie, die eine lange Tradition nachweisen konnte. Man war misstrauisch der Prosa, insbesondere der Erzählung gegenüber.

Nicht zuletzt aufgrund von islamischen religiösen Traditionen gab es anfangs deutliche Vorbehalte gegen eine allzu bildhafte Sprache, wie sie aus Europa in Übersetzungen in die arabischen Länder transportiert wurde. So wird auch verständlich, dass die arabischen Schriftsteller sich bis zum Beginn des 20. Jahrhunderts stärker auf die Form des zum Teil belehrenden und moralisierenden Essays konzentrierten; sie schufen sich damit eine literarische Form, die sich so lange hielt, bis sie sich einen intellektuellen Freiraum in der Gesellschaft erobert hatten, der es ihnen ermöglichte, selbstständig originäre Formen der arabischen Erzählung zu verfassen.

Es lässt sich schwer festlegen, wann die arabische Erzählung tatsächlich geboren wurde. Manche Literaturhistoriker fassen den Begriff der Erzählung relativ weit und betrachten daher jede Art von narrativem Text in der arabischen Literaturgeschichte schon als Erzählung. Festzuhalten bleibt jedoch, dass fast alle arabischen Kritiker und Literaturhistoriker die Geburt der modernen arabischen Erzählung auf das Jahr 1914 datieren, das Erscheinungsjahr des großen Gesellschaftsromans ›Zeinab‹ von Mohammed Hussein Haikal, der unter dem Pseudonym »Ein ägyptischer Bauer« erschien. Denn es galt damals, wie schon erwähnt, als unerhört, in dieser neuen Gattung der Literatur zu schreiben. Auch der Autor empfand die Veröffentlichung dieses Romans als ein Abenteuer, da die Romanform damals in der arabischen literarischen Welt keine Achtung erfuhr. Aber ›Zeinab‹ erregte überaus großes Interesse in der Öffentlichkeit und machte Haikal über Nacht berühmt.

In der Zeit zwischen den beiden Weltkriegen, die in der gesamten arabischen Region von großer politischer Unruhe geprägt war, entwickelte sich die Erzählung zu einer eigenständigen arabischen Literaturform, die nun auch allgemein anerkannt wurde. Politisch gesehen war es die Zeit der vollständigen Kolonialisierung des arabischen Raums durch Großbritannien und Frankreich, an die sich die Phase der Entkolonialisierung und der nationalen Unabhängigkeitsbestrebungen anschloss.

Gesellschaftliche Umstrukturierungen größeren Ausmaßes stärkten die Position des Mittelstands. Zahlreiche Intellektuelle gingen nun auch aus dem mittelständischen Bürgertum hervor und gaben der Literatur neue gesellschaftliche Impulse. Sie nahmen neue Themenbereiche auf, wie zum Beispiel das Leben im städtischen Milieu, die rechtlose Stellung der Frau in der arabischen Gesellschaft oder auch den krassen Gegensatz zwischen der Stadt- und der Landbevölkerung.

Immer häufiger bezogen sie Stellung für einen gesellschaftlichen Wandel, der die soziale Ungerechtigkeit angriff und zahlreiche Erzählungen zur öffentlichen Anklage der ungerechten Verhältnisse werden ließ.

Nach dem Zweiten Weltkrieg kam der Prozess der Entkolonialisierung zu einem vorläufigen Ende. Im Anschluss daran stürzten einige arabische Monarchien, so in Ägypten und im Irak, und es bildeten sich zum ersten Mal zahlreiche politische Parteien der unterschiedlichsten politischen Strömungen. Zu dieser Zeit erreichten auch die arabischen Schriftsteller eine immer größere Selbstständigkeit und lösten sich zunehmend von ihren Vorbildern in Europa und in Amerika. Sie griffen immer häufiger Themen auf, die zur Weltliteratur gehörten und deutlich die Auseinandersetzung des Individuums mit existentiellen Fragen des Lebens in der Gesellschaft markierten. Die enorm erweiterten Möglichkeiten der internationalen Kommunikation gewährten den Intellektuellen Zugang zu Informationen über die unterschiedlichsten philosophischen Ansätze; die Freudsche Psychoanalyse, der Existentialismus, der Surrealismus und besonders auch der Marxismus beeindruckten viele von ihnen. Dies führte bald zu einer oft phantasievollen Auseinandersetzung und wenig später auch zu heftigen Debatten, die zum Teil öffentlich ausgetragen wurden. Dabei ging es immer wieder um die Möglichkeiten der Veränderung und Erneuerung der Gesellschaft sowie um die Verhinderung dieses Prozesses von Seiten der Traditionalisten.

In dieser Zeit entwickelten sich hauptsächlich zwei kulturelle Zentren, Beirut und Kairo, wobei Beirut das wichtigere war; denn in dieser Metropole hatte sich ein riesiges Zentrum des arabischen Verlagswesens etabliert, und es existierte Pressefreiheit. Dies verlieh Beirut eine fast magische Anziehungskraft, ermöglichte es doch vielen Schriftstellern, die im Exil lebten und durch die Zensur verfolgt waren, endlich die Veröffentlichung ihrer Literatur. So versuchten fast alle arabischen Intellektuellen in Beirut zu publizieren. Kairo dagegen, als Metropole des bevölkerungsreichsten arabischen Landes, erhielt durch die politischen Hoffnungen, die der Nasserismus bei vielen Intellektuellen weckte, seine Anziehungskraft.

Das politische Engagement der arabischen Intellektuellen, das sich auch in ihren Erzählungen immer wieder zeigte, vertiefte sich und setzte etliche unter ihnen der

Verfolgung aus. Immer wieder beschäftigten sie sich auch mit dem Palästina-Problem, das nicht nur ein Anliegen palästinensischer Autoren blieb, sondern ein Thema war, das die meisten arabischen Intellektuellen interessierte.

Auffallend ist auch, dass sich in dieser Zeit immer mehr Frauen schriftstellerisch zu Wort meldeten. Diese jungen Autorinnen zeigten ein außergewöhnliches Selbstbewusstsein und erreichten, dass Themen aufgegriffen wurden, die vorher weitgehend gesellschaftlich tabuisiert waren, wie zum Beispiel die Beziehungen zwischen den Geschlechtern, die gesellschaftliche Ohnmacht vieler Frauen und nicht zuletzt auch die Sexualität, ein Thema, das selbst von den männlichen Schriftstellerkollegen bisher kaum berührt worden war.

Die vorliegende Sammlung von Erzählungen der arabischen Welt möchte mit ihrer Auswahl von arabischer Prosa einen Eindruck von der modernen arabischen Erzählkunst vermitteln. Sie soll nicht die Geschichte der arabischen Erzählung dokumentieren, sondern die moderne arabische Erzählung anhand von Beispielen bekannt machen, die von den wichtigsten Autorinnen und Autoren der arabischen Welt geschrieben wurden.

Es wurden nur arabischsprachige Prosatexte ausgewählt; arabische Autoren, die in anderen Sprachen schreiben, wurden nicht berücksichtigt. Die Anthologie erhebt selbstverständlich keinen Anspruch auf Vollständigkeit, obwohl ich bemüht war, einen möglichst repräsentativen Überblick über die Vielfalt der modernen arabischen Erzählung zu geben. Dem Leser soll ein Einblick in den kulturellen, sozialen, historischen und politischen Hintergrund der arabischen Welt ermöglicht werden.

Wenn bestimmte Regionen mit einer größeren Zahl von Autoren als andere vertreten sind, so hat das kulturhistorische Gründe, die sich aus den sehr unterschiedlichen Bedingungen in den arabischen Ländern, wie sie oben beschrieben wurden, ergeben.

Diese Sammlung möchte zeigen, dass die arabische Literatur einen wichtigen Beitrag zur Weltliteratur zu leisten imstande ist, und bietet die Gelegenheit, einige der besten und wichtigsten Autoren und Autorinnen der arabischen Welt kennen zu lernen. Vielleicht trägt sie auch dazu bei, klischeehafte Vorstellungen über die heutige arabische Welt zu korrigieren.

Suleman Taufiq, März 2004

Autoren/Quellenhinweise

Yahya At-Tahir Abdallah, geboren 1942 in Karnak Al-Qadima/Ägypten. Besuch der Oberschule, danach verschiedene kurzfristige Tätigkeiten. Anschließend machte er sein Landwirtschaftsdiplom. 1964 zog er nach Kairo und wurde Mitarbeiter bei verschiedenen Kinderzeitschriften. 1971 erhielt er ein Förderstipendium des Kulturministeriums. Sein Werk umfasst mehrere Erzählbände und Kurzromane. Abdallah kam 1981 bei einem Autounfall ums Leben. Die Erzählung ›Die Erhabene‹ (übersetzt von Fouad El-Auwad) erscheint hier erstmals auf Deutsch.

Idris Ali, geboren in Nubien, einer Region im Süden Ägyptens. Er gehört zu den wenigen nubischen Autoren Ägyptens. Die Nubier sind eine schwarzafrikanische Minderheit, die vorwiegend im Süden Ägyptens lebt und eine eigene Kultur hat. Er studierte an der islamischen Universität von Kairo und arbeitete jahrelang in einer Baufirma, bis der Firmenchef ihn freistellte, damit er sich nur noch seiner schriftstellerischen Tätigkeit widmen konnte. ›Das gemeinsame Bett‹ (übersetzt von Fouad El-Auwad) ist entnommen aus ›Wahad Dhed Al-Gamie‹ (Kairo 1987) und erscheint hier erstmals auf Deutsch.

Ibrahim Aslan, geboren 1935 bei Tanta (Nildelta), arbeitete viele Jahre lang als Postbeamter. Seine ersten Erzählungen erschienen in den sechziger Jahren in Literaturzeitschriften und wiesen ihn als einen der brillantesten Schriftsteller seiner Generation aus. Sein 1983 erschienener Roman ›Der Ibis‹, der 1991 verfilmt wurde, machte ihn berühmt. Bisher hat Ibrahim Aslan zwei Erzählbände und drei Romane veröffentlicht. Seit 1993 leitet er in Kairo die Feuilletonredaktion der in London erscheinenden Zeitung ›Al-Hayat‹. ›Jûssuf Al-Naggâr‹ (deutsch von Doris Kilias) ist ein Ausschnitt aus ›Der Ibis‹ (Lenos Verlag, Basel 2002).

Taufik Jussuf Awwad, geboren 1911 in Bhersaf/Libanon, besuchte das Gymnasium der St.-Josephs-Universität in Beirut. 1928–1934 studierte er Jura in Damaskus, danach arbeitete er als Journalist für verschiedene libanesische Zeitungen. Später war er viele Jahre im diplomatischen Dienst tätig. 1957 gab er seine erste Kurzgeschichtensammlung heraus. Sein literarisches Werk machte ihn schon früh zu einem Wegbereiter des realistischen Gesellschaftsromans im Libanon. Er wurde in viele Sprachen übersetzt. Er starb 1989, als sein Haus von einer Rakete getroffen wurde. ›Der Kaffeeverkäufer‹ (deutsch von Suleman Taufiq) ist entnommen aus ›Al-Sabi Al-Aradj‹, Beirut 1980.

Sargon Boulus, geboren 1944 in der Nähe von Bagdad, verbrachte seine Kindheit und Jugend in der Stadt Kirkuk (Nordirak), wo er auch zu schreiben begann. Bereits 1958 erschienen seine ersten Gedichte, Erzählungen und Übersetzungen. 1967 ging er nach Beirut, wo er wesentlichen Anteil an der Wiederbelebung der Zeitschrift ›Schi'ir‹, der damals führenden arabischen Literaturzeitschrift, hatte. Seit 1969 lebt er mit einigen Unterbrechungen durch längere Reisen und Auslandsaufenthalte in San Francisco. Er übersetzte Texte von Lyrikern der amerikanischen Beat Generation wie Ginsberg, Snyder und McClure sowie Texte von englischsprachigen Dichtern wie Auden, Plath und Lowell ins Arabische. ›Ein unbewohnter Raum‹ (deutsch von Suleman Taufiq) ist dem gleichnamigen Erzählungsband (Edition Orient, Berlin 1996) entnommen.

Edwar Al-Charrat, geboren 1926 in Alexandria/Ägypten, übte nach seinem Studium der Rechtswissenschaft verschiedene Tätigkeiten im Geschäfts- und Bankbereich aus. Wegen seines politischen Engagements war er Ende der vierziger Jahre in Haft. Seit 1983 im Ruhestand, arbeitet er heute als freier Schriftsteller und ist aktiv im literarischen und kulturellen Bereich. Er hat mehrere Romane und Erzählungsammlungen veröffentlicht. ›Pension in Camp Shiraz‹ (deutsch von Fouad El-Auwad) ist entnommen aus ›Akhbar Aladab‹ Nr. 262 (Kairo, Juli 1999) und erscheint hier erstmals auf Deutsch. Außerdem ist auf Deutsch erschienen: ›Safranerde‹ (1996), ›Die Steine des Bobello‹ (2000).

Mouhamed Choukri, geboren 1935, stammt aus dem Rif-Gebirge in Marokko. 1942 trieb eine Hungersnot seine Familie in die verheißungsvolle Großstadt Tanger.

Erst mit einundzwanzig Jahren lernte er im Gefängnis von Tanger Lesen und Schreiben und verfasste zunächst seine Geschichten in Straßencafés. 1973 schrieb er seinen autobiographischen Roman ›Das nackte Brot‹ auf Arabisch. Er diktierte ihn dem amerikanischen Autor Paul Bowles dann auf Spanisch, worauf dieser eine englische Version erstellte, die 1973 in England erschien. 1980 erschien eine französische Ausgabe des Buches, die ihn in Europa berühmt machte.

Erst 1982 erschien das Buch in arabischer Sprache im Eigenverlag. Bis heute darf das Buch aber in Marokko offiziell nicht vertrieben werden und ist auch in allen anderen arabischen Ländern verboten. Mouhamed Choukri starb 2003. ›Tod eines Hippie-Fischs‹ (deutsch von Suleman Taufiq) ist entnommen aus ›Oudjuh‹ (Tanger 2000) und erscheint hier erstmals auf Deutsch. Weitere Werke auf Deutsch: ›Das nackte Brot‹ (1996), ›Zoco Chico‹ (1998).

Djabra Ibrahim Djabra, geboren 1919 in Bethlehem/Palästina, studierte an der arabischen Universität in Jerusalem, danach in England. Er kehrte 1984 nach Jerusalem zurück, um englische Literatur zu lehren. Später arbeitete er in Bagdad als Literaturkritiker, Maler, Übersetzer und Schriftsteller und lehrte an der Harvard-Universität/USA Literaturkritik. Er übersetzte Werke der zeitgenössischen und klassischen englischen Literatur ins Arabische und veröffentlichte selbst zahlreiche Romane, Gedichte, Erzählungen und vor allem wissenschaftliche Bücher, teilweise auch auf Englisch. 1994 starb er in Bagdad. ›Der Streit‹ (deutsch von Fouad El-Auwad) ist entnommen aus ›Arak‹ (Damaskus 1974) und erscheint hier erstmals auf Deutsch.

Ahmed Ibrahim Al-Faqih, geboren 1939 in Tripolis, ist einer der wichtigsten Vertreter der libyschen Gegenwartsliteratur. In zwei Romanen und fünf Erzählbänden hat Al-Faqih den Übergang seines Landes von einer Stammesgesellschaft zu einer städtischen Gesellschaft bzw. die Veränderung der Lebensverhältnisse, die durch den Öl-Boom ausgelöst worden ist, beschrieben. Zu seinen Themen gehört auch die prekäre Situation der Intellektuellen unter autoritären Regimen. Ahmed Ibrahim Al-Faqih lebt heute – nach langem Aufenthalt in Marokko – in Kairo. ›Der Regen und die Träume‹ (deutsch von Suleman Taufiq) ist entnommen aus ›Al-Naqid‹ Nr. 16 (London 1989).

Gamal Al-Ghitani, geboren 1945 in Gahina/Ägypten, wuchs in der Altstadt von Kairo auf. Von 1962 an lernte er Teppich-Design an einer technischen Oberschule und arbeitete bis 1968 in diesem Beruf. Aus dieser Zeit stammen seine ersten literarischen Versuche, z. B. Kurzgeschichten, die in libanesischen und ägyptischen Zeitschriften erschienen. 1968 wechselte er seinen Beruf und wurde Journalist bei der Tageszeitung ›Al-Akhbar‹, deren Feuilletonchef er wurde. Zeitweilig war er Militärkorrespondent für die Suez-Zone. Ghitani gehört zu den produktivsten und erfolgreichsten Schriftstellern seiner Generation. Er ist heute Chefredakteur der Literatur-Wochenzeitung ›Akhbar Al-Adab‹. ›Die Straßenbahn‹ (deutsch von Adel Karachouli) erscheint hier mit freundlicher Genehmigung des Autors. Auf Deutsch ist außerdem erschienen: ›Seini Barakat‹ (1996), ›Das Buch der Schicksale‹ (2001).

Ghalib Halasa, geboren 1931 in Amman/Jordanien, musste 1952 aus politischen Gründen Jordanien verlassen. Er ging zuerst nach Beirut, dann nach Bagdad und lebte von 1955 bis 1976 in Ägypten. 1976 wurde er aus Ägypten ausgewiesen, woraufhin er nach Damaskus ging, wo er bis zu seinem Tod 1989 lebte. Er gab Zeitschriften heraus und schrieb Romane, Erzählungen und Essays. ›Der Fremde‹ (deutsch von Regina Karachouli) ist entnommen aus ›Wadi Al-Kidissa Milada‹ (Kairo 1968).

Mouhamed Al-Hradi, geboren 1950 in Marokko, arbeitet als Hochschullehrer und Fernsehproduzent und veröffentlichte mehrere Romane und Erzählbände. ›Joselito‹ (deutsch von Suleman Taufiq) erschien erstmals auf Deutsch in der Zeitschrift ›Zeichen & Wunder‹ Nr. 42 (Frankfurt/M. 2002).

Ghassan Kanafani, geboren 1936 in Akka/Palästina, Sohn eines Anwalts, flüchtete 1984 mit seiner Familie in den Libanon und siedelte von dort nach kurzer Zeit nach Syrien um. In einem

Flüchtlingslager in Damaskus schloss er seine Schulbildung ab. 1954 machte er sein Abitur und besuchte die Universität Damaskus. 1956 ging er als Sport- und Zeichenlehrer nach Kuwait. 1960 zog er nach Beirut, um die Redaktion der Zeitung ›Al-Mouharrir‹ zu leiten. Er übernahm auch die Redaktion der linken Zeitschrift ›Al-Hourria‹ und später die der Zeitung ›Al-Hadaf‹. 1972 wurde er in Beirut durch eine Bombe getötet, die vom israelischen Geheimdienst an seinem Wagen angebracht worden war. Er war Erzähler, Historiker, Literaturkritiker, politischer Journalist, Maler und politischer Aktivist. ›Ein Toter in Mosul‹ (deutsch von Hartmut Fähndrich) ist entnommen aus dem Erzählungsband ›Bis wir zurückkehren‹ (Lenos Verlag, Basel 1996; Lenos Pocket 37). Außerdem auf Deutsch erschienen: ›Das Land der traurigen Orangen‹ (1983), ›Männer in der Sonne‹ (1984), ›Rückkehr nach Haifa‹ (1992).

Elias Khoury, geboren 1948 in Beirut/Libanon, studierte Geschichte und Soziologie an der Libanesischen Universität von Beirut und ging 1970 nach Paris, um an der École Pratique des Hautes Études zu studieren. Ab 1973 arbeitete er am palästinensischen Forschungszentrum, seit 1979 als Journalist, u. a. für die Tageszeitung ›Al-Safir‹. Seit 1991 ist er Chefredakteur der Kulturbeilage der Zeitung ›Al-Nahar‹. Er veröffentlichte viele Romane und Erzählbände. Auf Deutsch sind erschienen: ›Der geheimnisvolle Brief‹ (2000), ›Das Tor zur Sonne‹ (2004). Die Erzählung ›Die dritte Frau‹ (deutsch von Suleman Taufiq) erschien zuerst in der Tageszeitung ›As-Safir‹ (Beirut, 6. 7. 1980).

Ibrahim Al-Koni, geboren 1948, Tuareg aus der libyschen Wüste, arbeitete nach dem Studium der Literatur am Moskauer Gorki-Institut als Journalist in Warschau und in Moskau. Seit 1993 lebt er in der Schweiz. Sein Gesamtwerk umfasst 45 Bände. Für den Roman ›Blutender Stein‹ (dt. 1998) wurde er mit dem Literaturpreis der Stadt Bern ausgezeichnet, für den Roman ›Die Magier‹ (dt. 2001) mit einem Buchpreis des Kantons Bern, und für sein Gesamtwerk erhielt er den libyschen Staatspreis für Kunst und Literatur. Seine Werke sind in mehrere Sprachen übersetzt worden. Die französische Ausgabe des Romans ›Das kleine Wâw‹ (›L'Oasis cachée‹) wurde mit dem Preis der französischarabischen Freundschaft 2002 ausgezeichnet. ›Fluten‹ (deutsch von Hartmut Fähndrich; © 1997 Lenos Verlag, Basel) erschien erstmals im ›Berner Almanach‹ Bd. 2, 1998. Auf deutsch außerdem erschienen: ›Nachtkraut‹ (1999), ›Goldstaub‹ (1999), ›Ein Haus in der Sehnsucht‹.

Musa Kridi, geboren 1940 in Nadschaf/Irak, Prosaschriftsteller, war Anfang der siebziger Jahre Redaktionssekretär der Bagdader Zeitung ›Al-Kalima‹. Er betätigte sich auch im Kultursektor und gab die ›Kleine Enzyklopädie‹ heraus. Heute lebt er in Bagdad. ›Der Brief‹ (deutsch von Nuha Forst und Angelika Rahmer) erschien erstmals in ›Diwan. Zeitschrift für arabische und deutsche Poesie‹ Nr. 6 (Berlin 2003).

Nagib Machfus, geboren 1911 in Kairo/Ägypten als Sohn eines kleinen Beamten, gehört zu den bedeutendsten arabischen Erzählern der Gegenwart. 1930–1934 studierte er Philosophie an der Universität Kairo, anschließend trat er in den Staatsdienst ein. Er war lange Zeit im Ministerium für religiöse Stiftungen tätig. Bis zu seiner Pensionierung Ende 1972 arbeitete er auch im Amt für Schöne Künste, im Verwaltungsrat der staatlichen Filmförderungsgesellschaft und im Kulturministerium. Zunächst schrieb er historische Romane, dann wandte er sich der realistischen Darstellung gesellschaftlicher Themen zu. Seine überragende Stellung in der arabischen Literatur der Gegenwart gründet sich vor allem auf seine 1956/1957 erschienene Romantrilogie ›Zwischen den zwei Palästen‹ (dt. 1995), für die er den ägyptischen Staatspreis für Literatur erhielt. 1988 wurde ihm der Nobelpreis für Literatur für sein umfassendes Werk verliehen. ›Die Welt Allahs‹ (deutsch von Wiebke Walther) ist dem Erzählungsband ›Die Moschee in der Gasse‹ (Unionsverlag, Zürich 1988) entnommen. Auf Deutsch u. a. erschienen: ›Die Midaq-Gasse‹ (1991), ›Das Lied der Bettler‹ (1998), ›Echnaton‹ (2001).

Abd Al-Aziz Al-Maschri, geboren in Saudi-Arabien, veröffentlichte Romane und Erzählungen. Er arbeitete auch für die Presse. Lebte in Riad, wo er 1999 nach langer Krankheit starb. ›Geschichten von Abu Salim‹ (deutsch von Suleman Taufiq) ist entnommen aus ›Al-Naqid‹ Nr. 2 und 4 (London 1988).

Hassouna Mosbahi, geboren 1950 als Sohn einer kinderreichen tunesischen Beduinenfamilie im Hinterland von Kairo, begann bereits als Jugendlicher Erzählungen zu schreiben, mit denen er 1968 den Preis des tunesischen Rundfunks gewann. Mosbahi war zunächst von volkstümlichen Erzählungen beeinflusst und schrieb vor allem Geschichten aus seinem und über sein Dorf. Nach langen Wanderjahren zwischen Paris, Madrid und London ließ er sich 1985 in München nieder, wo er seither als Journalist, Literaturkritiker und Schriftsteller arbeitet. ›Der Unglücksvogel‹ (deutsch von Regina Karachouli) ist dem Erzählungsband ›Der grüne Esel‹ (A1 Verlag, München 1996) entnommen.

Abdalrachman Munif, geboren 1933 in Amman/Jordanien, Sohn eines saudi-arabischen Kaufmanns und einer irakischen Mutter. Munif studierte Ökonomie und Ölwirtschaft in Bagdad, Kairo und Belgrad. 1963 wurde er aus Saudi-Arabien ausgebürgert. 1965–1973 arbeitete er in Syrien in der Erdölbranche, später als Journalist in Beirut. Er schrieb Fachbücher über Erdölwirtschaft und war 1975–1981 Chefredakteur einer Erdöl-Fachzeitschrift in Bagdad. Die folgenden fünf Jahre verbrachte er als freier Schriftsteller in Paris. Er lebte bis zu seinem Tod am 25. 1. 2004 in Damaskus. ›Wadi Al-Ujun‹ (deutsch von Magda Barakat und Larissa Bender) ist ein Ausschnitt aus dem Roman ›Salzstädte‹ (Diederichs im Heinrich Hugendubel Verlag, Kreuzlingen 2003). Außerdem auf Deutsch erschienen: ›Geschichte einer Stadt‹ (1996), ›Am Rande der Wüste‹ (2000).

Sabri Mussa, geboren 1932 in Damielle/Ägypten, arbeitete nach dem Studium der schönen Künste als Journalist in Kairo. Mit seinem ersten Roman ›Affäre halber Meter‹, der 1962 erschien, setzte Sabri Mussa neue literarische Akzente. Sein zweiter Roman ›Saat des Verderbens‹ löste bei seinem Erscheinen 1973 wahre Begeisterungsstürme aus und zählt auch heute noch zu den besten zeitgenössischen arabischen Romanen. Das Werk des in Kairo lebenden Autors umfasst Romane, Erzählungen, Essays und Drehbücher. ›Der Darhîb – fast eine Schlussszene‹ (deutsch von Regina Karachouli) ist ein Ausschnitt aus ›Saat des Verderbens‹ (Lenos Verlag, Basel 2003).

Muhammad Al-Mustagâb, geboren 1938 in Dairut/Oberägypten, arbeitete bis zu seiner Pensionierung 2002 als Staatsbeamter in Kairo. Er wird auch »der Erzähler vom Land« genannt und hat mehrere Erzählungsbände und einen Roman sowie unzählige Zeitungs- und Zeitschriftenkolumnen veröffentlicht. Er versteht sich als politischer Autor. Sein zentrales Thema könnte man die Logik und Absurdität der politisch-sozialen Realität in Ägypten nennen. ›Der Bergzahn‹ (deutsch von Hartmut Fähndrich und Edward Badeen) ist entnommen aus ›LiteraturNachrichten-Afrika-Asien-Lateinamerika‹ Nr. 79 (Frankfurt am Main 2003).

Emily Nasrallah, geboren 1931 in dem Dorf Kfeir im Südlibanon, wuchs in einer christlichen Familie auf. Die Traditionen des Handwerks und der guten Nachbarschaft haben Nasrallah geprägt und gehören zu den Dingen der Vergangenheit, die sie bewahrt wissen will. Gegen den Wunsch ihres Vaters verließ sie ihr Dorf, um an der amerikanischen Universität in Beirut Erziehungswissenschaften zu studieren. Danach arbeitete sie als Lehrerin, später als Journalistin und Schriftstellerin. Neben Romanen und Erzählungen schrieb sie viele Kinderbücher. Sie ist verheiratet und hat vier Kinder. Den Libanon hat sie während des Bürgerkriegs verlassen und teilt daher mit vielen Landsleuten die Erfahrung der Emigration, die sie auch immer wieder in ihren Büchern thematisiert. Nach längerer Zeit in Kairo lebt sie jetzt wieder im Libanon. ›Das Bild ihres Vaters‹ (dt. von Suleman Taufiq) ist entnommen aus ›Der wahre Schleier ist das Schweigen‹ (Fischer Taschenbuch Verlag, Frankfurt/Main 1995). Außerdem auf Deutsch erschienen: ›Das Pfand‹ (1996), ›Septembervögel‹ (2003), ›Flug gegen die Zeit‹ (2003).

Laila Al-Osman, geboren 1943 in Kuwait, stammt aus einer wohlhabenden Familie. Ihr Vater heiratete neun Frauen. Er kümmerte sich kaum um seine Tochter und untersagte ihr eine Ausbildung. Seit 1965 veröffentlicht sie Erzählungen und Romane. Sie arbeitete beim Rundfunk und schrieb für verschiedene Zeitungen. Heute lebt Laila Al-Osman als freie Schriftstellerin in Kuwait. Ihr Werk umfasst viele Romane und Erzählbände. ›Das Herz und der Geruch verbrannten Brotes‹ (deutsch von Suleman Taufiq) ist entnommen aus ›Die Wände zerreißen‹ (Edition Orient, Berlin 1988).

Hani Rahib, geboren 1939 in Lathakia/Syrien, studierte Anglistik in Damaskus und England und hatte bis 1986 eine Professur für englische Literatur inne. 1966 veröffentlichte er seinen ersten Roman. Sein literarisches Werk umfasst heute zahlreiche Romane, Erzählbände und Dramen. Er starb 1999 in Damaskus. ›Zwei Heimkehrer‹ (deutsch von Regina Karachouli) ist entnommen aus ›Djaraem Don Quijote‹ (Damaskus 1978).

Abdalkarim Ar-Razihi, geboren 1952 in einem Dorf südlich von Taiz/Jemen, ging 1967 in Hudeida (Nordjemen) als Soldat zur republikanischen Armee im Bürgerkrieg. Eine angestrebte Armee- bzw. Polizeikarriere scheiterte wegen Kurzsichtigkeit, er verdiente sein Geld durch Gelegenheitsarbeiten in Restaurants in Sanaa. Später setzte er seine Schulausbildung an der Oberstufe fort, deren Einstiegsprüfung er »zufällig« bestand. Anschließend arbeitete er ein Jahr lang als Lehrer, studierte an der Universität Sanaa Philosophie und Soziologie und wurde mehrmals wegen Teilnahme an Demonstrationen verhaftet. Bekannt ist er im Jemen vor allem durch seine beißenden Glossen in verschiedenen unabhängigen Zeitungen. Immer wieder wurde Ar-Razihi Zielscheibe religiöser Eiferer, die gegen seine Schriften hetzten. ›Das Jahr des Esels‹ (deutsch von Günther Orth) ist entnommen aus: ›Gesichter und Orte. Moderne Erzählungen aus dem Jemen‹ (Berlin, 2004).

Muhammad Safsaf, geboren 1945 in Kenitra, nördlich von Rabat, gehörte zu den bedeutendsten Vertretern der zeitgenössischen marokkanischen Literatur. Er veröffentlichte seine ersten Novellen Anfang der sechziger Jahre. Sein erster Erzählungsband ›Dialog am Ende der Nacht‹ kam 1970 in Damaskus heraus, sein erster Roman ›Die Frau und die Rose‹ erschien 1971 in Beirut und in Rabat. Er starb 2002 nach langer Krankheit. ›Die Blumenverkäuferin‹ (deutsch von Hartmut Fähndrich) erscheint hier erstmals auf Deutsch.

Idris Al-Saghir, geboren 1948 in Kenitra/Marokko, veröffentlichte seinen ersten Novellenband 1976. 1983 erschien in Beirut sein Roman ›Eine schwierige Zeit‹. Ein zweiter Novellenband erschien 1985 ebenfalls in Beirut. Idris Al-Saghir lebt und arbeitet in Kenitra. ›Ein zerfetztes Segel über einem ruhigen Fluss‹ (deutsch von Suleman Taufiq) ist entnommen aus ›At-Thaqafa Al-Maghribya‹ Nr. 16 (Rabat 2000) und erscheint hier erstmals auf Deutsch.

TAJJIB SALICH, geboren 1929 im Nordsudan, stammt aus einer bäuerlichen Familie. Er studierte in Khartoum und arbeitete zunächst als Lehrer, bevor er, wie viele andere sudanesische Studenten, seine Ausbildung in England fortsetzte. Dort heiratete er eine Engländerin und arbeitete lange für die arabische Abteilung des BBC. Heute ist er in den arabischen Golfstaaten tätig. Er gehört zu den bekanntesten Erzählern der arabischen Welt. ›Eine Hand voll Datteln‹ (hier abgedruckt in der Übersetzung von Suleman Taufiq) ist im Lenos Verlag in dem gleichnamigen Erzählungsband übersetzt von Regina Karachonli erschienen, © Lenos Verlag, Basel 2000. Außerdem auf Deutsch: ›Zeit der Nordwanderung‹ (1999), ›Bandarschah‹ (2001), ›Sains Hochzeit‹ (2004).

GHADA SAMMAN, geboren 1942 in Damaskus/Syrien, studierte Anglistik in Damaskus, Beirut und London. Tätigkeit als Dozentin an der Universität Damaskus, als Redakteurin und Autorin bei Presse und Funk sowie als Übersetzerin. Ab 1964 lebte sie als freie Schriftstellerin in Beirut/Libanon und gründete 1967 einen eigenen Verlag (Edition Ghada Samman), um ihre Bücher zu verlegen. Ihr Werk umfasst inzwischen etwa dreißig Bände, zumeist Erzählungen. Heute zählt sie zu den bedeutendsten Autorinnen in der arabischen Welt. Ihre Bücher gehören zu den meistgelesenen arabischen Büchern und wurden in mehrere Sprachen übersetzt. Sie lebt zurzeit in Paris. ›Mit dem Taxi nach Beirut‹ (deutsch von Suleman Taufiq) ist ein Ausschnitt aus dem gleichnamigen Roman (Edition Orient, Berlin 1990).

IBRAHIM SAMUEL, geboren 1950 in Syrien, arbeitet als Sozialpädagoge in Damaskus. 1986 erschien seine erste Erzählung, danach mehrere Erzählbände. Bekannt wurde er durch die Thematisierung der Erfahrungen eines politischen Gefangenen in seinen Erzählungen. ›Die Augenbinde‹ (deutsch von Suleman Taufiq) ist entnommen aus ›Al-Waar Al-Azrak‹ (Damaskus 1994) und erscheint hier erstmals auf Deutsch.

Hanan Al-Shaykh, geboren 1945 im Libanon. Nach dem Studium in Beirut und Kairo arbeitete sie als Journalistin im Libanon. Seit 1975 lebt sie als freie Schriftstellerin in London. Ihr literarisches Werk umfasst viele Romane und Sammlungen von Erzählungen. ›Der persische Teppich‹ (deutsch von Regina Karachouli) ist entnommen aus ›Wardat Al-Sahra‹ (Beirut 1982). Außerdem auf Deutsch: ›Sahras Geschichte‹ (2003), ›Zwei Frauen am Meer‹ (2002).

Baha Taher, geboren 1935 in Giseh bei Kairo, arbeitete als Kulturredakteur beim ägyptischen Radio. Nach seiner Entlassung 1975 begann er im Ausland zu arbeiten. Von 1981 bis 1995 wirkte er als Übersetzer bei der UNO in Genf. Seither lebt er wieder in Kairo. Für seine Werke und Übersetzungen ist er mehrfach ausgezeichnet worden, u. a. mit dem ägyptischen Staatspreis für das beste literarische Werk des Jahres (1996) und mit dem ägyptischen Staatspreis für Literatur (1998). ›Pater Bischai‹ (deutsch von Doris Kilias) ist ein Ausschnitt aus dem Roman ›Tante Safija und das Kloster‹ (Lenos Verlag, Basel 2003).

Sakarija Tamer, geboren 1931 in Damaskus/Syrien. Verließ mit dreizehn Jahren die Schule und arbeitete bis 1960 als Schmied. Autodidakt. Sein erstes Buch erschien 1960 in Beirut und machte ihn mit einem Schlag berühmt. Von 1969 an war er im syrischen Kultur- und Informationsministerium tätig und übernahm dann den Posten des Chefs der Abteilung Drama beim syrischen Fernsehen; gleichzeitig war er Herausgeber verschiedener Kulturzeitschriften. Seit 1981 lebt er in London als freier Schriftsteller. Er gilt als einer der bekanntesten Geschichtenerzähler der zeitgenössischen arabischen Literatur. ›Frühling in der Asche‹ (deutsch von Wolfgang Werbeck) ist dem gleichnamigen Erzählungsband entnommen (Lenos Verlag, Basel 1987).

Fuad At-Tekerli, geboren 1927 in Bagdad/Irak. Er studierte Jura in Bagdad und Paris und war einige Jahre ehrenamtlicher Chefredakteur der Literaturzeitschrift ›Al-Adib Al-Mu'assir‹. War viele Jahre in Bagdad als Richter tätig. Er schrieb mehrere Romane, Erzählbände und Theaterstücke. ›Der Backofen‹ wurde übersetzt von Wiebke Walther.

Abdassalam Udscheili, geboren 1918 in Rakka/Syrien. Studium der Medizin in Damaskus. 1947 Parlamentsabgeordneter, 1962 Kultusminister in Syrien. Reisen durch Europa, Nordamerika und die arabischen Länder. 1936 veröffentlichte er seine erste Erzählung in der ägyptischen Literaturzeitschrift ›Al-Risala‹. Sein Werk umfasst zahlreiche Romane und Erzählbände. ›Die Spatzen‹ (deutsch von Fouad El-Auwad) ist entnommen aus ›Mawt Al-Habiba‹ (Damaskus 1987) und erscheint hier erstmals auf Deutsch.

Mahmoud Al-Wardani, geboren 1950 in Kairo, Studium der Sozialwissenschaften. Er arbeitet als Journalist bei der Wochenzeitung ›Akhbar Al-Adab‹ und schreibt Kurzgeschichten und Literaturkritiken. ›Der Duft der Apfelsinen‹ (deutsch von Suleman Taufiq) ist entnommen aus ›Al-Naqid‹ Nr. 22 (London 1990) und erscheint hier erstmals auf Deutsch.

Tahir Wattar, geboren 1936 in Algerien, gehört zu den wenigen algerischen Autoren, die auf Arabisch schreiben. Arbeitete als Journalist für arabischsprachige Zeitungen. Schrieb Dramen, Erzählungen und vor allem Romane. Er ist über die Grenzen Algeriens hinaus in der ganzen arabischen Welt sehr bekannt. ›Reiseetappen‹ (deutsch von Helga Walter) ist ein Ausschnitt aus dem Roman ›Maultierhochzeit‹ (Edition Orient, Berlin 1991).

Samir El-Youssef, geboren 1965 im Südlibanon, stammt aus einer palästinensischen Familie, die 1948 in den Libanon floh. Zurzeit lebt er in London und schreibt Kurzgeschichten, Literaturkritiken und Essays, die philosophische und politische Themen behandeln. Er veröffentlicht seine Arbeiten in vielen bekannten arabischen Zeitschriften und Zeitungen. ›Die Ermordung des Verlegers‹ (deutsch von Suleman Taufiq) erscheint hier mit freundlicher Genehmigung des Autors erstmals auf Deutsch.

Herausgeber und Verlag danken allen Autoren und Verlagen, die die Erlaubnis zum Abdruck gegeben haben. Trotz aller Bemühungen konnten nicht alle Rechteinhaber festgestellt oder erreicht werden. Der Verlag verpflichtet sich, rechtmäßige Ansprüche jederzeit abzugelten.

Glossar

ABASSIDEN: Kalifendynastie in Bagdad und später in Ägypten.

ABAYAH: Mantelartiger Überwurf.

ABU: »Vater von«.

AGHAS: höhere einheimische Beamte in Algerien zur Zeit der französischen Besetzung.

AHRAM: Pyramiden.

ANNABIA: Frau aus Annaba.

BANI-QATAN: sagenhafter Stammvater der Südaraber.

BASBASIYA: umgangssprachliche Bezeichnung für den französischen Anisschnaps Pastis.

BISMILLAH: »Im Namen Gottes«, häufiger Ausruf vor Beginn eines Unternehmens.

DABKA: volkstümlicher Reigentanz in ostarabischen Ländern.

DIRHAM: marokkanische Währung.

DISCHDASCHA: hemdartiges Gewand für Männer und Frauen

DSCHELLABA: knöchellanges, hemdartiges Übergewand mit Kapuze.

DSCHINN/DSCHINNI: Geistwesen zwischen Mensch und Engel, kann in verschiedenen Gestalten auftreten. Die Dschinnen spielen im Volksglauben der Araber eine große Rolle als Urheber unerklärlicher Dinge.

DSCHUBBA: langes, vorn offenes Übergewand mit weiten Ärmeln.

FAQIH: Religionslehrer.

FATWA: islamisches Rechtsgutachten, das empfehlenden, jedoch nicht bindenden Charakter hat; wird nach Präzedenzfällen von einem Rechtsgelehrten angefertigt.

FEDDAN: ein Feddan entspricht 0,42 Hektar.

FELLACHEN: ackerbautreibende Bauern.

FUL: volkstümliches Gericht aus gekochten Ackerbohnen mit Zwiebeln, Öl und Gewürzen.

GALABIYA: weites, hemdartiges Gewand.

GILBAB: hemdartiges Gewand.

HADSCHA: eine Frau, die die religiöse Pilgerreise nach Mekka absolviert hat.

HADSCHI: ein Mann, der die religiöse Pilgerreise nach Mekka absolviert hat.

HALWA: Süßigkeit aus Honig und Sesam.

HANKALLAH: die Formel »Es gibt keine Macht und Stärke außer bei Gott«.

HANUT: Krämerladen im Dorf, zugleich Treffpunkt und Kaffeestube der Männer.

HURIS: Paradiesjungfrauen.

KANNATEN: die Kanaanäer.

KHOL: schwarze Augenschminke, die seit Jahrhunderten von arabischen Frauen verwendet wird.

KREUZFEST: Fest der Christen im Nahen Osten, bei dem Feuer und Feuerwerk entzündet werden.

MAMELUKEN: Dynastie islamischer Herrscher (1250–1517) in Ägypten.

MILAJA: großes Umschlagtuch für Frauen.

MILLIM: ägyptische Währung; 1 Pfund = 1000 Millim.

MOROS (span.): Mauren.

PIASTER: ägyptische Währung; 1 Pfund = 100 Piaster.

QIBLA: Gebetsrichtung der Muslime nach der Kaaba in Mekka hin.

RAKA: Teil des islamischen Gebetsritus, besteht im Vornüberbeugen des Rumpfes, bis sich die Handflächen in Kniehöhe befinden.

SCHAHADA: Glaubensbekenntnis zum Islam: »Ich bezeuge, es gibt keinen Gott außer Gott, und Mohammed ist sein Prophet.«

SCHEICHAT: Sängerinnen in Nordafrika.

SIDI: Ehrentitel vor dem Namen muslimischer Heiliger und hochgestellter Persönlichkeiten.

SUK: arabischer Markt mit überdachten Ladenreihen und Werkstätten.

UMM: »Mutter von«.

WADI: Trockental bzw. Flussbett, das sich nur während der Regenzeit mit Wasser füllt.

WAQF-MINISTERIUM: Ministerium für religiöse Angelegenheiten.

Rafik Schami im dtv

»Meine geheime Quelle ist die Zunge der anderen. Wer erzählen will, muß erst einmal lernen zuzuhören.«
Rafik Schami

Das letzte Wort der Wanderratte
Märchen, Fabeln und phantastische Geschichten
ISBN 3-423-10735-9

Die Sehnsucht fährt schwarz
Geschichten aus der Fremde
ISBN 3-423-10842-8

Der erste Ritt durchs Nadelöhr
Noch mehr Märchen, Fabeln & phantastische Geschichten
ISBN 3-423-10896-7

Das Schaf im Wolfspelz
Märchen & Fabeln
ISBN 3-423-11026-0

Der Fliegenmelker und andere Erzählungen
ISBN 3-423-11081-3

Märchen aus Malula
ISBN 3-423-11219-0

Erzähler der Nacht
ISBN 3-423-11915-2
»Ein Plädoyer für mehr Güte und Liebe.« (Susanne Kippenberger)

Eine Hand voller Sterne
Roman
ISBN 3-423-11973-X

Der ehrliche Lügner
Roman
ISBN 3-423-12203-X

Vom Zauber der Zunge
Reden gegen das Verstummen
ISBN 3-423-12434-2

Reisen zwischen Nacht und Morgen
Roman
ISBN 3-423-12635-3

Gesammelte Olivenkerne
aus dem Tagebuch der Fremde
ISBN 3-423-12771-6

Milad
Von einem, der auszog, um 21 Tage satt zu werden
ISBN 3-423-12849-6

Sieben Doppelgänger
ISBN 3-423-12936-0

Die Sehnsucht der Schwalbe
Roman
ISBN 3-423-12991-3

Antonio Tabucchi im dtv

»Tabucchi läßt Reales und Imaginäres ineinanderfließen und webt ein Gespinst von ›suspense‹, in dem man sich beim Lesen gerne verfängt.«
Barbara von Becker in der ›Zeit‹

Indisches Nachtstück
ISBN 3-423-11952-7
Auf den Spuren eines Mannes, der auf geheimnisvolle Weise in Indien verschollen ist. Forscht der Autor nach seinem eigenen Ich oder nach einer wirklichen Person?

Der Rand des Horizonts
Roman
ISBN 3-423-12302-8
In der Leichenhalle wird ein junger Mann eingeliefert, der bei einer Hausdurchsuchung erschossen wurde. Amateurdetektiv Spino will herausfinden, wer der Tote war …

Erklärt Pereira
Eine Zeugenaussage
ISBN 3-423-12424-5
Pereira, ein in die Jahre gekommener, politisch uninteressierter Lokalreporter, gerät unversehens auf die Seite des Widerstandes gegen Salazar …

Kleine Mißverständnisse ohne Bedeutung
Erzählungen
ISBN 3-423-12502-0

Lissabonner Requiem
Eine Halluzination
ISBN 3-423-12614-0
Eine hinreißende Liebeserklärung an Lissabon.

Der verschwundene Kopf des Damasceno Monteiro
Roman
ISBN 3-423-12671-X
In einem Gebüsch findet man die Leiche eines jungen Mannes – ohne Kopf. Reporter Firmino wird nach Porto geschickt, um das Verbrechen aufzuklären …

Träume von Träumen
Erzählungen
ISBN 3-423-12806-2

Das Umkehrspiel
Erzählungen
ISBN 3-423-12851-8

Der schwarze Engel
Erzählungen
ISBN 3-423-12903-4

Alle Titel wurden übersetzt von Karin Fleischanderl

Bitte besuchen Sie uns im Internet: www.dtv.de

Michael Ondaatje im dtv

»Das kann Ondaatje wie nur wenige andere:
den Dingen ihre Melodie entlocken.«
Michael Althen in der ›Süddeutschen Zeitung‹

In der Haut eines Löwen
Roman
Übers. v. Peter Torberg
ISBN 3-423-11742-7
Kanada in den zwanziger und dreißiger Jahren. Ein Land im Aufbruch. »Ebenso spannend wie kompliziert, wunderbar leicht und höchst erotisch.« (Wolfgang Höbel in der ›Süddeutschen Zeitung‹)

Der englische Patient
Roman
Übers. v. Adelheid Dormagen
ISBN 3-423-12131-9
1945. Vier Menschen finden in einer toskanischen Villa Zuflucht. Im Zentrum steht der geheimnisvolle »englische Patient«, ein Flieger, der in Nordafrika abgeschossen wurde ... »Ich kenne kein Buch von ähnlicher Eleganz.« (Richard Ford)

Buddy Boldens Blues
Roman
Übers. v. Adelheid Dormagen
ISBN 3-423-12333-8
Er war der beste, lauteste und meistgeliebte Jazzmusiker seiner Zeit: Buddy Bolden.

Es liegt in der Familie
Übers. v. Peter Torberg
ISBN 3-423-12425-3
Die Roaring Twenties auf Ceylon. Erinnerungen an das exzentrische Leben, dem sich die Mitglieder der Großfamilie Ondaatje hingaben, eine trinkfreudige, lebenslustige Gesellschaft ...

Die gesammelten Werke von Billy the Kid
Übers. v. Werner Herzog
ISBN 3-423-12662-0
Die größte Legende des Wilden Westens – Liebhaber und Killer, ein halbes Kind noch und stets dem Tode nah.

Anils Geist
Roman
Übers. v. Melanie Walz
ISBN 3-423-12928-X
Im Auftrag einer Menschenrechtskommission kehrt die junge Anil in ihre Heimat Sri Lanka zurück und begibt sich in größte Gefahr.

Bitte besuchen Sie uns im Internet: www.dtv.de